权威·前沿·原创

皮书系列为

“十二五”“十三五”国家重点图书出版规划项目

西部蓝皮书
BLUE BOOK OF
WESTERN REGION

中国西部发展报告（2017）

ANNUAL REPORT ON DEVELOPMENT IN WESTERN REGION OF CHINA(2017)

创新、协调、绿色、开放与共享发展

主　编／徐璋勇　任保平
副主编／姚慧琴　赵　勋

社会科学文献出版社
SOCIAL SCIENCES ACADEMIC PRESS (CHINA)

图书在版编目(CIP)数据

中国西部发展报告.2017：创新、协调、绿色、开放与共享发展 / 徐璋勇，任保平主编．--北京：社会科学文献出版社，2017.8

（西部蓝皮书）

ISBN 978-7-5201-1054-9

Ⅰ.①中… Ⅱ.①徐… ②任… Ⅲ.①西部经济-区域经济发展-研究报告-中国-2017 Ⅳ.①F127

中国版本图书馆CIP数据核字（2017）第155802号

西部蓝皮书

中国西部发展报告（2017）

——创新、协调、绿色、开放与共享发展

主　　编 / 徐璋勇　任保平

副 主 编 / 姚慧琴　赵　勋

出 版 人 / 谢寿光

项目统筹 / 丁　凡

责任编辑 / 周雪林

出　　版 / 社会科学文献出版社·区域与发展出版中心（010）59367143

地址：北京市北三环中路甲29号院华龙大厦　邮编：100029

网址：www.ssap.com.cn

发　　行 / 市场营销中心（010）59367081　59367018

印　　装 / 北京季蜂印刷有限公司

规　　格 / 开　本：787mm×1092mm　1/16

印　张：26.5　字　数：445千字

版　　次 / 2017年8月第1版　2017年8月第1次印刷

书　　号 / ISBN 978-7-5201-1054-9

定　　价 / 89.00元

皮书序列号 / PSN B-2005-039-1/1

西部蓝皮书编委会

杨三省	杨兴全	杨国涛	杨　斌	肖金成
苏海红	陈　耀	周　江	易敏利	罗新远
郑长德	姚聪莉	洪名勇	胡　健	赵海东
席　恒	郭爱君	高新才	阎世平	黄志亮
龚　刚	傅德印	温　涛	雷晓康	魏后凯

主编简介

徐璋勇 经济学博士，教授、博士研究生导师。现任教育部人文社会科学重点研究基地——西北大学中国西部经济发展研究中心副主任，陕西省重点学科“世界经济学”学术带头人；兼任国家社科基金项目、教育部人文社科基金项目及教育部研究生学位评定中心评审专家，西安市专家咨询团特聘专家，西北大学经济法研究中心特约研究员。主要研究方向：农村金融改革、城市化发展等。出版学术专著（包括合著、参著、主编、副主编）17部，主编及参编教材5部。在《中国软科学》、《光明日报》（理论版）、《经济学家》、《金融评论》、《国际金融研究》等国内权威与核心期刊发表学术论文七十余篇。主持及参与省部级科研课题15项，其他科研课题二十余项。代表性成果有：《农民与城市化》（专著）、《虚拟资本积累与经济增长——理论分析及中国的实证研究》（专著）、《中国西部发展报告》（主编）、《中国西部经济发展报告》（主编）、《股份化：四大国有商业银行改革的现实选择》（论文，2000）、《虚拟资本市场发展对货币政策的冲击效应》（论文，2007）、《转型时期农村非正规金融生成逻辑的理论分析——兼对农村二元金融结构现象的解释》（论文，2008）、《金融减贫的门槛效应及其实证检验——基于中国西部省际面板数据的研究》（论文，2013）、《国有银行制度市场化路径：资产市场化与增量改革》（论文，2013）、《农户信贷行为倾向及其影响因素研究——基于西部11省区1664户农户的调查》（论文，2014）等。获得各种科研与教学成果奖24项，其中陕西省哲学社会科学优秀成果奖6项；西安市社会科学优秀研究成果奖2项；陕西省优秀教学成果特等奖2项；陕西省教育厅人文社会科优秀研究成果奖3项；其他研究成果奖11项。

任保平 经济学博士，博士后，教授、博士生导师。现任西北大学经济管理学院院长、教育部人文社会科学重点研究基地——西北大学中国西部经济发展研究中心主任；兼任中华外国经济学说研究会理事、陕西省外国经济学说研究会会长、陕西省区域经济研究会副会长。2006 年入选教育部新世纪优秀人才支持计划，2008 年被评为陕西省师德标兵，2009 年被评为陕西省教学名师，2011 年被评为陕西省“新世纪三五人才”，2013 年当选教育部经济学教学指导委员会委员，2014 年入选教育部“长江学者”特聘教授，享受国务院特殊津贴专家。2015 年入选“百千万人才工程”国家级人选、国家有突出贡献中青年专家。

近年来围绕中国经济转型与发展问题，先后在《经济研究》《管理世界》《经济学动态》《经济学家》等期刊发表论文两百余篇，被《新华文摘》、人大复印资料、《中国社会科学文摘》转载、转摘四十余篇。出版专著《以质量看待增长：新中国经济增长质量的评价与反思》、“中国经济增长质量报告”系列丛书、《中国 21 世纪新型工业化道路》等十余部，主编、参编教材十余部。获得包括教育部第六届人文社会科学优秀成果二等奖、教育部第五届人文社会科学优秀成果三等奖、商务部全国研究成果二等奖、刘诗白经济学奖等省部级科研奖励十余项。获国家教学成果二等奖 2 项，陕西省教学成果一等奖 3 项。主持国家社科基金重大项目“新常态下地方经济增长质量的监测预警系统和政策支撑体系构建研究”（2015）、教育部重大攻关项目“城乡统筹视角下城乡商贸流通体系建设研究”（2009）、国家社科基金成果文库“经济增长质量的逻辑”（2014）、教育部哲学社会科学发展报告项目“中国经济增长质量发展报告”（2013）、欧盟国际合作项目、国家社科基金项目、教育部规划项目等十余项。

摘　要

《西部蓝皮书：中国西部发展报告》是由教育部人文社会科学重点研究基地——西北大学中国西部经济发展研究中心组织全国长期研究中国西部发展问题的专家学者共同撰写，并由社会科学文献出版社出版的年度专题性研究报告，被教育部列为“十五”期间哲学社会科学研究重大标志性成果之一，从2005年起每年出版一部。

自西部大开发战略实施以来，西部地区在经济增长、社会发展、法治建设及环境改善等各方面均取得显著成效。但面对国内外错综复杂的宏观环境，西部地区如何坚持“创新、协调、绿色、开放、共享”五大发展理念，以实现全面建成小康社会目标，成为西部地区“十三五”发展的核心任务。为此，《中国西部发展报告（2017）》的主题是“西部地区的创新、协调、绿色、开放与共享发展”。

《中国西部发展报告（2017）》包括总报告、经济发展、社会发展、文化科技教育、生态环境、法治发展、专题研究等7个部分。其中，“总报告”在对“十二五”时期西部地区经济运行状况进行全面分析总结的基础上，对“十三五”期间面临的重大战略机遇、发展趋势进行了预测，并提出推进西部地区经济持续健康发展的政策建议；“经济发展”部分以西部地区经济增长质量提升为核心，分别从西部地区经济增长质量评价、产业转型升级、区域金融中心建设、资源型经济转型发展等方面对西部地区实现经济持续稳定健康发展的路径进行了分析研究；“社会发展”部分重点对西部地区的农村反贫困问题、西部地区社会质量发展问题、西部地区社会治理问题进行了分析研究，并提出进一步发展的政策建议；“文化科技教育”部分重点对西部地区传媒发展与区域竞争力、西部地区科技创新能力评价与提升等问题进行了分析研究，以期对西部地区文化与科技实力给出客观评价；另外，以陕西省省属本科高校为例，对其信息公开情况进行了测评，以期推动高等院校的信息公开制度建设；

“生态环境”部分通过西部地区低碳发展报告、西部地区节能减排绩效评价分析报告与黄土高原区生态修复效果评价报告等三个子报告，从不同角度对西部地区生态环境建设及绿色发展取得的成效与存在的问题进行了分析研究，提出进一步发展的政策建议；“法治发展”部分紧扣西部地区的资源特点，重点对西部地区民间音乐的法律保护问题、茶资源与茶产业法律保护问题、文物再利用的知识产权问题等进行了分析研究，以期推动西部地区在资源开发中对知识产权保护问题的研究；“专题研究”部分包括两个研究报告，分别对西部地区地方政府债务杠杆水平及去杠杆的路径措施、丝绸之路经济带沿线国家知识产权保护的现状与合作问题进行了专题分析研究。

关键词：西部　创新　协调　开放　共享

Abstract

Western Blue Book: *Report on Economic Development in Western Region of China* is a research report published by Social Sciences Academic Press (China), written by experts and scholars who are researching the economic development of western region and organized by Centre for Studies of China Western Economic Development of Northwest University, one of the key research institute of humanities and social sciences in universities of Ministry of Education. The Book has been recognized as major landmark of philosophy and social sciences by Ministry of Education during the 10th Five-Year Plan period and published yearly since 2005.

Since the Western Development Strategy being implemented, the Western region has made progress in economic growth, social development, law-Governed and environmental improvement and many other aspects. However, facing with the complicated macroeconomic environment at home and aboard, the core mission of the Western region during the 13th Five-Year Plan period is to achieve the goal of building a moderately prosperous society in all respects by adhering to five development concepts including innovation, coordination, greenness, opening to the outside world and sharing. Therefore, the theme of the *Report on Economic Development in Western Region of China (2017)* is the Innovation, Coordination, Greenness, Opening to the Outside World and Sharing of the Western Region.

Report on Economic Development in Western Region of China (2017) consists of seven parts: General Report, Economic Development, Social Development, Culture, Science and Education, Ecological Environment, Law-Governed and Issues. The General Report forecasts the significant strategic opportunities and trends in development and provides policy suggestions for promoting sustained and sound economic and social progress, based on the analysis and summary for the western economic performance during the 12th Five-Year Plan Period. Economic Development takes the economic growth quality as the core, analyzing and studding the path of achieving sustained and sound economic and social progress of Western

Region from aspects of Western economic development quality, industrial upgrading, regional financial center constructing and economic transformation of resource based region. Social Development analyzes the issues of anti-poverty, social development quality and social governance of Western regions and provides some policy suggestions for further development. Culture, Science and Education analyzes the media development and regional competitiveness, the evaluation and promotion of innovation capabilities of Western Region so that the western culture and technological strengths can be evaluated objectively. Meanwhile, this part estimates the information publicity of universities governed by Shaanxi Provence to prompt the institution constructing of information publicity. Ecological Environment consists of three sub-reports: Western Low-Carbon Economic Development, Evaluation and Analysis of Western Saving Energy and Reducing Emission Performance and Evaluation of Ecological Rehabilitation on the Loess Plateau. This part analyzes the achievements and issues of Western ecological environmental construction and greenness development and provides policy suggestions for further development. Law-Governed Development analyzes the legal protection of folk music and of tea resource and tea industries and the intellectual property right issue of western culture relics' reusing. Therefore, the intellectual property right of western region will be researched and emphasized. Issues include two research reports and analyzes the issue of intellectual property right of Belt and Road and of debt leverage level of western local government.

Keywords: the Western Region, Innovation, Coordination, Opening to the Outside World, Sharing

目　录

Ⅰ　总报告

Ⅱ　经济发展

Ⅲ 社会发展

Ⅳ 文化科技教育

Ⅴ 生态环境

Ⅵ 法治发展

Ⅶ　专题研究

皮书数据库阅读**使用指南**

CONTENTS

I General Report

II Economic Development

Ⅲ Social Develoment

Ⅳ Culture, Science And Education

Ⅴ Ecological Environment

Ⅵ Law-Governed Development

Ⅶ Issues

总 报 告

General Report

B.1

“十二五”西部经济运行分析与“十三五”展望*

姚慧琴　李耀华　曹 璞　徐 斌　张雪飞　李 茜**

摘 要：“十二五”是西部地区发展中重要的五年，尤其是党的十八大召开以来，面对国内外错综复杂的宏观环境，西部地区根据党中央、国务院决策部署，有效应对国际金融危机的持续影响和各种风险挑战，主动适应经济发展新常态，坚持以稳增长、促改革、调结构、惠民生为主线，力促经济在合理区间运行，综合实力实现大幅提升；加快产业结构转型升级步

* 本课题受教育部人文社会科学重点研究基地重大项目“丝绸之路经济带（中国区域）环境约束下的经济发展竞争力研究”（15JJD790026）资助。

** 姚慧琴，经济学博士，西北大学中国西部经济发展研究中心教授，研究方向为产业经济学；李耀华，西北大学经济管理学院博士研究生，研究方向为产业经济学；曹璞，西北大学经济管理学院博士研究生，研究方向为产业经济学；徐斌，西北大学经济管理学院博士研究生，研究方向为产业经济学；张雪飞，西北大学经济管理学院硕士研究生；李茜，西北大学经济管理学院硕士研究生。

伐，新支柱产业加速成长；固定资产投资增速进一步加快；统筹推进“四化”同步协调，经济增长空间进一步拓展；坚持山水林田湖一体化治理，生态环境进一步改善；积极融入“一带一路”倡议，形成对外开放新格局；经济增长动力进一步增强，全要素生产率显著提升；社会公共事业取得较大进步，人民生活质量显著提升。与此同时，西部地区经济社会发展也存在一些不容忽视的问题，突出表现在产业发展不平衡，多元支撑的产业结构尚未形成；民营经济发展滞后，市场主体活力不足；科研投入低，创新潜能尚未释放；资源环境约束加剧；外向型经济发展滞后，对外开放度有待提升；农民收入有待提高，脱贫任务依然繁重等方面。“十三五”时期，是全面建成小康社会的决胜阶段，西部地区仍处于大有作为的重要战略机遇期，将继续深入实施西部大开发战略，更好发挥“一带一路”倡议的带动开放作用。西部地区总体可能呈现经济增长稳中向好；固定资产投资增速稳定，民间投资需要持续关注；工业生产增速有所回落，结构调整步伐加快；开放水平持续提升；新型城镇化深入推进；物价保持稳定，消费对经济增长拉动作用得到增强。

关键词： 西部地区 经济发展 分析展望

一 “十二五”时期西部经济社会发展主要成就

“十二五”是西部地区发展中不平凡的五年，尤其是党的十八大召开以来，面对国内外错综复杂的宏观环境和艰巨繁重的改革发展任务，西部地区根据党中央、国务院的决策部署，有效应对国际金融危机的持续影响和各种风险挑战，主动适应经济发展新常态，坚持稳增长、促改革、调结构、惠民生为主线，综合实力实现大幅提升，产业结构加快转型，内生增长动力进一步增强，城乡人民生活水平进一步改善，社会事业取得较大进步，全面建成小康社会加快推进。

（一）力促经济在合理区间运行，综合实力实现大幅提升

“十二五”期间，在经济下行压力加大情况下，西部地区积极适应经济新常态，贯彻落实新发展理念，坚持稳中求进工作基调，系统化推进各项重点工作，综合实力迈上新台阶。“十二五”末，西部地区实现国内生产总值145018.92亿元①，比“十一五”末净增加63610.43亿元，年平均增速达12.24%，分别高出东部、中部地区2.34个和1.38个百分点，高出全国平均水平1.58个百分点。“十二五”期间，西部地区国内生产总值年增速分别为14.05%、12.42%、10.73%、9.07%和8.61%，虽呈逐年下降趋势，但与东部、中部相比仍保持较高增速（见图1）；国内生产总值占全国比重逐年提高，2011～2015年占比分别为19.22%、19.76%、20.00%、20.18%、20.07%（见表2）。

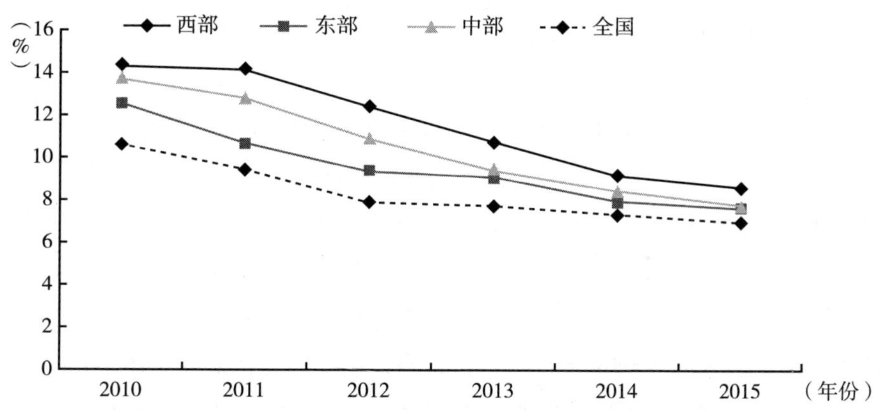

图1 2010～2015年东中西部地区及全国GDP增长率

从省际数据看。除内蒙古外，西部各省份“十二五”期间GDP年均增速均高于全国，贵州以17.94%的年均增速居西部第一位，西藏（15.13%）、重庆（14.68%）、云南（13.52%）、青海（12.35%）等5省份GDP增速高于西部地区平均水平。“十二五”末，对西部经济增长贡献最大的是重庆、四川、广

---

① 总量数据为各省加总所得，以下均同。

表1 “十一五”末与“十二五”末全国和各地区生产总值及增速与人均地区生产总值比较

地区	地区生产总值(亿元)		“十二五”年均增速(%)	人均地区生产总值(元)	
	2010年	2015年		2010年	2015年
西 部	81408.49	145018.92	12.24	22497.90	39207.73
东 部	250487.94	401651.69	9.90	46033.39	70796.44
中 部	105145.56	176097.26	10.86	24977.36	40999.05
全 国	437041.99	722767.87	10.66	30876.00	49992.00

资料来源：相关年份《中国统计年鉴》。

表2 2010~2015年东中西部地区GDP占全国比重

单位：%

年份	2010	2011	2012	2013	2014	2015
西 部	18.63	19.22	19.76	20.00	20.18	20.07
东 部	57.31	56.30	55.63	55.45	55.34	55.57
中 部	24.06	24.48	24.61	24.55	24.48	24.36

资料来源：相关年份《中国统计年鉴》。

西、贵州、云南5省份，其贡献率均超过10%，加总贡献率为88.77%。

西部地区人均GDP“十二五”期间显著提高，从“十一五”末的22497.90元提高至39207.73元，净增加16709.83元，年均增速达到11.75%。“十二五”末，西部人均GDP最高的省份为内蒙古（71101元），高于西部平均水平的还有重庆（52321元）、陕西（47626元）、青海（41252元）、宁夏（43805元）、新疆（40036元）等5个省份，最低的为甘肃（26165元）。

从居民收入看。“十二五”末，西部城镇居民可支配收入26415.20元，比“十一五”末净增加10638.07元，年均增速达到10.86%，城镇居民收入显著增加。农村居民人均纯收入从“十一五”末的4429.45元增加到“十二五”末的9064.44元，年均增速达15.4%，分别高于东部、中部2.82个和1.02个百分点，高于全国平均水平1.35个百分点，区内农民人均纯收入大幅增加。从增速看，“十二五”期间重庆、四川、云南、新疆、内蒙古5省份城镇居民人均可支配收入年均增速均高于全国平均水平；重庆、陕西、贵州、西藏、甘肃、青海、宁夏、新疆8省份农村居民人均纯收入年均增速均高于全国平均水平。

"十二五"期间西部地区地方财政收入大幅增加，从"十一五"末的7873.41亿元，增加到"十二五"末的17213.81亿元，净增长9340.40亿元，年均增速达到16.93%，高于全国和东部增长速度（见表3）。

表3 "十一五"末与"十二五"末东中西部地区及全国城乡居民收入与财政收入情况比较

地区	城镇居民人均可支配收入（元）			农村居民人均纯收入（元）			财政收入（亿元）		
	2010年	2015年	年均增速（%）	2010年	2015年	年均增速（%）	2010年	2015年	年均增速（%）
西部	15777.13	26415.20	10.86	4429.45	9064.44	15.40	7873.41	17213.81	16.93
东部	22820.14	36050.84	9.58	7842.24	14184.95	12.58	25010.25	48593.62	14.21
中部	15682.58	26420.41	11.0	5598.39	10957.76	14.38	7729.38	17194.63	17.34
全国	19109.44	31194.80	10.30	5919.01	11421.70	14.05	40613.04	83002.04	15.37

资料来源：相关年份《中国统计年鉴》。

（二）产业结构转型升级步伐加快，新支柱产业成长加速

经济新常态要求提速换挡、结构调整和动力转换，实现向形态更高级、分工更优化、结构更合理的发展阶段演进。"十二五"期间，西部地区在稳增长的同时，充分发挥自身优势，进一步加大产业结构调整力度，全力促进经济增长方式向质量和效益型转变。"十二五"末，西部地区三次产业增加值分别为17362.24亿元、64735.90亿元、62920.78亿元，比"十一五"末分别净增长6660.93亿元、24042.00亿元、32907.51亿元，年均增速分别达到10.16%、9.73%、15.96%，第三产业增速较快。"十二五"期间，西部地区第一、第二产业占地方生产总值比重逐年下降，第三产业比重上升，三次产业结构由"十一五"末的13.14∶49.99∶36.87调整为"十二五"末的11.97∶44.64∶43.39，第三产业比重显著提高（见图2）。

"十二五"期间，西部地区进一步加大R&D经费投入，规模以上工业企业累计达4370.56亿元，其中"十二五"末达到1011.32亿元，比"十一五"末增加617.88亿元，年均增速达20.78%，分别高于东部、中部地区0.89个和0.5个百分点，高于全国0.73个百分点。R&D经费投入的持续提高为西部地区发展新产业、形成新动能奠定了良好基础。"十二五"末，西部R&D人

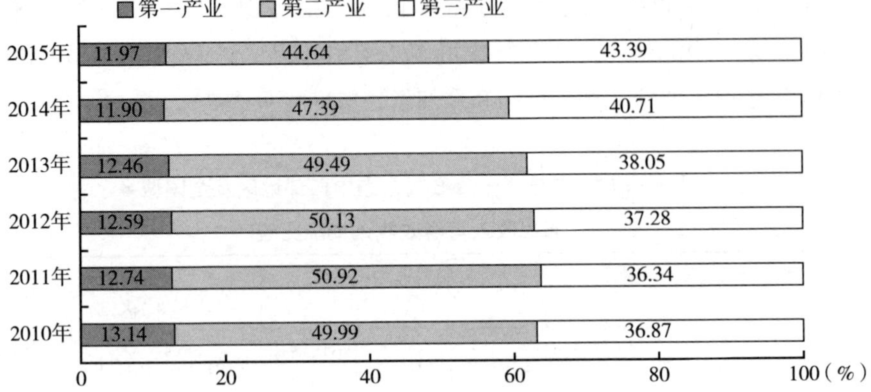

图2　2010～2015年西部地区三次产业占比

员全时当量是“十一五”末期的1.74倍，年均增速达到11.72%（见表4），科技创新力度进一步加大。从省际数据来看，“十二五”末，R&D人员全时当量四川、重庆和陕西排在西部地区前三位；重庆、云南、西藏、内蒙古的R&D人员全时当量年均增速超过西部平均水平。

表4　“十一五”末与“十二五”末东中西部地区及全国规上工业企业R&D投入情况比较

地区	R&D人员全时当量(人·年)		年均增速(%)	R&D经费(万元)		年均增速(%)
	2010年	2015年		2010年	2015年	
西　部	145422.86	253073.00	11.72	3934351.70	10113172.00	20.78
东　部	938887.46	1871529.00	14.79	28777880.20	71292457.00	19.89
中　部	285598.00	513688.00	12.46	7441733.30	18733701.00	20.28
全　国	1369908.32	2638290.00	14.01	40153965.20	100139330.00	20.05

资料来源：相关年份《中国统计年鉴》。

“十二五”期间，西部地区在积极推进传统产业转型升级的同时，加大培育发展新兴产业力度，促进经济链条化、集群化发展，为新一轮经济增长积蓄力量。陕西实施“中国制造2025”陕西行动计划，着力壮大电子信息、航空航天、新能源汽车、3D打印、机器人等新支柱产业。云南加快“互联网+”步伐，大力培育云计算、大数据、物联网、移动互联网应用产业，集中力量培育现代生物、新能源、新材料、先进装备制造、电子信息等重点产业。内蒙古现代煤化工、稀土新材料等产业规模居全国前列，现代物流、文化旅游、金融保险、电子商务等蓬勃发展。广西推进“互联网+工业”行动，加快移动互联网、云计算、大数据、物联网等信息技术与传统工业深度融合。贵州坚持大力推进国家大数据综合试验区建设，统筹建好用好“云上贵州”及其应用平台，充分挖掘利用大数据商业价值、管理价值、社会价值，抢占大数据发展制高点。四川积极培育五大新兴先导型服务业，提升生产性服务业高端化、专业化发展水平，推动文化、体育、养老等10个重点领域生活性服务业发展。重庆制造业发展突出高端化、配套化、集聚化特征，电子信息产业迅速发展壮大，汽车产业形成多品牌集聚，装备、化医、材料、能源和消费品工业均发展为千亿级产业。这些举措，为西部地区新支柱产业的加速形成打下良好基础。

（三）固定资产投资进一步加快

“十二五”期间，西部地区积极应对整体经济下行压力，把投资作为促进经济增长的有力抓手，采取各项措施优化投资环境，区内固定资产投资增速一直维持较高水平。2015年实现固定资产投资总量140416.30亿元，是2010年的2.27倍，“十二五”期间年均增速17.80%，高于全国和东部、中部平均水平（见表5）。从省级层面分析，西部地区仅有四川（14.24%）、内蒙古（8.95%）低于全国平均水平，其余10个省份均高于全国平均水平，固定资产投资的增加，为西部地区经济社会发展打下了良好基础。从西部地区“十二五”期间投资增速变化看，固定资产投资增速有下降趋势，但仍保持较高水平（见图3）。

表5　“十二五”期间东中西部地区及全国固定资产投资情况比较

单位：亿元，%

省份（地区）	固定资产投资总量						“十二五”年均增速
	2010年	2011年	2012年	2013年	2014年	2015年	
重　庆	6688.91	7473.38	8736.17	10435.24	12285.40	14353.20	16.50
四　川	13116.72	14222.22	17039.98	20326.11	23318.60	25525.90	14.24
陕　西	7963.67	9431.08	12044.55	14884.15	17191.90	18582.20	18.47
广　西	7057.56	7990.66	9808.61	11907.67	13843.20	16227.80	18.12
贵　州	3104.92	4235.92	5717.80	7373.60	9025.80	10945.50	28.66
云　南	5528.71	6191.00	7831.13	9968.30	11498.50	13500.60	19.55
西　藏	462.67	516.31	670.52	876.00	1069.20	1295.70	22.87
甘　肃	3158.34	3965.79	5145.03	6527.94	7884.10	8754.20	22.62
青　海	1016.87	1435.58	1883.42	2361.09	2861.20	3210.60	25.85

续表

省份（地区）	固定资产投资总量						“十二五”年均增速
	2010 年	2011 年	2012 年	2013 年	2014 年	2015 年	
宁　夏	1444. 16	1644. 74	2096. 86	2651. 14	3173. 80	3505. 40	19. 41
新　疆	3423. 24	4632. 14	6158. 78	7732. 30	9447. 70	10813. 00	25. 86
内蒙古	8926. 46	10365. 17	11875. 74	14217. 38	17591. 80	13702. 20	8. 95
西　部	61892. 23	72103. 99	89008. 59	109260. 92	129191. 20	140416. 30	17. 80
东　部	131897. 02	147989. 19	173758. 70	204205. 24	231142. 40	250025. 10	13. 64
中　部	77573. 46	85740. 65	105821. 07	127172. 57	145418. 40	166005. 80	16. 43
全　国	271362. 71	305833. 84	368588. 35	440638. 72	505752. 00	556447. 20	15. 44

资料来源：相关年份《中国统计年鉴》。

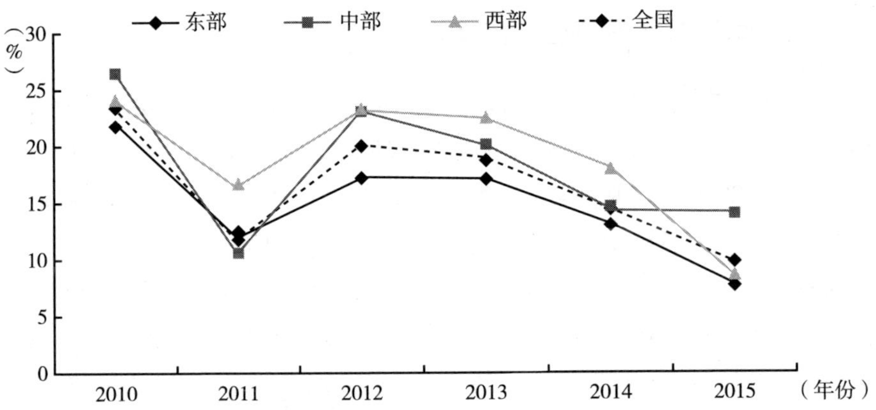

图 3　2010 ~ 2015 年西部地区固定资产投资增速与东部、中部及全国比较

基础设施是西部地区发展的最重要短板和瓶颈。“十二五”期间，西部地区持续扩大交通、水利等重大基础设施投资，为经济持续稳定增长奠定坚实基础。从交通基础设施投资看，“十二五”末，西部铁路营运里程达 48005. 20 公里，较“十一五”末期增加 12039. 93 公里，5 年增长 33. 48%，高于全国平均水平；内河航道里程达 33681. 00 公里，比“十一五”末期净增 1956. 83 公里，5 年增长 6. 17%，增速较快；公路里程达 1847479. 00 公里，比“十一五”末净增 279101. 00 公里，5 年增长 17. 8%，远高于全国平均水平（见表 6）。

水利基础设施方面。“十二五”末西部地区有效灌溉面积较“十一五”末增长 9. 26%，其中云南、新疆有效灌溉面积 5 年增长分别达到 10. 66% 和 32. 87%。

表 6 “十一五”末与“十二五”末东中西部地区及全国交通基础设施比较

单位：公里，%

省份（地区）	铁路营运			内河航道			公路		
	2010 年	2015 年	5 年增长	2010 年	2015 年	5 年增长	2010 年	2015 年	5 年增长
西部	35965.27	48005.20	33.48	31724.17	33681.00	6.17	1568378	1847479	17.80
东部	24629.69	34516.50	40.14	53241.19	53687.00	0.84	1096547	1244283	13.47
中部	30583.52	38448.90	25.72	39276.42	39632.00	0.91	1343303	1485534	10.59
全国	91178.48	120970.6	32.67	124241.78	127001.0	2.22	4008228	4577296	0.95

资料来源：相关年份《中国统计年鉴》。

水库总库容量方面，“十二五”末西部地区水库总库容量是“十一五”末的1.51倍，5年增长51.1%，其中重庆、四川、广西、云南、西藏水库总库容量5年增长较快；供水方面，西部地区“十二五”末供水总量较“十一五”末增长3.38%，其中四川、陕西、云南、新疆、内蒙古增幅较大，水利基础设施的不断完善，为西部地区经济社会发展提供了有力保障（见表7）。

表 7 “十一五”末与“十二五”末西部地区各省份水利基础设施对比

省份（地区）	有效灌溉面积（千公顷）			水库总库容量（亿立方米）			供水		
	2010 年	2015 年	5 年增长（%）	2010 年	2015 年	5 年增长（%）	总量（亿立方米）2010 年	总量（亿立方米）2015 年	5 年增长（%）
重庆	685.25	687.20	0.28	74.06	120.10	62.17	86.39	79.00	-8.55
四川	2553.11	2735.10	7.13	214.93	381.00	77.27	230.27	265.50	15.30
陕西	1284.87	1236.80	-3.74	77.06	86.80	12.64	83.40	91.20	9.35
广西	1523.05	1618.80	6.29	378.45	658.20	73.92	301.58	299.30	-0.76
贵州	1131.72	1065.40	-5.86	354.27	291.80	-17.63	101.45	97.50	-3.89
云南	1588.42	1757.70	10.66	131.70	741.60	463.10	147.47	150.10	1.78
西藏	237.03	247.80	4.54	12.87	29.10	126.11	35.20	30.80	-12.50
甘肃	1278.45	1306.70	2.21	103.07	96.10	-6.76	121.82	119.20	-2.15
青海	251.67	197.00	-21.72	341.94	318.80	-6.77	30.77	26.80	-12.90
宁夏	464.60	506.50	9.02	26.95	29.10	7.98	72.37	70.40	-2.72
新疆	3721.60	4944.90	32.87	135.74	195.00	43.66	535.08	577.20	7.87
内蒙古	3027.50	3086.90	1.96	167.89	103.10	-38.59	181.90	185.80	2.14
西部	17747.26	19390.80	9.26	2018.93	3050.70	51.10	1927.70	1992.80	3.38

资料来源：相关年份《中国统计年鉴》。

（四）统筹推进“四化”同步协调，经济增长空间进一步拓展

“十二五”期间，西部地区积极推进信息化和工业化深度融合、工业化和城镇化良性互动、城镇化和农业现代化相互协调，促进工业化、信息化、城镇化、农业现代化“四化”同步发展，发展动力持续增强。

农业现代化方面。坚持深化农村经济体制改革，加大农业结构调整力度，大力发展新型农业经营主体，推进农村产权确权颁证和交易体系建设，推进农村一二三产业融合发展，推动农业规模化生产、专业化服务、市场化经营。内蒙古主要农作物优势区域集中度达到85%，绿色、无公害农产品及有机食品认证产地面积2350万亩。陕西依托园区发展现代农业，现代农业园区增加到2350个，粮食生产连续十三年丰收，苹果产量稳居全国第一位，农业规模经营效益加快提升。广西粮食产量稳定增长，糖料蔗、特色水果、桑蚕茧等农林产品产量居全国前列。甘肃加快现代农业发展，积极推广良种良法，粮食总产量稳定在1000万吨以上。甘南等牧区提高畜牧良种化水平，提升名优特农产品供给质量和效益，农产品加工转化率提高到51.5%。西藏农牧业基础地位显著加强，改良黄牛60万头，推广“藏青2000”等新品种191.7万亩，农牧业产业化经营率达到40%，农牧民专业合作经济组织达到4624个，比“十一五”末增长11倍。青海高原现代生态农牧业加快发展，粮食产量连续八年稳定在百万吨，特色作物种植比重达到85%，全膜覆盖等新技术广泛运用，蔬菜生产自给率提高到73.5%，牧区畜棚入户覆盖率达到51.3%，建成全国重要的有机畜产品生产基地和最大的冷水鱼网箱养殖基地。

新型工业化发展方面。2015年，西部地区实现工业增加值53441.0亿元，是2010年的1.57倍，“十二五”期间年均增速达9.46%，高于东部地区和全国平均水平（见表8）。规模以上工业增加值的较快增长，表明西部地区在新型工业化发展方面取得较大进步，西部地区工业向规模化、集群化、链条化方向迈进。

新型城镇化方面。西部地区坚持以人为本，各省份通过建设经济增长极、交通沿线节点城市、对外开放前沿城镇等方式，扩大城镇数量与规模；通过组建城市群、城市带等方式，提高城市集聚能力与规模效益。“十二五”末，西部地区城镇化率达到48.74%，较“十一五”末提高了7.3个百分点（见表8），西部城镇化呈现出持续快速发展趋势，同时新型城镇化建设也迈上新台阶。

表8 “十一五”末与“十二五”末东中西部地区及全国工业化、城镇化主要指标比较

地区	工业增加值（亿元）		年均增速（%）	规模以上工业利润（亿元）		年均增速（%）	城镇化率（%）		年均增速（%）
	2010年	2015年		2010年	2015年		2010年	2015年	
东部	109570.42	161093.00	8.01	32780.03	42304.61	5.23	60.02	64.97	1.60
中部	45105.03	71324.63	9.60	11827.84	14922.94	4.76	45.31	52.17	2.86
西部	34004.74	53441.01	9.46	8441.79	8959.52	1.20	41.44	48.74	3.30
全国	188680.19	285858.64	8.66	53049.66	66187.07	4.52	50.33	56.55	2.36

资料来源：相关年份《中国统计年鉴》。

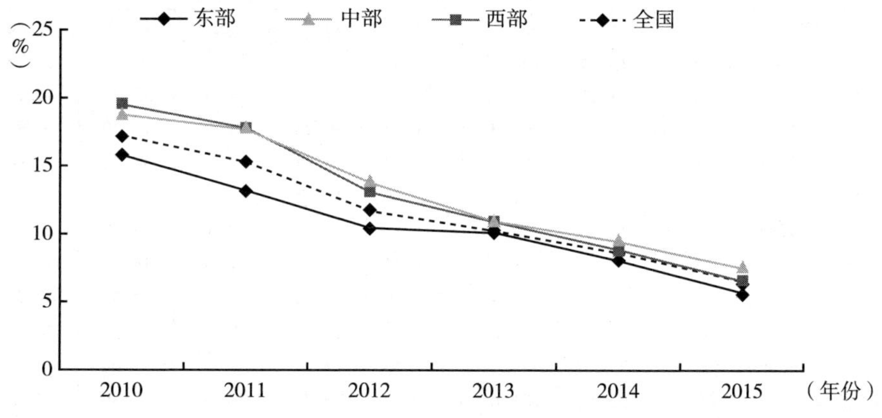

图4 “十二五”末东中西部地区及全国工业增加值增长率比较

信息化方面。“十二五”期间，西部地区加快建设城乡宽带网络、新一代移动通信、微波通信、卫星通信等信息基础设施，扩大光纤接入范围，推动光纤进社区和牧区，通乡镇、达行政村，构建覆盖城乡的通信网络，积极推进电信网、广播电视网和互联网“三网融合”，加速实现无线通信信号全覆盖。“十二五”末，西部地区电话普及率（包括移动电话）为98.18部/百人，是“十一五”末的1.36倍，年均增速达到6.30%，增速较快；“十二五”末，互联网普及率为43.57%，较“十一五”末上升16.42个百分点，年均增速达9.92%，增速高于东部、中部地区及全国平均水平；邮电业务呈下降趋势，从侧面反映出近年来西部地区新型物流业态及快递业务的兴起，通信基础设施的快速发展，为西部地区改变落后面貌、积极参与“互联网+”等提供了良好保障。加快电子政务、电子商务等公共信息服务平台建设和业务应用平台建设，深化物联网在工业、交通、物流、市政、环保、资源等重点领域的应用，加快发展社会保障、医疗卫生、科技教育、劳动就业、数字文化等信息惠民服务应用；加强网络信息安全和应急网络保障体系建设，增强应对各种突发事件的应急通信能力和网络信息监测、预警、管控能力，使信息化实现快速发展（见表9）。

表9 “十一五”末与“十二五”末西部地区信息化发展与中东部及全国比较

省份（地区）	邮电业务			电话普及率（包括移动电话）			互联网普及率		
	总量（亿元）		5年增长（%）	（部/百人）		5年增长（%）	（%）		5年增长（%）
	2010年	2015年		2010年	2015年		2010年	2015年	
重　庆	581. 30	554. 56	-4. 60	78. 60	109. 31	39. 07	34. 60	48. 30	39. 60
四　川	1450. 69	1297. 59	-10. 55	68. 12	99. 36	45. 86	24. 40	40. 00	63. 93
陕　西	857. 24	760. 97	-11. 23	87. 49	113. 11	29. 28	34. 30	50. 00	45. 77
广　西	821. 89	651. 53	-20. 73	60. 20	84. 12	39. 73	25. 20	42. 80	69. 84
贵　州	512. 47	515. 16	0. 52	58. 76	92. 20	56. 81	19. 80	38. 40	93. 94
云　南	773. 04	792. 58	2. 53	61. 41	86. 84	41. 41	22. 30	37. 40	67. 71
西　藏	64. 34	56. 38	-12. 37	69. 49	93. 71	34. 85	27. 90	44. 60	59. 86
甘　肃	423. 15	365. 61	-13. 60	68. 38	93. 53	36. 78	24. 80	38. 80	56. 45
青　海	114. 30	105. 38	-7. 80	89. 94	105. 58	17. 39	33. 60	54. 50	62. 20
宁　夏	135. 20	135. 42	0. 16	87. 87	107. 95	22. 85	28. 00	49. 30	76. 07
新　疆	555. 95	404. 80	-27. 19	87. 44	107. 20	22. 60	37. 90	54. 90	44. 85
内蒙古	601. 37	400. 30	-33. 44	101. 08	107. 59	6. 44	30. 80	50. 30	63. 31
西　部	6890. 94	6040. 28	-12. 34	72. 34	98. 18	35. 72	27. 15	43. 57	60. 48
东　部	17842. 85	16326. 01	-8. 50	112. 77	131. 06	16. 22	45. 75	60. 62	32. 50
中　部	7244. 69	6058. 72	-16. 37	69. 81	89. 78	28. 61	27. 61	42. 61	54. 33
全　国	31978. 48	28425. 01	-11. 11	88. 22	109. 19	23. 77	34. 97	50. 35	43. 98

资料来源：相关年份《中国统计年鉴》整理。

（五）坚持山水林田湖一体化治理，生态环境进一步改善

“十二五”期间，西部地区坚持山水林田湖一体化治理，以大气、水、土壤等污染治理为重点，不断加强环境保护和节能减排工作，全面推进生态文明建设，在节能减排、退耕还林等方面均取得了显著成绩，生态环境建设开始向系统化迈进。与“十一五”末相比，“十二五”末，西部地区的废水排放量由506423万吨增加到1505186万吨（见表10），年均增长24. 34%，增速低于全国（25. 36%）、东部（25. 17%）、中部（26. 56%）。

表 10 "十一五"末与"十二五"末西部地区"三废"排放量与中东部及全国比较

单位：万吨

省份（地区）	废水		废气				工业固体废物	
			二氧化硫		烟（粉）尘			
	2010 年	2015 年	2010 年	2015 年	2010 年	2015 年	2010 年	2015 年
重 庆	45180	149799	72.00	49.58	29.13	20.91	2837	2828
四 川	93444	341607	113.10	71.76	48.26	41.26	11239	12316
陕 西	45487	168122	77.90	73.50	34.86	60.36	6892	9330
广 西	165211	220066	90.40	42.12	57.93	35.59	6232	6977
贵 州	14130	112803	114.90	85.30	33.84	28.56	8188	7055
云 南	30926	173333	50.10	58.37	23.00	31.26	9392	14109
西 藏	736	5883	0.40	0.54	0.32	1.71	11	400
甘 肃	15352	67072	55.10	57.06	25.57	29.54	3745	5824
青 海	9031	23663	14.30	15.08	17.40	24.60	1783	14868
宁 夏	21977	32025	31.00	35.76	23.28	22.99	2465	3430
新 疆	25413	99952	58.80	77.83	52.86	59.59	3914	7263
内蒙古	39536	110861	139.41	123.09	80.73	87.88	16996	26669
西 部	506423	1505186	817.41	689.99	427.20	444.25	73694	111069
东 部	1256751	3862048	771.93	645.22	396.09	562.33	97065	117902
中 部	611559	1985992	595.74	523.92	454.52	531.44	70182	98108
全 国	2374732	7353227	2185.15	1859.12	1277.80	1538.01	240944	327079

资料来源：相关年份《中国统计年鉴》。

"十二五"期间，西部地区大气污染治理力度持续加大，区域二氧化硫排放量由2010年的817.41万吨下降到689.99万吨，年均下降3.33%，降幅大于中部降幅（-2.54%）及全国年平均降幅（-3.18%），其中广西、四川、重庆三省份下降幅度最大，分别下降14.17%、8.70%和7.19%，西部在废气排放治理方面付出了较大努力。烟（粉）尘排放方面，"十二五"期间西部地区烟（粉）尘排放量年均增幅0.79%，远小于东部的7.26%、中部的3.18%及全国平均水平3.78%，其中广西、重庆、贵州、四川、宁夏五省份烟（粉）尘排放量增速大幅下降，表明西部地区烟（粉）尘治理成效处于全国前列。

"十二五"期间，西部一般工业固体废物产生量大幅增加，由"十一五"末的73694万吨增加到"十二五"末的111069万吨，年均增速为8.55%，高于全国（6.30%）及东部（3.97%）、中部（6.93%）增速。值得关注的是，西部地区在一般工业固体废物产生量逐年增加的同时，对其治理力度也不断加大，区内工业固体废物利用量由2010年的40835万吨提高到2015年的58816

万吨，年均增速 7.57%，高于全国（4.21%）的年均增长速度，其中青海、新疆增幅均在 100% 以上；同时，西部地区工业固体废物处置量由 2010 年的 20254 万吨提高到 2015 年的 24691 万吨，增长 21.91%。西部地区在三废治理方面做出了巨大努力（见表 11）。

表 11　2010 年、2015 年西部各省份与全国及东中西部地区一般工业固体废物排放治理情况

单位：万吨

省份（地区）	一般工业固体废物			
	利用量		处置量	
	2010 年	2015 年	2010 年	2015 年
重　庆	2317.00	2424.00	155.00	383.00
四　川	6159.00	5507.00	3758.00	4177.00
陕　西	3753.00	6102.00	2177.00	1977.00
广　西	4231.00	4388.00	1563.00	546.00
贵　州	4174.00	4289.00	2498.00	1902.00
云　南	4798.00	7198.00	2911.00	4163.00
西　藏	—	12.00	—	41.00
甘　肃	1783.00	3079.00	1150.00	2260.00
青　海	759.00	7247.00	1.00	4.00
宁　夏	1422.00	2131.00	490.00	929.00
新　疆	1877.00	4133.00	256.00	755.00
内蒙古	9562.00	12306.00	5295.00	7554.00
西　部	40835.00	58816.00	20254.00	24691.00
东　部	70667.00	75775.00	21994.00	25995.00
中　部	50268.00	64218.00	15014.00	22348.00
全　国	161772.00	198807.00	57264.00	73034.00

资料来源：相关年份《中国统计年鉴》。

退耕还林方面。西部各省份以建设生态文明为总目标，采取有效措施，2014 年，林业重点生态工程完成投资 665.95 亿元，占全国林业投资比重为 15.40%。共完成造林面积 192.79 万公顷，其中，退耕还林面积占全部造林面积的 6.84%。与 2010 年相比，2014 年全国退耕还林面积由 982617 公顷下降到 379589 公顷，下降了 61.37%；西部地区退耕还林面积由 560353 公顷下降至 216699 公顷，下降了 61.32%（见表 12）。西部地区退耕还林面积的逐年减少，反映出近年来西部退耕还林工程稳步推进，前期成果得到进一步巩固。

表 12　2010 年、2014 年东中西部地区及全国退耕还林面积比较

单位：公顷

地区	退耕还林	
	2010 年	2014 年
西　部	560353.00	216699.00
东　部	63682.00	22967.00
中　部	311915.00	130590.00
全　国	982617.00	379589.00

资料来源：相关年份《中国统计年鉴》。

（六）积极融入“一带一路”倡议，形成对外开放新格局

“十二五”期间，西部地区积极融入“一带一路”倡议，进一步扩大能源化工、装备制造、交通运输、现代农业、文化旅游等重点领域开放，探索与沿线国家经济合作和人文教育新模式，加快构建开放型体制机制，对外开放度进一步提升。“十二五”末，西部地区进出口总额达 2852.75 亿美元，比“十一五”末增长 122.35%，年均增长 17.33%。其中，出口 1892.66 亿美元，较“十一五”末增加了 162.75%，年均增长 21.31%，开放程度大幅提高。

实际利用外资大幅增长。“十二五”末，西部地区实际利用外资 372.62 亿美元，比“十一五”末提高 69.82%，年均增速 11.17%。从分省数据看，西部地区除青海、宁夏、甘肃、内蒙古 4 个省份外，其他省份的年均增长率都为正值，贵州的年均增长率（53.08%）位列西部第一（见图 5）。

同时，西部地区各省份积极融入“一带一路”倡议。陕西通过建设综合交通枢纽中心、国际商贸物流中心、科教文化旅游中心、能源金融中心、经贸合作中心等五个中心，深度融入“一带一路”倡议。甘肃省加强与中西亚各国产业的交流，利用保税区政策发展国际文化和甘肃文化产业，丝绸之路（敦煌）国际文化博览会获国家批复，“天马号”“兰州号”国际货运班列实现常态化运营，兰州中川机场和敦煌机场对外开放，结束了兰州没有国际航空口岸的历史。宁夏以中阿博览会为龙头，积极推进内陆开放型经济试验区和综合保税区建设，着力推进陆上、空中丝绸之路建设，初步形成全方位对外开放新格局。新疆与哈萨克斯坦、吉尔吉斯斯坦、塔吉克斯坦、巴基斯坦、蒙古 5 国

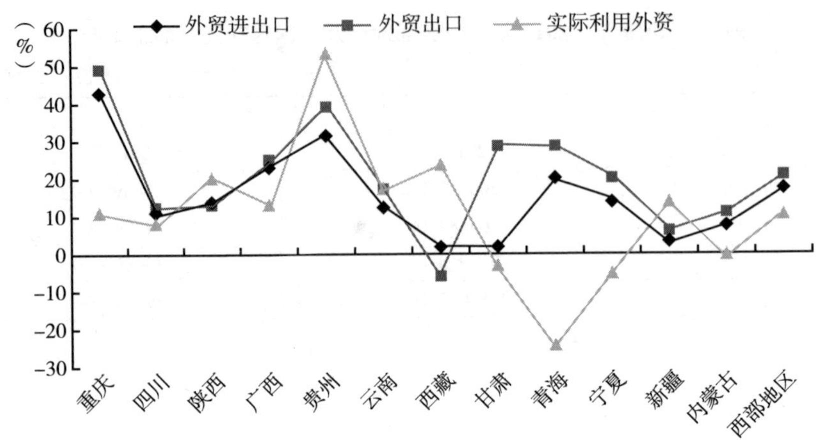

图 5 “十二五”期间西部各省份对外贸易指标的年均增长率

开展国际道路运输双边合作，开通国际道路客货运输线路 107 条，国际道路运输企业八十余家、车辆超过 7000 辆，初步建起以乌鲁木齐为中心、以沿边地区为节点、以边境口岸为前沿，向周边国家辐射的国际道路运输网络。内蒙古积极融入丝绸之路经济带和中蒙俄经济走廊建设，呼伦贝尔中俄蒙合作先导区建设规划、满洲里综合保税区获得国家批复，二连浩特－扎门乌德跨境经济合作区建设加快推进。青海积极探索与丝路沿线国家建立经贸文化交流合作新机制，加快推进大通关建设，西宁国际航空口岸投入运营，开辟 4 条国际和地区航线，西宁机场旅客吞吐量突破 400 万人次，曹家堡保税物流中心全面建成。

（七）经济增长动力进一步增强，全要素生产率显著提升

“十二五”期间，西部地区内生增长动力进一步增强，全要素生产率①显著提升。通过对全国 2010～2015 年平均全要素生产率计算得出，西部地区

① 全要素生产率＝技术效率×技术进步率＝纯技术效率×规模效率×技术进步率。技术效率衡量从 t 时期到 t＋1 时期决策单元到最佳生产前沿边界的追赶程度；技术进步率衡量决策单元的技术边界从 t 时期到 t＋1 时期的移动；规模效率衡量决策单元是否处于最优生产规模，若规模效率值大于或等于 1，表明决策单元具有规模经济性，若小于 1 则表示不具规模经济性；纯技术效率是指将规模因素抽离，以分析在短期内不含规模因素的情况下生产要素的组织效率，若纯技术效率大于或等于 1，表明决策单元以较高纯粹效率的方式生产，若小于 1，则表示决策单元未能以较有效率的方式生产，故称之为纯粹技术无效率。

“十二五”期间全要素增长率为2%，高于全国平均增长率（1.1%）和中部（-2.1%）。从对全要素生产率分解情况看，西部地区技术效率增长率为-2.5%，表明西部地区在此期间管理水平有待提升，规模经济、产业链尚未形成，效率驱动型生产率增长尚未实现；技术进步增长率为4.7%，表明西部地区在此期间技术创新显著提升，全要素生产率增长由技术进步拉动，技术拉动型生产率增长开始显现（见表13）。

从西部各省份数据看，2010～2015年，全要素生产率增长最快的省份为重庆，且重庆技术效率和技术进步率分别增长了5.7%和4.1%，表现出技术和效率双重驱动型生产率增长模式，情况类似的省份还有陕西、宁夏和内蒙古。而广西、四川、青海和新疆的全要素生产率增速虽然为正值，但均来源于技术进步拉动，技术效率均呈现出负增长趋势。

表13 2010～2015年东中西部及全国全要素生产率及分解情况

省份（地区）	技术效率	技术进步率	纯技术效率	规模效率	全要素生产率
广　西	0.944	1.060	0.991	0.953	1.001
重　庆	1.057	1.041	1.057	1.000	1.100
四　川	0.965	1.059	1.029	0.938	1.023
贵　州	0.882	1.055	0.892	0.988	0.931
云　南	0.910	1.037	0.961	0.947	0.943
陕　西	1.036	1.047	1.048	0.989	1.085
甘　肃	0.912	1.060	0.905	1.008	0.966
青　海	0.994	1.046	1.000	0.994	1.040
宁　夏	1.033	1.038	0.970	1.065	1.072
新　疆	0.978	1.042	0.964	1.015	1.019
内蒙古	1.011	1.030	1.026	0.985	1.041
西部均值	0.975	1.047	0.986	0.989	1.020
中部均值	0.939	1.043	0.974	0.962	0.979
东部均值	0.996	1.039	1.008	0.987	1.034
全国均值	0.970	1.043	0.989	0.979	1.011

注：产出指标以各省份的国内生产总值来衡量，使用国内生产总值指数折算为以2010年为基期的可比数据；投入用各省份全社会从业人员、全社会固定资产投资衡量（全社会固定资产投资采用永续盘存法和固定资产投资、价格指数折算为以2010年为基期的可比数据）。

资料来源：笔者用DEAP 2.1软件计算结果。

“十二五”期间，除2012～2013年外，西部地区全要素生产率均呈现出显著增长趋势，从对历年全要素生产率分解看，其增长均来源于技术进步率的显著提高，表明技术创新、技术进步对全要素生产率提升贡献较大，经济增长动力进一步增强（见表14）。

表14　2010～2015年西部地区历年全要素生产率及分解情况

时间	技术效率	技术进步率	纯技术效率	规模效率	全要素生产率
2010～2011	0.877	1.158	0.933	0.940	1.016
2011～2012	0.957	1.051	0.958	0.999	1.006
2012～2013	1.077	0.926	1.034	1.042	0.997
2013～2014	0.992	1.054	1.000	0.992	1.046
2014～2015	0.993	1.059	1.015	0.978	1.052
均　值	0.975	1.047	0.986	0.989	1.020

资料来源：笔者用DEAP 2.1软件计算结果。

（八）社会公共事业进步较大，人民生活质量显著提升

“十二五”期间，西部地区坚持守住底线、突出重点、完善制度、引导舆论基本思路，更加注重保障基本民生，更加关注低收入群体，持续加大保障和改善民生力度，群众获得感不断增强。

西部地区积极贯彻落实国家扩大内需政策，市场消费稳中向好，居民消费水平有较大提升。2015年，区内共实现社会消费品零售总额55123.96亿元，与2010年的26930.53亿元相比，年均增长15.40%（见表15）。从分省数据看，有六个省份增长率高于西部地区整体增长率：重庆为123.21%、贵州为121.42%、西藏为112.31%、甘肃为112.30%、四川为109.17%、陕西为108.98%。至“十二五”末，西部地区社会消费品零售总额占GDP比重为38.01%，较2010年的33.08%提高了4.93个百分点。

脱贫攻坚是最大的民生工程。“十二五”期间，西部地区按照“六个精准”“五个一批”要求，持续加大精准脱贫力度，5年间区内贫困发生率不断降低，扶贫工作取得显著成效。青海大力推进精准脱贫，实现年度20.1万贫困人口脱贫目标。贵州聚焦“两有户、两因户、两无户、两缺户”，坚持“六

表 15 “十一五”末与“十二五”末西部地区消费情况比较

单位：亿元

省份	2010 年	2015 年
	社会消费品零售总额	社会消费品零售总额
重　庆	2878.04	6424.02
四　川	6634.70	13877.70
陕　西	3147.67	6578.11
广　西	3271.81	6348.06
贵　州	1482.68	3283.02
云　南	2542.44	5103.15
西　藏	192.40	408.49
甘　肃	1369.40	2907.20
青　海	346.03	690.98
宁　夏	403.59	789.57
新　疆	1324.47	2605.96
内蒙古	3337.30	6107.70
西部合计	26930.53	55123.96

资料来源：相关年份《中国统计年鉴》。

个精准”“六个到村到户”“四到县”，取消重点生态功能区 10 个贫困县 GDP 考核，投入财政扶贫资金 305 亿元，易地扶贫搬迁 66 万人，35 个贫困县、744 个贫困乡镇摘帽，贫困发生率下降到 14.3%。四川减少贫困人口 976 万以上，农村贫困发生率从 20.4% 下降到 5.8%。甘肃扶贫对象人均收入年均增长 14.8%，大于全省农民人均收入增幅 2 个百分点，贫困人口减少到 317 万，贫困发生率由 40.5% 下降到 15%。

党的十八大明确提出实施就业优先战略和更加积极的就业政策，以高校毕业、转业军人等为重点，充分发挥中小微企业就业主渠道作用，推动实现更高质量的就业。2015 年，西部地区城镇就业人数达 3897 万，比 2010 年的 2898.10 万增长了 34.47%，年均增长 6.10%。与 2010 年相比，2015 年的西部整体失业率由 3.85% 下降到 3.50%，降低 0.35 个百分点，2011～2015 年失业率年均下降 1.89%，西部地区整体失业率保持在相对健康水平（见表 16）。

表16 “十一五”末与“十二五”末西部地区就业和失业情况比较

省份	城镇就业人数(万人)		失业率(%)	
	2010年	2015年	2010年	2015年
重　庆	266.36	415.60	3.90	3.40
四　川	570.58	795.50	4.14	4.10
陕　西	364.81	511.80	3.85	3.30
广　西	316.68	405.40	3.66	3.30
贵　州	224.33	307.50	3.64	3.30
云　南	322.77	414.70	4.21	4.00
西　藏	22.21	33.40	3.99	2.50
甘　肃	194.29	261.80	3.21	2.30
青　海	52.60	62.70	3.80	3.30
宁　夏	59.31	73.10	4.35	4.10
新　疆	254.96	317.20	3.23	3.40
内蒙古	249.19	298.30	3.90	3.70
西部合计	2898.10	3897.00	3.85	3.50

资料来源：相关年份《中国统计年鉴》。

教育方面。与“十一五”末相比，西部地区“十二五”末学前教育每十万人口平均在校生人数由2140人上升到3267人，增长52.66%，学前教育在西部地区不断普及，提高了西部学龄前儿童整体素质，有利于学龄前儿童身心发展；受计划生育政策影响，西部地区小学、初中和高中每十万人口平均在校生人数均出现不同程度减少；但是，“十二五”末西部地区高校每十万人口平均在校生人数由“十一五”末的1818人增加到2296人，增加了26.30%，西部地区高等教育普及率显著提升（见表17）。

“十二五”期间，西部地区医药卫生体制改革加快实施，医疗卫生事业取得长足发展，人民群众健康水平显著提高。与2010年相比，2015年西部地区医院数由6327个增加到8950个，贵州、四川、重庆、内蒙古等省份医院数量增长率均达到50%以上；基层医疗卫生机构由277707个增加到290849个，其中西藏增加了1813个，增幅最大；专业公共卫生机构由3772个增加到11611个，增幅达207.82%，甘肃、陕西、广西和贵州四省份增幅均在300%以上；卫生技术人员由2072178人增加到2894623人（见表18）。

表 17 “十一五”末与“十二五”末西部地区每十万人口平均在校生人数

单位：人，%

省份	在校生总数			学前教育		小学		初中阶段		高中阶段		高等教育	
	2010 年	2015 年	年均增速	2010 年	2015 年	2010 年	2015 年	2010 年	2015 年	2010 年	2015 年	2010 年	2015 年
重　庆	20368	19977	-0.39	2479	3061	6993	6932	4483	3211	4000	3702	2413	3071
四　川	19033	18205	-0.89	2306	3049	7234	6655	4207	3027	3496	3162	1790	2312
陕　西	21283	19661	-1.57	1868	3701	6920	6175	4356	2837	4931	3320	3208	3628
广　西	20386	23528	2.91	2441	4352	8856	9258	4127	4129	3432	3611	1530	2178
贵　州	22918	25736	2.35	2025	3719	11414	9872	5654	5643	2716	4683	1109	1819
云　南	20457	19493	-0.96	2159	2745	9521	8014	4551	4018	2835	2897	1391	1819
西　藏	19479	19739	0.27	807	2766	10323	9192	4792	3696	2184	2319	1373	1766
甘　肃	21642	18882	-2.69	1470	2706	8994	6956	5252	3509	4044	3517	1882	2194
青　海	20169	19537	-0.63	2009	3160	9313	7787	3938	3656	3790	3659	1119	1275
宁　夏	23670	21788	-1.64	2205	2914	10455	8814	4919	4144	4223	3672	1868	2244
新　疆	21014	21529	0.49	2682	3526	8968	8916	4648	3949	3249	3385	1467	1753
内蒙古	16308	14980	-1.68	1572	2369	5907	5244	3364	2553	3581	2779	1884	2035
西部合计	20324	20205	-0.12	2140	3267	8338	7592	4474	3636	3554	3414	1818	2296

资料来源：相关年份《中国统计年鉴》。

表 18 “十一五”末与“十二五”末西部地区医疗卫生事业发展情况比较

单位：个，人

省份	医院		基层医疗卫生机构		专业公共卫生机构		卫生技术人员	
	2010 年	2015 年	2010 年	2015 年	2010 年	2015 年	2010 年	2015 年
重　庆	417	631	16900	18986	142	159	160055	227095
四　川	1261	1942	72244	76214	649	1801	467126	646542
陕　西	828	1014	34389	34098	354	1804	260056	349892
广　西	450	527	31856	32216	360	1657	266138	374817
贵　州	554	1188	24498	26175	296	1318	154246	259144
云　南	780	1101	21505	21833	474	1183	207663	304551
西　藏	101	139	4718	6531	138	142	16694	29094
甘　肃	381	443	25930	25459	301	1774	137501	181445
青　海	129	181	5503	5860	133	178	35224	48440
宁　夏	157	168	3878	3981	72	129	39674	52568
新　疆	802	914	14715	17075	448	802	158917	208536
内蒙古	467	702	21571	22421	405	664	168884	212499
西部合计	6327	8950	277707	290849	3772	11611	2072178	2894623

资料来源：相关年份《中国统计年鉴》。

社会公共文化方面。大力实施文化惠民工程，切实加大财政投入力度，改建、新修群众文化活动场所，确保老百姓在家门口就能享受到高质量文化产品。西部地区博物馆数量由“十一五”末的 747 个增加到“十二五”末的 1197 个，参观人次从 11626.00 万增加到 21931 万，其中甘肃、西藏、陕西、宁夏四省份增幅都在 150% 以上。公共图书馆数量由“十一五”末的 1045 个增加到“十二五”末的 1196 个，其中西藏的公共图书馆个数与 2010 年相比增加了 75 个，增幅最大；总流通人次由 6313.20 万上涨到 10324 万，年均增长 10.34%。博物馆、图书馆数量及参观、阅览人数的持续增加，丰富了广大人民群众精神文化生活，提升了居民整体精神素养（见表 19）。

表 19 “十一五”末与“十二五”末西部地区文化建设情况

地区	博物馆					公共图书馆				
	数量(个)		参观人次(万人次)			数量(个)		总流通人次(万人次)		
	2010 年	2015 年	2010 年	2015 年	年均增速(%)	2010 年	2015 年	2010 年	2015 年	年均增速(%)
重庆	37	78	1550.90	2299.00	8.19	43	43	621.28	1235.00	14.73
四川	108	225	3357.10	5997.00	12.3	161	203	1168.04	2010.00	11.47
陕西	106	249	1498.10	4208.00	22.94	112	110	519.34	982.00	13.59
广西	64	124	744.10	1655.00	17.34	108	112	1342.78	2065.00	8.99
贵州	59	73	1177.10	1581.00	6.08	93	96	369.06	594.00	9.99
云南	120	86	1529.10	1700.00	2.14	150	151	907.04	1223.00	6.16
西藏	2	7	14.90	49.00	26.88	4	79	2.71	20.00	49.15
甘肃	102	150	646.70	2191.00	27.64	94	103	468.30	678.00	7.68
青海	18	23	83.20	147.00	12.06	44	49	89.48	112.00	4.59
宁夏	6	12	74.00	198.00	21.75	20	26	163.09	282.00	11.57
新疆	71	86	366.40	756.00	15.59	103	107	350.44	474.00	6.23
内蒙古	54	84	583.90	1150.00	14.52	113	117	311.64	649.00	15.8
西部合计	747	1197	11626.00	21931.00	13.53	1045	1196	6313.20	10324.00	10.34

资料来源：相关年份《中国统计年鉴》。

总之，“十二五”时期是深入实施西部大开发战略的关键时期。西部地区经济社会得到全面发展，西部地区多项主要指标增速继续领先东部、中部，在经济新常态下仍然保持着较强劲的经济增长势头，为 2020 年全面建成小康社会打下了坚实基础，对拉动中国经济增长起到了重要作用。

二 “十二五” 期间西部地区经济社会发展中存在的主要问题

“十二五”期间，西部地区经济社会发展在“十一五”基础上有了进一步提升，尤其是在“一带一路”重大倡议引领下，西部地区由内陆地区上升为丝绸之路经济带对外开放的前沿与窗口，对外开放程度加速提升，后发优势、比较优势初步显现；在新常态和供给侧结构性改革大背景下，地区经济增速仍高于全国平均增速，个别省份甚至位于全国前列；经济发展方式继续由传统粗放型向集约型、绿色、低碳方式转变；人民生活水平全面提升，团结稳定、文明和谐的西部地区加速形成；民生事业逐步改善，教育、医疗卫生、文化体育、社会保障等基本公共事业全面推进，扶贫攻坚工作持续开展。但是，西部地区整体落后区情尚未改变，产业结构不合理，多元支撑的产业结构尚未形成；科研投入不足，创新潜能尚未释放；资源环境生态约束加剧；外向型经济发展滞后，对外开放水平有待提升；扶贫攻坚任务重，贫困面较大，农民收入亟待提升等问题依然突出。这些较为突出的现实问题，仍需长期努力加以解决。

（一）产业发展不平衡，多元支撑的产业结构尚未形成

“十二五”期间，在新常态和供给侧结构性改革大背景下，西部地区经济仍然保持平稳较快发展，部分省份经济增速和规模以上工业增速均排名全国前列。但是，西部地区在加快产业结构调整的同时，仍然存在产业发展不平衡、多元支撑的产业结构尚未形成的主要问题。从西部地区三次产业整体结构上看，与东部地区相比，西部地区第一产业比重仍然偏高，第三产业发展较为滞后。“十二五”末，东部地区第三产业比重已达到50.25%，西部地区仅为43.39%；从西部地区内部看，各省份产业结构也不完全相同，四川、陕西、内蒙古、广西等省份第二产业占比较高，第三产业有待发展；西藏、青海、宁夏等省份产业整体总量小，现代化、规模化的产业集聚尚未形成（见表20）。

西部地区产业发展不平衡不仅表现为产业间结构不平衡，还表现为产业内结构不协调，主要为产业质量不高，产业集群规模偏小，产业链偏短，导致利

表 20 “十二五”末西部地区三次产业发展情况

单位：亿元，%

省份（地区）	第一产业		第二产业		第三产业	
	产值	比重	产值	比重	产值	比重
重　庆	1150.15	7.32	7069.37	44.98	7497.75	48.00
四　川	3677.30	12.24	13248.08	44.08	13127.72	42.68
陕　西	1597.63	8.86	9082.13	50.4	7342.10	40.74
广　西	2565.45	15.27	7717.52	45.93	6520.15	38.80
贵　州	1640.61	15.62	4147.83	39.49	4714.12	44.89
云　南	2055.78	15.09	5416.12	39.77	6147.27	45.14
西　藏	98.04	9.55	376.19	36.65	552.16	53.80
甘　肃	954.09	14.05	2494.77	36.74	3341.46	49.21
青　海	208.93	8.64	1207.31	49.95	1000.81	41.41
宁　夏	237.76	8.17	1379.60	47.38	1294.41	44.45
新　疆	1559.08	16.72	3596.40	38.57	4169.32	44.71
内蒙古	1617.42	9.07	9000.58	50.48	7213.51	40.45
西　部	17362.24	11.97	64735.90	44.64	62920.78	43.39
中　部	20093.63	11.41	80588.21	45.76	75415.42	42.83
东　部	23398.73	5.85	175462.9	43.90	200817.84	50.25

资料来源：相关年份《中国统计年鉴》。

润率不高。以全国规模以上（下文简称“规上”）企业工业利润为例，“十二五”末，全国各省规上企业利润排在前三位的是江苏、山东和广东，前十位的东部有 8 个省份，中部 2 个省份，西部 0 个省份，后十位的西部有 7 个省份（见图 6）。规上工业企业利润低，主要原因为多元化的产业支撑尚未建立：一是产业高端化不足。西部地区第二产业仍然以工业和建筑业为主，产品科技含量不高，技术创新不够，高端化不足，利润率偏低。二是新兴产业发展滞后。目前北京、上海等东部地区战略性新兴产业占 GDP 比重已经超过 20%，西部地区战略性新兴产业发展缓慢，信息技术、新材料、航空航天、生物医药等产业难以在西部集聚。三是主导产业配套不强，龙头骨干企业配套率低下，产业集中度较低，缺乏围绕骨干产业发展的中小配套企业，大中小企业协同共生的生态链尚未形成。

尤其在第三产业发展方面，东部、中部地区“十二五”期间着力发展的以旅游业、现代物流业、金融业为代表的现代服务业，西部地区发展较为缓慢。

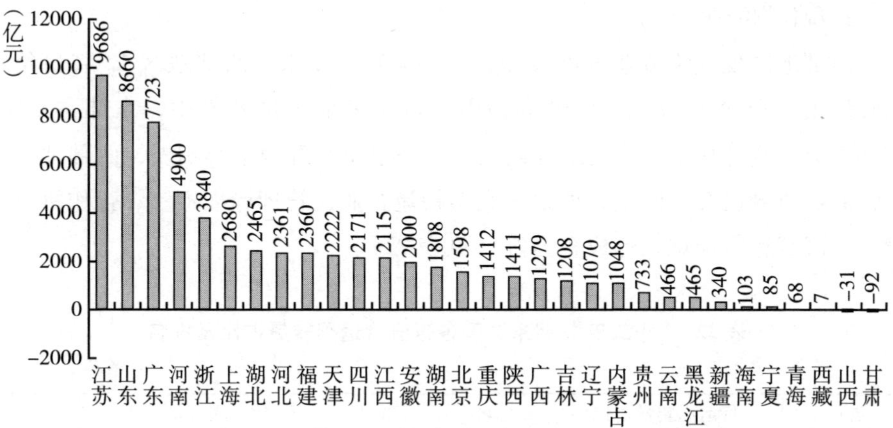

图6 "十二五"末全国各省份规上企业利润排名

1. 旅游业

"十二五"末，西部地区旅游业总收入、游客总量均与东部、中部存在较大差距（见表21），这与西部地区拥有的丰富旅游资源严重不匹配，尚未实现丰富的旅游资源的经济转化，主要存在旅游业链条短，产品不丰富；缺乏全国知名旅游"品牌"；旅游服务质量亟待提升等问题。

表21 "十二五"末全国各省份游客总量及旅游业总收入

单位：亿人次，亿元

省份	游客总量	旅游业总收入	省份	游客总量	旅游业总收入
广　东	8.4	10365	云　南	3.2	3282
山　东	6.6	7063	上　海	2.8	3500
江　苏	6.2	9050	北　京	2.7	4607
四　川	5.9	6210	福　建	2	3142
浙　江	5.3	7139	天　津	1.7	2794
河　南	5.2	5035	贵　州	1.6	3513
湖　北	5.1	4300	甘　肃	1.6	975
湖　南	4.7	3712	吉　林	1.4	2315
安　徽	4.5	4120	黑龙江	1.3	1361
辽　宁	4	3722	内蒙古	0.8	2257
重　庆	3.9	2251	新　疆	0.6	1022
陕　西	3.9	3006	海　南	0.5	572
江　西	3.8	3637	西　藏	0.2	281
河　北	3.7	3434	青　海	0.2	248
山　西	3.6	3448	宁　夏	0.2	161
广　西	3.4	3252			

资料来源：相关年份《中国统计年鉴》。

2. 现代物流业

西部地区现代物流业发展缓慢，“十二五”期末，西部地区12省份货物周转量仅占全国15.7%，全国货物周转量排名前十位省份中，东部占6家，中部3家，西部0家，除受地处内陆、经济总量小等因素影响外，西部地区现代物流业自身也存在问题，如缺乏大型物流企业，管理标准不一、合作机制不健全，区域竞争中难以形成合力等（见表22）。

表22 “十二五”期末全国各省份货运周转量占比及排名

单位：%

省份	货运周转量占比	排名	省份	货运周转量占比	排名
上 海	12.3	1	陕 西	2.1	17
广 东	9.4	2	重 庆	1.7	18
河 北	7.6	3	天 津	1.6	19
辽 宁	7.4	4	四 川	1.5	20
安 徽	6.6	5	甘 肃	1.4	21
浙 江	6.2	6	新 疆	1.1	22
山 东	5.3	7	黑龙江	1.0	23
江 苏	5.2	8	云 南	0.9	24
河 南	4.4	9	吉 林	0.9	25
江 西	3.6	10	贵 州	0.9	26
湖 北	3.6	11	海 南	0.7	27
福 建	3.4	12	北 京	0.6	28
内蒙古	2.6	13	宁 夏	0.5	29
广 西	2.6	14	青 海	0.3	30
湖 南	2.5	15	西 藏	0.1	31
山 西	2.2	16			

资料来源：相关年份《中国统计年鉴》。

3. 金融业

从金融业增加值看，2015年，西部地区金融业增加值8454.28亿元，西部12省份仅占全国金融业增加值的16.9%，全国金融业增加值排名前十位中，东部占7家，中部2家，西部1家，在“一带一路”倡议大背景下，西部地区将承担更大的对外结算等金融功能，但其金融业发展现状与“一带一路”倡议金融发展要求有较大差距。西部地区金融业发展缓慢原因主要是：非银行类金融机构发展缓慢；资本市场活力不足，创业投资、风险投资等各类股权投资发展不足；互联网金融亟待规范发展（见图7）。

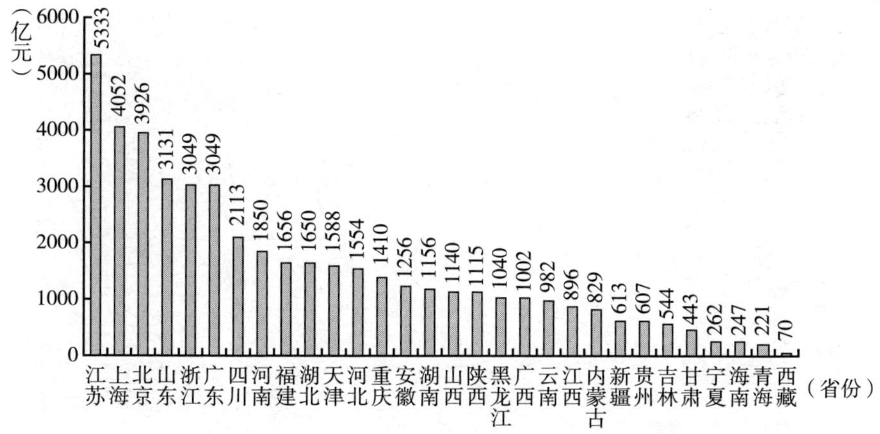

图7 “十二五”末全国各省份金融业增加值排名

（二）民营经济发展滞后，市场主体活力不足

“十二五”期间，西部地区在扩大民营经济规模、促进市场主体活力、改善投资环境等方面均做出较大努力，但与东部、中部地区相比仍然存在民营经济发展滞后、市场主体活力不足、投资环境有待优化等问题。

1. 西部地区民营经济发展滞后

主要表现在企业数量少，规模小。全国工商联 2016 年发布的《2016 中国民营企业 500 强榜单》中，民营企业 500 强分布在全国 27 个省份，其中东部 399 家、中部 53 家、西部 48 家，西部地区民营企业数量远落后于东部，总数甚至低于东部浙江、江苏、广东等个别省份数量，西藏、青海、甘肃等西部省份目前尚未培育出大型民营企业（见图 8）。西部地区民营企业发展滞后不但体现在数量上，还体现在民营企业规模上，在《2016 中国民营企业 500 强榜单》按照营业收入总额进行的排名中，排名前十位的民营企业全部集中在东部；排名前 50 位的民营企业中，东部 43 家，中部 2 家，西部 5 家，可见西部地区民营企业规模与东部地区有较大差距，民营企业数量和质量都有待提升。

2. 西部地区市场主体活力不足

截至“十二五”末，全国共有市场主体 8078. 8 万个，平均每万人市场主体 594 个，共有 14 个省份高于全国平均水平，其中东部 8 个，中部 3 个，西部 3 个，西部地区的市场活跃度远低于东部，新经济、新业态在西部地区尚未

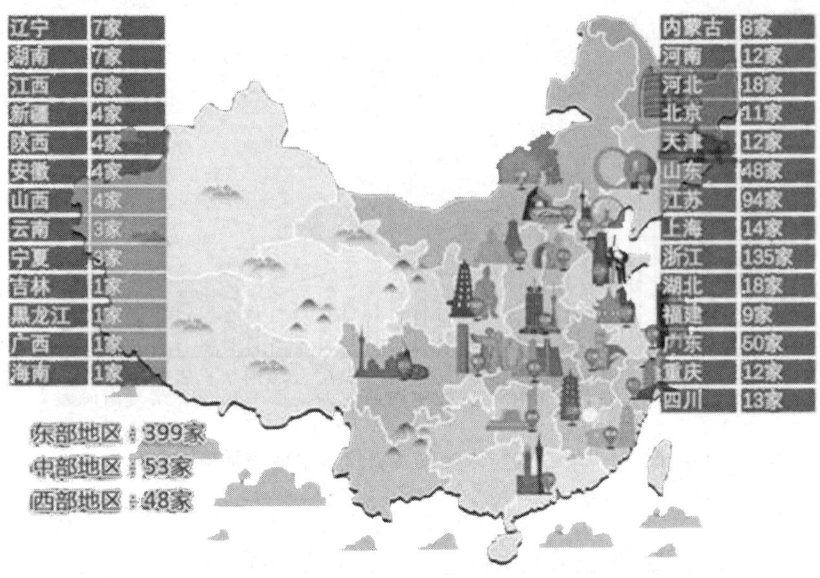

图 8　2016 年全国民营企业 500 强分布情况示意

发展，导致新产业、新模式、新动能对经济的驱动力不足，创新型、创意型、充满活力的中小微企业数量偏少，这些都导致西部地区市场主体活力不足，影响经济整体活力（见图 9）。

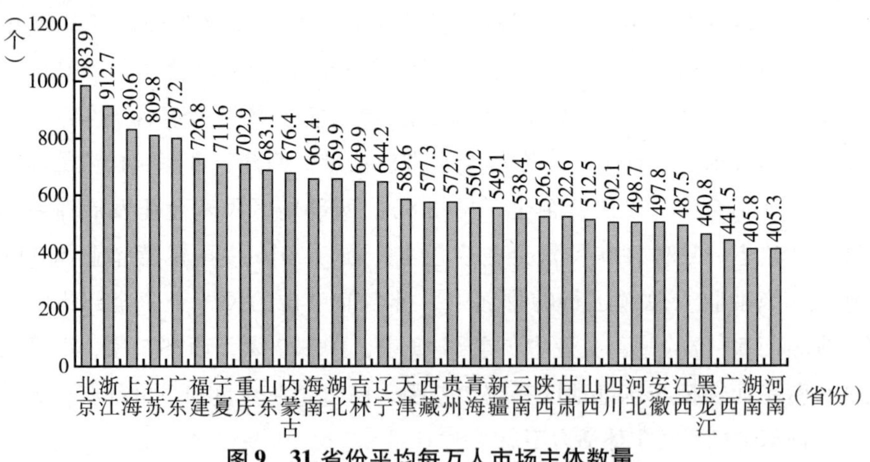

图 9　31 省份平均每万人市场主体数量

3. 西部地区投资环境与东部地区差距较大，有待进一步改善

根据 21 世纪经济研究院《2016 年投资环境指数报告》，2015 年投资软环境指数排名前十位的依次是广东、山东、北京、天津、江苏、福建、浙江、重庆、上海、四川，东部地区占 8 个，西部地区仅 2 个。投资软环境指标包括开办企业数、登记财产数、执行合同数、民企投资增速、民企就业增长速度、民企数量增长速度等 6 个。上述《报告》还指出，西部地区办企业所需成本和时间较多，缴纳公司资本也较多，同时在开办企业需要天数、开办企业需要成本等方面东部沿海发达地区少于西部地区。比如开办天数最少的是广东，需要开办企业缴纳资金最少的是北京。中西部地区开办企业需要的天数和成本比较多。

（三）科研投入低，创新潜能尚未释放

“十二五”期间西部地区在科研投入、加强创新等方面做出了一定努力，但仍然存在创新能力不足、创新潜能尚未释放等问题。《中国区域创新能力评价报告 2016》对我国 31 个省、自治区、直辖市评分排名，我国区域创新能力最强的省份为江苏，广东、北京分列第二、三位。创新能力排名前十位的省份中，东部地区 8 个，中部地区 1 个，西部地区 1 个；排名后十位的省份中，中部地区 4 个，西部地区 6 个。从创新能力排名可见，西部地区与东部地区差距较大，西部地区创新潜能亟待释放（见表 23）。

表 23　2015 年全国 31 个省份创新能力得分及排名

省份	得分	排名	省份	得分	排名
江　苏	58.0	1	河　南	25.9	17
广　东	52.7	2	广　西	23.6	18
北　京	50.5	3	江　西	23.3	19
上　海	45.6	4	甘　肃	21.7	20
浙　江	42.1	5	内蒙古	21.7	21
山　东	37.5	6	贵　州	21.2	22
天　津	36.5	7	河　北	21.1	23
重　庆	33.0	8	黑龙江	20.7	24
安　徽	29.9	9	山　西	20.6	25
福　建	29.3	10	云　南	20.3	26
湖　南	29.0	11	吉　林	19.0	27
湖　北	28.6	12	宁　夏	18.5	28
海　南	28.0	13	新　疆	18.0	29
陕　西	27.1	14	青　海	17.7	30
辽　宁	26.9	15	西　藏	17.1	31
四　川	26.4	16			

资料来源：《中国区域创新能力评价报告 2016》，科学技术文献出版社，2016。

从科研创新投入看，“十二五”末，全国31个省份R&D投入强度排名中，北京以6.01%排第一，排名前十的省份中，东部地区占7个，中部地区2个，西部地区1个。西部地区的陕西省研发经费投入强度为2.18%，西部第一，全国第8；排名后十位的省份中，西部地区占8个。可见，从科研经费投入强度看，截至“十二五”末西部地区仍与东部地区存在较大差距，在“大众创业、万众创新”大背景下，西部地区科研经费投入明显不足，抑制了区域创新能力的发挥，阻碍了西部地区后发优势、比较优势的释放（见图10）。

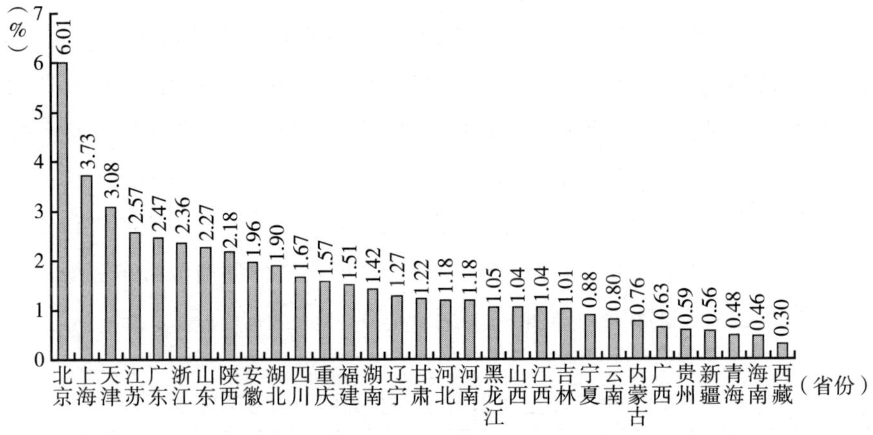

图10 2015年全国31个省份R&D投入强度排名

西部地区创新能力弱，除科研创新投入不足外，还有其他几方面原因：一是企业没有真正成为创新主体。以西部地区R&D投入强度最高的陕西省为例，其R&D投入主要依靠省内高校及科研院所。西部地区目前尚未发挥企业在技术创新中的基础作用，更未能有效推动高校及科研院所科研成果转化。二是协同创新格局尚未形成。东部发达地区通过协同创新，打破创新主体间壁垒，以激发人才、资本、信息、技术等创新要素活力，而西部地区尚未形成“相互开放、知识共享、联合攻关”的协同创新网络，科技研发的成果转化效率比较低。三是创新环境尚待改善。西部地区政府对全社会科技创新与发展的导向能力较弱，创新制度、创新政策、创新激励的优化提升速度不能跟上发展速度，地方财政在科研投入方面支出过低。

（四）资源环境约束加剧

“十二五”期间，西部地区在节能减排和生态建设方面做出较大努力，但仍然存在能源消耗偏高、环境约束加剧、生态环境脆弱等一系列问题。在节能减排的大背景下，资源环境对西部地区经济社会发展的约束还在强化。由于增长方式粗放，生态脆弱的西部地区需要消耗更多的自然资源和付出更加沉重的环境代价，因此转变增长方式，是实现资源环境约束下西部地区经济社会可持续发展必由之路。

水资源是经济社会可持续发展至关重要的基础资源。“十二五”期间，西部地区废水排放量逐年增加，从单位 GDP 废水排放量看，西部地区每万元 GDP 排放废水 18.49 吨，高于全国平均的 16.82 吨，更高于东部地区的 15.42 吨，西部地区单位 GDP 的水资源消耗有待大幅度缩减。同时，西部地区水污染进一步加剧，呈现出水污染从地表水向地下水扩散，由点向面扩展，进一步加剧了水资源短缺，导致资源型缺水与水质型缺水并存，对西部经济社会可持续发展的约束越来越明显（见表 24）。

表 24 “十二五”末全国及东中西部地区三废排放强度

单位：吨/万元 GDP

地区	废水排放强度	二氧化硫排放强度	氮氧化物排放强度	烟(粉)尘排放强度	工业固体废物产生量
全　国	16.82	0.0043	0.0042	0.0035	0.7484
东　部	15.42	0.0026	0.0030	0.0022	0.4707
中　部	18.89	0.0050	0.0053	0.0051	0.9331
西　部	18.49	0.0085	0.0068	0.0055	1.3643

资料来源：相关年份《中国统计年鉴》。

“十二五”期间，在西部地区经济总量快速增长的同时，二氧化硫、氮氧化物、烟（粉）尘等有害物质治理逐步加强，排放量逐年下降，但从排放强度看，西部地区单位 GDP 二氧化硫排放量是全国平均水平的 2 倍，是东部地区排放量的 3 倍多；单位 GDP 氮氧化物排放量是全国平均水平的 1.5 倍，是东部地区排放量的 2 倍多；烟（粉）尘单位 GDP 排放量是全国平均水平的 1.5 倍，是东部地区的 2 倍多；西部地区单位 GDP 工业固体废物产生量是全国平均水平的2倍左右，是东部地区的3倍多。可见，西部地区在经济总量增长的同时，亟待节能减排。西部地区生态环境脆弱，生态环境自净能力弱，大量废气和二氧化硫排放将进一步加剧西部地区空气污染。城市烟尘、酸雨、可吸入颗粒物等经过物理、化学、生物等作用和反应，形成复合型污染，将进一步污染西部地区土地、空气和水，造成严重的环境问题，导致生态系统整体功能下降，以致其抵御各种自然灾害能力减弱。

（五）外向型经济发展滞后，对外开放度有待提升

“十二五”期间，西部地区经济增速高于全国平均水平，个别省份还处于全国前列，但是在经济总量高速增长的同时，西部地区外向型经济发展相对滞后，地区进出口总额、占比与西部地区经济总量不匹配。尤其是“一带一路”倡议积极推进以来，西部地区由于其所处发展阶段和各种条件限制，处于“一带一路”前沿与窗口的对外开放优势尚未完全发挥，对外开放水平有待提升，开放型经济体系有待建立。

从外贸依存度来看，“十二五”末全国外贸依存度为39%，西部平均水平为14.42%，是全国平均水平的36.97%，西部地区外贸依存度最高的重庆为31%，仍低于全国平均水平，其他省份经济外向度均低于20%，与东部沿海地区相比差距较大，对外开放水平亟待提升。同时，在西部地区对外贸易中，进口商品多为高附加值、技术密集型产品；而在出口商品中，主要是资源类产品和劳动密集型产品，附加值较低，利润率不高。从利用外资看，西部地区外资依存度高于全国平均水平，但区域内省际差异较大，除重庆、四川、陕西、云南、贵州外资依存度较高外，其他省份均低于全国平均水平，而且在西部地区的外商投资企业规模不大、层次不高，投资领域主要集中在劳动密集的制造业和资本密集的房地产等产业，高科技产业投资较少，对区域经济带动作用不强。旅游开放度方面，西部地区旅游开放度为0.49%，远低于全国平均水平的1.05%，除云南、西藏外，西部地区其他省份旅游开放度均低于1%，旅游开放度较低（见表25）。

在“一带一路”建设过程中，西部地区参与度不高。国家信息中心“一带一路”大数据中心发布的《“一带一路”大数据报告（2016）》显示，各省份2015年在“一带一路”建设中的政策环境、设施配套、经贸合作、人文交流和综合影响五个方面参与度最高的广东得分85.61，全国平均得分59.60。

表 25　“十二五”末全国及西部地区经济开放度比较

单位：%

省份	外贸依存度	外资依存度	旅游开放度
重　庆	31. 48	1. 49	0. 58
四　川	13. 94	2. 16	0. 24
广　西	19. 99	0. 64	0. 71
陕　西	12. 79	1. 58	0. 69
云　南	13. 55	1. 36	1. 31
新　疆	14. 50	0. 30	0. 37
内蒙古	4. 43	1. 16	0. 33
贵　州	9. 21	1. 56	0. 14
甘　肃	7. 70	0. 10	0. 01
宁　夏	8. 11	0. 40	0. 04
青　海	5. 45	0. 14	0. 10
西　藏	5. 55	0. 42	1. 07
西部合计	14. 42	1. 30	0. 49
全　国	39. 00	1. 16	1. 05

资料来源：相关年份《中国统计年鉴》。

按照高、较高、中、低划分为四种水平，广东、福建等5个东部省份处于高水平，江苏、河南、云南、陕西等12个省份处于较高水平，其余14个省份处于中低水平，东部参与度最高，西部参与度最低。从分项指标看，各分项指标排名前十的省份中，西部地区的参与度均低于东部，这与“一带一路”倡议中西部地区所处的前沿地位不相匹配（见表26）。

（六）农民收入有待提高，脱贫任务依然繁重

“十二五”期间，西部地区城乡居民收入有了较大幅度提升，城镇居民人均可支配收入和农村居民纯收入在“十二五”期间均实现了10%以上的年均增长，但是，西部地区扶贫攻坚任务依然艰巨，农民增收亟待提高。在西部地区农村居民收入的构成中，财产性收入和经营性收入占比较低，城乡居民收入差距仍然较大。“十二五”末，西部地区城镇居民人均可支配收入为26415. 2元，农村居民纯收入为9064. 44元，西部地区城乡居民收入比为2. 91，高于全国平均的2. 73，更高于东部的2. 54和中部的2. 41；西部地区内部，除重庆、四川城乡居民收入比低于全国平均水平外，其他省份均高于全国平均水平（见表27）。可见，西部地区城乡居民收入差距依然较大，城乡差距未能有效缩

表 26 “一带一路”参与度分项指标排名前十省份

政策环境		设施配套		经贸合作		人文交流		综合影响	
省 份	得 分	省 份	得 分	省 份	得 分	省 份	得 分	省 份	得 分
甘 肃	20.00	广 东	20.00	北 京	25.51	上 海	16.00	上 海	11.85
江 苏	19.46	山 东	16.60	天 津	25.27	北 京	15.63	广 东	10.90
福 建	18.54	广 西	16.56	广 东	22.11	浙 江	14.68	北 京	10.77
广 东	18.35	云 南	16.20	浙 江	20.85	广 东	14.25	福 建	10.64
江 西	17.69	福 建	15.64	山 东	20.37	河 南	14.00	浙 江	10.29
上 海	17.38	江 苏	15.40	湖 北	19.31	山 东	13.73	重 庆	9.81
天 津	17.06	浙 江	15.40	上 海	19.31	四 川	13.42	江 苏	9.59
安 徽	16.76	新 疆	15.40	广 西	18.55	湖 北	13.24	四 川	9.52
陕 西	16.55	天 津	14.18	云 南	18.41	黑龙江	12.75	河 南	9.44
吉 林	16.00	重 庆	13.66	福 建	18.35	陕 西	12.70	新 疆	9.29
新 疆	16.00	四 川	13.60	江 苏	17.64	江 苏	12.52	海 南	9.04
浙 江	15.95	河 南	13.60	江 西	17.13	广 西	12.10	云 南	8.93
河 南	15.27	上 海	12.62	河 南	16.89	天 津	11.96	山 东	8.60

资料来源：《“一带一路”大数据报告（2016）》，商务印书馆，2016。

表 27 “十二五”末西部、东中部地区及全国城乡收入比

省份（地区）	城镇居民人均可支配收入（元）	农村居民人均纯收入（元）	城乡居民收入比
重 庆	27238.80	10504.70	2.59
四 川	26205.30	10247.40	2.55
陕 西	26420.20	8688.90	3.04
广 西	26415.90	9466.60	2.79
贵 州	24579.60	7386.90	3.33
云 南	26373.20	8242.10	3.20
西 藏	25456.60	8243.70	3.09
甘 肃	23767.10	6936.20	3.43
青 海	24542.30	7933.40	3.09
宁 夏	25186.00	9118.70	2.76
新 疆	26274.70	9425.10	2.79
内蒙古	30594.10	10775.90	2.83
西 部	26415.20	9064.44	2.91
东 部	36050.84	14184.95	2.54
中 部	26420.41	10957.76	2.41
全 国	31194.80	11421.70	2.73

资料来源：相关年份《中国统计年鉴》。

小，西部地区农民增收亟待提速，农民收入中的经营性收入和转移性收入比重亟须扩大，着力提高财产性收入。

从贫困发生率看，“十二五”期间，全国贫困人口数量逐年减少，全国贫困发生率逐年下降，西部地区贫困发生率由2011年的23.8%下降到2015年的10.6%，扶贫、减贫效果显著，但是贫困发生率依然高于全国水平约1倍，扶贫攻坚任务依然艰巨（见表28）。

表28　“十二五”期间全国、西部贫困发生率

年份	贫困标准（元）	全国年贫困人口（万人）	全国贫困发生率（%）	西部贫困发生率（%）
2011	2536	12238	12.7	23.8
2012	2673	9899	10.2	23.4
2013	2736	8249	8.5	17.6
2014	2800	7017	7.2	13.1
2015	2855	5572	5.7	10.6

资料来源：相关年份《中国统计年鉴》。

从贫困县数量看，国务院扶贫开发领导小组办公室2016年发布的《国家扶贫开发工作重点县名单》，包含全国592个贫困县，其中东部5县、中部212县、西部375县，西部地区占比最高。在省际贫困县数据中，云南省有73个贫困县，排第1位，贵州、陕西并列第2位，在贫困县最多的10个省份中，西部7个，中部3个（见图11）。

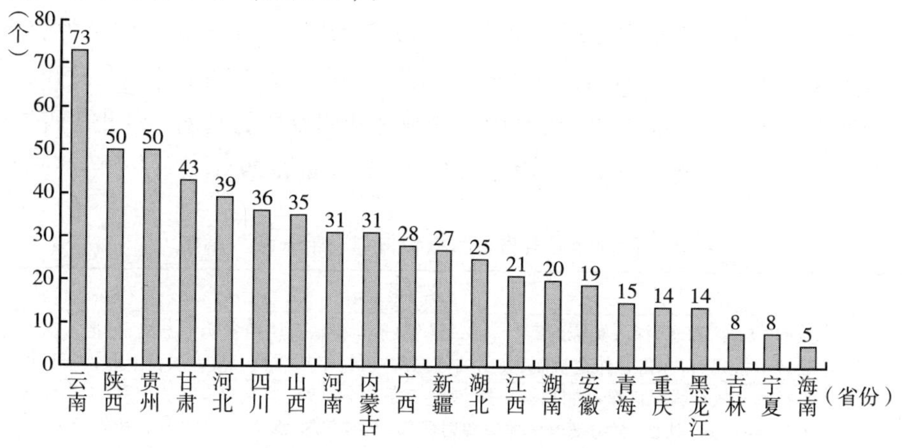

图11　“十二五”末全国贫困县分布

三　“十三五”时期西部地区经济社会发展展望与预测

“十三五”时期是全面建成小康社会的决胜阶段，西部地区仍处于可以大有作为的重要战略机遇期。

综合考虑未来发展条件和趋势，紧紧围绕至2020年实现全面建成小康社会的总要求，“十三五”时期西部地区发展总体目标是：继续深入实施西部大开发战略，更好发挥“一带一路”建设对西部大开发的带动作用。经济持续健康发展，增速进入全国“第一方阵”，经济总量、城乡居民收入、经济外向度实现“三大跨越”；基础设施建设、特色优势产业及产业集群发展等重点领域，财政、金融和公共服务等关键环节改革取得决定性成果；各方面制度更加成熟、更加稳定，产业转型升级、创新驱动发展、生态文明建设、城乡区域协调发展、社会治理能力提升、人民福祉改善等取得成效。到2020年，西部地区力争实现地区生产总值20万亿元，人均地区生产总值突破54000元，常住人口城镇化率提高至54%，居民人均可支配收入提高到26000元，城镇调查失业率控制在3%以内，单位生产总值能耗和主要污染物排放明显降低，全面建成小康社会。

（一）“十三五”时期西部地区面临的重大战略机遇

1. “一带一路”倡议将进一步提升西部地区开放度

国家“十三五”规划提出，要深入推进西部大开发，更好发挥“一带一路”建设对西部大开发的带动作用。西部地区将以推进“一带一路”建设为统领，充分发挥西部各省份比较优势，围绕“五通”，不断提升对西部地区开发开放的支撑能力，夯实“一带一路”沿线国家和地区共同发展的基础。对此，西部相关省份“十三五”规划纲要均提出相应发展设想（见表29）。

表29　西部地区各省份积极参与“一带一路”举措

省份	参与举措
陕　西	按照“五通”要求，深入实施国家“一带一路”愿景与行动及陕西省实施方案，打造丝绸之路经济带新起点，深化合作建机制、突出关键抓落实，每年都在若干重大项目上取得新进展
宁　夏	把扩大开放作为强区富民的战略抉择，实施开放引领战略，加快建设开放宁夏，主动融入国家“一带一路”建设，努力把本区建成辐射西部、面向全国、融入全球的内陆开放示范区、中阿合作先行区和丝绸之路经济带战略支点

续表

省份	参与举措
甘　肃	抢抓“一带一路”建设机遇，加快丝绸之路经济带黄金段建设，推进以向西开放为重点的全方位开放，依托兰州新区、丝绸之路（敦煌）国际文化博览会、循环经济示范区、兰白科技创新改革试验区、兰洽会、国际新能源博览会等平台，推进开放开发。加快建设丝绸之路经济带黄金段，着力打造经贸人文交流合作平台，统筹用好国内外市场，全面提升开放型经济发展水平，建好向西开放的重要门户
新　疆	按照“五通”要求，以促进“一带一路”建设实施为目标，加快新疆沿边经济带发展，加快建设丝绸之路经济带核心区，努力形成全方位对外开放的互利合作新格局
青　海	紧抓国家实施“一带一路”建设重大历史机遇，加强与丝绸之路经济带沿线国家及地区的交流合作，努力把本省建成丝绸之路经济带上重要战略通道、商贸物流枢纽、产业基地、人文交流基地。进一步强化西部省份间参与“一带一路”建设的政策协调，建立沟通协商机制，共同打造向西、向南开放的经贸共同体
四　川	主动参与“一带一路”建设，加快构建国际交通物流大通道，提升“蓉欧快铁”国际运输能力，加快融入孟中印缅、中巴等国际经济合作走廊。用好中俄“两河流域”地方合作平台。在能源资源、电子信息、装备制造、航空航天、工程建设等领域与“一带一路”沿线国家广泛开展合作。围绕丝路文化、巴蜀文化等密切人文交流合作，促进文化旅游、教育、卫生等领域与沿线国家深度融合。加强有利于促进跨境贸易投资便利化的金融合作
重　庆	积极融入国家“一带一路”和长江经济带等对外开放和区域发展重大战略，充分利用国际国内两个市场、两种资源，进一步拓展对外开放广度、深度，构建起大通道、大通关、大平台开放体系，形成内陆地区独有的三个“三合一”开放平台
西　藏	紧紧抓住国家建设“一带一路”和构建沿边地区开发开放“三圈三带”新格局战略机遇，发挥本区区位优势，全方位对内对外开放，建设面向南亚开放的重要通道，加快形成开放型经济体制
贵　州	依托贵州位于西南联结华南、华中和地处“一带一路”接合部的区位优势，积极参与中国－中南半岛经济走廊和孟中印缅经济走廊建设，深化与东盟国家在教育、旅游、农业等领域的合作，推进与南亚国家在城市和交通基础设施、电力、冶金、化工、装备制造、资源开发等领域的合作。积极参与21世纪海上丝绸之路建设，加强与太平洋沿岸国家和地区及非洲在现代农业、文化旅游、科技教育、矿产资源、工程承包等领域的合作。积极参与中国－中亚－西亚经济走廊和新亚欧大陆桥经济走廊建设
广　西	充分发挥和拓展独特的区位优势，主动融入“一带一路”建设，打造“一廊两港两会四基地”，构建衔接“一带一路”的重要枢纽、产业合作基地、开放合作平台、人文交流纽带和区域金融中心，培育参与国际合作和竞争新优势，加快形成对内对外开放新格局，全方位拓展开放合作广度深度，以开放合作促进高质量发展
云　南	推进“一带一路”建设。坚持共商共建共享原则，完善双边和多边合作机制，以企业为主体，实行市场化运作，推进同有关国家和地区多领域互利共赢务实合作，打造陆海内外联动、东西双向开放的全面开放新格局
内蒙古	深入贯彻国家“一带一路”建设，以深化同俄罗斯、蒙古国合作为重点扩大对外开放，以深化国内区域分工协作为重点扩大对内开放，坚持引进来和走出去并重、引资和引技、引智并举，更好运用两种资源、两个市场，提高开放型经济发展水平

资料来源：西部各省份《国民经济和社会发展第十三个五年规划纲要》。

“十三五”期间，西部地区发展应抓紧“一带一路”建设机遇，充分发挥主观能动性，促进西部大开发与“一带一路”建设，长江经济带发展紧密衔接、相互支撑，加快内陆沿边开放步伐，推进同有关国家和地区实现多领域互利共赢务实合作，打造陆海内外联动、东西双向开放的全面开放新格局。

2. “大众创业，万众创新”战略，将激发西部地区发展内在活力

2015 年国务院《政府工作报告》提出“大众创业，万众创新”。推动大众创业、万众创新，“既可以扩大就业、增加居民收入，又有利于促进社会纵向流动和公平正义”。2016 年《政府工作报告》指出：要“把大众创业、万众创新融入发展各领域各环节，鼓励各类主体开发新技术、新产品、新业态、新模式，打造发展新引擎”。2017 年《政府工作报告》指出：“双创”是“以创业创新带动就业的有效方式，是推动新旧动能转换和经济结构升级的重要力量，是促进机会公平和社会纵向流动的现实渠道，要不断引向深入。”

在国家“十三五”规划的主要目标和重大举措中，创新是引领发展的第一动力。西部地区应抓住机遇，加大政策扶持力度，建设一批“双创”示范基地，启动一批新的科技项目，培育孵化一批科技创新型企业，推动大数据、云计算、物联网广泛发展，充分发挥“双创”和“互联网 +”集众智汇众力的乘数效应。打造众创、众包、众扶、众筹平台，鼓励大企业和高校、科研院所设立专业化众创空间，加强对创新型中小微企业支持，打造面向大众的“双创”全程服务体系，使各类主体各施其长、线上线下良性互动，社会创造力和市场活力竞相迸发。

3. 加快推进大数据平台建设，打造西部地区发展新动力

2016 年《政府工作报告》指出：要“把大数据作为基础性战略资源，全面实施促进大数据发展行动，加快推动数据资源共享开放和开发应用，助力产业转型升级和社会治理创新”。《西部大开发“十三五”规划》指出：“支持两江新区、贵安新区、中卫、呼和浩特、延安等开展大数据产业技术创新试验区等建设试点。”西部地区部分省份在“十三五”期间积极加快政府数据开放共享，促进大数据产业健康发展。

贵州省政府将实施数据共享开放工程，建成“云上贵州”数据共享交换平台，孵化培育 1000 家以上数据增值服务企业。实施政府治理示范提升工程，包括商事制度“三证合一”并联审批系统项目、特种设备监管平台项目、大数据综合治税应用等 15 个省级示范工程项目以及“数据铁笼”反腐行动计划，形成大数据推动政府治理能力提升的国家示范区。打造数据资源汇聚工程。到 2020 年，引进国内外、行业级、央企或标志性数据资源或容灾备份中心 100 个，推进一批区域性块数据集聚。推进大数据安全保障工程。建设国家级大数据安全技术实验室，打造“绿色、安全、高效”的数据中心，重点培育引进或孵化中电科技等一批大数据安全产品研发与应用企业。

4. 实施“精准扶贫”战略，打赢西部地区脱贫攻坚战

为全面贯彻中央扶贫开发工作会议精神，确保到 2020 年现行标准下西部地区农村贫困人口实现脱贫，贫困县全部摘帽，解决西部地区区域性整体贫困问题。西部地区各省份将针对不同贫困类型精准扶贫、精准脱贫，提高脱贫攻坚成效。

贵州省建立健全旅游精准脱贫机制，加快实施乡村旅游精准扶贫行动，突出抓好美丽乡村旅游扶贫重点村建设，积极争取国家在武陵山区、乌蒙山区和滇桂黔石漠化三大集中连片特困地区建设旅游扶贫示范区。

陕西省深入实施精准扶贫、精准脱贫，瞄准建档立卡贫困人口，坚持一村一策、一户一法，切实提高扶贫实效。探索对贫困人口实行资产收益扶持政策。加强素质教育和技能培训，切断贫困代际传递。坚持目标不变、力度不减，持续推进避灾扶贫移民搬迁工程。增加财政投入，创新投入方式，完善社会扶贫机制，构建政府、市场、社会协同推进的扶贫开发格局。确保 2018 年前延安率先在全国革命老区实现农村贫困人口脱贫，2020 年前全省农村人口脱贫、贫困县全部摘帽。

宁夏回族自治区坚持精准扶贫、精准脱贫基本方略，把扶贫开发作为重大政治任务，实施“五个一批”脱贫行动，力争提前 2 年实现农村贫困人口脱贫、贫困县全部摘帽的目标。

当前，我国经济发展进入新常态，经济增长下行压力加大，国内外矛盾叠加，风险隐患增多。西部地区经济结构不合理、内生增长动力不足问题依然存在，抵御经济异常波动、防范系统性经济风险的能力不强，基础设施薄弱、生态环境脆弱等瓶颈制约仍然突出，加强民族团结、维护社会稳定任务繁重，促进城乡区域协调发展的任务艰巨。但随着经济发展方式加快转变，新的增长动力孕育形成，西部地区经济长期向好的趋势没有改变。

（二）“十三五”时期西部地区经济社会发展预测

“十三五”期间，西部地区经济社会仍将保持稳中有进的发展态势，并呈现以下特点。

1. 经济增长将保持稳中向好

2016 年 12 月 14 ~ 16 日召开的中央经济工作会议指出：2016 年，经济工作坚持稳中求进，坚持新发展理念，以推进供给侧结构性改革为主线，适度扩大总需求，坚定推进改革，妥善应对风险挑战，引导形成良好社会预期，经济社会保持平稳健康发展。实现结构更优，经济增长的稳定性得到增强；效益更佳，实体经济转型升级加快步伐；活力更足，市场主体不断释放正能量，赢得了质量和效益的双提升，为“十三五”赢得了良好开局。

根据 2016 年各省份公布的经济数据，从各地经济实际增速和名义增速来看，中国经济呈现西部增速最快、中部次之、东部放慢、东北最弱的特征，2016 年其平均实际经济增速分别约为 8.6%、7.7%、7.6%、3.5%。2016 年西部地区实际经济增速最快的是西藏，达到 11.5%，其次是重庆和贵州，增速分别为 10.7% 和 10.5%。

2017 年初始，西部地区再迎重大利好。《西部大开发“十三五”规划》获批，这是国务院批复的第四个西部大开发五年规划，从宏观层面继续加强对西部大开发工作的统筹引导。国家全面推进“一带一路”建设、京津冀协同发展、长江经济带发展，有利于西部地区加快向西开放步伐，提升对外开放水平，深度融入世界经济体系；深入实施创新驱动发展战略，有利于西部地区积极培育和承接先进产能，提升产业层次；加快推进以人为核心的新型城镇化进程，有利于西部地区破解城乡二元结构，实现城乡协调发展；大力实施脱贫攻坚工程，有利于西部地区精准扶贫、精准脱贫，切实打赢脱贫攻坚战；国家加快生态文明建设、推进形成主体功能区，有利于西部地区形成绿色发展方式和生活方式，巩固国家生态安全屏障。西部地区在国家政策支持下，有望继续保持较快发展势头。

综合考虑已有数据和各方面情况，可以预测，“十三五”期间，在“一带一路”倡议实施以及《西部大开发“十三五”规划》等政策推动下，西部地区有望继续保持较快发展势头。西部地区经济的增长将继续保持稳中向好的态势，增速保持在8%左右，继续领跑全国。各区域增长格局将继续呈现“西高东低”的格局；西部地区占全国GDP的比重有望进一步提高，达到21%左右。

2. 固定资产投资增速稳定，民间投资需要持续关注

国家统计局经济数据显示：2016年，全国固定资产投资完成596500.75亿元，比上年增长8.1%，增速比上年回落1.9个百分点，呈现缓中趋稳态势。

从东、中、西和东北地区四个区域来看，西部地区增长最快，其次是中部、东部地区，东北地区负增长。2016年，东部地区完成固定资产投资249665.45亿元，比上年增长9.1%，增速比上年回升0.8个百分点，高于全国平均水平1.0个百分点；中部地区完成固定资产投资156761.66亿元，增长12.0%，增速比上年回落2.6个百分点，高于全国3.9个百分点；西部地区完成固定资产投资154053.56亿元，增长12.2%，增速比上年提高3.2个百分点，高于全国4.1个百分点；东北地区完成固定资产投资30642.05亿元，下降23.5%，降幅比上年扩大12.3个百分点，从西部地区固定资产投资增速来看，排前三位的是西藏（23.2%）、贵州（21.1%）、云南（19.8%）（见图12）。

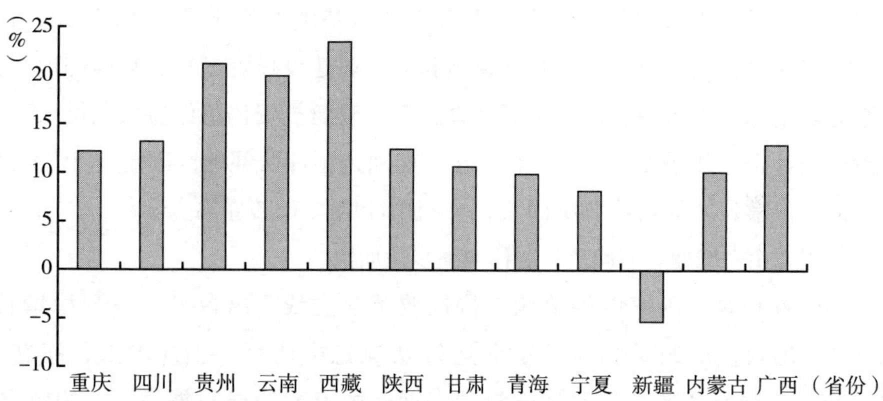

图12　2016年西部十二省份固定资产投资增速

西部省份近年来经济高速增长，主要靠投资拉动。但在经济增速整体放缓、投资风险加大和资金紧张的情况下，民间投资不断趋于谨慎。2015年前，西部民间投资增速高于固定资产投资增速，截至2014年底，民间投资和固定资产投资增速分别为20.3%和17.5%，2015年则急速下降为3.9%和9%。而西部省份消费对经济的拉动作用只有 3～4 个百分点，GDP 要实现 7%～8% 的增速，要求投资增速在 10% 以上。投资增速下行对西部省份经济拖累作用极为显著。

西部省份民间投资虽从 2015 年进入下行通道，但在各省积极努力下，部分省份民间投资出现回升态势。2015 年，陕西省出台了诸多“稳增长”政策。陕西省大力推广 PPP 模式，促进民间投资深入基础设施领域。首批 60 个 PPP 示范项目涉及水利、交通、生态环境和市政、公共服务五大领域，24 个省级 PPP 示范项目进入整体推进、全面落实阶段。2015 年陕西民间投资中，邮政业投资增长 3.8 倍，废弃资源综合利用业投资增长 89.9%，通用设备制造业投资增长 55.6%，专用设备制造业投资增长 39%，计算机通信和其他电子设备制造业投资增长 34.8%。四川统计局数据显示，2014 和 2015 年，四川省民间投资曾出现负增长。四川政府出台了“回乡创业”、降低成本等政策措施，四川省民间投资增速逐渐企稳。2016 年前 4 月，四川省完成民间投资 4409.8 亿元，比上年同期增加 200.6 亿元，同比增长 4.8%。

西部地区是中国区域协调发展的优先区域，从《西部大开发“十三五”规划》文件看，未来西部大开发的重点仍然是基础设施建设，西部地区固定资产投资的增长仍主要表现为基础设施和工矿业建设投资增长，且西部地区公共服务和生态环境治理等都需不断加大投入，政府投资仍将保持较快增长，民间投资预计企稳并缓慢回升。“十三五”期间，预计西部地区固定资产投资仍将保持高位增长，但增速有所回落，全期预计增长 12% 左右。

3. 工业生产增速有所回落，结构调整步伐加快

2016 年以来，国家以供给侧结构性改革为主线，出台了一系列稳增长、调结构、增效益的政策措施，工业运行状况稳中向好、提质增效，扭转了 2015 年生产增速和效益大幅度下滑的局面。国家统计局数据显示：2016 年，西部地区 12 个省份规模以上工业增加值同比均增长（见图 13）。与上年相比，四川、贵州增速持平，其他 10 个省份增速有所回落，西藏、新疆分别回落 1.9 个和 1.5 个百分点。“十三五”期间，预计全国规模以上工业增加值增速在 6% 左右，西部地区规模以上工业增加值全年增长 8% 左右，仍将处于全国领先位置。

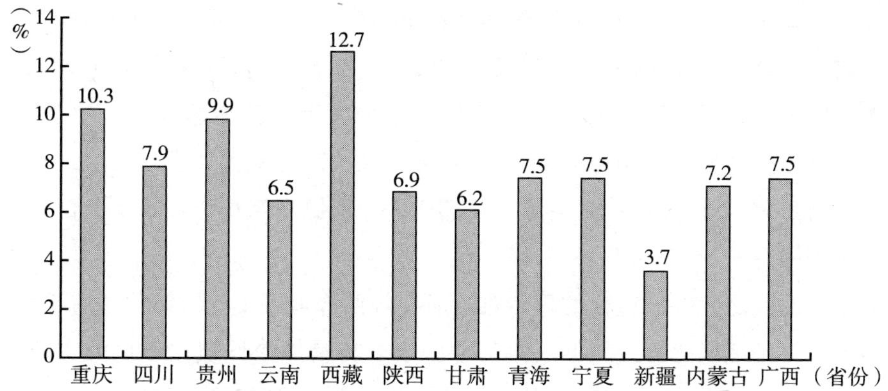

图13　2016年西部十二省份规模以上工业增加值增速

4. 开放水平持续提升，但仍低于全国平均水平

2016年以来，我国对外开放力度持续加大，“一带一路”倡议顺应了我国改革开放转型和产业转移升级趋势，使我国对外开放态势从以东南沿海为重点，转变为东中西部平衡发展，尤其是经西部向西亚和欧洲开放，使占国土面积2/3的中西部地区成为对外开放前沿。

2015年底国务院发布的《关于加快实施自由贸易区战略的若干意见》明确提出，构建以周边为基础，辐射“一带一路”、面向全球的高标准自由贸易区（FTA）网络。2016年8月底，党中央、国务院决定在重庆市、四川省、陕西省等西部省份新设立自贸试验区。2016年12月国务院公布的《西部大开发“十三五”规划》提出：西部地区应坚持开放引领，促进互利共赢的共享理念，“促进西部大开发与‘一带一路’建设、长江经济带发展紧密衔接、相互支撑”，加快内陆沿边开放步伐，着力打造重庆西部开发开放的重要战略支撑和成都、西安、昆明、南宁等内陆开放型经济高地，支持建设宁夏、贵州等内陆开放型经济试验区；推动内蒙古面向俄罗斯、蒙古，新疆面向中亚，西藏面向南亚，云南面向南亚、东南亚，广西面向东南亚开放，深化与周边国家毗邻地区合作，共同“打造陆海内外联动、东西双向开放的全面开放新格局”。

5. 新型城镇化深入推进

2016年6月发布的《国家新型城镇化报告2015》显示，我国城镇化水平持续快速提升，新型城镇化总体进展情况良好。报告显示，2015年，我国城镇人口总量达到77116万，城镇化率达到56.1%，高于世界平均水平约1.2个百分点，比2010年提高了6.15个百分点，“十二五”期间年均提高1.23个百分点，城镇人口增长了10137万，年均增长2028万。从增速来看，中西部地区城镇化率提升最快。相比2010年，东部地区城镇化率提高了3.9个百分点，年均提高0.95个百分点；而中部、西部地区分别提高5.6个和6.0个百分点，年均分别提高1.55个和1.48个百分点。

西部地区是我国城镇化的重点难点所在。西部地区不仅城镇化落后于全国平均水平，且市场化程度较低。西部地区未来将是加快城镇化建设的主战场。2016年12月7日，国家发展改革委、中央编办等11部门联合印发《关于公布第三批国家新型城镇化综合试点地区名单的通知》，确定111个城市（镇）成为第三批国家新型城镇化综合试点地区，西部地区共有44个城市（镇）入选第三批国家新型城镇化综合试点地区（见表30）。

表30　第三批国家新型城镇化综合试点地区西部各省份城市（镇）

内蒙古自治区	通辽市科尔沁左翼中旗、巴彦淖尔市乌拉特中旗、呼伦贝尔市鄂伦春旗大杨树镇
广西壮族自治区	桂林市荔浦县、钦州市浦北县、百色市靖西市、南宁市横县六景镇
重庆市	永川区、璧山区、潼南区
四川省	遂宁市、达州市、自贡市富顺县、巴中市南江县
贵州省	六盘水市盘县、黔西南州兴义市、黔东南州凯里市、黔南州独山县和三都县
云南省	保山市腾冲市、楚雄州楚雄市、德宏州瑞丽市、大理州剑川县沙溪镇
西藏自治区	日喀则市拉孜县、山南市扎囊县桑耶镇、林芝市巴宜区鲁朗镇
陕西省	延安市、榆林市神木县、商洛市山阳县、宝鸡市岐山县蔡家坡镇
甘肃省	白银市会宁县、天水市麦积区、庆阳市华池县
青海省	海北州海晏县、海南州贵德县、果洛州玛沁县、海东市循化县街子镇
宁夏回族自治区	银川市、吴忠市盐池县、石嘴山市惠农区红果子镇
新疆维吾尔自治区	巴音郭楞州库尔勒市、吐鲁番市鄯善县鲁克沁镇、阿勒泰地区布尔津县冲乎尔镇
新疆生产建设兵团	五家渠市

《西部大开发“十三五”规划》提出：推进新型城镇化，要“坚持走以人为核心的新型城镇化道路，因地制宜优化城镇化布局与形态，加强对西部地区城镇发展的分类指导，做好区划调整工作，提高城乡规划的科学性”。通过深

入推进统筹城乡改革发展，促进农业转移人口市民化，稳步推进户籍制度改革和城镇基本公共服务常住人口全覆盖，加快培育重点城市群和培育发展一批特色小城镇，培育发展新生中小城市等一系列措施，截至2020年，西部地区常住人口城镇化率预期将达到54.0%。

6. 物价稳定，消费对经济增长拉动作用将得到增强

2017年1月10日国家统计局公布数据显示，2016年全年平均居民消费价格总水平比2015年上涨2.0%，完成了年初设定的3%的物价调控目标。2016年，西部地区物价走势平稳，12个省份CPI均低于102%；食品类消费者价格指数明显高于消费者价格总指数，仍是推动物价上涨的主要力量；服务类的医疗保健、教育文化和娱乐、居住类价格涨幅排名靠前（见图14）。

消费物价的稳定有利于进一步刺激消费，再加上国家持续扩大内需政策的驱动与西部地区旅游市场繁荣的拉动，消费品市场将得到扩张，从而提高消费对经济的拉动率。“十三五”期间，预计西部地区消费者价格指数约为102，社会消费品零售总额增长12%左右。

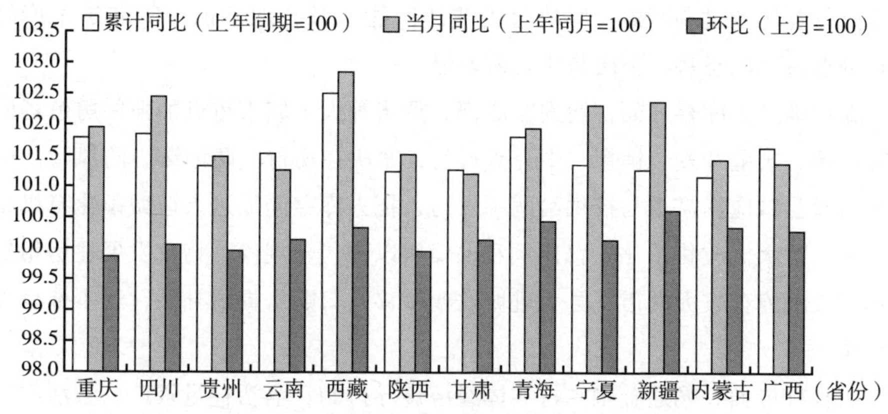

图14　西部12省区市居民消费价格指数（2016年1～11月）

四　“十三五”时期推进西部地区经济持续健康发展政策建议

随着我国经济发展步入新常态，西部地区深入贯彻落实五大发展理念，以提高发展质量和效益为中心，积极推进供给侧结构性改革，把转方式、调结构作为发展优先选择，加快形成适应新常态的体制机制和发展方式，努力实现有质量、有效益、没水分、可持续的增长，与全国人民一道步入小康社会。

（一）深入推进供给侧结构性改革

习近平总书记指出："推进供给侧结构性改革，是适应和引领经济发展新常态的重大创新。我们在适度扩大总需求的同时，着力加强供给侧结构性改革，着力提高供给体系质量和效率，增强经济持续增长动力，推动我国社会生产力水平实现整体跃升。"① "十三五"时期，是西部地区推进供给侧结构性改革的关键时期，要围绕"三去一降一补"各项任务，不断减少无效和低端供给，扩大有效和中高端供给，增强供给结构对需求变化的适应性和灵活性，提高全要素生产率。

去产能方面，建立"僵尸企业"数据库，建立非国有"僵尸企业"处置机制。抢抓政策和市场的窗口期，坚持用市场化、法治化手段去产能，分类推进重点行业压减过剩产能。坚决打击非法产能，对"地条钢"等非法生产经营行为保持高压态势，坚决防止死灰复燃。

在房地产去库存方面，西安、成都、重庆等大中城市重点加强住房市场监管和整顿，规范开发、销售、中介等行为，坚决控房价、防泡沫、防风险。中小城市及县城应拓需求与控供给两手发力，把去库存同促进人口城镇化有机结合起来，扩大棚改货币化安置比例和保障房以购代建规模，培育发展住房租赁市场。鼓励库存较大的市、县为进城农业转移人口购房提供补贴，逐步推行先租后买。

去杠杆方面，畅通金融支持实体经济传导机制，盘活存量资产，激活闲置资产，推进企业资产证券化。落实国家债转股政策，扩大直接融资规模，降低国有企业负债水平。运用市场化、法治化方式推进债务、资产、企业重组，实现出清、出效，降低工商实体企业杠杆率，支持银行向资产管理公司打包转让不良资产。

---

① 《习近平论述供给侧结构性改革：把握好"加减法"》，中国新闻网，http：//www.chinanews.com/gn/2016/08－03/7960691.shtml。

降成本方面，从降低交易、人工、物流、财务成本和税费、五险一金、电力价格等方面着力，综合降低企业运营成本。当前要重点清理规范中介服务，尽快实施涉企收费目录清单管理，坚决遏制各种乱收费行为。推动企业“眼睛向内”降本增效，通过提高内部经营管理水平降低成本。

补短板方面，立足增强发展后劲、改善群众生活、解决突出问题，着力补齐基础设施、科技创新、新兴产业、扶贫开发、公共服务、人才培养、生态保护等方面短板。

（二）努力构建体现创新引领的现代产业体系

西部地区要适应需求结构变化趋势，加快推进产业结构调整，加快传统产业技术改造，积极培育发展战略性新兴产业，促使服务业提档升级，促进三次产业在更高水平上协同发展，全面提升产业市场竞争力。

在传统产业改造方面，围绕现代煤化工、现代纺织、电子信息、装备制造、化工、建材等重点产业加快传统产业与新技术、新工艺、新模式相互嫁接，推进产业向高端化、集群化方向发展。在新型产业培育方面，依托“互联网+”推进新型产业培育，如贵州可推进大数据战略行动，把智能制造作为主攻方向，开展“大数据+产业深度融合行动计划”，推动企业加快产品创新、生产技术创新、商业模式创新。四川、重庆等制造业省份可以深化制造业和互联网融合发展，以智能制造为主攻方向，加快建设制造强省（市）。支持分享经济发展，推动制造产能、关键设备、检验检测认证、标准厂房等资源整合分享。

实施服务经济“倍增”计划，开展服务业综合改革试点，推动服务业模式创新、跨业融合、多维拓展。实施“旅游+”战略，形成全要素、全产业链旅游发展模式，打造全域旅游品牌。加快以西安、兰州、乌鲁木齐等为中心的丝绸之路旅游精品线路和项目，以及以延安、遵义等为核心的红色旅游经典景区体系建设，推动乡村旅游转型升级。支持成都、重庆和西安等中心城市建设西部金融中心，更好地服务和支撑西部地区实体经济发展。积极培育西部物流龙头企业，搭建完整而开放的仓、配、客、售后全供应链一体化服务体系，提升物流现代化水平。

把创新作为引领发展的第一动力，加快科技成果产业化步伐，充分释放科技创新潜力。围绕产业链部署创新链互动。聚焦西部地区能源化工、装备制造、电子信息等特色支柱产业及重点培育的大数据、3D 打印、新能源汽车、节能环保等战略性新兴产业，开展关键核心技术攻关、产品研发与中试，孵化新兴产业，加快科技成果转化和产业化。进一步强化企业创新主体地位。借鉴江苏等发达省份经验，完善创新创业服务体系，全方位打造创新生态群落，实施苗圃、雏鹰、科技小巨人和新三板挂牌等链条式培育工程，培育聚集一大批创新型企业，带动特色主导产业集聚发展。加快军民深度融合。西部地区在三线建设时期布局大量军工企业，特别是陕西、四川是全国军工大省，要打造军民融合综合服务平台，吸引央、部、军创新资源与地方融合，协同推进创新资源统筹，释放创新潜力。完善政策支撑体系。借鉴上海、浙江等地经验，进一步深化人才以技术（管理）占有股份、以期权参加分配制度，建立以能力和业绩为导向的自主创新人才评价体系，增强以知识价值为导向的分配政策，充分激发创新人才潜在创造力。推进大众创业、万众创新。推进各类新区、开发区、产业园二次创业，打造一批创新发展新高地。推动新建基地型、旧企业闲置厂房改造型、城市楼宇型等小企业创业基地发展，实现各类创业者“拎包入驻”。规划建设特色小镇，鼓励中心城市周边县市依托高铁站规划建设科创小镇，支持各地规划建设高新技术类特色小镇，使特色小镇成为区域科技创新、产业创新重要载体。推行“互联网 + 创新创业”新模式，加快科技“四众”平台和科技小镇等建设。完善前孵化器、加速器等孵化育成体系。

（三）不断拓展经济发展新空间

改革开放以来，我国经济持续高速增长主要依赖投资拉动，发达省份前些年快速发展也主要靠投资。从全国来看，目前投资对经济增长的贡献逐步减弱，但西部地区地处内陆，基础设施较差，历史欠账较多，推动西部地区经济发展仍需要把稳投资、上项目摆到突出位置。

1. 强化大项目支撑

围绕中央“十三五”规划、中央预算内投资、专项建设基金重点领域，在基础设施、农业现代化、工业转型升级、现代服务业发展、生态文明改善、民生事业保障等方面和领域，强化项目策划包装，统筹抓好重点项目、招商引资项目、中央预算内项目、专项建设基金项目等，加速释放新增产能。加强对西部地区特色主导产业发展倾斜，积极鼓励新投资项目、新建企业向各类板块集中，提升产业板块集聚发展效应。健全重大项目“五个一”推进机制，确保项目引得进、建得成、留得住、发展好。

2. 积极发展消费经济

围绕适应市场新需求深挖消费潜力，支持服务主体围绕消费新需求增加有效供给，稳定传统消费，扩大新型消费，发展体验消费，着力培育旅游、文化、体育、健康、养老等新的增长点，鼓励支持发展便民利民社区商业，打造“15 分钟”社区便民生活服务圈。加快实施“互联网 +”流通计划，支持实体店线上线下融合发展，推动商品交易市场转型升级和“农商互联”。

3. 促进各类城镇协调发展

以成都、重庆和西安等国家中心城市建设为龙头，促进大中小城市集聚和协调发展，建设现代化大都市区；县城、中心镇和小城镇特色错位发展并强化与主城和区域性中心城市有机连接、互动并进推进西部地区发展。分省域来看，宁夏要形成以银川市为中心的“一小时经济圈”和以地级市为次中心的“半小时通勤圈”，打造黄河金岸，加快建设宁夏沿黄城市带。广西要加快构建以南宁为核心的北部湾城市群和桂中、桂北、桂东南城镇群，培育发展右江河谷走廊、黔桂走廊、南友走廊和桂东北城镇带。贵州要以贵阳为中心，以贵阳 - 遵义、贵阳 - 安顺、贵阳 - 都匀和凯里为轴线，以六盘水、兴义、毕节、铜仁为极点，加快发展黔中城市带。陕西以建设大西安、带动大关中、引领大西北为目标形成大都市基本框架，加快宝鸡—蔡家坡百里城镇带建设，打造关中城市群副中心城市，建设榆林、汉中、渭南等百万人口大城市，构建跨省境的区域性中心城市。内蒙古规划着力加强区域中心城市和县城两级城镇体系建设。四川规划加快培育四大城市群，形成以大城市和区域性中心城市为依托、大中城市为骨干、小城镇为基础，经济联系紧密、功能互补的城市发展格局。云南规划加快构建大中小并举、分布合理、优势互补、特色鲜明、协调发展的城镇化体系。西藏加快建设以拉萨市为中心，以日喀则市、泽当镇、八一镇、那曲镇、昌都镇和狮泉河镇为支点，以县城、边境城镇、特色文化旅游城镇和特色产业城镇为网络的具有西藏特点的城镇体系。

4. 推动区域协调发展

西部地区要加强经济区、城市群发展规划统筹，建立成本共担和利益共享

机制，推进跨区域基础设施互联互通、产业对接协作、公共服务共建共享和环境联防联控联治。建立资源要素跨区域合理流动机制，健全要素市场体系。完善区域发展政策，建立条块结合、功能导向明确的区域政策调控体系，引导各区域特色发展、协同发展。分省域看，陕西实施关中协同创新、陕北转型持续、陕南绿色循环的区域发展总体战略，着力培育区域新增长点。青海重点推进东部城市群建设，加快壮大格尔木、德令哈、玉树等区域性城市。云南统筹实施区域发展战略，支持民族地区、边境地区、集中连片贫困地区改善基础设施。广西要打造北部湾经济区升级版，加快珠江—西江经济带发展，振兴左右江革命老区，加快构建沿海沿江沿边三区统筹新格局。贵州要加强黔中经济区、黔北经济协作区、毕水经济带建设，支持黔东南州、黔南州、黔西南州等民族地区跨越发展，形成黔中、黔北率先崛起，各区域协同加快发展新格局。宁夏要推动太中银发展轴和银宁盐发展轴建设，推进沿黄城市带基础设施、生态环境和公共服务一体化，加快建设清水河城镇产业带，引导人口、产业、资本集聚发展。四川推进成都经济区领先发展，建设川西北生态经济区。内蒙古要鼓励以呼包鄂为核心的西部地区协同发展，重点领域取得突破，支持东部盟市完善区域内部合作机制，发挥优势资源聚合效应。甘肃要创新区域合作体制机制，构建中部、河西走廊、陇东南三大经济区协调发展新格局。

（四）以农民持续增收为重点加快发展现代农业

西部各省应以增加农民收入为主要目标，积极适应农业由总量不足转变为结构性矛盾的阶段性变化，在确保国家粮食安全基础上，创新体制机制，优化农业产业体系、生产体系、经营体系，着力培育农业农村发展新动能，实现农村增绿、农业增产、农民增收。

1. 加大市场主体培育

以家庭农场为基础、土地股份合作为方向、代耕代种为过渡，提高县乡土地流转平台服务能力，综合运用政策奖补和市场拉动机制，加强用途监管和风险防范，引导土地依法规范有序流转，发展多种形式规模经营，以效益调动和保护务农种粮积极性，力争“十三五”末赶上全国平均水平。

2. 提升农业园区建设水平

坚持发展提升并举，优化要素配置，拓展园区功能，实现农业信息化、链条产业化、产品品牌化、建设法制化，增强园区承载功能。按照规模最大、品牌最响、技术含量最高、产业链最长、经济效益最好的“五最”标准，建设全产业链特色现代农业示范园区，引领现代农业发展。

3. 强化质量安全监管

突出检测、监管、追溯三大体系建设，坚持产管并重，推行园区“五治一品”，率先在省级园区、龙头企业建立农产品身份识别、质量安全内控体系和追溯系统，全面完成涉农县（区）定量检测体系建设，完善上下联动的三级追溯平台。加强源头治理和全程监管，大力推进农业标准化，创建国家级农产品质量安全县，提高农产品质量安全整体水平。

4. 加快产权制度改革

依托各级农经机构，建立健全“三资”管理信息平台和产权交易中心，引导土地承包经营权、“四荒”地使用权、农村集体经营性资产、农业类知识产权等要素交易，规范农村集体资产管理，提高资源配置效率。有序引导农村集体建设用地同权同价入市，鼓励农村宅基地有偿转让，加大住宅周边闲置土地置换复垦，挖掘农村土地潜力。促进农村产业融合发展。推进美丽乡村建设与发展现代农业、促进农民创业就业、提高综合素质有机结合，因地制宜，发展区域优势特色产业，促进一二三产业深度融合发展，实现生产、生活、生态高度统一，实现“看得见山、望得见水、记得住乡愁”的美好愿景。

（五）加快推进“一带一路”倡议

西部各省份应围绕“一带一路”倡议实施，找准定位、主动作为，加快建立开放型市场经济新体制，更深更广融入全球供给体系，推动更高水平的“引进来”和“走出去”，加快打造内陆改革开放新高地。

1. 把自贸区建设作为加快对外开放的重要抓手

陕西、四川和重庆获批国家自贸实验区是对西部地区的重大利好，西部相关省份应抓住机遇，积极推进自贸区建设，重点推动贸易转型升级、投资和金融领域开放等制度创新，推动交通物流融合发展，力争在多式联运发展等方面率先突破。建立与国际投资贸易通行规则相衔接的制度体系，培育融资租赁、跨境电商、整车进口、冷链物流、保税展示交易、航空维修等重点业态。依托西部地区能源等优势产业，着力提升大宗商品全球配置能力。

2. 融入“一带一路”建设

深入推进跨境电子商务综合试验区建设，打造“网上丝绸之路”。深度开拓“一带一路”沿线国家和新兴国家市场。用足用好出口退税、出口信保、便利通关等扶持政策，扩大具有自主知识产权、自主品牌和高附加值产品出口。抓紧完善和落实专项规划，加强基础设施互联互通，加快开发开放试验区、跨境经济合作区、综合保税区等平台建设，积极构建双向开放格局，推动陆上丝绸之路经济带建设取得实质性进展。

3. 加快大规模“走出去”步伐

西部地区可在全球范围内布局产业链和供应链，深化国际产能合作，尤其是与“一带一路”沿线国家的产能合作，健全“走出去”服务保障体系，继续抓好一批境外投资项目建设。加大机电、特色农产品、高新技术等优势产业出口，积极发展市场采购贸易、跨境电子商务和服务贸易。加快国家服务、贸易创新发展试点城市建设，积极培育跨境电商、外贸综合服务企业等新型外贸业态。

4. 积极开展高质“引进来”

加大招商引资力度，积极承接产业转移，以吸引500强企业为重点，引导国内外资本进入西部地区资源开发、基础设施建设、农业产业化、高端制造业、高新技术产业、现代服务业、新能源和节能环保产业等领域。加强与周边省份、东部省份的合作与交流，建立多层次互动机制，实现互利双赢。

（六）系统抓好环境保护和生态建设

绿色发展是新发展理念的重要内涵。绿色体现生机活力、标志和谐美丽。西部地区要牢固树立“绿水青山就是金山银山”理念，系统推进环境保护和生态建设，统筹实施山水林田湖一体化治理，以更大的决心和力度解决突出的环境问题，努力为人民群众提供干净的水、清新的空气、安全的食品、优美的环境。

1. 强化重点领域环境治理

治污降霾是西部地区特别是西北地区环境保护重头戏，深入研究把握大气污染成因和防治规律，进一步提高治理的实效性。大力实施“电代煤”“气代煤”等清洁能源替代工程，加快中心城市污染企业搬迁，建立排放清单和违法排污企业“黑名单”制度，严控挥发性有机物污染。继续深化大气污染治理，推动燃煤设施淘汰改造，全面治理城乡散煤，严格控制机动车和船舶排放污染。加大农作物秸秆综合利用和露天禁烧工作力度，关停淘汰落后企业，完成国家“大气十条”目标任务。加强大气、水、土壤污染防治，实施工业污染源全面达标排放计划。积极试点实施近零碳排放区示范工程。完善碳交易机制，加大碳普惠制推广力度。探索建立企业环境行为信用评价与信贷联动机制，在火电、造纸等行业推动排污许可改革。

2. 大力发展循环经济

科学布局生产、生活、生态空间，划定生态保护红线、永久基本农田红线、城镇开发边界控制线。落实能源消费总量和能源消耗强度下降机制，加快火电、水泥等重点行业除尘提标改造和脱硫设施建设及改造，禁止落后产能转入。推进秸秆等农林废弃物以及建筑垃圾、餐厨废弃物资源化利用。加大矿山生态治理恢复。开发利用地热能、太阳能、风能等清洁能源。

3. 加强生态系统修复

依据国家生态功能区定位，划定并颁布生态保护红线，抓好自然资源产权保护试点，确保经济社会发展有“边界”、有“规矩”。协同推进截污纳管、河道清淤、工业整治、农业农村面源污染治理、排污口整治、生态配水与修复等工程，积极整治小微水体感官污染。支持有条件的城市开展生态修复、城市修补试点，强化自然生态空间保护利用，保护生物多样性。

4. 健全生态环境保护制度

建立党政领导生态环境保护目标责任制，深入开展生态环境保护制度综合改革试点，实施与污染物排放总量直接挂钩的财政政策，进一步完善水环境资源“双向补偿”制度。全面推行排污权有偿使用和交易制度，开展生态文明建设年度评价，实行领导干部自然资源资产离任审计。严格落实环保“党政同责”“一岗双责”制度，实行环境保护“一票否决”，完善生态环境损害责任追究制度。

（七）为民营经济发展创造良好市场环境

面对经济新常态下的新机遇、新挑战，面对民营经济发展中的老问题、新情况，西部地区必须提振信心，把做大做强民营经济作为关系全局的大战略，

以问题为导向，系统谋划，推动民营经济再上新台阶。

1. 加大市场主体培育力度

以“个转企”“小升规”为切入点，加大对成长型企业新增产能和技术改造创新项目扶持力度，降低水电气等要素成本，促进企业做大做强。支持民营企业通过腾笼换鸟、科学管理、产品升级配套、延长产业链条、发展生产性服务业等，提高生产力水平。鼓励民营企业通过合资合作、兼并重组、并购收购、资本运作等方式，扩大规模，提升实力。

2. 拓宽小微企业创业创新空间

按照“非禁即入”原则，进一步放宽市场准入、投资领域和经营范围，鼓励非公经济企业进入经营性基础设施和公益性事业领域。鼓励各类园区建立创新创业孵化基地，对新入驻创业基地、孵化中心的小微企业、初创企业的租用研发、生产用房给予补贴，落实小微企业发展和融资政策，严格执行各级政府公布取消的企业性质事业收费项目，对新办小微企业免征部分管理费、登记费和证照类行政事业收费。鼓励各类创业投资引导基金、小额信贷资金和中小企业发展专项资金向初创企业和人员倾斜。

3. 强化扶持政策精准性

建立健全企业统计调查和监测评价制度，对扶持政策及其实施情况进行分析、评估和及时调整，如对无须特定经营场所从事经营以及创业初期暂不具备经营场所条件的企业，支持其与托管机构签订入驻协议；对创新创业企业在招工、用工等环节适当给予协助或补贴等。

4. 提升企业政策获得感

各级政府部门要对民间投资项目与政府投资项目一视同仁，确保民营企业在土地使用、财政支持、税收优惠方面与国有、外资企业享有平等待遇。疏通政府政策下发通道，把政策下发到位。政策贯彻执行中手续、程序一定要简便，争取让企业“只跑一次路”。加大督察力度，建立第三方评估制度，相关部门不定期检查，及时发现并纠正处理不作为行为，真正把好政策落到实处。

（八）以更大力度保障和改善民生

让老百姓过上好日子是各级政府一切工作的出发点和落脚点。“十三五”时期西部地区应坚持普惠性、保基本、均等化、可持续方针，继续加大民生投入力度，加强不同群体利益协调，努力让人民群众生活得更加自尊自信。

1. 提升群众收入水平

坚持居民收入增长和经济增长同步、劳动报酬提高和劳动生产率提高同步，持续增加城乡居民收入。探索实行农民增收工作县（市、区）委书记、县（市、区）长负责制，赋予农民更多财产权利。完善企事业单位工资增长机制，推进同城同酬、同工同酬。完善最低工资增长机制，推动收入分配向基层和艰苦边远地区倾斜。加大对创新创造活动及其成果的激励和保护力度，努力让知识密集型创造性劳动获得应有的报酬。完善以税收、社会保障、转移支付等为主要手段的再分配调节机制。遏制以权力、行政垄断等非市场因素获取收入，取缔非法收入，增加低收入劳动者收入，扩大中等收入者比重。

2. 提升就业水平

鼓励各地依托产业集聚区和服务业“两区”等载体平台，大力发展吸纳就业能力强的产业，发挥小微企业就业主渠道作用。进一步开发公益性岗位，做好公益性岗位托底安置工作，保障零就业家庭等就业困难人员就业。加强就业托底保障，鼓励引导特殊群体实现稳定就业。实施新型职业农民培育计划和农民工职业技能提升计划，提升农民素质，支持就地就近就业创业。

3. 完善社会保障制度体系

扩大社会保险覆盖面，实现社会保障城乡并轨，促进城乡、区域、行业和群体间保障标准水平衔接平衡，完善社会保险关系跨区域转移接续政策，基本实现法定人员全覆盖。全面实施大病保险制度，探索建立长期照料护理保险制度。完善新型农村合作医疗和大病保险政策，健全重特大疾病保障机制，实现城乡居民公平享有基本医疗保障。研究实行职工退休人员医保缴费参保政策，建立省级养老保险风险基金，确保全省养老金按时足额发放。完善社会救助标准动态调整机制和城乡统筹机制，建立健全“救急难”工作机制，全面实施临时救助制度，加强重大疾病医疗等专项救助制度，落实低保标准动态调整机制。

4. 提升教育现代化水平

推进以乡镇寄宿制学校建设为重点的农村义务教育薄弱学校改造，加快城乡义务教育公办学校标准化建设。实施“乡村教师支持计划”，推进城乡教师交流，实现优质教育资源城乡全覆盖。全面普及 15 年基础教育，建立健全中小学教师“无校籍”管理和“县管校用”制度。更加注重应用型人才培养，建立职业技能公共实训中心教育资源共享机制，打造一批具有西部地方特色的品牌专业。深化校企合作、产教融合，拓宽技能型人才培养路径，突出特色发展，推动一批地方本科高校向应用技术类转型。

5. 深化医疗卫生体制改革

完善省市县乡村五级医疗服务网络，加强基层全科医生培养和职业化乡村医生队伍建设，实现“先诊疗后付费”模式在基层全覆盖。积极组建医疗联合体，推进县、镇医疗服务一体化，支持城市三级医院对口帮扶县级医院。

6. 加大脱贫攻坚力度

突出片区攻坚，以六盘山、陕甘宁等老少边穷地区为主战场，以改善贫困地区生产生活条件为重点，大力实施精准扶贫、精准脱贫方略，确保如期完成脱贫任务。突出“精准”，坚持产业为基、就业为本，因人因地施策，做到扶持对象精准、项目安排精准、资金使用精准、措施到户精准、因村派人精准、脱贫成效精准。突出治本，扩大贫困地区基础设施建设覆盖面，推进贫困地区基本公共服务均等化；实行建档立卡的家庭经济困难学生普通高中全部免除学杂费，未升学初高中毕业生全部接受职业教育，所有家庭经济困难学生实现资助覆盖，所有贫困户实现技能培训覆盖；因地制宜发展壮大村集体经济，增强低收入农户和经济薄弱村内生发展动力。突出制度建设，全面落实扶贫责任、权力、资金、任务“四到县”制度，完善脱贫摘帽激励机制；完善扶贫考评标准和考核机制，调整扶贫开发重点县考核指标体系；强化脱贫工作责任考核，建立年度脱贫攻坚报告和督察制度，实行最严格的考核督察问责。突出典型宣传，建立扶贫先进典型台账，定期总结各地脱贫攻坚典型经验。通过开设专栏、政策宣讲、新闻发布会、先进事迹报告会等百姓喜闻乐见的形式进行宣传，营造脱贫攻坚良好氛围，激发贫困地区贫困群众内生动力。

经济发展

Economic Development

B.2 西部地区经济增长质量评价报告*

钞小静 薛志欣**

摘 要： “十三五”时期是西部地区发展爬坡过坎、转型升级关键阶段。为了更好反映西部地区经济增长质量和实际效益，本文借助因子分析法，对西部地区2000～2014年经济增长质量情况进行评价。研究表明：一方面，西部地区经济增长质量整体表现较好与地区内部经济增长质量差异明显现象并存；另一方面，国民经济素质，经济增长的效率，结构和稳定性以及资源利用与生态环境代价和福利变化与成果分配都不同程度制约西部地区经济发展。基于此，本文围绕创新、协调、绿色、开放和共享五

* 本文获得国家社科基金项目“我国要素收入分配结构对经济增长质量的影响及其调整对策研究”（13CJL012）、教育部新世纪优秀人才支持计划（NCET－13－0952）和陕西高校人文社会科学青年英才支持计划资助。

** 钞小静，经济学博士，西北大学经济管理学院副教授，主要研究方向为中国经济增长质量；薛志欣，西北大学经济管理学院西方经济学专业硕士研究生，研究方向为中国要素收入分配结构。

大新理念，提出针对性可行路径以提高西部经济发展质量和效益，确保到2020年与全国同步全面建成小康社会。

关键词： 西部地区 经济增长质量 因子分析法

中国经济发展进入增速放缓、结构调整与转型新时期，以往单纯依靠追求GDP增长速度，大量消耗资源的粗放型经济增长方式越来越不适应社会发展需要。党的十八大以来，中国将经济增长方式的转变和经济增长质量与效益的提升视为未来经济发展方向，2017年政府工作报告也再次强调“坚持以提高发展质量和效益为中心”的重要性。在第十三个五年规划实施的关键时期，西部地区作为全面建成小康社会的重点难点，地区经济结构不合理、经济增长内生动力不足以及经济稳定性不强等问题仍然突出。因此，西部地区必须深刻认识与把握国内外经济形势新变化，紧抓新机遇，迎接新挑战，追求经济增长质量和效益的提升，推动西部地区持续健康发展，为实现全面建成小康社会和中华民族伟大复兴打下坚实基础。

一　西部地区经济增长质量综合评价指标体系构建

（一）经济增长质量内涵界定

经济增长包含经济增长的数量和质量两个方面，经济增长的数量是指一个国家或地区产品或服务数量的扩大或增长速度的加快，常用国内生产总值或人均国内生产总值指标来衡量；而经济增长质量是相对于经济增长数量而言的经济增长问题，涉及价值判断。

关于经济增长质量内涵的界定，学术界大致有以下三种观点：第一，以卡马耶夫为主的部分学者，将经济增长质量定义为经济增长过程中效率的改善，认为资源利用效率决定社会经济增长质量。[①] 第二，以托马斯为主的部分学者

① B. D. 卡马耶夫：《经济增长的速度和质量》，陈华山等译，湖北人民出版社，1983。

认为，经济增长质量仅是相对于经济增长数量而言的一种规范性价值判断，不涉及经济增长质量外延的确定，包含除了经济增长数量之外如健康、环境、分配等因素。① 第三，以任保平为主的部分学者认为，经济增长质量是经济增长的内在表现，而经济增长数量是经济增长的外在表现，经济增长质量是经济增长数量发展到一定阶段后的产物，是针对经济增长的国民经济素质，经济增长的效率、结构、稳定性以及资源利用与生态环境代价和福利分配等方面的规范性价值判断。② 其中，国民经济素质是以一个国家或地区利用资源的创新能力或素质来衡量经济增长质量的高低；经济增长效率是从使用生产要素效率上判断经济增长质量；经济增长结构是从经济结构是否合理的角度衡量经济增长质量；经济增长稳定性是从经济波动角度衡量经济的长期稳定增长，它是影响经济增长质量的一个关键因素；资源利用与生态环境代价和成果分配与福利变化则分别从经济增长可持续性和包容性上衡量结果层面的经济增长质量。

基于上述研究，本文沿袭任保平（2012）的分析框架，将经济增长质量内涵进一步界定为经济增长内在性质的体现，主要衡量经济增长的条件、过程和结果优劣。其中，经济增长条件是指经济增长质量表现为国民创造财富的基本素质与能力，用国民经济素质衡量；经济增长过程是指经济增长质量表现在生产要素在经济系统运行过程中的各种关系，具体表现为经济增长的效率、结构和稳定性；经济增长的结果是指经济增长质量表现在经济增长的可持续性和包容性上，涉及资源利用与生态环境代价和福利分配。

（二）经济增长质量综合评价指标体系

经济增长质量是具有规范性的价值判断，经济增长质量的提高表现为经济增长的条件、过程和结果的同时改善。根据上述对经济增长质量内涵的界定，笔者认为，经济增长质量主要包含以下三个层面的内容：一是经济增长的条件主要考察国民经济素质；二是经济增长的过程主要测度经济效率、结构和稳定性；三是经济增长的结果主要度量资源环境代价和成果分配与福利变化。表 1 为本文构建的包含 35 个具有较高代表性和可比性的基础指标的经济增长质量综合评价体系。

---

① 托马斯等：《增长的质量》，增长的质量翻译组译，中国财经出版社，2001。

② 任保平：《经济增长质量：理论阐释、基本命题与伦理原则》，《学术月刊》2012 年第 2 期。

表 1　经济增长质量综合评价体系

<table>
<tr><th rowspan="2">方面
指数</th><th rowspan="2">分项指标</th><th rowspan="2">基础指标</th><th rowspan="2">计量
单位</th><th colspan="3">指标属性</th></tr>
<tr><th>正指标</th><th>逆指标</th><th>适度指标</th></tr>
<tr><td rowspan="5">国民经济
素质</td><td rowspan="4">基本能力</td><td>人均城市道路面积</td><td>平方米</td><td>√</td><td></td><td></td></tr>
<tr><td>每百万人图书馆藏书(市辖区)</td><td>册</td><td>√</td><td></td><td></td></tr>
<tr><td>建成区绿地覆盖率</td><td>%</td><td>√</td><td></td><td></td></tr>
<tr><td>人均拥有医院、卫生院数</td><td>个</td><td>√</td><td></td><td></td></tr>
<tr><td>能力素质</td><td>科学教育支出/财政支出</td><td>%</td><td>√</td><td></td><td></td></tr>
<tr><td rowspan="5">经济增
长效率</td><td>资本方面</td><td>资本生产率</td><td>%</td><td>√</td><td></td><td></td></tr>
<tr><td>劳动方面</td><td>劳动生产率</td><td>%</td><td>√</td><td></td><td></td></tr>
<tr><td rowspan="3">技术方面</td><td>全要素生产率</td><td>%</td><td>√</td><td></td><td></td></tr>
<tr><td>技术变动</td><td>—</td><td>√</td><td></td><td></td></tr>
<tr><td>技术效率变动</td><td>—</td><td>√</td><td></td><td></td></tr>
<tr><td rowspan="11">经济增
长结构</td><td rowspan="2">投资
消费结构</td><td>消费率</td><td>%</td><td></td><td></td><td>√</td></tr>
<tr><td>投资率</td><td>%</td><td></td><td></td><td>√</td></tr>
<tr><td rowspan="4">产业结构</td><td>产业高级化指数</td><td>—</td><td>√</td><td></td><td></td></tr>
<tr><td>第一产业占劳动生产率之比</td><td>—</td><td>√</td><td></td><td></td></tr>
<tr><td>第二产业占劳动生产率之比</td><td>—</td><td>√</td><td></td><td></td></tr>
<tr><td>第三产业占劳动生产率之比</td><td>—</td><td>√</td><td></td><td></td></tr>
<tr><td rowspan="2">城乡
二元结构</td><td>二元对比系数</td><td>—</td><td>√</td><td></td><td></td></tr>
<tr><td>二元反差系数</td><td>—</td><td></td><td>√</td><td></td></tr>
<tr><td rowspan="2">金融结构</td><td>金融机构存款余额/GDP</td><td>%</td><td>√</td><td></td><td></td></tr>
<tr><td>金融机构贷款余额/GDP</td><td>%</td><td>√</td><td></td><td></td></tr>
<tr><td>开放程度</td><td>外商直接投资/GDP</td><td>%</td><td>√</td><td></td><td></td></tr>
<tr><td rowspan="4">经济增长
稳定性</td><td>产出波动</td><td>经济波动率</td><td>%</td><td></td><td>√</td><td></td></tr>
<tr><td rowspan="2">价格波动</td><td>消费者物价指数</td><td>%</td><td></td><td>√</td><td></td></tr>
<tr><td>生产者物价指数</td><td>%</td><td></td><td>√</td><td></td></tr>
<tr><td>就业波动</td><td>年末城镇登记失业人员波动</td><td>人</td><td></td><td>√</td><td></td></tr>
<tr><td rowspan="5">资源利用
与生态
环境代价</td><td rowspan="2">资源消耗</td><td>单位地区生产总值能耗</td><td>吨标准煤/万元</td><td></td><td>√</td><td></td></tr>
<tr><td>单位地区生产总值电耗</td><td>千瓦/万元</td><td></td><td>√</td><td></td></tr>
<tr><td rowspan="3">环境污染</td><td>单位产出 SO_2 排放量</td><td>万吨/万元</td><td></td><td>√</td><td></td></tr>
<tr><td>工业废水排放非达标率</td><td>%</td><td></td><td>√</td><td></td></tr>
<tr><td>工业固体废弃物未利用率</td><td>%</td><td></td><td>√</td><td></td></tr>
<tr><td rowspan="5">成果分配
与
福利变化</td><td>成果分配</td><td>劳动报酬占比</td><td>%</td><td>√</td><td></td><td></td></tr>
<tr><td rowspan="4">福利变化</td><td>职工平均工资</td><td>元/月</td><td>√</td><td></td><td></td></tr>
<tr><td>人均储蓄年末余额</td><td>元</td><td>√</td><td></td><td></td></tr>
<tr><td>人均教育事业费支出</td><td>元</td><td>√</td><td></td><td></td></tr>
<tr><td>人均 GDP</td><td>元</td><td>√</td><td></td><td></td></tr>
</table>

经济增长条件着重体现为一个国家或地区以国民经济素质为基础的基本条件和能力，而衡量国民经济素质水平则主要从基本能力和能力素质两个角度入手，国民经济素质的基本能力以基础资源为主要支持，是客观条件的反映，能力素质是从创新投入力度反映国民经济素质的能力。国民经济素质基本能力选取人均城市道路面积、每百万人图书馆藏书（市辖区）、建成区绿地覆盖率和人均拥有医院及卫生院数来反映。同时，选用科学教育支出占财政支出比重来反映国民经济素质方面的能力水平。

经济增长过程主要体现在经济增长效率、经济增长结构和经济增长稳定性上。其中，经济增长效率主要选取资本生产率、劳动生产率、全要素生产率、技术变动和技术效率变动五项指标来代表。此外，本文选用投资消费结构、产业结构、城乡二元结构、金融结构和开放程度五方面指标衡量经济增长结构。投资消费结构的基础指标选用消费率和投资率；产业结构的基础指标选择产业高级化指数、第一产业占劳动生产率之比、第二产业占劳动生产率之比和第三产业占劳动生产率之比来表示；用二元对比系数和二元反差系数反映城乡二元结构差异；金融结构则选用金融机构存款余额占 GDP 比重和金融机构贷款余额占 GDP 比重作为基础指标；而开放程度选取外商直接投资占 GDP 比重来衡量。从经济增长的稳定性看，影响经济周期性波动的因素主要来自产出、价格和就业波动三个方面。因此，本文选取产出波动、价格波动和就业波动三个维度衡量经济增长的稳定性，分别选择经济波动率表示产出波动，消费者物价指数和生产者物价指数表示价格波动，年末城镇登记失业人员波动表示就业波动。

经济增长的结果主要反映为经济增长成果的包容性，体现在资源利用与生态环境的可持续发展和经济成果与福利分配共享方面，故本文选取资源环境代价和成果分配与福利变化两个方面衡量经济增长结果。其中，资源环境代价从资源消耗和环境污染两个角度入手，资源消耗选用单位地区生产总值能耗和单位地区生产总值电耗两个基础指标表示，而环境污染选用单位产出 SO_2 排放量、工业废水排放非达标率和工业固体废弃物未利用率代表；成果分配与福利变化从成果分配和福利变化两个方面着手，用劳动报酬占比指标衡量成果分配。经济增长质量关键是人的发展，福利变化方面选取钞小静（2011）的福利指标作为依据，主要从居民的收入、储蓄和教育这三方面入手，具体用职

工平均工资、人均储蓄年末余额、人均教育事业费支出和人均 GDP 四个基础指标衡量福利变化水平。①

二　西部地区经济增长质量测算

本文主要以南宁、重庆、成都、贵阳、昆明、西安、兰州、银川、西宁、乌鲁木齐和呼和浩特 11 个副省级城市为着眼点，研究 2000 ~2014 年西部地区经济增长质量水平，并从西部地区经济增长质量指数的测算和西部地区经济增长质量的基本特征两个层面整体把握西部地区经济增长基本态势。

（一）数据选取与指标说明

根据上述构建的综合评价指标体系，本文以 2000 年为基期，拟对 2000 ~2014 年西部 11 个省份（除西藏外）经济增长质量指数进行分析与评价。本文数据主要选自历年《中国统计年鉴》、各省市历年统计年鉴、《中国人口和就业统计年鉴》以及各省统计公报。

各个基础指标的设定方面，除了统计年鉴中直接可得数据外，其余数据的具体计算过程参考任保平（2014）的研究成果可得。② 此外，对于个别指标部分年份的缺失数据，本文主要采用回归估算办法，以求得线性预测值来代替缺失值。考虑各个指标之间属性不同，要对其进行综合评价，需先将逆指标正向化，即做倒数化处理，以改变逆指标的原有性质。特别是，适度指标应先将原始值减去适度值后再进行倒数处理。其中，投资率和消费率的适度值采用项俊波（2008）的研究结果，即投资率的适度值为 38%，消费率的适度值为 60%。③ 在此基础上，由于不同指标的计量单位和数量级差异，因此，还需对各指标数据进行均值化处理以消除量纲。

① 钞小静、任保平：《中国经济增长质量的时序变化与地区差异分析》，《经济研究》2011 年第 4 期。

② 任保平、钞小静、魏婕：《中国经济增长质量发展报告（2014）》，中国经济出版社，2014。

③ 项俊波：《中国经济结构失衡的测度与分析》，《管理世界》2008 年第 9 期。

（二）测算方法与测算结果

本文借助 SPSS17.0 软件，采用因子分析法分别确认衡量经济增长质量的国民经济素质、经济增长效率、经济增长结构、经济增长稳定性、资源环境代价和成果分配与福利变化六方面指数的权重，再计算并合成质量指数，进而对西部 11 个省份（除西藏外）主要城市经济增长质量情况进行量化。此外，在具体测算之前，本文还对各个变量是否适合采用因子分析法提取因子进行了相关性检验。在巴特利特球度检验中，其检验统计量对应的概率均低于显著性水平，拒绝原假设，认为原有变量之间存在一定相关关系。同时，KMO 检验的检验值在 0.4～0.7，据此也可判断出原有变量适合进行因子分析。

根据上述思路，本文进行因子分析后得到 2000～2014 年代表性年份里西部 11 个省份（除西藏外）经济增长质量指数（见表 2）。需要说明的是，经济增长质量指数的正号表示该地区经济增长质量水平位于全国平均水平之上，而经济增长质量指数的负号表示该地区经济增长质量水平位于全国平均水平之下。总之，指数值越高，表示该地区经济增长质量越好；相反，指数值越低，则表示该地区经济增长质量越差。

根据表 2 可知，2014 年西部地区有近 63% 相应省份经济增长质量水平位于全国平均水平之上，整体表现较好。但 2000～2014 年西部地区各个主要城市经济增长质量指数整体波动较大，分化现象明显。以银川、乌鲁木齐和呼和浩特为主的地区，经济增长指数呈明显的波动性下降趋势。其中，下降幅度最大的是银川，经济增长质量指数由 2000 年的 0.94 下降至 2014 年的 -0.83，下降 1.77；其次是乌鲁木齐，经济增长质量指数从 2000 年的 0.79 下降到 2014 年的 0.29，下降 0.5，而呼和浩特经济增长质量指数也从 2000 年的 0.09 下降到 2014 年的 -0.32，下降了 0.41。相反，以成都、贵阳、昆明为主的地区，经济增长指数呈明显波动性上升趋势。其中，上升幅度最大的是成都，经济增长质量指数由 2000 年的 -1.12 上升至 2014 年的 0.54，上涨幅度为 1.66；而贵阳和昆明经济增长质量指数也分别从 2000 年的 0.08，-0.89 上涨到 2014 年的 0.48 和 0.24。其余地区 2014 年经济增长质量指数相比 2000 年则增长较为缓慢，重庆、西安和兰州经济增长质量指数相比 2000 年分别上升了 0.21、0.13 和 0.23，有小幅度上升但变化并不十分显著，经济增长质量水平仍有待进一步提高。南宁和西宁从 2000

表 2　代表性年份西部地区城市经济增长质量指数及排名

地区	指数与排名情况	2000 年	2005 年	2010 年	2011 年	2012 年	2013 年	2014 年
南宁	经济增长质量指数	0.03	-0.25	-0.20	-0.73	-0.60	-0.36	-0.05
	经济增长质量排名	17	24	22	31	34	27	21
重庆	经济增长质量指数	-1.02	-0.16	-0.95	-1.01	-0.78	0.08	-0.81
	经济增长质量排名	35	20	36	36	36	16	35
成都	经济增长质量指数	-1.12	-0.18	0.54	0.00	0.53	0.01	0.54
	经济增长质量排名	36	21	7	17	8	18	6
贵阳	经济增长质量指数	0.08	0.34	-0.47	-0.31	-0.63	-0.54	0.48
	经济增长质量排名	16	8	27	22	35	31	10
昆明	经济增长质量指数	-0.89	0.24	-0.39	-0.12	0.10	-0.08	0.24
	经济增长质量排名	34	10	26	18	14	20	15
西安	经济增长质量指数	0.10	-0.28	-0.12	-0.32	-0.22	-0.19	0.23
	经济增长质量排名	14	27	17	23	23	24	16
兰州	经济增长质量指数	0.28	0.14	-0.74	-0.81	-0.27	-0.83	0.51
	经济增长质量排名	12	13	34	33	25	34	8
银川	经济增长质量指数	0.94	0.47	-0.66	-0.85	-0.13	-1.39	-0.83
	经济增长质量排名	5	6	33	34	18	36	36
西宁	经济增长质量指数	0.52	0.23	-0.96	-0.97	-0.21	-1.40	0.50
	经济增长质量排名	8	11	37	35	22	37	9
乌鲁木齐	经济增长质量指数	0.79	0.06	-0.53	-0.79	-0.57	-0.79	0.29
	经济增长质量排名	6	14	30	32	32	33	14
呼和浩特	经济增长质量指数	0.09	-0.36	-0.60	-0.56	-1.05	-0.97	-0.32
	经济增长质量排名	15	29	31	29	37	35	25

年到 2014 年分别下降了 0.08 和 0.02，虽有小幅度下降但整体没变化。

此外，从全国各地区经济增长质量排名看，西部地区各主要城市排名大多处于中下游水平。2014 年，西部地区排名在全国前 10 位的城市依次有成都、兰州、西宁和贵阳，且该 4 个地区的经济增长质量指数的平均值为 0.51。而排名在后 10 位的为重庆和银川，且其经济增长质量指数的平均值为 -0.82，西部地区排名前 10 位与排名后 10 位的城市经济增长质量指数的平均值之间相差 1.33，西部地区内部各城市之间经济增长质量的表现差异显著。而从排名波幅分析，西部地区中有部分城市在全国的排位呈现明显下降趋势，其中，经济增长质量排名下降幅度最大的是银川，从 2000 年的第 5 名下降到 2014 年的第 36 名，下降 31 个位次。其次是呼和浩特，排名波动区间为［15，25］，下降 10 个位次。乌鲁木齐也从 2000 年的第 6 名下降到 2014 年的第 14 名。而西部地区另一部分城市排名呈现明显的上升态势，上升趋势最为明显的是成都，从 2000 年的第 36 名上升到 2014 年的第 6 名，上升了 30 个位次。其次是昆明，排名波动区间为［34，15］，上升了 19 名，贵阳从 2000 年的第 16 名上升到 2014 年的第 10 名，上升 6 个名次。相比之下，重庆、西安和西宁的波动趋势则较为稳定，其中，重庆排名基本没有变化，2000 年和 2014 年都位于第 35 名。西安的经济增长质量指数排名由 2000 年的第 14 名变为 2014 年的第 16 名，西宁的经济增长质量指数的排名则由 2000 年的第 8 名下降到 2014 年第 9 名，下降 1 个位次。整体而言，成都的经济增长质量表现较为突出，逐渐从全国主要城市下游水平上升到全国上游水平，成长较快。而银川的经济质量表现较差，从原本的全国排名靠前下降为全国排名靠后，而重庆、西安和呼和浩特长期位于全国中下游，经济增长质量变化不明显。

（三）西部地区经济增长质量基本特征

为了清晰刻画西部地区经济增长质量的基本特征，本文拟从西部地区经济增长数量和质量比较以及西部地区与其他地区经济增长质量总指标与各分项指标的比较进行分析。

1. 西部地区经济增长数量与质量变动的不一致性

本文通过比较各地区之间经济增长数量与质量的差异，进一步描述西部地区经济增长数量与质量变动的不一致性，为此，将西部 11 个省份（除西藏外）各主要城市的经济增长数量和质量排名进行了整理，结果见表 3。

为了更进一步说明西部地区经济增长数量与质量的不一致程度，本文根据表 3，以 2014 年为样本，用排序差的绝对值表示经济增长数量与质量相对程度，将西部地区大致划分为以下几类：一是排序差绝对值小于 5，属于经济增长数量与质量较为一致组，分别有成都、西安、银川和呼和浩特。其中，成都 2000 年的经济增长质量和经济增长数量排序相差最大，之后经济增长质量和经济增长数量之间位次的差距逐渐缩小且经济增长质量的排名略好于经济增长数量的排名。西安经济增长质量排名 2000 年高出经济增长数量排名 8 个位次，

表 3　代表性年份西部地区经济增长数量与质量排名比较

地区	指数与排名情况	2000 年	2005 年	2010 年	2011 年	2012 年	2013 年	2014 年
南宁	经济增长数量排名	31	30	29	28	28	28	28
	经济增长质量排名	17	24	22	31	34	27	21
重庆	经济增长数量排名	6	7	7	7	7	7	6
	经济增长质量排名	35	20	36	36	36	16	35
成都	经济增长数量排名	9	11	11	9	8	8	9
	经济增长质量排名	36	21	7	17	8	18	6
贵阳	经济增长数量排名	33	34	33	33	32	32	31
	经济增长质量排名	16	8	27	22	35	31	10
昆明	经济增长数量排名	24	24	26	27	25	25	25
	经济增长质量排名	34	10	26	18	14	20	15
西安	经济增长数量排名	22	23	21	21	21	20	18
	经济增长质量排名	14	27	17	23	23	24	16
兰州	经济增长数量排名	30	32	34	34	33	33	33
	经济增长质量排名	12	13	34	33	25	34	8
银川	经济增长数量排名	36	36	35	35	35	35	35
	经济增长质量排名	5	6	33	34	18	36	36
西宁	经济增长数量排名	37	37	36	36	36	36	37
	经济增长质量排名	8	11	37	35	22	37	9
乌鲁木齐	经济增长数量排名	32	33	31	31	31	31	32
	经济增长质量排名	6	14	30	32	32	33	14
呼和浩特	经济增长数量排名	34	29	28	29	29	29	29
	经济增长质量排名	15	29	31	29	37	35	25

之后出现经济增长质量排名波动明显的现象，最好第 16 名，最差第 27 名，而经济增长数量的排名基本在 18 ~23 浮动。银川从 2000 年经济增长质量排名高于经济增长数量，到 2014 年经济增长质量排名落后于其经济增长数量，经济增长质量状况转差。呼和浩特 2000 ~2014 年经济增长规模与经济增长质量均欠佳。二是排序差的绝对值在 5 ~10，属于经济增长数量与质量不一致程度较为显著组，分别有南宁和昆明。其中，南宁 2000 ~2014 年经济增长规模均较小，经济增长质量在 2000 年表现中等，2005 ~2013 年表现较差，到 2014 年经济增长质量有所好转。昆明在 2000 年经济增长质量排名落后于经济增长数量排名 10 个位次，之后经济增长质量排名基本优于经济增长数量排名。三是排

序差的绝对值大于10，属于经济增长数量与质量不一致程度显著组，有重庆、贵阳、乌鲁木齐、兰州和西宁。其中，重庆2000～2014年经济增长质量排名明显差于经济增长数量的排名，经济增长质量状况不理想。贵阳和乌鲁木齐经济增长质量排名在2000年都好于经济增长数量排名，之后经济增长质量排名落后于经济增长数量排名，到2014年经济增长质量排名又好于经济增长数量排名。兰州和西宁经济增长质量排名基本好于经济增长数量的排名，且其经济增长质量的排名波动较为剧烈，兰州经济增长数量的排名大致在33名，西宁经济增长数量的排名大致在36名。

2. 西部地区与其他地区经济增长质量变动的不一致性

为更全面考察2000～2014年西部地区经济增长质量特征，本文还将西部地区与全国其他地区经济增长质量总指数和各分项指数进行了比较。

（1）西部地区与其他地区经济增长质量总指数变动的不一致性。

本文将西部地区主要城市的经济增长质量指数按年份分别进行均值化处理，同时对全国除西部地区以外的其他城市也进行相同的均值化操作，列出主要年份西部地区与其他地区经济增长质量指数差异（见表4）。

表4　代表性年份西部地区与其他地区经济增长质量指数比较

指数 / 年份 / 地区	2000	2005	2010	2011	2012	2013	2014
西部地区	-0.02	0.02	-0.46	-0.59	-0.35	-0.59	0.07
其他地区	0.01	-0.01	0.20	0.25	0.15	0.24	-0.03
差　　值	-0.03	0.03	-0.66	-0.84	-0.5	-0.83	0.10

根据表4可知，西部地区与其他地区经济增长质量指数的变动趋势可大致归纳为：从2000年到2014年经济增长质量指数呈现出一个波动性先增后减过程。2000年，西部地区经济增长质量指数为-0.02，低于全国经济增长质量指数平均水平，而其他地区经济增长质量指数为0.01，略高于全国平均水平。西部地区相比其他地区的经济增长质量状况表现较差。2005年西部地区经济增长质量指数略高于全国其他地区。2010～2013年，西部地区经济增长质量指数在-0.59～-0.35浮动，其他地区的经济增长质量指数在0.15～0.25，表明其他地区经济增长质量的表现明显好于西部地区。而2014年西部地区经

济增长质量指数略高于其他地区，表明西部地区经济增长质量指数整体有所改善，经济增长质量表现趋于好转。

（2）西部地区与其他地区经济增长质量各方面指数变动不一致。

为了更具体地考察西部地区与全国其他地区经济增长质量变动情况，本文进一步将西部地区国民经济素质、经济增长效率、结构和稳定性，资源环境代价和福利变化与成果分配六方面指数分别与其他地区进行比较。需要说明的一点是，西部地区各个方面指数值是通过将 2000～2014 年西部地区主要城市各方面指数值分别均值化得到的，其他地区各方面指数值也是通过将 2000～2014 年除西部地区外其他地区各方面指数均值化得到。

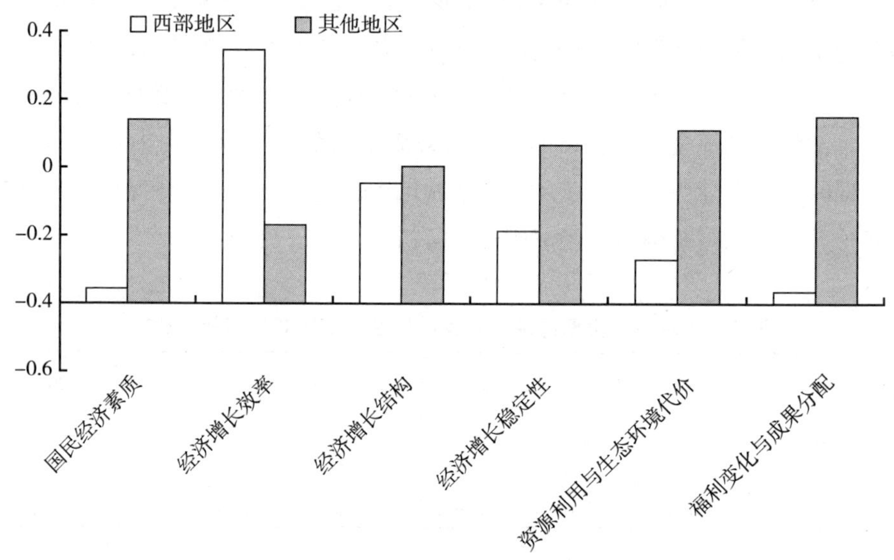

图 1　西部地区与其他地区经济增长质量各方面指数比较

根据图 1 可知，整体而言，西部地区和其他地区经济增长质量在各方面指数变动的不一致性在于，西部地区除了在经济增长结构上与其他地区的差距较小外，其余方面均表现为明显差异。从国民经济素质看，西部地区国民经济素质指数为 -0.35，而其他地区国民经济素质指数为 0.15，西部地区比其他地区低 0.5，表明西部地区国民经济素质明显低于其他地区。从经济增长效率看，西部地区经济增长效率指数为 0.36，而其他地区为 -0.16，西部地区比其他地区经济增长效率指数高 0. 52，西部地区经济增长效率明显好于其他地区。从经济增长结构看，西部地区指数为 -0. 04，其他地区指数为 0. 01，西部地区经济增长结构稍差于全国其他地区。从经济增长稳定性看，西部地区经济增长稳定性为 -0. 18，而其他地区为 0. 07，西部地区比其他地区经济增长稳定性差。从资源利用与生态环境代价方面看，西部地区资源利用与生态环境代价指数为 -0. 27，而其他地区为 0. 11，西部地区比其他地区低 0. 38，西部地区资源利用与生态环境代价指数表现较差。从福利变化与成果分配看，西部地区福利变化与成果分配指数为 -0. 36，而其他地区为 0. 15，西部地区比其他地区低 0. 51，西部地区福利变化与成果分配表现差于其他地区。

三　西部地区经济增长质量影响因素

结合上文分析，2000 ~ 2014 年西部地区经济增长质量指数经历了一个由低到高的过程，整体经济逐渐向好发展，但经济增长质量指数仅略高于全国平均水平，且地区间经济增长质量差距十分明显。为了更明确地了解西部各地区之间的经济增长质量的差别与问题，本文将西部地区各主要城市经济增长质量各个维度进行比较与分析。

（一）国民经济素质约束

从国民经济素质方面分析，西部地区主要城市中仅有 2 个城市的国民经济素质值超过全国平均水平，分别为南宁和昆明。其中，南宁的国民经济素质指数最高，为 0. 37，高于西部地区和全国其他地区的平均水平，而昆明的国民经济素质指数为 0. 01。其余城市国民经济素质指数均低于全国平均水平，重庆国民经济素质表现最差，为 -1. 61，低于西部地区国民经济素质的平均水平。整体而言，西部地区国民经济素质各地区发展不均衡问题突出，且地区整体在基础素质和能力素质表现上仍有欠缺。西部部分地区由于体制机制束缚造成人才流失现象较为严重，影响了整体人力资本水平，阻碍了创新的发展，对国民经济素质和该地区经济增长质量的整体水平产生不利影响。

（二）经济增长效率约束

从经济增长效率方面分析，西部地区有 63% 的地区经济增长效率值超过全国平均水平，整体表现良好。其中，表现最好的是成都，其经济增长效率值为2.60；其次是贵阳和西宁，经济增长效率值分别为0.69和0.67，且成都、贵阳和西宁的经济增长效率值均高于西部地区和全国其他地区平均水平。相反，经济增长效率指数表现最差的是南宁，经济增长效率值为 -0.19，其次是银川和西安，经济增长效率值分别为 -0.16 和 -0.14，且南宁、银川和西安的经济增长效率值均低于西部地区平均水平。这些地方较低的经济增长效率严重影响资源配置，资源配置效率较低，影响经济效率的提高和传统工业转型。

（三）经济增长结构约束

从经济增长结构方面分析，西部地区主要城市中有3个城市的经济增长结构指数超过全国平均水平，分别是贵阳、西安和兰州。其中，西安的经济增长结构指数最高，为0.60，且高于西部地区和全国其他地区平均水平，而兰州和贵阳的经济增长结构指数依次为0.32和0.18。其余城市经济增长结构指数均低于全国平均水平，银川经济增长结构指数表现最差，为 -0.70，低于西部地区和全国其他地区经济增长结构平均水平。总体来讲，西部地区整体经济增长结构不合理，经济增长结构指数较低，这也是导致西部地区经济增长质量排名普遍处于中下水平的原因之一。其次，西安虽然经济增长结构指数值排名位于西部地区前列，但经济增长结构的增长率偏低，与全国发达城市如北京等差距明显，经济结构调整滞后，需进一步改善。

（四）经济增长稳定性约束

从经济增长稳定性方面分析，西部45%的地区经济增长的稳定性指数超过全国平均水平。其中，兰州表现最好，其经济增长稳定性指数为1.24；其次是银川和西宁，分别为0.75和0.71，且兰州、银川和西宁的经济增长稳定性指数均高于西部地区和全国的平均水平。相反，经济增长稳定性表现最差的是重庆，稳定性指数值为 -0.87，低于西部地区和全国的平均水平。总体而言，西部地区经济增长稳定性较差，特别是重庆经济的波动性较其他城市更为明显，这主要是因为其缺乏规范化的市场，使企业过于注重短期行为，产品的可持续能力较弱，缺乏创新，导致不良竞争，影响经济运行秩序，不利于整个地区经济质量的提高。

（五）资源利用与生态环境代价约束

从资源利用与生态环境代价方面分析，西部地区主要城市中仅有3个城市的资源利用与生态环境代价指数值超过全国平均水平，分别为成都、银川和呼和浩特。其中，银川资源利用与生态环境代价指数最高，为0.72，且高于西部地区和全国平均水平，而成都和呼和浩特的资源利用与生态环境代价指数分别为0.30和0.04。西部地区其余城市资源利用与生态环境代价指数均低于全国平均水平，西宁的资源利用与生态环境代价指数表现最差，为-0.59，低于西部地区平均水平。整体而言，西部地区资源利用与生态环境代价指数各城市之间差异明显，且西部地区整体在资源利用与生态环境代价方面表现较差，这与西部大部分地区发展长期以工业为导向，且处理资源与环境问题方法失当有很大关系。

（六）福利变化与成果分配约束

从福利变化与成果分配方面分析，西部地区福利变化与成果分配指数均为负值且低于全国平均水平，其中，相对而言表现较好的是乌鲁木齐，其福利变化与成果分配指数值为-0.12，其次是成都和贵阳，分别为-0.30和-0.35，乌鲁木齐、成都和贵阳福利变化和成果分配指数值均高于西部地区平均水平。而福利变化和成果分配表现最差的是南宁，指数值为-0.78，其次是重庆和呼和浩特，指数值分别为-0.70和-0.56，且南宁、重庆和呼和浩特的福利变化与成果分配值均低于西部地区平均水平。总体上来讲，西部地区整体福利水平偏低，说明在降低收入分配、分享增长成果方面西部地区表现不佳，公共服务分布不均问题并没有得到妥善解决，仍有待完善与改进。

四　提高西部地区经济增长质量路径选择

由上文可知，西部地区经济增长质量体现为整体经济发展水平偏低且各主要城市之间发展不均衡，具体表现为：其一，西部地区除了经济增长效率高于其他地区外，其国民经济素质、经济增长结构、稳定性以及资源利用与生态环境代价和福利变化与成果分配方面的指数都不同程度低于其他地区，特别是国民经济素质和福利变化与成果分配与其他地区存在较大差距。其二，西部地区各主要城市除了在福利变化与成果分配方面发展较为均衡外，在国民经济素质，经济增长效率、结构、稳定性以及资源利用与生态环境代价方面均发展不均衡。基于此，本文在贯彻落实“创新、协调、绿色、开放、共享”发展新理念下，就促进西部地区经济提质增效，推动“十三五”规划的全面落实，提出以下可行路径。

（一）推进制度创新改善国民经济素质

“一个效率较高的制度，即使没有先进的设备或技术，也可以刺激劳动者创造出更多的财富；但是再先进的设备和技术，如果存在于低效的制度环境中，也同样无法高效率地贡献于经济增长。”① 诺思的这一段话足以说明制度创新的重要性。当今社会进入电子信息化时代，原有的体制、机制、制度已不适应新形势的发展，制度变迁和社会变迁是大势所趋。为此，政府首先应顺应潮流，解放思想，打破利益固化的壁垒，加强政治制度的创新，加快改进相关经济法律法规，为提高国民经济素质打下坚实的制度保障基础。其次，政府要营造良好的价值氛围，激发人们生产创造积极性，为企业或高校、研究院从事创新活动提供正向激励。

（二）提高资源配置效率从而提高经济效率

经济效率的提升是经济协调发展的手段之一，西部地区各主要城市之间尤其是南宁等内陆城市，在传统工业转型过程中更应重视经济效率的提升，特别是资源配置效率的提升。首先，对经济中存在资源错配和要素分配不均现象进行整改，应从根源治理，防止同类事件再次发生。其次，国有企业的重组应重视理念和企业文化作用，采取合理办法，将企业间文化理念相合的同质化企业进行有效资源整合，提高资源配置的效率，使企业在短时期内达到融合并产生效益，促进经济整体发展。再次，政府应为不同类型的创新主体提供多层次的科技成果转换平台，以促进更多更好的结合本地特色的科技成果落地开花。

---

① 诺思：《经济史中的结构与变迁》，陈郁、罗华平等译，上海三联书店，1994。

（三）规范市场环境保证经济增长稳定

经济增长的稳定性对优化资源配置起到至关重要的作用。西部地区尤其是重庆的经济增长波动性偏大，不仅使经济中资源配置的效率以及经济运行秩序受到影响，更不利于整个地区经济增长质量的提升。企业作为国民经济的基础单位，其自身发展与竞争力也关乎一个地区或国家经济增长质量，只有从根本上保护企业合法权益，为企业创新提供有效保障，降低创新风险，才能更好引导企业良性竞争，保证经济增长的稳定性。为此，政府应在规范市场环境上下功夫，通过保护注册商标专用权、知识产权等手段优化政府服务，并督促企业以诚信为本、公平交易，为企业特别是中微型企业打造公平公正的经营环境。

（四）推动实体经济结构优化加快供给侧结构性改革

产业发展作为区域经济发展的必然结果和有效助力，不可忽视产业结构在其中起到的关键作用。① 西部地区长期以能耗高、污染物排放大的产业搞工业化发展，产业链条短，产品种类富集度不够高。要改变这一现状可以从两方面入手。一方面，加快推进制造业的转型升级，树立品牌意识，加强标准制定和质量精细化管理，使“成都标准”“陕西品牌”等走向全国乃至全世界；另一方面，积极培育和发展新兴产业，促使企业努力学习并掌握所在领域的核心技术，进一步进行行业内分工，增加产品种类，扩大产品市场，提高区域竞争力。

（五）践行绿色发展理念有效治理生态环境

绿色发展的关键是保持经济系统与生态系统、经济与环境各方面协调，从而实现可持续发展。绿色发展要求政府、企业和公民三方共同努力，树立绿色观念，政府应立足绿色理念制定发展战略，企业应以绿色生产为核心制定经营战略，公民以绿色思维规范自己的行为。② 绿色发展还要求与现代化融合，在

---

① 宋周莺、刘卫东：《西部地区产业结构优化路径分析》，《中国人口·资源与环境》2013 年第 10 期。

② 吕福新：《绿色发展的基本关系及模式——浙商和遂昌的实践》，《管理世界》2013 年第 11 期。

城市规划与产业发展中秉承“尊重自然、顺应自然、保护自然”原则，注重城市群建设中产业链条的循环发展，打造城市绿色交通网络，推进工业绿色发展，特别对工业规模大的企业，政府应严格把控，防止超标排污，并鼓励其与小型企业合作生产，降低对环境的破坏程度。

（六）提高基本公共服务均等化程度提升福利水平

在城市化进程中关键因素是人，城市化的本质也是人的城市化，以人为本，服务于人。[①] 与发达地区相比，西部地区公共事业发展、公共服务质量、社会保障力度、科教文卫等都相对滞后。为缩小东西部社会福利水平差距，促使区域协调发展，维护社会长治久安，西部地区应通过全面充分的制度安排和有效激励及约束机制督促有关部门推进公共服务均等化进程，将服务理念根植于每个政府工作者心中，使其树立服务意识，提高办事效率，切实解决问题。此外，对于西部少数民族偏远地区，可通过成立综合型公共服务职能机构，保障基本公共服务的供给。

① 李斌、李拓、朱业：《公共服务均等化、民生财政支出与城市化——基于中国286个城市面板数据的动态空间计量检验》，《中国软科学》2015年第6期。

B.3
西部地区产业升级研究报告*

高 煜 樊梦杨**

摘 要: 本文运用偏离—份额分析法对西部大开发以来西部地区产业结构调整与升级发展状况进行分析。笔者通过对2000~2010年、2011~2014年中国三大区域产业发展状况的比较研究发现,中国产业增长呈现显著的阶段化分类特征,区域产业转移,呈现从结构性转移向全面性转移发展、产业转移发展趋势的时间持续性显著、区域梯度转移的第一阶段初步显现等三个显著特征。西部地区产业迈向中高端面临着亟待破解的三大难题,即如何形成产业发展的新动能和新增长点,如何形成区域产业新优势,如何构建西部地区产业发展新模式。西部地区产业迈向中高端的发展方向应当是:以“一带一路”倡议为契机,推动西部地区产业发展与升级;抓住第三次产业革命机遇,推动西部地区新兴产业快速发展;大力发展民营经济与外资经济;积极深化体制、机制改革,为产业迈向中高端提供体制、机制保障。

关键词: 产业升级 西部地区 偏离—份额分析法

中国共产党第十八届五中全会指出全面建成小康社会的新目标要求,即经

---

* 本文系教育部人文社会科学重点研究基地重大项目“丝绸之路经济带战略背景下西部地区产业结构调整与升级研究”(16JJD790049)的阶段性研究成果。

** 高煜,西北大学中国西部经济发展研究中心,西北大学经济管理学院经济学系主任、教授、博士生导师,主要研究方向为产业经济学;樊梦杨,西北大学经济管理学院硕士研究生。

济保持中高速增长，产业迈向中高端水平，而产业迈向中高端水平就成为中国未来一段时间十分重大的战略任务。其中，西部地区在产业结构调整与升级基础上，应实现产业迈向中高端水平，这对于中国全面建成小康社会，跨越“中等收入陷阱”具有十分重要的战略意义。

本文在实证研究西部地区产业结构升级基础上，对西部地区产业升级的未来方向提出建议。

一 方法与指标选取

（一）方法选取

本文选取偏离—份额分析法，研究西部地区产业结构升级规律。①

偏离—份额分析法是把区域经济的变化看作一个动态的过程，以其所在整个国家的经济发展为参照系，将区域自身经济总量在某一时期的变动分解为三个分量：份额分量、结构偏离分量和竞争力偏离分量，以此说明区域经济发展原因，找出区域具有相对竞争优势的产业部门。

设初期（基年，第 0 年）区域 i 经济总规模为 b_{i0}，末期（第 t 年）经济总规模为 b_{it}。同时，分别以 b_{ij0}，b_{ijt}（$j=1$，2，…，n）表示区域 i 第 j 个产业部门在初期与末期的规模。并以 B_0，B_t 表示全国在相应时期初期与末期经济总规模，以 B_{j0} 与 B_{jt} 显示全国初期与末期第 j 个产业部门的规模。

区域 i 第 j 个产业部门在 $[0,t]$ 时间段的变化率为：

$$r_{ij} = \frac{b_{ijt} - b_{ij0}}{b_{ij0}} \tag{1}$$

全国第 j 个产业部门在 $[0,t]$ 时间段的变化率为：

$$R_j = \frac{B_{jt} - B_{j0}}{B_{j0}} \tag{2}$$

根据全国各产业部门所占份额，按区域各产业部门规模标准化得到：

① 本部分偏离 - 份额分析法参见崔功豪等《区域分析与规划》，高等教育出版社，1999。

$$b'_{ij} = \frac{b_{i0} \times B_{j0}}{B_0} \tag{3}$$①

于是，在 $[0,t]$ 时段内区域 i 第 j 产业部门增长量 G_{ij} 可以分解为：N_{ij} 、P_{ij} 、D_{ij} 三个分量，表达为：

$$G_{ij} = N_{ij} + P_{ij} + D_{ij} \tag{4}$$

$$N_{ij} = b'_{ij} \times R_j \tag{5}$$

$$P_{ij} = (b_{ij0} - b'_{ij}) \times R_j \tag{6}$$

$$D_{ij} = b_{ij0} \times (r_{ij} - R_j) \tag{7}$$

$$PD_{ij} = P_{ij} + D_{ij} \tag{8}$$

$$G_{ij} = b_{ijt} - b_{ij0} \tag{9}$$

其中，N_{ij} 是份额分量（或全国平均增长效应），P_{ij} 是结构偏离分量（或产业结构效应），D_{ij} 是区域竞争力偏离分量（或区域份额效果），PD_{ij} 是总偏离量。

各指标的期末水平对初期水平的总增长率在期内年份的算术平均值为年均增长率，即年均增长率 = [（期末值 - 初期值）/初期值]/N，其中，N 为 [0，t] 期内的年数。②

（二）指标选取

本文采用偏离 - 份额分析法，通过计算各中间指标（r_{ij}，R_j，b'_{ij}，$b_{ij0} - b'_{ij}$，$r_{ij} - R_j$），得到东中部地区与西部地区各行业及西部各省各行业最终分析指标（G_{ij}，N_{ij}，P_{ij}，D_{ij}，PD_{ij}），对东部地区、中部地区、西部地区产业结构进行比较研究，并对西部地区内部各省进行分行业分析。本报告相关指标数据均来源于国家统计局、中国经济与社会发展统计数据库、中国经济社会大数据

① Francisco J. Arcelus, An Extension of Shift-Share Analysis, Growth and Change, 1984, 15(1): 3 -8.

② 年均增长率计算参见安中轩、徐春华、常艳《西部大开发前后西南地区产业结构与经济增长比较研究——基于偏离 - 份额分析方法》，《成都理工大学学报》（社会科学版）2008 年第 6 期。

研究平台，以及 1999～2001 年、2011～2012 年、2015 年《中国统计年鉴》、《中国工业统计年鉴》。

考虑我国“西部大开发”的两次重要时间段，即 1999 年提出西部大开发战略以及 2010 年《西部大开发“十二五”规划》出台，“西部大开发”战略进入新阶段，此外结合数据口径统一和可获得性，最终本文选取 2000～2010 年、2011～2014 年两个时间段分别进行研究。

研究区域选取按照国家对于东中部地区与西部地区的划分。为保持前后研究一致性，本文采用 2005 年以前（未划分东北地区）的划分标准，其中西藏数据缺失较为严重，本报告未能研究。故本报告中，东部地区（共 11 省、市）包括：北京、天津、河北、辽宁、上海、江苏、浙江、福建、山东、广东、海南；中部地区（共 8 省）包括：山西、吉林、黑龙江、安徽、江西、河南、湖北、湖南；西部地区（共 11 省区市）包括：内蒙古、广西、重庆、四川、贵州、云南、山西、甘肃、青海、宁夏、新疆。

行业选取依照《国民经济行业分类（GB/T 4754－2011)》，为保持研究对象一致性，部分年份的部分行业同时依据《国民经济行业分类（GB/T 4754－2002)》和《国民经济行业分类（GB/T 4754－1994)》加以调整，但不影响最终结果。

二　西部地区产业结构升级区域比较

本报告运用偏离—份额分析法，研究了 2000～2010 年、2011～2014 年两个阶段中国东、中、西部地区产业结构升级的动态变化，具体见表 1 与表 2。

从表 1 可以看出，2000～2010 年，所有产业在各区域增长率均为正，即所有产业均增长，且增长率较高，全国产业处于全面快速发展阶段。在东中西部三个地区，东部地区产业结构效应十分显著，而中部地区与西部地区产业结构效应总体处于劣势。

从表 2 可以看出，2011～2014 年，煤炭开采和洗选业，石油和天然气开采业转为负增长，其余产业增长速度明显下降，全国产业处于低速发展阶段。在东中西部三个地区中，东部地区产业结构效应总体依然具有优势，但中部地区与西部地区区域产业竞争力总体不断提升。

表 1　2000～2010 年东、中、西部地区偏离－份额分析年均增速

单位：%

产业	东部地区					中部地区					西部地区				
	总增长	份额分量	结构偏离分量	竞争力偏离分量	总偏离	总增长	份额分量	结构偏离分量	竞争力偏离分量	总偏离	总增长	份额分量	结构偏离分量	竞争力偏离分量	总偏离
农业	5.44	9.13	-2.18	-1.51	-3.69	7.90	5.28	1.67	0.95	2.62	8.32	4.61	2.34	1.36	3.71
林业	5.38	10.18	-2.57	-2.23	-4.79	9.46	5.79	1.81	1.85	3.67	8.88	4.87	2.74	1.27	4.01
牧业	6.23	10.78	-2.89	-1.65	-4.54	8.32	5.68	2.20	0.44	2.64	10.03	5.26	2.62	2.15	4.77
渔业	4.23	3.82	1.35	-0.94	0.41	8.10	7.10	-1.93	2.92	1.00	7.82	12.68	-7.51	2.65	-4.86
煤炭开采和洗选业	71.41	158.98	-63.74	-23.82	-87.56	83.01	48.54	46.69	-12.23	34.47	186.91	94.02	1.22	91.68	92.89
石油和天然气开采业	8.56	13.72	-3.72	-1.44	-5.16	4.18	6.69	3.31	-5.82	-2.51	15.16	6.01	3.99	5.16	9.15
黑色金属矿采选业	226.76	199.79	10.37	16.61	26.97	142.80	199.63	10.53	-67.35	-56.83	292.22	278.83	-68.68	82.07	13.39
有色金属矿采选业	37.70	77.50	-30.12	-9.68	-39.79	63.21	36.26	11.12	15.83	26.95	42.15	23.54	23.84	-5.23	18.61
非金属矿采选业	31.69	42.20	0.92	-11.44	-10.52	60.31	42.97	0.16	17.19	17.35	55.96	39.26	3.87	12.84	16.70
农副食品加工业	39.74	42.47	4.97	-7.69	-2.73	61.94	48.27	-0.83	14.50	13.67	56.58	57.58	-10.14	9.14	-1.00
食品制造业	28.56	30.55	7.77	-9.76	-1.99	55.39	45.81	-7.50	17.07	9.58	72.23	65.84	-27.52	33.92	6.39
饮料制造业	14.51	21.10	1.27	-7.87	-6.59	30.69	25.14	-2.76	8.31	5.55	37.07	19.46	2.92	14.69	17.61
烟草制品业	23.64	29.52	-14.35	8.47	-5.88	15.43	13.22	1.95	0.27	2.21	9.37	5.81	9.35	-5.80	3.55
纺织业	24.87	17.06	7.21	0.61	7.81	21.84	41.29	-17.03	-2.43	-19.46	22.29	62.22	-37.95	-1.97	-39.92
纺织服装、服饰业	25.45	16.15	7.19	2.11	9.30	58.39	97.75	-74.41	35.05	-39.36	43.54	283.16	-259.82	20.20	-239.62
皮革、毛皮、羽毛及其制品和制鞋业	23.38	16.51	9.77	-2.90	6.88	42.75	74.51	-48.23	16.47	-31.77	66.24	153.58	-127.30	39.96	-87.34

续表

产业	东部地区					中部地区					西部地区				
	总增长	份额分量	结构偏离分量	竞争力偏离分量	总偏离	总增长	份额分量	结构偏离分量	竞争力偏离分量	总偏离	总增长	份额分量	结构偏离分量	竞争力偏离分量	总偏离
家具制造业	59. 86	43. 30	19. 46	-2. 90	16. 56	67. 58	112. 97	-50. 21	4. 82	-45. 39	92. 42	182. 86	-120. 09	29. 66	-90. 43
造纸和纸制品业	29. 14	23. 02	7. 41	-1. 30	6. 11	35. 40	43. 62	-13. 19	4. 97	-8. 22	31. 57	54. 19	-23. 76	1. 14	-22. 62
印刷和记录媒介复制业	30. 95	23. 35	2. 36	5. 23	7. 59	32. 69	43. 85	-18. 13	6. 97	-11. 16	18. 57	29. 89	-4. 17	-7. 14	-11. 31
文教、工美、体育和娱乐用品制造业	19. 83	12. 36	9. 12	-1. 65	7. 47	70. 94	172. 28	-150. 80	49. 46	-101. 34	50. 50	1134. 15	-1112. 67	29. 03	-1083. 64
石油加工、炼焦和核燃料加工业	28. 78	25. 53	5. 15	-1. 90	3. 25	22. 10	31. 03	-0. 35	-8. 58	-8. 93	69. 27	57. 90	-27. 22	38. 59	11. 37
化学原料和化学制品制造业	42. 04	33. 68	7. 45	0. 91	8. 36	39. 29	51. 10	-9. 98	-1. 84	-11. 81	39. 09	55. 51	-14. 38	-2. 04	-16. 42
医药制造业	29. 28	28. 55	2. 07	-1. 34	0. 73	36. 60	32. 27	-1. 65	5. 98	4. 33	27. 21	30. 11	0. 51	-3. 41	-2. 90
化学纤维制造业	16. 37	9. 97	4. 95	1. 45	6. 40	4. 14	28. 07	-13. 15	-10. 78	-23. 93	21. 59	68. 10	-53. 18	6. 67	-46. 51
橡胶制品业	35. 44	24. 55	10. 15	0. 74	10. 89	34. 77	61. 25	-26. 56	0. 07	-26. 48	27. 52	79. 35	-44. 65	-7. 18	-51. 83
塑料制品业	31. 83	22. 78	12. 12	-3. 07	9. 05	52. 51	86. 50	-51. 59	17. 60	-33. 99	52. 23	117. 40	-82. 49	17. 33	-65. 16
非金属矿物制品业	36. 68	37. 35	5. 86	-6. 53	-0. 67	56. 35	46. 10	-2. 89	13. 14	10. 26	52. 56	57. 36	-14. 15	9. 35	-4. 80
黑色金属冶炼和压延加工业	57. 65	49. 20	7. 69	0. 76	8. 45	57. 19	68. 76	-11. 87	0. 30	-11. 57	53. 30	61. 44	-4. 55	-3. 59	-8. 14
有色金属冶炼和压延加工业	67. 08	83. 37	-14. 76	-1. 53	-16. 29	85. 22	62. 62	5. 99	16. 61	22. 59	54. 57	41. 71	26. 90	-14. 04	12. 86

续表

产业	东部地区					中部地区					西部地区				
	总增长	份额分量	结构偏离分量	竞争力偏离分量	总偏离	总增长	份额分量	结构偏离分量	竞争力偏离分量	总偏离	总增长	份额分量	结构偏离分量	竞争力偏离分量	总偏离
金属制品业	35.57	24.92	13.75	-3.10	10.65	58.11	103.46	-64.79	19.44	-45.35	57.80	140.19	-101.52	19.12	-82.39
通用设备制造业	58.50	42.65	17.73	-1.88	15.85	71.84	113.95	-53.57	11.46	-42.11	60.05	120.72	-60.34	-0.33	-60.67
专用设备制造业	43.63	37.79	12.37	-6.52	5.84	66.19	65.03	-14.87	16.03	1.16	74.54	115.52	-65.37	24.39	-40.98
交通运输设备制造业	57.83	50.95	2.24	4.64	6.88	43.66	45.86	7.32	-9.53	-2.21	53.57	66.10	-12.92	0.38	-12.54
电气机械和器材制造业	41.74	29.55	15.37	-3.19	12.19	63.57	107.35	-62.43	18.65	-43.78	59.45	142.45	-97.52	14.53	-82.99
计算机、通信和其他电子设备制造业	35.82	21.45	13.33	1.04	14.37	31.07	198.25	-163.47	-3.70	-167.18	20.88	102.31	-67.53	-13.90	-81.43
仪器仪表制造业	34.11	22.55	12.78	-1.22	11.56	54.86	122.46	-87.13	19.53	-67.59	29.52	99.58	-64.25	-5.81	-70.07
房屋建筑业	31.94	27.84	3.66	0.45	4.10	35.08	44.16	-12.67	3.58	-9.09	26.94	26.87	4.63	-4.55	0.08
批发业	46.97	33.09	8.63	5.24	13.88	29.49	68.30	-26.57	-12.23	-38.81	29.45	46.46	-4.73	-12.28	-17.01
零售业	42.51	36.80	9.22	-3.51	5.71	51.70	66.46	-20.44	5.68	-14.76	56.84	56.93	-10.91	10.82	-0.10
铁路运输业	5.98	11.05	-6.01	0.94	-5.07	3.73	3.38	1.66	-1.31	0.35	5.48	2.21	2.84	0.44	3.27
公路运输业	13.40	29.68	-12.80	-3.48	-16.28	21.01	14.48	2.41	4.12	6.53	16.70	7.35	9.54	-0.19	9.35
邮政业	28.09	28.64	2.47	-3.02	-0.55	34.33	36.78	-5.67	3.22	-2.45	25.26	23.35	7.76	-5.84	1.92
餐饮业	36.30	27.44	10.72	-1.85	8.86	67.40	91.29	-53.13	29.25	-23.88	43.70	50.70	-12.54	5.54	-7.00
教育	15.28	22.07	-0.55	-6.25	-6.79	18.23	21.20	0.33	-3.29	-2.96	25.43	17.37	4.16	3.90	8.06

表 2　2011～2014 年东、中、西部地区偏离—份额分析年均增速

单位：%

产业	东部地区					中部地区					西部地区				
	总增长	份额分量	结构偏离分量	竞争力偏离分量	总偏离	总增长	份额分量	结构偏离分量	竞争力偏离分量	总偏离	总增长	份额分量	结构偏离分量	竞争力偏离分量	总偏离
农业	4.91	9.39	-3.50	-0.97	-4.47	5.58	4.44	1.45	-0.31	1.14	7.60	4.33	1.56	1.71	3.27
林业	5.73	12.09	-4.79	-1.56	-6.36	8.61	5.37	1.93	1.31	3.24	7.67	5.25	2.04	0.37	2.41
牧业	0.30	2.68	-1.07	-1.30	-2.38	1.92	1.17	0.43	0.32	0.75	2.85	1.17	0.44	1.24	1.68
渔业	6.39	6.18	1.16	-0.95	0.21	10.10	9.33	-1.99	2.77	0.77	8.67	18.19	-10.86	1.33	-9.53
煤炭开采和洗选业	-2.96	-9.17	5.48	0.73	6.21	-6.53	-2.26	-1.43	-2.84	-4.27	-0.60	-2.26	-1.43	3.09	1.66
石油和天然气开采业	-6.78	-5.60	2.03	-3.21	-1.18	-6.38	-3.56	-0.01	-2.81	-2.82	1.82	-2.04	-1.53	5.39	3.86
黑色金属矿采选业	0.00	2.84	0.11	-2.96	-2.84	6.88	3.85	-0.89	3.93	3.03	9.05	3.43	-0.48	6.10	5.62
有色金属矿采选业	3.62	11.06	-6.20	-1.23	-7.43	5.07	2.84	2.02	0.21	2.23	5.64	3.46	1.40	0.78	2.19
非金属矿采选业	5.65	12.07	-3.72	-2.71	-6.42	11.17	6.38	1.98	2.81	4.79	9.04	7.01	1.35	0.69	2.03
农副食品加工业	7.89	10.95	-1.82	-1.24	-3.06	11.77	7.03	2.10	2.64	4.74	7.43	11.55	-2.42	-1.69	-4.12
食品制造业	7.73	9.58	-1.01	-0.84	-1.85	10.42	7.47	1.10	1.85	2.95	7.89	10.64	-2.07	-0.68	-2.75
酒、饮料和精制茶制造业	4.37	11.14	-3.38	-3.38	-6.76	11.65	6.96	0.80	3.89	4.68	8.74	5.44	2.32	0.99	3.30
烟草制品业	6.72	10.83	-4.11	0.00	-4.11	6.30	5.89	0.83	-0.42	0.40	7.10	4.14	2.58	0.38	2.96
纺织业	1.21	1.81	0.53	-1.13	-0.60	7.90	3.77	-1.43	5.55	4.12	1.98	7.59	-5.24	-0.37	-5.61
纺织服装、服饰业	9.47	8.77	3.06	-2.36	0.70	23.45	19.17	-7.34	11.62	4.28	13.78	83.17	-71.34	1.95	-69.39

续表

产业	东部地区					中部地区					西部地区				
	总增长	份额分量	结构偏离分量	竞争力偏离分量	总偏离	总增长	份额分量	结构偏离分量	竞争力偏离分量	总偏离	总增长	份额分量	结构偏离分量	竞争力偏离分量	总偏离
皮革、毛皮、羽毛及其制品和制鞋业	9.62	8.98	2.77	-2.13	0.64	23.39	19.05	-7.30	11.64	4.34	8.03	44.28	-32.53	-3.72	-36.25
家具制造业	7.63	7.70	1.48	-1.55	-0.07	17.25	13.59	-4.40	8.06	3.66	6.19	17.32	-8.13	-2.99	-11.12
造纸和纸制品业	1.63	1.76	0.24	-0.38	-0.14	2.20	2.39	-0.39	0.20	-0.19	4.11	4.08	-2.07	2.10	0.03
印刷和记录媒介复制业	14.22	15.57	1.71	-3.06	-1.36	30.12	21.45	-4.17	12.84	8.67	11.97	28.46	-11.18	-5.31	-16.49
文教、工美、体育和娱乐用品制造业	75.10	56.62	27.19	-8.72	18.47	129.26	210.95	-127.13	45.44	-81.69	316.08	2086.16	-2002.35	232.27	-1770.08
石油加工、炼焦和核燃料加工业	1.44	1.13	0.06	0.25	0.31	-2.02	1.69	-0.49	-3.22	-3.71	3.56	1.33	-0.13	2.37	2.23
化学原料和化学制品制造业	7.21	6.33	0.73	0.15	0.88	8.07	8.96	-1.90	1.00	-0.90	4.61	11.51	-4.45	-2.45	-6.90
医药制造业	11.76	12.90	-1.13	-0.01	-1.15	13.79	10.60	1.17	2.03	3.20	8.19	14.73	-2.96	-3.58	-6.54
化学纤维制造业	0.89	0.27	0.13	0.49	0.61	-5.02	1.44	-1.04	-5.41	-6.46	0.39	1.82	-1.42	-0.01	-1.43
橡胶和塑料制品业	4.53	4.84	1.30	-1.61	-0.31	11.92	9.87	-3.73	5.77	2.05	9.87	16.30	-10.15	3.72	-6.43
非金属矿物制品业	6.80	10.61	-1.29	-2.52	-3.81	12.84	7.58	1.74	3.51	5.25	10.64	12.51	-3.19	1.32	-1.87
黑色金属冶炼和压延加工业	1.07	1.19	0.07	-0.18	-0.11	0.37	1.53	-0.27	-0.88	-1.15	3.23	1.67	-0.42	1.98	1.56
有色金属冶炼和压延加工业	6.90	7.83	-2.39	1.46	-0.93	4.26	3.98	1.46	-1.18	0.28	4.61	4.89	0.55	-0.83	-0.28

续表

产业	东部地区					中部地区					西部地区				
	总增长	份额分量	结构偏离分量	竞争力偏离分量	总偏离	总增长	份额分量	结构偏离分量	竞争力偏离分量	总偏离	总增长	份额分量	结构偏离分量	竞争力偏离分量	总偏离
金属制品业	10.07	9.33	2.80	-2.06	0.74	20.09	21.44	-9.31	7.96	-1.35	18.11	34.10	-21.97	5.98	-15.99
通用设备制造业	1.83	1.82	0.42	-0.41	0.01	5.27	3.34	-1.10	3.03	1.93	-0.34	5.18	-2.94	-2.58	-5.52
专用设备制造业	7.28	6.51	0.22	0.55	0.77	6.74	6.25	0.48	0.01	0.49	3.25	13.83	-7.09	-3.48	-10.58
交通运输设备制造业	5.71	6.68	0.14	-1.11	-0.98	7.40	7.04	-0.22	0.58	0.36	10.80	10.30	-3.48	3.98	0.49
电气机械和器材制造业	4.18	4.53	1.29	-1.63	-0.34	13.06	9.40	-3.58	7.24	3.66	7.16	17.52	-11.71	1.34	-10.36
计算机、通信和其他电子设备制造业	3.24	4.53	2.13	-3.41	-1.29	33.59	28.42	-21.77	26.94	5.17	30.52	23.64	-16.99	23.86	6.87
仪器仪表制造业	-0.25	0.51	0.20	-0.96	-0.76	5.25	1.64	-0.93	4.54	3.61	6.79	2.98	-2.27	6.08	3.81
房屋建筑业	10.90	12.10	0.53	-1.72	-1.19	15.84	16.73	-4.10	3.21	-0.89	15.18	14.57	-1.94	2.55	0.61
批发业	10.56	8.01	2.31	0.24	2.55	8.83	23.55	-13.22	-1.49	-14.72	10.19	18.73	-8.40	-0.14	-8.54
零售业	10.21	11.05	0.43	-1.26	-0.84	13.89	14.68	-3.20	2.41	-0.79	13.18	13.59	-2.11	1.70	-0.41
铁路运输业	5.43	10.72	-5.74	0.45	-5.29	4.52	3.91	1.07	-0.46	0.61	4.92	2.64	2.34	-0.06	2.28
公路运输业	2.37	4.82	-2.64	0.19	-2.45	1.48	1.70	0.48	-0.70	-0.22	2.54	1.17	1.01	0.37	1.38
邮政业	14.23	14.68	-0.90	0.45	-0.45	12.72	16.10	-2.32	-1.05	-3.38	13.64	13.24	0.53	-0.14	0.39
住宿业	-0.66	0.28	0.00	-0.94	-0.94	1.51	0.42	-0.14	1.23	1.09	2.82	0.53	-0.25	2.54	2.29
餐饮业	2.00	5.67	2.28	-5.95	-3.67	7.27	12.44	-4.49	-0.68	-5.16	-0.60	7.87	0.08	-8.55	-8.47
教育	7.30	10.44	-2.90	-0.25	-3.14	5.06	8.43	-0.88	-2.49	-3.37	7.51	6.64	0.91	-0.03	0.88

三 西部地区产业结构变动：区域间视角分析

（一）分行业总体增长特征

总体增长速度方面。2000～2010年，资源型产业高速增长，其中，煤炭开采和洗选业与黑色金属矿采选业呈现出超高速增长特征，并且，西部地区的增长速度快于东部地区与中部地区。包括食品加工业，食品制造业，饮料制造业，纺织服装、服饰业，家具制造业，文教、工美、体育和娱乐用品制造业等在内的轻工业均呈现高速或快速增长态势。重化工业快速增长，其中，有色金属冶炼和压延加工业，黑色金属冶炼和压延加工业等呈现高速增长趋势。包括通用设备制造业，专用设备制造业，交通运输设备制造业，电气机械和器材制造业等在内的制造业呈现高速增长特征，而计算机、通信和其他电子设备制造业，仪器仪表制造业等呈现快速增长态势。

2011～2014年产业增长迅速下降，其中，煤炭开采和洗选业，石油和天然气开采业转为负增长，文教、工美、体育和娱乐用品制造业实现高速增长，计算机、通信和其他电子设备制造业，纺织服装、服饰业快速增长，其余产业均平稳增长。

可以看出，2000～2010年中国产业增长呈现显著分类特征：资源型产业，轻工业，装备制造业呈现高速增长趋势；重化工业，加工制造业总体呈现快速增长趋势。而2011～2014年，除少数产业快速增长外，大部分产业平稳增长。

（二）区域产业集聚特征

区域产业集聚与分工方面。2000～2010年，除渔业外，包括农业、林业、牧业在内的第一产业更多集中于西部地区与中部地区。除了黑色金属矿采选业以外，资源型产业主要集中于中部地区与西部地区。轻工业，除了有色金属冶炼和压延加工业之外的重化工业，除交通运输设备制造业之外的制造业，以及包括批发业，零售业，餐饮业等在内的服务业在东部地区集聚特征十分显著。

2011~2014年，煤炭开采和洗选业，石油和天然气开采业的负增长对西部地区与中部地区产生巨大影响，极大提高了东部地区产业份额。农副产品加工业、食品制造业、专用设备制造业呈现向中部地区集聚的显著特征。除此之外，中国区域产业集聚与分工状况并未发生根本性变化。

可以看出，2000年以来，中国区域产业集聚与分工基本格局是，东部地区集聚了包括重化工业、轻工业、制造业、服务业等广泛的产业，而中部地区与西部地区则重点发展第一产业与资源型产业。2011年之后，出现了农副产品加工业，食品制造业、专用设备制造业等少数产业向中部地区集聚的现象。

（三）区域产业转移特征

区域产业转移方面，2000~2010年，在能源产业方面，包括煤炭开采和洗选业、石油和天然气开采业、黑色金属矿采选业、有色金属矿采选业、非金属矿采选业等在内的资源开采类产业呈现由东部地区向中部地区、西部地区转移的显著特征。其中，煤炭开采和洗选业、石油和天然气开采业、黑色金属矿采选业呈现了由东部地区、中部地区向西部地区转移的显著特征。

在轻工业方面，食品加工业、食品制造业、饮料制造业出现了从东部地区向中部地区与西部地区转移的趋势；纺织服装、服饰业出现向中部地区转移的趋势。

在重化工业方面，石油加工、炼焦和核燃料加工业向西部地区转移趋势明显，医药制造业、有色金属冶炼和压延加工业向中部地区转移，塑料制品业、非金属矿物制品业、金属制品业逐渐向中部地区与西部地区转移。

在制造业方面，通用设备制造业、仪器仪表制造业开始出现向中部地区转移趋势，专用设备制造业，电气机械和器材制造业开始逐渐向中部地区与西部地区转移，交通运输设备制造业则出现了向东部地区集聚的特征，计算机、通信和其他电子设备制造业则维持了在东部地区集聚的稳定状态。

在服务业方面，出现了批发业向东部地区集聚，零售业开始向中部地区与西部地区转移与加快发展趋势。

2011~2014年，在能源产业方面，煤炭开采和洗选业、石油和天然气开采业，进一步向西部地区转移，黑色金属矿采选业、有色金属矿采选业、非金属矿采选业等进一步由东部地区向中部地区与西部地区转移。

在轻工业方面，农副食品加工业，食品制造业，酒、饮料和精制茶制造业，纺织业，纺织服装、服饰业，皮革、毛皮、羽毛及其制品和制鞋业，家具制造业，造纸和纸制品业，印刷和记录媒介复制业等出现了由东部地区向中部地区转移的明显趋势，但是西部地区相应产业竞争力没有同时显著提升，某些产业甚至还有所下降。

在重化工业方面，石油加工、炼焦和核燃料加工业，黑色金属冶炼和压延加工业向西部地区显著转移，化学原料和化学制品制造业，医药制造业向中部地区显著转移，橡胶和塑料制品业，非金属矿物制品业，金属制品业等向中部地区和西部地区转移。

在制造业方面，通用设备制造业向中部地区转移趋势十分显著，专用设备制造业继续向东部地区集聚，同时西部地区产业竞争力出现下降趋势，交通运输设备制造业，计算机、通信和其他电子设备制造业，仪器仪表制造业出现了由东部地区向中部地区与西部地区转移的显著特征，电气机械和器材制造业由东部地区向中部地区转移明显。

在服务业方面，批发业向东部地区集聚，零售业开始向中部地区与西部地区转移与加快发展的趋势没有发生根本性变化。

可以看出，在区域产业转移方面，出现了三个方面的显著特征。

一是产业特征，从结构性转移向全面性转移发展。2000～2010 年，东部地区向中部地区与西部地区产业转移主要集中于能源产业，食品加工业，食品制造业，饮料制造业，纺织服装、服饰业等轻工业，石油加工、炼焦和核燃料加工业，医药制造业，有色金属冶炼和压延加工业等重化工业，以及通用设备制造业，仪器仪表制造业等制造业部分产业。但是 2011～2014 年东部地区向中部地区与西部地区的产业转移则涵盖了能源产业、轻工业、重化工业，制造业的大部分产业范围。

二是时间特征，产业转移发展持续性特征显著。2000～2014 年，中国产业结构转移不断强化，这一发展持续性特征显著。2000～2010 年产业从东部地区向中部地区与西部地区转移趋势开始逐步显现；2011～2014 年这一趋势更加明显，转移涵盖的产业范围进一步扩大。

三是区域特征，区域梯度转移的第一阶段初步显现。除少数产业外，2000～2014 年的产业转移方向是由东部地区向中部地区与西部地区转移。特别是，轻工业的大部分产业，化学原料和化学制品制造业，医药制造业，通用设备制造业，电气机械和器材制造业等重化工业以及制造业向中部地区转移特征十分显著，区域梯度转移的第一阶段初步显现。

（四）区域产业水平特征

从区域产业发展水平看，2000～2010 年，东部地区有优势的产业包括大部分的轻工业、制造业、重化工业、服务业以及部分能源产业等 24 个产业。中部地区有优势的产业主要涵盖第一产业，资源产业，轻工业的大部分产业以及重化工业和制造业部分产业等 13 个产业。与中部地区相比，西部地区有优势的产业更集中在第一产业，资源产业及部分轻工业和重化工业等 12 个产业，在制造业中西部地区则没有明显优势产业。

2011～2014 年，东部地区有优势的产业涵盖了资源产业，轻工业，重化工业及制造业中的 9 个产业。中部地区有优势的产业涵盖了第一产业的大部分资源产业，轻工业，制造业和部分重化工业等 24 个产业。西部地区有优势的产业涵盖了大部分第一产业的资源产业以及部分轻工业、重化工业与制造业等 17 个产业。

可以看出，2000～2014 年，中部地区和西部地区的产业获得了很大发展，特别是中部地区在原有产业优势基础上，在轻工业、制造业等方面获得发展，而西部地区则在制造业发展上获得了突破。

四　西部地区产业升级方向

通过上述区域比较研究可以看出，经过西部大开发十余年发展，西部地区产业虽然获得很大发展，但是西部地区产业迈向中高端却面临着亟待破解的三大难题。

第一，如何形成产业发展的新动能和新增长点。经济进入新常态以来，中国整体经济由高速增长转为中高速增长，在这一背景下，全国产业发展速度出现了普遍性的明显下降。从表 2 可以看出，2011～2014 年，中国产业发展出现了以增速下滑明显、涉及产业广泛为显著特征的新趋势，中国的产业发展进入一个新阶段。在这一重大背景下，西部地区产业迈向中高端，必须在推进原有产业加快发展、升级基础上，寻求快速增长的新兴产业，以其作为新的产业增长点，带动产业整体发展，成为迈向中高端水平的新动能。

第二，如何形成区域产业新优势。从表 1 和表 2 可以看出，2000～2014 年，东部地区向中部地区及西部地区的产业转移进入全面、加速发展新阶段。但是，其中除了资源型产业，包括轻工业、重化工业、制造业等在内的广泛的产业部门更多转移到中部地区，充分说明与中部地区相比，在劳动力成本、资本成本、产业配套、运输成本、政府效率等区域产业优势比较中，西部地区与中部地区趋同且劣于中部地区。因此，产业迈向中高端，西部地区必须形成区域产业新优势。

第三，如何构建西部地区产业发展新模式。20 世纪 90 年代以来东部地区产业高速发展得益于其产业发展模式的形成，包括充分利用地缘优势高度对外开放，以城市群为核心的区域产业分工体系，融入全球价值链，民营经济与外资经济的高速发展等。而目前西部地区尚未形成适合自身的产业发展模式及其推动下的主导产业。

面对三大难题，西部地区产业迈向中高端的发展方向如下。

第一，以“一带一路”倡议为契机，推动西部地区产业发展与升级。应当紧紧抓住“一带一路”倡议契机，形成西部地区高度开放新格局、形成西部地区区域产业新优势，积极参与新型全球分工，大力发展西部地区外向型经济。

第二，抓住第三次产业革命机遇，推动西部地区新兴产业快速发展。西部地区应当紧紧抓住以数字化、网络化、智能化为特征的第三次产业革命机遇，按照《中国制造 2025》方针、原则、战略任务和重点，积极推进中国制造 2025 西部行动，形成新兴产业集聚发展新模式，将新兴产业培育成推动西部地区产业发展的新增长点、产业迈向中高端的新动能。

第三，大力发展民营经济与外资经济。与东部地区相比，西部地区民营经济与外资经济发展严重滞后，因此应当大力发展民营经济与外资经济，通过产业政策、竞争政策、金融政策、财税政策等有效措施，积极鼓励民营经济与外资经济快速发展。

第四，深化体制、机制改革，为产业迈向中高端提供体制、机制保障。在财政、税收、金融、投资、土地、技术、市场监管等方面，深化体制、机制改革，克服原有体制、机制中不适应新型外向型经济发展的体制、机制障碍，为产业迈向中高端提供体制、机制保障。

B.4

西部内陆型地区离岸金融中心建设报告

西安市浐灞金融商务区课题组*

摘　要：离岸金融作为一种新型金融业态，积极影响着世界经贸、金融等多个领域。在“一带一路”倡议实施契机下，西安依托陕西自贸区政策优势，建设“‘一带一路’离岸金融服务中心”，对于经济的稳定发展及国家宏观战略的实施都具有非常重要的意义。本文首先对西安建立离岸金融服务中心必要性以及国内外离岸金融市场发展经验进行研究，在分析西安建设离岸金融中心可行性基础上，提出西安建设离岸金融服务中心模式以及相关政策建议。

关键词：西安离岸金融服务中心　发展阶段　模式选择　政策建议

一　西安建设离岸金融服务中心必要性分析

建立离岸金融服务中心成为各国提高国际竞争力、推动经济转型与发展的重要手段。从20世纪80年代开展离岸金融业务至今，我国（大陆）已成立四个主要离岸金融服务中心。目前，西安开展“一带一路”离岸金融业务面临着千载难逢的战略机遇，要想实现追赶超越，就必须充分发挥自贸区的政策优势，把握向西对外开放的时机，抓紧开展“一带一路”离岸金融业务，深化丝路带金融合作，构建西安“‘一带一路’离岸金融服务中心”。

因此，西安应以国家“一带一路”倡议实施为契机，依托陕西自贸区政

* 课题组负责人：王满仓、成斌，课题组成员：王峰虎、涂远博、葛晶、康建华、李桥鸽、陶楠如。

策优势，背靠国际港务区，立足西安浐灞金融商务区，全力推进离岸金融服务中心发展，力争将西安离岸金融服务中心打造为"'一带一路'离岸金融服务中心"，实现辐射中亚、连接欧洲、面向世界的战略构想。

（一）国家宏观战略实施的客观需求

建立离岸金融服务中心是增强国际竞争力，提高国际金融运行效率，加强国际合作的重要举措，也是地区经济发展以及结构优化升级的必要保障。特别是在国家提出的"一带一路"宏观倡议背景之下，在西安建立离岸金融服务中心需求尤为迫切。

1. "一带一路"的重要支撑

2015 年 3 月 28 日，国家发布了《推动共建丝绸之路经济带和 21 世纪海上丝绸之路的愿景与行动》，全面推进"一带一路"建设和发展。在各个战略目标中，跨境资金融通是实现"设施联通、贸易畅通"的重要支撑。西安作为中国大陆版图中心和经新亚欧大陆桥连接大西北、中亚和欧洲的中国内陆枢纽城市，应积极对接国家发展战略，深度科学谋划，以离岸金融业务为支撑，做实"一带一路"开放发展重点和近期切入点，推动全面开放格局的建立和发展。

2. 有利于深化国际交流合作

西安对丝路国家有着独特的地缘和历史优势，西安和丝路国家的联系自古以来就较为紧密。西安依托浐灞丝路国际会展中心、欧亚经济论坛已经获得一定国际影响力，但是在对外贸易中，由于资金流通渠道以及结算方式等方面问题，造成资金流动受阻，不利于西安的国际交流与合作，进一步影响"一带一路"倡议的实施和自贸区的建设。近年来，西安与丝路国家在对外贸易以及金融领域的合作不断推进，为西安构建"'一带一路'离岸金融服务中心"创造了条件；反过来，西安构建"'一带一路'离岸金融服务中心"，也在一定程度上满足了西安对外交流与合作的发展要求。"'一带一路'离岸金融服务中心"的建立，有利于缓解资金流动性问题，促进西安对外交流与合作。以离岸金融作支撑，有利于实现"一带一路"倡议。

（二）地区经济发展的内在要求

西安作为"一带一路"对外起点，有着串联西北及中亚国家的天然地理优势，在以基础设施、物流运输、信息化技术、装备制造、技工人才为主的劳务合作、食品轻工、综合科技服务等方面发展空间广、合作潜力大。西安应抓住“一带一路”建设历史机遇，加快丝绸之路自贸区建设，深化与丝绸之路经济带沿线地区和国家之间的合作。推动离岸金融中心建设，这也将有利于保税区的转型和发展。北京、重庆等地已经实现保税区向自贸区的转型。发展高效安全的离岸金融服务中心则是陕西丝绸之路自由贸易区建设的内在要求。

1. 为经济建设提供资金保障

陕西省自贸区的建立，是陕西省经济实现追赶超越的重要契机。目前，陕西省正处于经济发展重要阶段。无论是陕西省自贸区的发展，还是推动西安经济的转型与升级，都需要大量资金投入。资金短缺问题已经成为阻碍西安经济转型与发展的首要制约因素。一方面，为了提高地区竞争力，需要加强基础设施建设，而资金的短缺不利于当地基础设施建设与产业结构调整，会对经济产生不利影响；另一方面，对于当地企业来说，融资渠道单一、融资成本过高等问题影响企业发展，也不利于本地经济的发展。如果西安能够有效构建“一带一路离岸金融服务中心”，吸引境外资金支持西安当地经济建设和发展，将为西安的经济建设提供资金保障，缓解资金短缺问题。

2. 有利于推动西安经济结构转型升级

目前，西安产业结构分布依然以传统产业为主，第三产业所占比重较低，特别是金融服务业有待进一步提升。如果西安能够有效构建“‘一带一路’离岸金融服务中心”，将从以下方面对西安的经济结构产生影响：首先，在人力资源与技术管理方面，离岸金融服务中心的建立将吸引大量外资企业进入，随之而来的是先进的管理方法和管理理念以及高素质专业人才，通过辐射效应，对原有格局产生影响；其次，从需求方面来说，对外合作的推进加大了当地对配套设施的需求，进而通过产业关联效应拉动相关产业发展，这对经济发展的作用是巨大的。

二　国际国内离岸金融中心发展模式和经验借鉴

（一）国际离岸金融中心发展状况及主要类型

1. 国际离岸金融中心发展状况

自 20 世纪 50 年代离岸金融市场萌芽以来，在经济全球化和诸多重大政治事件和经济事件推动下，离岸金融迅猛发展，至今已有六十多年历史。整个离岸金融发展历程可粗略划分为萌芽期、成长期、扩张期和缓慢增长期四个阶段，如图1所示。根据IMF2010年发布的数据，全球离岸金融中心资产已超过发达国家经济总量。随着金融一体化和自由化的推进，离岸金融中心的规模还会进一步扩大。

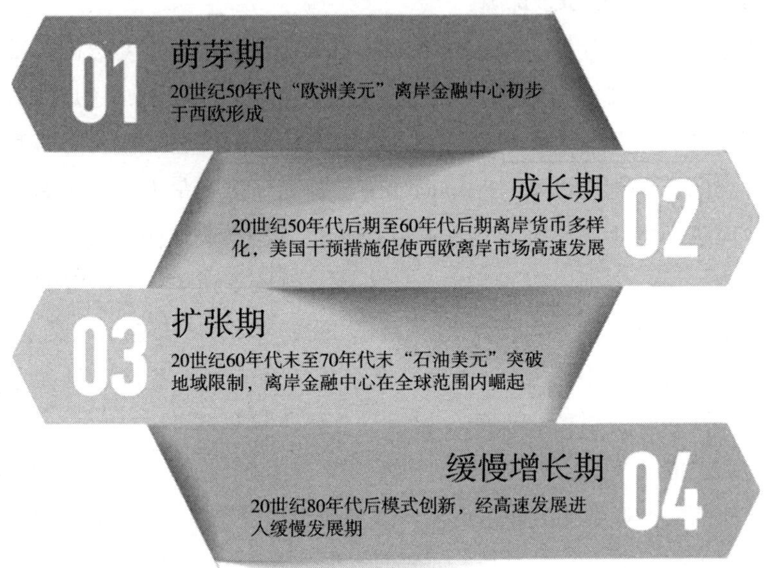

图1 离岸金融市场的发展历程

2. 国际离岸金融中心主要类型

按照功能不同，离岸金融中心可以划分为三大类型，即簿记型（避税港型）、混合型（内外一体型）及分离型（内外分离型），其中分离型又根据分离程度的不同分为绝对分离型和分离渗透型两类（见图2）。

（二）国内离岸金融中心

1. 国内离岸金融中心发展状况

我国的离岸金融业务起步于20世纪80年代末期。随着经济和金融市场的不断发展，我国已经成立四个离岸金融中心。通过研究发现，它们的建立得益于运行环境、模式构建以及政策支持等方面的有利条件：在运行环境方面，经

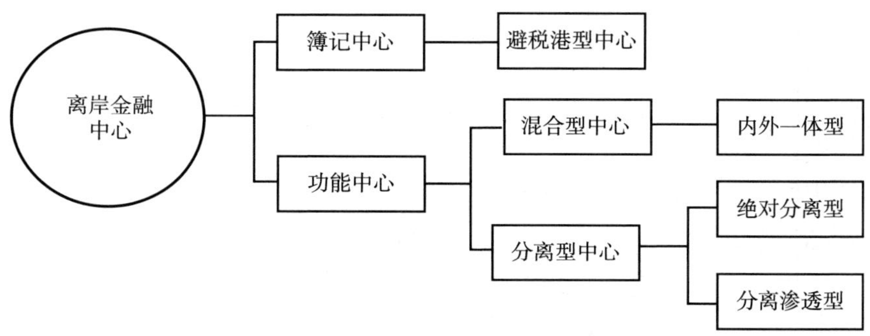

图2　离岸金融中心主要类型

济规模和经济增速的提升为当地带来了更多的贸易投资机会，加大了对金融服务业的需求；在模式构建方面，考虑市场的稳定性和监管的有效性，离岸金融中心均采取内外分离型发展模式；在政策支持方面，当地离岸金融业务的发展都在一定程度上受到国家和地方政策的支持。

2. 国内自贸区离岸金融中心发展对比

从国内各自贸区 GDP、银行业发展状况、金融增加值、对外贸易量以及利用外资情况和对外非金融类直接投资存量五个方面对国内各自贸区发展状况进行对比分析。

（1）国内各自贸区 GDP 对比。

2005～2015 年，国内各自贸区 GDP 均呈现逐年上升趋势。但是在年度增加量上存在一些差异。由图 3 可以看出，上海无论是从 GDP 还是增长量来看，均处于第一位置。就 GDP 排名而言，其余地区的排序依次是深圳、天津、重庆、西安、厦门，西安超过厦门排在第五位，但与重庆还有明显距离。另外，进一步对比可以发现，总量与增长速度也表现出高度的相关，总量较大的地区，其年均增长速度也相对较高。

通过对图 4 分析发现，2015 年，西安的 GDP 增速为 8.2%，位于几个主要城市的第四位，高于上海和厦门，但 2014 年上海的 GDP 为 23567.7 亿元，西安的 GDP 为 5492.64 亿元，基本是上海的 1/4，GDP 增长基点明显低于上海。另外，重庆 GDP 增速位于第一位置，高达 11%，可见在未来发展中，重庆自贸区的重要地位将进一步凸显。

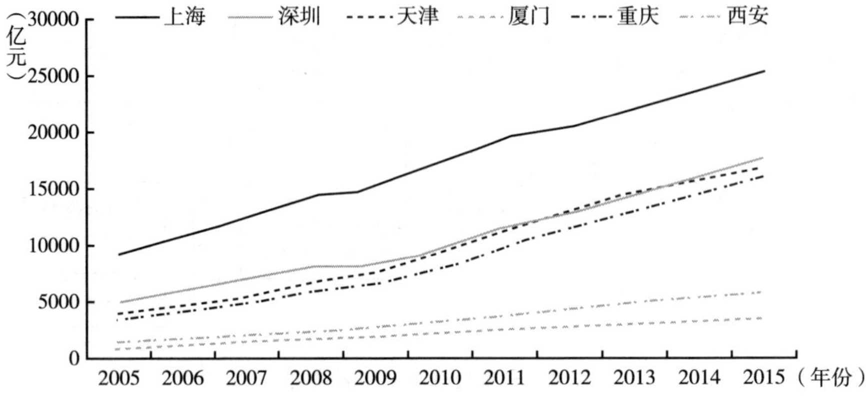

图 3　2005 ~ 2015 年各自贸区 GDP 对比

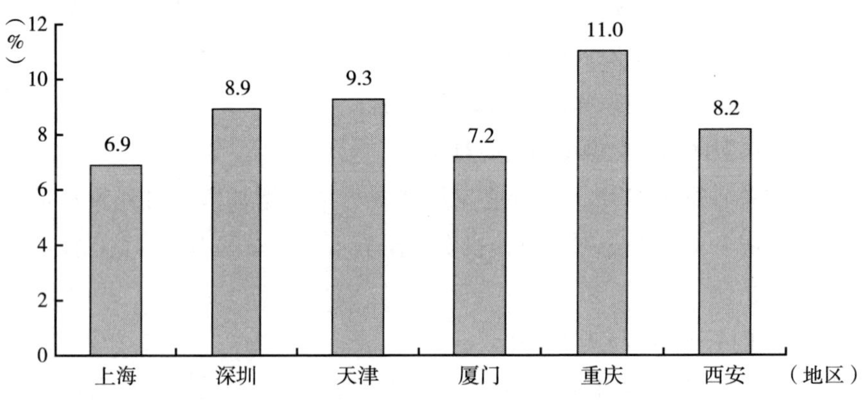

图 4　2015 年各自贸区 GDP 增速对比

（2）国内各自贸区银行业发展状况对比。

2005 ~ 2015 年各自贸区银行业金融机构平稳发展，从各自贸区银行营业网点数量来看，重庆市银行营业网点数量最多，到 2015 年共有 3022 家，西安市银行营业网点数量位于第四，到 2015 年共有 2177 家，与重庆差距较大，而且与位于第三的天津市也有一定差距。而厦门的银行网点数量相对较少，各年份均在 1000 家以下（见图 5）。

由图 6 以及图 7 可以看出，2005 ~ 2015 年各自贸区存贷款余额增长总体平稳，表现为平缓上升。其中西安在存款余额和贷款余额两方面均位于第五，并

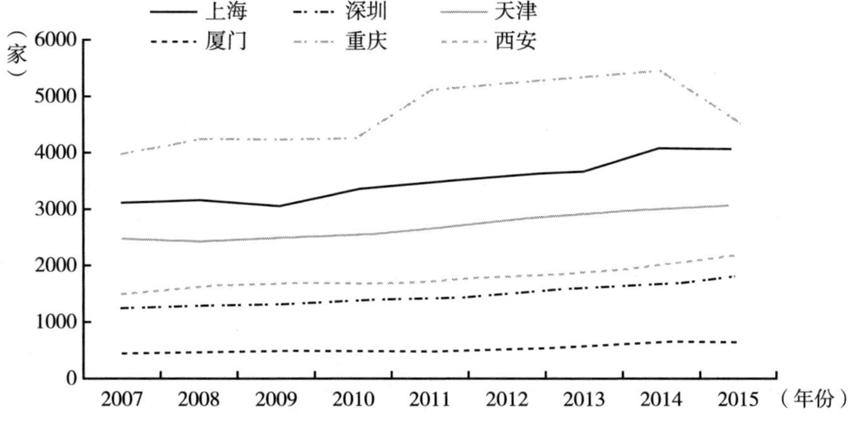

图 5　2007～2015 年各自贸区银行营业网点数量对比

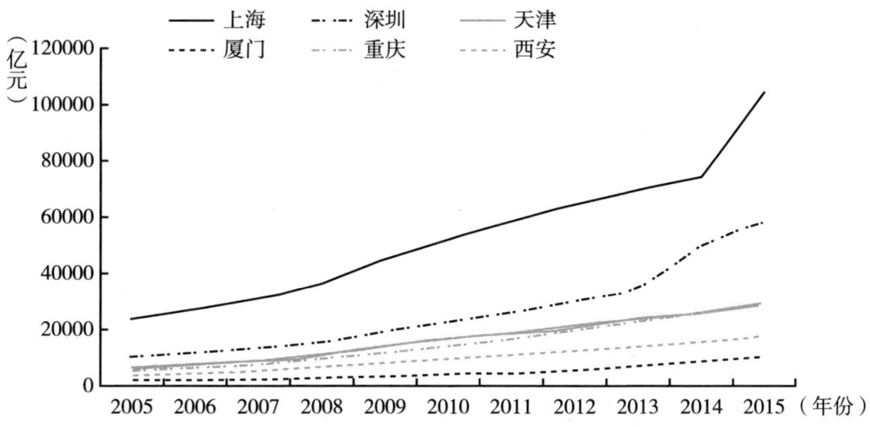

图 6　2005～2015 年各自贸区存款余额对比

且与前四位有明显差距。而位于第二、第三以及第四的深圳、天津和重庆的差距不大，而且三者的变动趋势基本一致。

（3）国内各自贸区金融增加值对比。

2005～2015 年，各自贸区金融增加值平稳增长，六个自贸区金融增加值可以分为四个梯队。上海市金融增加值最高，处于第一梯队，2015 年已达 4052. 23 亿元。深圳市金融增加值位于第二梯队，2015 年为 2501. 57 亿元。第三梯队有天津和重庆，2015 年其金融增加值分别为 1603. 23 亿元和 1410. 18 亿

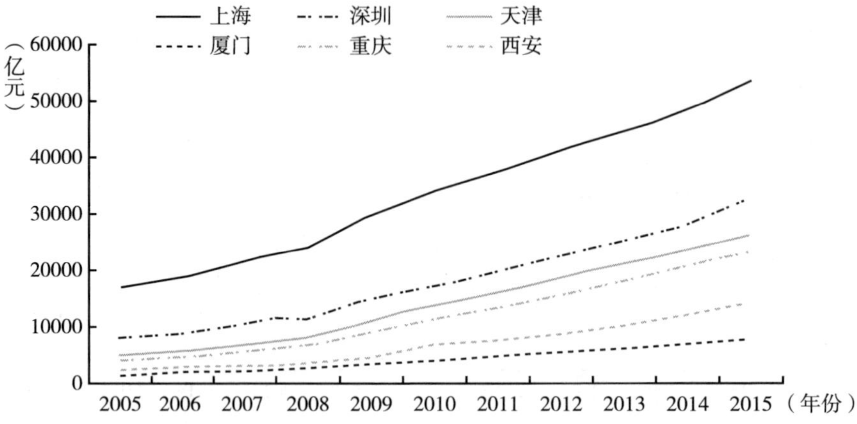

图 7　2005～2015 年各自贸区贷款余额对比

元。第四梯队为西安和厦门，其中西安的金融增加值位于第五，2015 年为 658.9 亿元，而厦门 2015 年的金融增加值为 371.39 亿元（见图 8）。

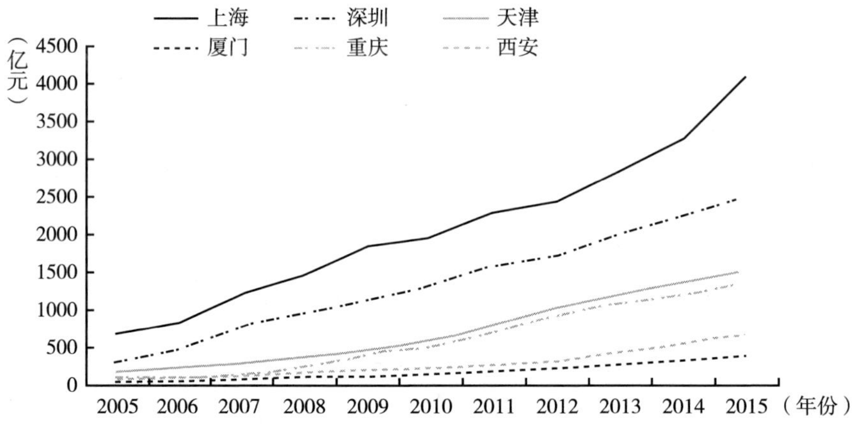

图 8　2005～2015 年各自贸区金融增加值对比

（4）国内各自贸区对外贸易情况对比。

从图 9 可以看出，由于地理位置等因素影响，在对外贸易方面，无论进口量还是出口量，西安市都位于第六，并且发展较慢。2015 年，西安对外贸易总量为 275.85 亿美元，而上海已经达到 4517.33 亿美元，不足上海的 1/16，与前一位重庆的 744.77 亿美元也相差甚远，大约为重庆的 2/5。

2014 年，西安对外贸易总量为 249.42 亿美元、较上年增长 38.68%，2015 年为 275.85 亿美元、较上年增长 10.6%。西安应该牢牢把握机会，借助“一带一路”大力发展对外贸易，推进西安金融商务区离岸金融中心建设，支持“企业走出去”，提升对外贸易总量（见图 9、图 10）。

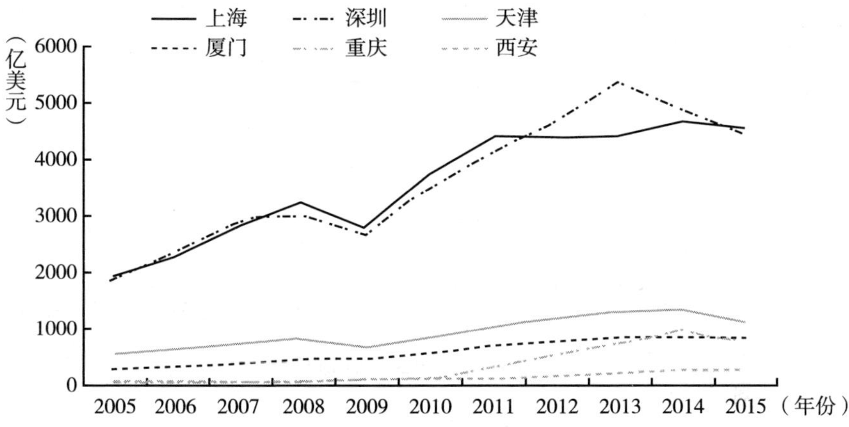

图 9　2005～2015 年各自贸区对外贸易量对比

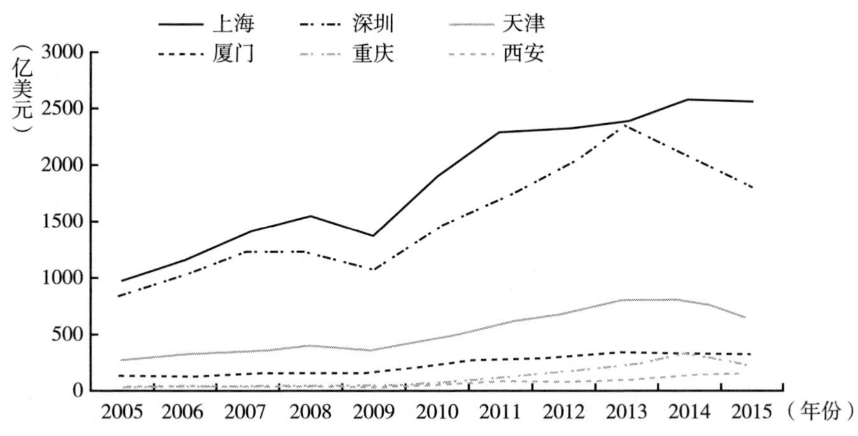

图 10　2005～2015 年各自贸区对外贸易进口情况

与重庆相比较，西安的差距主要体现在出口方面，2010 年后，重庆的出口发展较快，2014 年超越了厦门，从 2010 年的 198.38 亿美元增加到 2015 年的 551.9 亿美元。相比之下，西安发展则较为缓慢，2015 年，西安的出口总额仅为128.38亿美元。因此西安需要提升当地产品的竞争力，积极拓宽海外市场，发展对外贸易，推动出口贸易发展（见图11）。

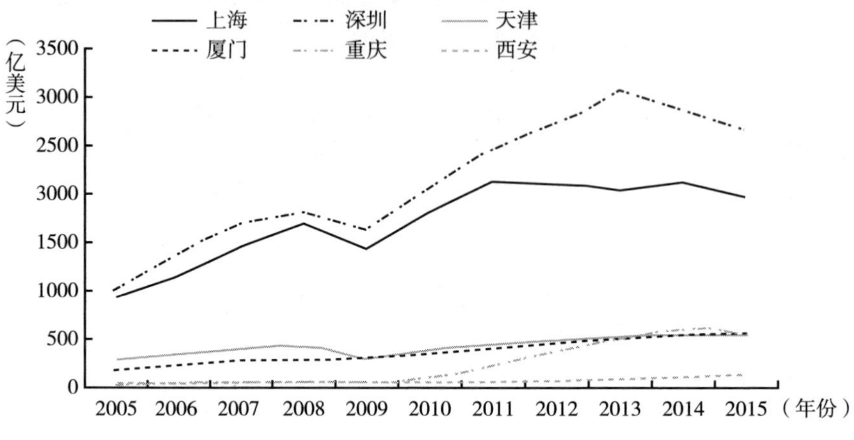

图11　2005～2015年各自贸区对外贸易出口情况对比

（5）国内各自贸区利用外资和对外投资情况对比。

外资利用情况是衡量地区对外贸易的重要指标，进一步来讲，有效利用外资会对地区资金以及经济产生积极作用。通过图12可以发现，在利用外资方面，天津发展比较迅猛，2011年已经超过上海，位列第一，从2005年的33.29亿美元增加到2015年的211.34亿美元。上海位列第二，2015年其利用外资184.59亿美元。重庆对外资的利用在2005～2011年迅猛增长，于2009年超过深圳，2011年后维持在106亿美元左右。深圳发展则较为平稳，2015年利用外资64.97亿美元。西安于2011年超越厦门，目前位列第五，2015年利用外资40.08亿美元。

在对外非金融类直接投资方面，上海和深圳远远高于其他四个自贸区，2015年对外非金融类直接投资存量分别为583.62亿美元和386.87亿美元。天津2012年后对外非金融类直接投资存量增加，超过重庆、厦门和西安，2015年为109.42亿美元。而重庆、厦门和西安在对外非金融类直接投资存量方面不相上下，2015年西安为28.55亿美元。

建立离岸金融中心可以为西安搭建一个投融资便利的平台，增加西安对外资的利用以及对外直接投资。

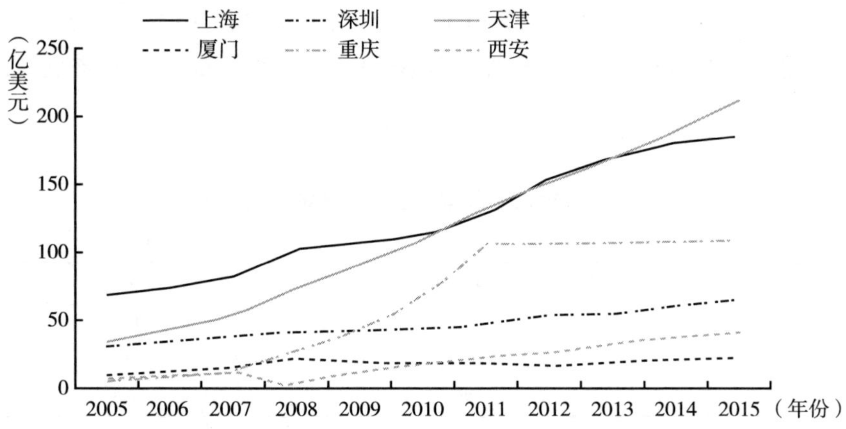

图 12　2005～2015 年各自贸区利用外资情况对比

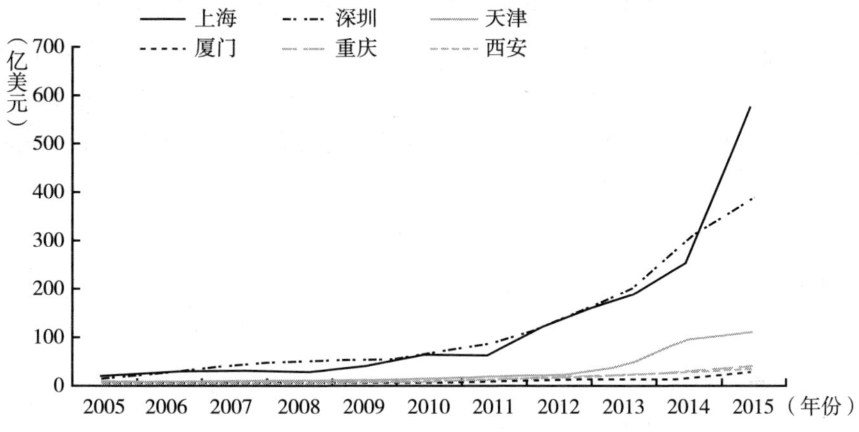

图 13　2005～2015 年各自贸区对外非金融类直接投资存量对比

（6）我国 RQFⅡ和 QFⅡ情况。

为防止热钱涌入对我国资本市场造成冲击，我国在资本项目尚未完全开放的情况下，有限度地进行对外投资和引进外资。目前我国 RQFⅡ和 QFⅡ仅在上海进行。

在 RQFⅡ方面，2011 年获得审批的机构数仅有十家，2013 年增加至 49 家，获审批额度也有较大幅度增加，2011 年仅获审批 107 亿元，但至 2013 年就达到 945 亿元（见表 1）。其中南方东英资产管理有限公司在 2013 年获得了

108 亿元的额度，易方达资产管理（香港）有限公司在 2013 年获得了 88 亿元投资额度，华夏基金（香港）有限公司在 2013 年获得了 68 亿元投资额度，位列前三。

表 1　RQFⅡ获审批机构数及审批额度

单位：家，亿元

年份	获审批机构数	审批额度
2011	10	107
2012	17	563
2013	49	945

在 QFⅡ方面，2012 年获得审批的额度大幅上升，从 2011 年的 18.6 亿美元一跃增加到 2012 年的 159.03 亿美元（见图 14）。2012 年获得资格的机构数也由 2011 年的 22 家激增到 98 家。2012 年获得投资额度的机构主要有卡塔尔控股有限责任公司、香港金融管理局、加拿大年金计划投资委员会等，2013 年获得投资额度的机构主要有科威特政府投资局、高瓴资本有限管理公司等。

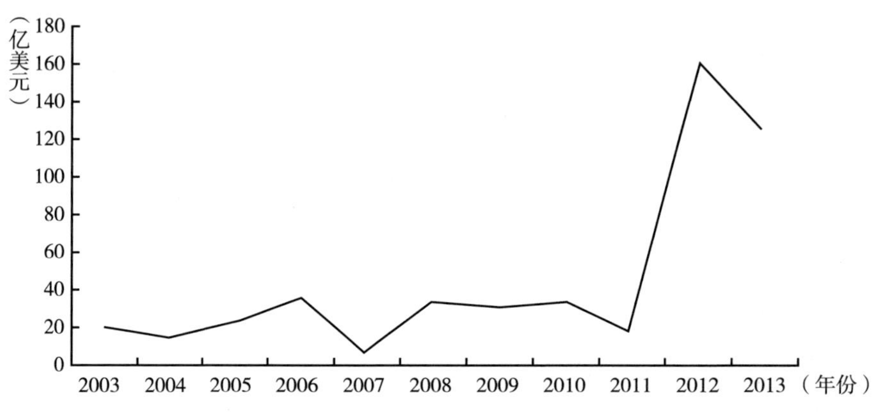

图 14　2005～2015 年全国 QFⅡ获审批额度变化情况

3. 我国建立离岸金融中心策略选择

尽管我国离岸金融试点从深圳扩展到上海和天津，但是，与发达国家仍有一定差距。因此，必须制定合适的策略推进我国离岸金融中心的建立。具体涉及外汇管制、业务发展、市场选择和法制建设四个方面。在外汇管制方面，应逐步实现资本项目下的可自由兑换；在业务发展方面，应当同时发展离岸金融货币业务与证券业务；在市场选择方面，要综合考虑地理环境与市场运行环境等因素，选择建立合适的离岸金融市场模式；在法制建设方面，制定离岸金融法，为离岸金融中心建设提供指导和法律保障。

三　西安建设离岸金融服务中心的可行性分析

（一）西安发展离岸金融服务中心的经贸条件

1. 经济稳定增长

近年来，西安经济实力持续壮大，生产总值连年上升，2015 年达到 5810.03 亿元，同比增长 8.2%，超过全国平均水平（见图 15）。西安在经济结构方面也有所改善，第三产业增加值达到 3424.29 亿元，同比增长 9.5%，占全市 GDP 的 58.94%（见图 16）。对外贸易方面，2015 年西安进出口总值达到 284 亿美元，比上年增长 13.48%（见图 17）。

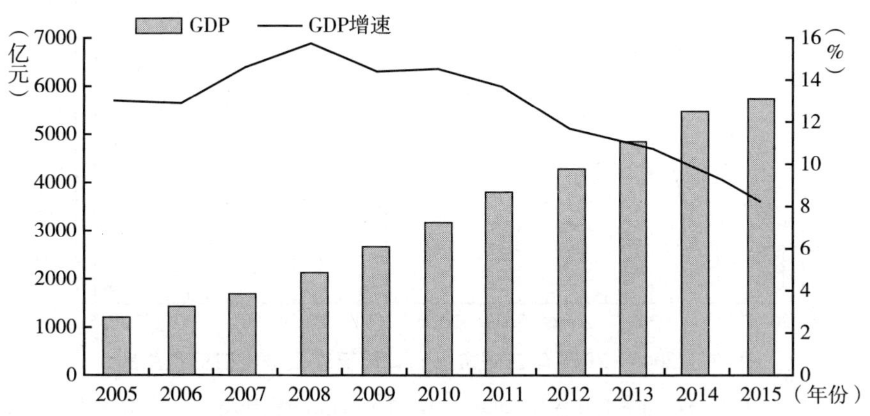

图 15　2005～2015 年西安市 GDP 及其增速情况

资料来源：《西安市统计年鉴》、陕西省统计局。

2. 国际贸易迅速扩大

改革开放以来，我国的国际贸易逐渐扩大，西安也不例外。在 1978 年时，西安市的进出口总额仅仅只有 1.36 亿美元。经过改革开放这 30 多年的努力，

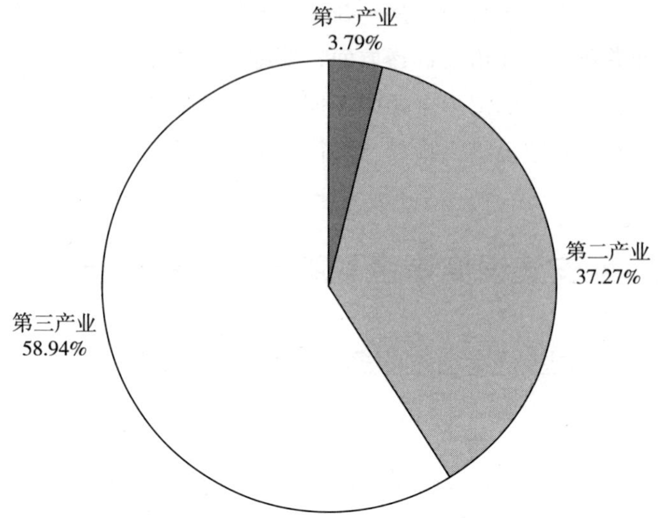

图 16　2015 年西安市经济结构

资料来源：《西安统计年鉴 2015》、陕西省统计局。

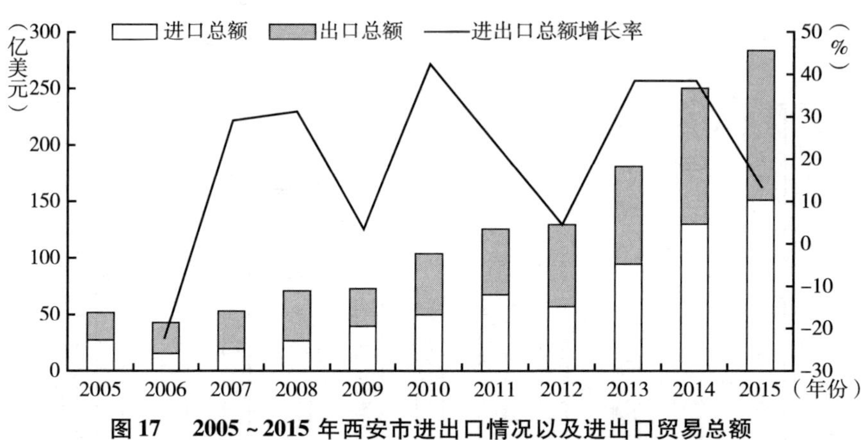

图 17　2005～2015 年西安市进出口情况以及进出口贸易总额

资料来源：《西安市统计年鉴》（2005～2015 年）、陕西省统计局。

从图 17 中可以看出，西安市的进出口总额在 2015 年已增加至 283.505 亿美元，尤其是“十二五”以来，西安市的进出口总额取得了巨大的突破。在 2015 年，西安市的进口额已达到 151.52 亿美元，出口额已达到 131.99 亿美元。图 18 为 2005 年与 2015 年西安市分洲别的进出口总额扇形图，从图 18 中可以看出，不论是 2005 年还是 2015 年，西安市的进出口主要都集中在亚洲、欧洲及北美洲这三大洲。但是能明显看出的是2005年进出口额占比最大的是欧洲市场，份额达到43%，亚洲市场排名第二，占比33%。而到2015年，亚洲市场赶超欧洲市场成为进出口额占比最大的市场，而欧洲市场退至北美洲市场之后，排名第三，仅仅占比11%。这恰恰与我国发展“一带一路”战略相吻合。

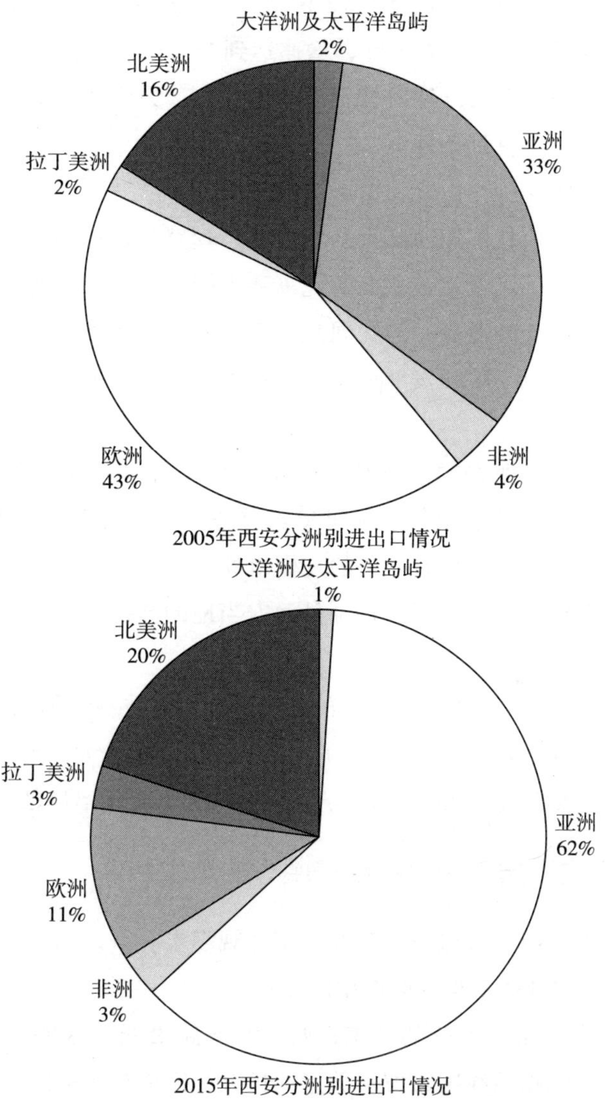

图18　2005年与2015年西安市分洲别进出口总额

资料来源：《西安市统计年鉴》、陕西省统计局。

3. 区位优势显著

在区位方面，西安作为全国重要交通运输枢纽，具有显著的优势。特别是近年来，陕西省大力推进公路、铁路以及高铁建设，降低了运输成本，缩短了运输时间。在货物运输吞吐量方面也有极大发展，2015 年，西安市公路运输货物总量达到 45401 万吨，同比增加 10.4%。铁路运输货物总量达到 847.56 万吨；民航运输量达到 21.16 万吨，增速达到 13.5%。区位优势以及交通条件的完善，大大加强了西安开展对外贸易的竞争力，为建立离岸金融中心、开展离岸金融业务提供了良好条件。

4. 政策积极推动

在政策方面，依托国家西部大开发战略、丝路经济带等宏观战略的推行，西安经济发展得到了大量政策层面的优惠和支持，有利于其进一步建立离岸金融中心并开展离岸金融业务。与此同时，跨境贸易电子商务试点、外汇资金集中运营业务试点等也为陕西发展离岸金融提供了良好契机。

5. 金融体系完善

在金融体系上，西安的金融组织体系较为完善，存贷款规模位居西北第一。西安市内的主要商业银行业为推动经济发展，开始积极开展境外金融服务。除此之外，其证券与保险业务的规模也处于西部地区前列，健全的金融体系有利于离岸金融业务的开展。特别是西安当地的高校资源，为离岸金融服务中心的建立提供人力资源支持。

以上的条件为离岸金融服务中心的建立提供一定支持，但是由于起步较晚，相对于国内其他地区来说，西安面临的赶超与竞争压力较大，因此，为了发展离岸金融业务，西安必须明确自身优势，从基础做起，对于不足之处要重点突破。

（二）西安发展离岸金融服务中心的需求条件

目前，西安对离岸金融业务存在一定客观需求。

1. 跨国公司与外资企业的业务需求

随着“一带一路”倡议的实施，西安与丝路沿线国家的经贸合作日渐频繁。一方面，与丝路沿线国家贸易总量的扩大，需要相关的跨境货币结算及离岸金融服务支撑；另一方面，来西安地区开展投资业务的机构及公司逐渐增多；其中，跨国公司及外资企业占很大比重，对于它们来说，非常希望能够在西安得到离岸金融相关服务。

2. 境外中资公司并购及海外扩张的需求

在西安经济飞速发展的十几年中，越来越多的企业借助国际化浪潮，积极开展海外业务，如在海外直接投资建立子公司及对海外企业间接参股。这些公司海外业务的开展以及跨国资本的运作，决定了其迫切需要西安市提供相关离岸金融服务。这些公司势必成为未来西安离岸金融服务的主要需求方。

3. 金融机构发展的需求

为客户提供离岸金融服务，银行对资金的流动性提出更高要求，将进一步加大银行系统内部及同业间资金拆借需求。从成本角度考虑，这些银行迫切需要政府对离岸账户开展的业务采取一些优惠政策，降低资金运用成本，以此提高利润。与此同时，中资银行开展海外业务也是对我国银行业的一种国际正面宣传，能够提高我国银行在国际银行业的知名度，树立信誉。

四　西安建设离岸金融服务中心的战略思考

（一）西安离岸金融服务中心定位

1. 战略定位

以国家“一带一路”倡议实施为契机，依托陕西自贸区政策优势，背靠国际港务区，立足于西安浐灞金融商务区，西安全力推进离岸金融服务中心发展，力争将西安离岸金融服务中心打造为“一带一路离岸金融服务中心”，实现辐射中亚、连接欧洲、面向世界的战略构想。

2. 功能定位

以“一带一路”贸易项下的人民币跨境结算为基础、以我国“一带一路”基础设施投资为支撑、以欧美市场跨境资本运作为方向，吸引海内外投资机构、跨国集团进驻西安金融商务区离岸金融服务中心。

3. 市场定位

支持西安金融商务区园区企业，服务丝路沿线国家经贸投资，面向国际金融市场，为我国企业在欧美市场跨境资本运作提供准备。

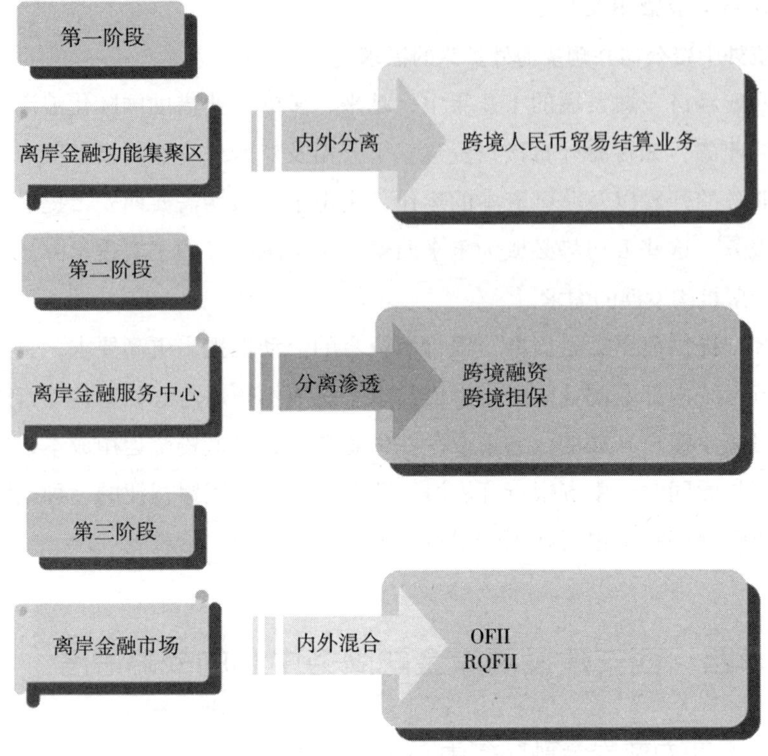

图 19　西安离岸金融服务中心发展阶段及模式选择

（二）西安离岸金融服务中心发展阶段及模式选择

我国经济体量庞大，而避税型离岸金融服务中心由于其功能的局限性，更加适合经济体量较小的国家或地区，因此该种发展模式不适合我国。内外一体型的离岸金融服务中心需要境内市场保持开放的状态，因此这两种模式均不适合西安“‘一带一路’离岸金融服务中心”的构建。

综合考虑，西安“‘一带一路’离岸金融服务中心”模式宜选择内外分离型，主要考虑风险控制及资金流向问题，同时易于监管，使离岸金融业务逐步发展，保持金融稳定。在实施步骤上，西安建立内外分离型的离岸金融服务中心应该分三个阶段逐步实现（见图 19）。

第一阶段（5～10 年）　在构建西安离岸金融服务中心初期，应该先初步形成一个离岸金融功能集聚区，将从事离岸金融业务的金融机构及金融监管部门集中在西安浐灞金融商务区。①成立“一带一路”人民币跨境结算中心并落户于金融 A 区境外结算中心；②将从事离岸金融业务的银行如招商、交通、浦发、汇丰等银行聚集在金融 B 区离岸金融区，并设立专门负责离岸金融业务的分理处；③从事境外投资的企业设立一个专门处理跨境投资和资金结算的分支机构或总部，将它们集中落户于企业总部区；④“三资企业”集中在贸易 B 区合资产业园，金融商务区给予政策优惠和税收优惠。这一阶段西安“‘一带一路’离岸金融功能集聚区”主要涉及业务是跨境人民币贸易结算及 FDI、ODI。

这一阶段应坚持内外严格分离模式。主要考虑西安经济总量相对于支撑一个金融中心来讲还是比较薄弱的，另外受限于我国人民币资本项目的非自由兑换，同时相关的法律法规及规章制度仍亟待完善，因此，在离岸金融中心发展前期，执行内外严格分离模式有利于风险的控制。

第二阶段（10～20 年） 随着金融机构、监管机构和跨国公司的进驻，离岸金融功能区发展到一定程度，待政策条件成熟便可以进入第二阶段，形成一个主要针对“一带一路”国家，其他各种跨境投融资综合发展的离岸金融服务中心。①这一阶段是在前一阶段基础上发展境外融资和跨境担保业务的，鼓励具有资质的金融机构落户在金融 B 区的金融服务中心，鼓励西安担保公司参与跨境担保业务；②支持自贸区、金融商务区内企业境外发行债券；③建立自由贸易账户 FT，建立自贸区与离岸市场沟通的桥梁，这有利于企业开展海外业务，降低结算成本。

在这一阶段，应实行分离渗透模式，但仅仅限制于单向或有限的渗透，单项渗透或有限渗透是指仅允许离岸账户向在岸账户渗透，而禁止反向渗透。该举措设立之初考虑到陕西省中小企业竞争实力较弱，对于资金的吸引能力不强，如果实行双向渗透，可能将导致资金流失，背离设立离岸金融中心的初衷。

第三阶段（50 年） 长期来看，未来我国资本项目下外汇管制逐步放开时，可以将离岸金融与在岸金融逐步渗透、融合，离岸账户与在岸账户并账，资金自由流动，形成一个高效的、内外一体的金融市场。

该阶段吸引从事跨境资本运作的境内外金融投资机构，包括从事跨境证券投资业务的 QFII、RQFII，外商投资基金 QDLP 入驻金融 B 区引导建设基金示范区。

在这一阶段，允许双向渗透，并逐步实现内外混合模式。在离岸金融服务中心初具规模、业务步入正轨、法律法规及相关规章制度较为完善的情况下采取双向渗透模式，可以更有效利用境内及境外资金，促进金融国际化进程。

（三）西安离岸金融服务中心选址的优势

西安“‘一带一路’离岸金融服务中心”应当设立于西安金融商务区。选址在西安金融商务区，对于建设“一带一路离岸金融服务中心”有以下优势。

1. 生态环境优势

西安金融商务区位于浐灞生态区核心板块，抱两水、依三塬、连秦岭，在中国北方城市具有较强的唯一性，能够为金融商务区建设提供良好的生态环境。灞河河岸线生态环境优美，在建立独具特色的城市景观方面基础良好。

2. 国际化优势

浐灞生态区是欧亚经济论坛永久会址，2011 年世界园艺博览会落户该区，同时“中国—中亚博览会”的会址定于此。这些国际化举措，使浐灞生态区成为西安最集中、最具优势的国际大都市品牌之一。

3. 空间与交通区位优势

浐灞生态区是西安未来新城，该区域与其他开发区相比，未来发展空间巨大。区内有两条城市环线，周边有五条高速公路，构成了较为发达的对外交通网络。在交通区位方面，市政路网以及地铁线路贯穿其中，体现出显著的区位优势。

4. 政策优势

一是在国家层面。《国家“十二五”服务业发展规划》《关中 - 天水经济区发展规划》、新一轮西部大开发分别提出要大力发展以金融为主的现代服务业，把西安建设成国际现代化大都市和区域性金融中心。二是在省政府层面。以《关于进一步促进金融业发展改革的意见》为代表的一系列文件提出切实加快西安金融商务区建设进程，并提出西安金融商务区将享受省级开发区优惠待遇。三是在西安市政府层面。2010 年 1 月，经西安市人民政府常务会议研究决定，将该区正式命名为西安金融商务区，会议还通过了《西安市人民政府关于支持西安金融商务区发展的实施意见》，在资金、财政、税收等多方面将给予入驻机构相关优惠政策。2013 年 6 月，西安市政府出台的《西安区域性金融中心发展规划（2013～2020 年）》，明确指出西安金融商务区的定位包括承接国际金融机构总部的设置，为全国金融机构的运行及服务外包提供便利。

5. 品牌优势

随着西安金融商务区建设的不断发展，签约、入驻项目的不断推进，依托欧亚经济论坛、西安（浐灞）金融高峰论坛等载体，金融商务区概念品牌开始为社会所认同。西安金融商务区在打造“金色”金融与“绿色”生态交相辉映方面提高了知名度，扩大了影响力。近年来，通过举办西安（浐灞）金融高峰论坛，吸引政府、业界、学界和新闻媒体参与广泛的话题讨论，西安金融商务区在国内的声誉大大提升了。

五　西安建设离岸金融服务中心的政策建议

（一）西安发展离岸金融服务中心的政策建议

1. 突出“一带一路”离岸金融服务中心特色

由于西安在丝绸之路经济带上独特的战略地位，以及我国在中亚投资基础设施上占有绝对优势，西安离岸金融服务中心应定位为“支持园区企业，服务丝路沿线国家，面向国际金融市场”，针对以中亚国家为主的跨境贸易、投资，同时全力发展美元、欧元、韩元、日元等多种货币结算业务。

2. 加快金融基础设施的建设与完善

金融基础设施是决定离岸中心成功的重要基础条件。西安虽然金融体系方面较为完整，但仍不够完善，尤其是基础设施建设亟待提升，可通过以下几个方面改善：一是扩充金融服务载体的数量；二是加大交通通信及互联网方面的基础设施建设；三是完善法律法规及相关政策制度，包括人力资本引进制度、税收制度、会计制度等。

3. 加大政府税收政策扶持

企业离岸业务大多出于对税收优惠及融资便捷性需要。目前，我国的离岸业务并未采取实质性的税收优惠政策，相比于亚洲其他大型离岸金融服务中心，这样的税收条件较为落后。因此，从国家角度来讲，应尽快制定符合中国实际条件的离岸税收制度。另外，从西安金融商务区角度来讲，应该充分利用自贸区先行先试政策条件，争取国家政策支持；同时，简化离岸金融业务审批手续。如此才可提高对外资的吸引力，引导资金流入，提高我国离岸金融业务竞争力。

4. 加强离岸金融服务中心监管

第一，完善离岸金融法律法规。虽然政府已经提出《离岸银行业务管理办法》和《离岸银行业务管理方法细则》，但这些管理办法及细则的制定仅仅针对具体业务，而缺乏运行的基本法律框架，需要将管理办法与细则深化为基础法律。第二，提高对风险的把控能力。包括两个方面，一是严格控制市场准入，同时采取审批制及牌照颁发制；二是建立有效的风险监测机制，及时对风险进行严格的把控。第三，加大监管力度。由于资金流动的双向性，且目前西安地区处于非完善的政策法规环境，离岸金融中心的建立可能会引起资金的外流，必须加大监管力度。

（二）西安离岸金融服务中心风险防范与监管

1. 账户监管

在设立初期，采用内外分离模式，严格监控离岸账户和非离岸账户，杜绝两者之间渗透情况的发生。另外，对于银行类金融机构来说，在开展离岸金融业务时，应注意严格区分在岸及离岸外币这两类负债。在具体应用方面，运用标识将两类账户区分，实现账户监管。

2. 资金监管

离岸金融业务管理分为两个方面：一是合规管理，主要是对资金流动的合法性进行监管，防范法律风险；二是常规管理，主要是依据三性原则对银行的资产负债进行管理，降低流动性风险，保证资金安全。另外，对于离岸资金的额度还应进行明确规定，防止超额渗透。目前，我国市场环境以及法律条件要求必须实行离岸资金分离管理，随着离岸金融服务中心发展，管理方式从严格的内外分离逐渐演变到有管理的内外渗透形式，这样有利于提高对资金的利用率。

3. 外汇管制

在外汇管制上，我国现在实行的是经常项目下有条件的可兑换，对于资金的流入流出及外汇的结算都有严格要求。这意味着境内市场和境外市场的联系可以被我国外汇管理制度有效隔离，有利于缓解对国内市场的冲击。特别是在建立初期，外汇管制对于本国市场的保护作用尤为突出。

4. 市场准入管理

目前，国内从事离岸金融服务的银行其外汇业务水平相对较低，对银行相关方面管制也不健全，导致离岸金融账户违规“渗透”的可能性较大。因此首先应当建立一套完整的市场准入标准，对银行资产规模、资产结构及不良资产等方面进行审核。还应当根据准入标准严格执行审批制度，提高监管要求。除此之外，在外资银行引进方面，考虑子银行及合资银行风险较大，不同于由总行承担清偿责任的分行，可以通过引进外资银行分行降低经营风险。

5. 风险管理

考虑离岸金融服务客户主体的特殊性，需要有更为严格的风控机制来把控经营风险，因此应当建立一套完整的风险管理指标体系。在指标内容方面应当包括对风险的评估以及对风险的监测。在评估方面，应综合考虑资产负债比例、资产规模结构及不良资产比重等，对从事离岸金融业务的机构风险进行定期评估，并将评估结果作为考核其业务资质的重要指标。在监测方面，应当建立一套风险监测防范预警机制，通过该体系对风险进行预测，以防患于未然，及时把控风险。

B.5
西部地区资源型经济转型研究报告*

林建华　崔　敏**

摘　要：　西部地区既是经济发展落后地区，也是资源富集区和生态脆弱区。基于资源优势，西部地区形成了资源型经济，成为我国能源和原材料工业基地，导致其经济发展和生态环境之间的矛盾尖锐，不可持续问题突出，经济转型要求尤为迫切。本文首先对西部地区资源型经济的形成和特点进行归纳总结，在深入剖析西部地区资源型经济当前面临困境及其成因的基础上，提出西部地区资源型经济的绿色发展转型目标和具体路径选择，并进一步对西部地区资源型经济绿色发展转型的制约因素进行探讨，进而提出促进经济绿色发展转型的政策建议。

关键词：　西部地区　资源型经济　转型　绿色发展

一　西部地区资源型经济的形成及特点

（一）西部地区资源型经济的形成

西部地区位于我国内陆，远离海洋。特殊的地理位置、气候条件、地质构

---

* 本报告系教育部人文社会科学重点研究基地重大项目“丝绸之路经济带战略背景下西部地区产业结构调整与升级研究”（16JJD790049）阶段性研究成果。

** 林建华，西北大学经济管理学院副教授，研究方向：西方经济学和公共财政学；崔敏，西北大学经济管理学院西方经济学专业硕士研究生。

造等造就其先天丰裕的自然资源，不仅种类多样，而且储量丰富，西部地区土地、能源、矿产等各种资源储量均在全国位居前列，西部地区具有形成资源型经济的基础。如图 1 和表 1 所示，西部地区的石油、天然气、煤炭这三大主要能源的基础储量在全国总储量中占有相当大比重。2003 ~ 2015 年，天然气占比稳定在 80% 左右，2015 年天然气技术剩余可采储量为 43184. 3 亿立方米，占比达 83%，超过 4/5；截至 2015 年，西部煤炭储量为 1094. 2 亿吨，占全国总储量比重 44. 8%；石油储量占比从初期不到 30% 稳步上升至 41%，2015 年西部地区石油技术剩余可采储量为 14. 23 亿吨。除煤炭储量略低于中部地区外，西部地区的石油与天然气资源在三大区域资源储量中占比均位居第一。2016 年，贵州发现储量达千亿立方米的大型页岩气油气田，这一重大发现无疑又增加了西部地区资源的富裕度。

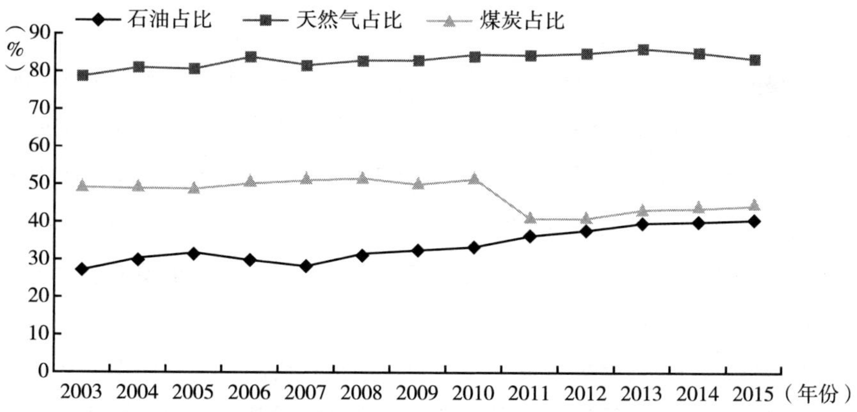

图 1　2003 ~ 2015 年西部地区各主要能源资源储量占全国比重

资料来源：《中国统计年鉴 2016》。

西部地区地处内陆，交通不便，阻碍了与外部的联系，促使其依托内部资源优势形成了资源型经济发展模式。西部地区陆地边境线约占全国陆地边境线的 91%，而大陆海岸线占全国海岸线不到 10%，接壤的 12 个国家大多也是经济发展相对落后的国家。由于经济发展落后，又远离海洋，在本身知识、技术极为贫乏、难以创新的情况下，先进知识、技术也难以进入西部地区，极大制约了西部地区的发展；加之西部地区内部地理结构复杂，高原、山脉众多，部分地区条件十分恶劣，道路建设难度大，资金短缺，交通等基础设施严重不足，

表1　2015年我国三大主要能源分区域储量情况

地区	石油		天然气		煤炭	
	储量（亿吨）	占全国比重（%）	储量（亿立方米）	占全国比重（%）	储量（亿吨）	占全国比重（%）
东部地区	7.89	22.6	1110.4	2.1	170.2	7.0
中部地区	6.80	19.4	2541.9	4.9	1175.9	48.2
西部地区	14.23	40.7	43184.3	83.1	1094.2	44.8
海域	6.05	17.3	5102.9	9.8		

注：海域数据为全国总量数据与地区加总数据的差额。

资料来源：《中国统计年鉴2016》。

阻碍了西部地区内部以及西部地区与其他地区之间在经济、技术、文化等方面的联系和交流，这种封闭状态使西部地区只能选择依托既有资源实现经济发展的道路。

基于要素禀赋、区位条件及技术水平，西部地区逐渐成为我国能源和原材料基地，形成了资源型经济发展模式。丰富的自然资源对于促进西部地区经济发展发挥了巨大作用。有关研究表明，2007年，矿业对西部工业总产值的贡献度高达43%，高于全国平均水平30%，其中，油气开采业、煤炭采选业、有色金属采选业和有色金属冶炼压延业等行业对西部工业增加值的贡献度，是全国平均水平的2倍左右①。

西部地区这种以资源投入带动经济增长的模式逐渐形成了西部地区特有的资源型经济，并产生路径依赖。根据诺斯的路径依赖理论，由于报酬递增和自我强化机制，制度变迁一旦形成某种固定的路径，人们就会对这一路径产生依赖，无论好坏。初期，资源型经济充满活力，只要投入自然资源，就能迅速带来经济的增长，在缺乏其他增长动力的情况下，这一模式成为唯一出路。西部地区不断重复相同的模式，增加自然资源投入，产生规模报酬，形成支柱产业并不断发展壮大。固有模式下资源型经济一般难以自发转型，即使转型也会困难重重。路径依赖的存在也会不断固化资源型经济，如果不主动转型，西部地区将会延续资源型经济模式，但这种路径并非可持续发展之路。

---

① 薛亚洲：《西部地区矿业经济状况分析》，《中国矿业》2009年第11期，第4～7页。

（二）西部地区资源型经济特点

1. 单位地区生产总值能耗偏高，经济增长对资源依赖程度高

西部地区资源型经济的特点首先表现在经济增长对资源的依赖程度高。如图 2 所示，2005～2014 年，西部地区单位生产总值能耗一直远高于全国，两者总体都处于下降趋势，西部地区单位地区生产总值能耗由 2005 年的 1.85 吨标准煤/万元持续下降至 2014 年的 1.19 吨标准煤/万元，全国单位 GDP 能耗由 2005 年的 1.26 吨标准煤/万元下降至最低 0.92 吨标准煤/万元，到 2014 年略有上升，为 0.97 吨标准煤/万元。西部地区虽然下降幅度更大，下降趋势更加明显，但与全国水平相比仍有较大差距。可见西部地区经济起步时期对资源的依赖程度极高，随着经济社会发展其对资源的依赖程度逐渐降低，但相对于全国水平仍然很高。

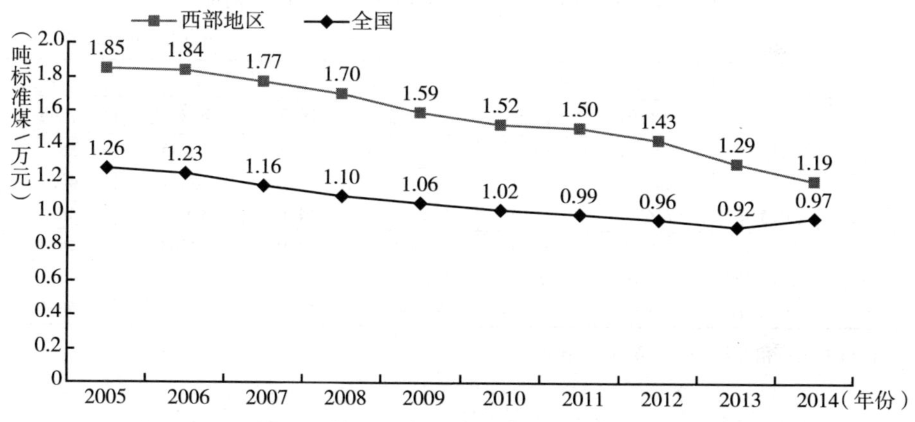

图 2　2005～2014 年西部地区与全国单位地区生产总值能耗

注：数据处理过程为汇总西部地区和全国能源消耗总量（西藏除外），以 2005 年为基期计算实际地区生产总值和国内生产总值，进一步计算得 2005～2014 年全国和西部地区单位生产总值能耗。

资料来源：中国经济与社会发展统计数据库，以下若无特殊说明，数据来源相同。

2. 产业结构较为低级，且以资源型行业为主导

西部地区的产业结构仍处于以第二产业为主导的发展阶段，较为落后。表 2 显示，从 2013 年到 2015 年，虽然西部地区第二产业比重持续下降，第三产业比重稳步上升，但与全国相比仍有较大差距。2015 年，从全国范围看，我国

已经进入以第三产业为主导的较为高级的产业结构阶段，第二产业、第三产业占 GDP 比重分别为 40.9%、50.2%，但西部地区仍处在以第二产业为主导的产业结构演进阶段，第二产业生产总值为 64736 亿元，占西部地区国民生产总值比重为 44.6%，而第三产业比重仅为 43.4%。而且在第二产业中又以能源资源开采、加工等行业为主，包括采矿业以及六大高耗能行业①。2014 年，西部地区采矿业主营业务收入 2.03 万亿元，占本地区规模以上工业企业比重为 12.8%，而全国该比重仅为 5.9%，西部地区六大高耗能行业主营业务收入为 6.40 万亿元，占本地区规模以上工业企业主营业务收入高达 40.4%，而全国该比重仅为 32.9%，西部地区六大高耗能行业与采矿业主营业务收入合计占比 53.3%，已经占西部地区规模以上工业企业主营业务收入一半以上，说明西部地区经济对采矿业及六大高耗能行业极为依赖（见表 3）。

表 2　2013～2015 年西部地区与全国三次产业构成

单位：亿元，%

类别		第一产业		第二产业		第三产业	
		绝对值	比重	绝对值	比重	绝对值	比重
西部地区	2013 年	15700.8	12.5	62356.5	49.5	47945.4	38.1
	2014 年	16433	11.9	65441	47.4	56227	40.7
	2015 年	17362	12.0	64736	44.6	62921	43.4
全国	2013 年	56957	10.0	249684.4	43.9	262203.8	46.1
	2014 年	58336	9.2	271764	42.7	306038	48.1
	2015 年	60871	8.9	280560	40.9	344075	50.2

资料来源：相关年份《中国统计年鉴》。

表 3　2014 年西部地区采矿业及六大高耗能行业主营业务收入情况

单位：万亿元，%

地区	采矿业		六大高耗能行业		采矿业与六大高耗能行业合计	
	主营业务收入	占规模以上工业企业比重	主营业务收入	占规模以上工业企业比重	主营业务收入	占规模以上工业企业比重
西部地区	2.03	12.8	6.40	40.4	8.43	53.3
全国	6.48	5.9	36.43	32.9	42.91	38.8

① 六大高耗能行业包括化学原料和化学制品制造业，非金属矿物制品业，黑色金属冶炼和压延加工业，有色金属冶炼和压延加工业，电力、热力生产和供应业，石油加工、炼焦和核燃料加工业。

3. 技术水平落后，研发能力不足

由于技术基础薄弱，再加上对新技术的汲取不足，西部地区一直处于技术落后状态。从表4来看，2015年，我国规模以上工业企业新产品开发项目东部地区数量最多，为24.21万项，占全国规模以上工业企业新产品开发项目数的74.2%，中部8省规模以上工业企业新产品开发项目数为5.4万项，占比16.5%，而西部地区规模以上工业企业新产品开发项目数仅为3.02万项，占比9.3%，是东部地区的1/8。

表4　2015年我国分区域规模以上工业企业新产品开发项目数

单位：万项，%

地区	新产品开发项目数	全国占比
东部地区	24.21	74.2
中部地区	5.40	16.5
西部地区	3.02	9.3

资料来源：《中国统计年鉴2016》。

二　西部地区资源型经济的困境及成因

（一）西部地区资源型经济困境

虽然资源型经济极大促进了西部地区经济和社会发展，但这种经济模式在今天却不可避免地陷入发展困境。首先，高投入、低效益的增长同时伴随着高消耗、高污染，资源有限性和环境承载力的约束决定了这种增长模式不可持续；其次，随着经济发展和生活水平提高，人们对生存环境的要求越来越高，经济发展理念也开始由经济优先的数量型扩张向生态环境友好的可持续、协调发展转型，传统的资源型经济发展模式难以为继。具体而言，西部地区资源型经济困境主要表现在以下四个方面。

1. 能源消费总量大，资源有限性约束增强

资源型经济的发展必然依靠大量资源的持续投入，因而资源消耗居高不下。如图3所示，2005~2014年十年间，西部地区（西藏除外）能源消费总量（等价值）从 2005 年的 6. 27 亿吨标准煤逐年增加到 2014 年的 11. 85 亿吨标准煤，总量增加将近一倍，除 2013 年稍有下降外，其余年份能源消费总量都在增加，虽然近年来增加量有所降低，但能源消费总量依然巨大，西部地区经济发展对能源需求仍旧很大。

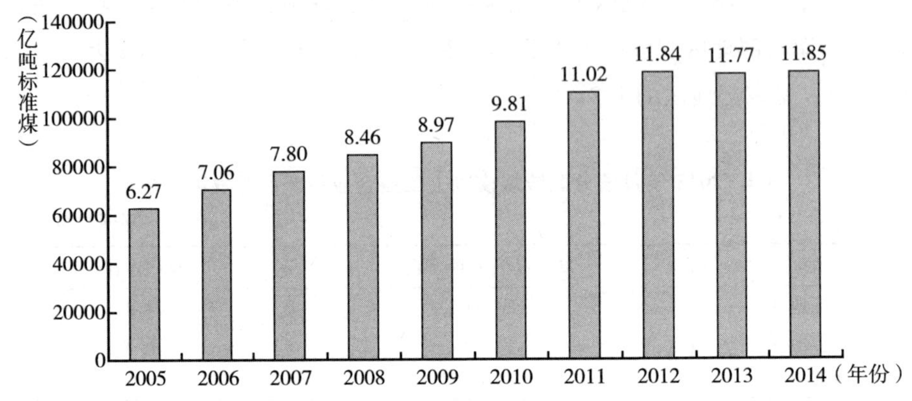

图 3　西部地区能源消费总量（不包括西藏）

除能源消费总量大之外，西部地区能源结构（以等价值计算）也不合理。西部地区能源生产和消费总量构成多以原煤、原油、天然气等传统能源为主，尤其原煤占绝对比例，一次电力即水电、风电、核电及太阳能发电等清洁新能源利用极少。如图 4 所示，由于西藏、重庆数据缺失，广西、贵州、云南指标不同，故选取西部地区甘肃、内蒙古、宁夏、青海、陕西、四川、新疆七省份数据制图。从图 4 中可以看出，2014 年，七省份平均能源生产总量构成中，原煤占 73%，原油和天然气分别占 7% 和 11%，而一次电力仅占 9%。广西能源生产构成为原煤 11. 9%、原油 2. 9%，水电及其他能发电 85. 2%；贵州为原煤 85. 5%、水电 14. 4%；云南为原煤 26. 6%，一次电力 72. 3%。可见，西部地区除广西、云南能源生产结构以一次电力为主外，大多数省份仍以原煤为主。而在能源消费结构方面，除西藏数据缺失外，广西能源消费总量构成为煤炭 52. 8%、石油 16. 7%、水电及其他能发电 25. 7%；贵州为原煤 37. 9%、天然气 1. 3%、电力 37. 1%，其余九省整体能源消费总量中有 60. 8% 为原煤，原油与天然气占 13. 4%、8. 3%，水电、风电及其他能发电仅占 17. 3%（见图 5），由此可看出，西部地区能源消费总量构成中大体以原煤消费为主。

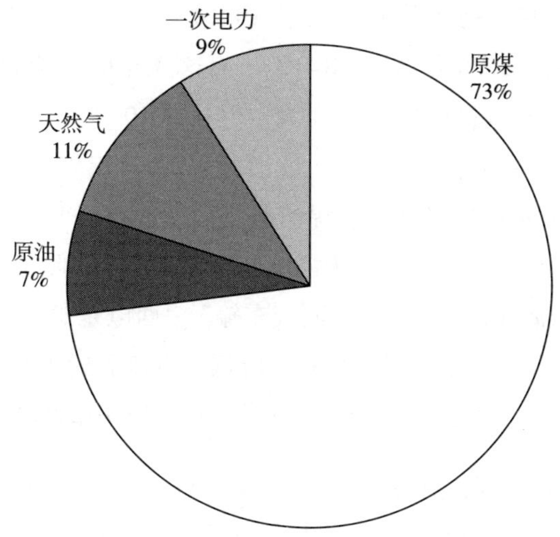

图4　2014年西部地区七省份能源生产总量构成

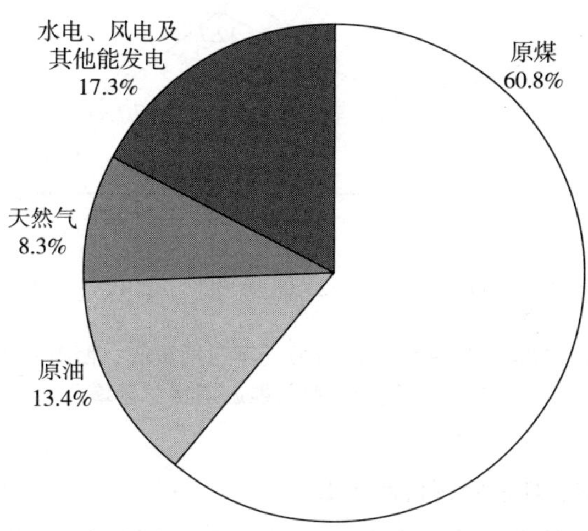

图5　2014年西部地区部分省份能源消费总量构成

资源消费总量大、能源结构不合理等特征使西部地区资源有限性约束增强。近年来，西部地区能源生产总量增速降低，渐渐逼近能源消费总量增速。如图6所示，2006年，西部地区①能源消费总量（等价值）增长率为11.7%，

① 由于重庆、西藏地区能源生产总量数据缺失，因此对比分析时重庆、西藏除外。

略高于能源生产总量（等价值）增长率（11.1%），2006～2008年能源生产总量增长率持续提高，2008年高达18.0%，而这3年间，能源消费总量增速有所降低，与能源生产总量增速差距变大，但从2010年开始，能源生产总量增长速度大幅下降，逼近能源消费总量增速，2013年增长率首次降为负值，2014年能源生产总量增速仅高于能源消费总量增速0.4个百分点。能源生产总量决定能源供给，而且西部地区作为能源储量丰富地区，除了供给本地区生产生活外，还承担着能源输出的角色，“西气东输”“西电东送”等工程需要大量的能源生产量支撑，但能源生产总量增长率降低，直接逼近西部地区能源消费总量增速，西部地区经济发展面临考验，这预示着资源依赖型经济前景严峻。

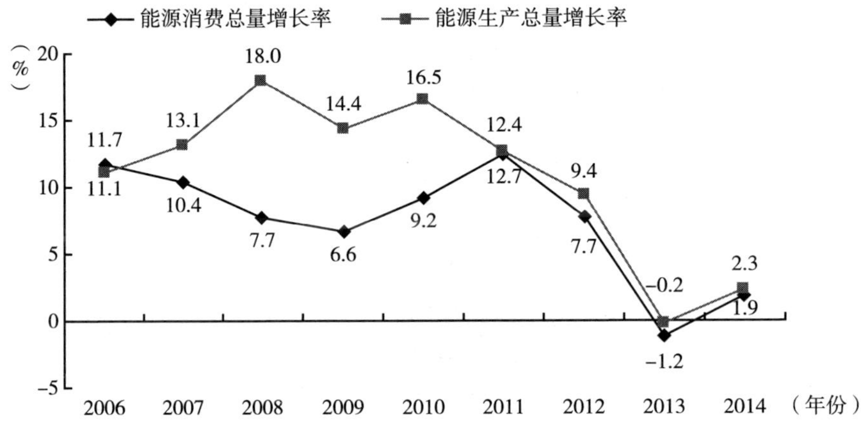

图6　2006～2014年西部地区（不包括重庆、西藏）能源生产总量增长率与能源消费总量增长率

2. 高污染积累，环境问题日益严重

西部地区能源消费总量过大再加上能源结构传统多以原煤、原油、天然气等为主，使得西部地区环境污染严重。近年来，随着能源使用规模的不断扩大，西部地区在能源开采、加工、利用过程中，废气、废水、废物等“三废”排放量也逐年递增，居高不下。西部地区工业废气排放量从2011年的17.64万亿立方米激增至2014年的19.22万亿立方米，废气中主要污染物之一的烟（粉）尘排放量呈上升趋势（见表5、图7），废水排放总量从2011年的128.93亿吨增至2015年的150.52亿吨，废水中的主要污染物化学需氧量、氨氮、总氮排放量呈下降趋势（见图8），一般工业固体废物产生量从2011年的10.65亿吨增至2015年的11.11亿吨。西部地区“三废”排放量占全国总排放量的比例也都在逐年升高，工业废气排放量占全国总排放量比例在2014年达到27.7%，2015年废水排放总量全国占比与一般工业固体废物产生量全国占比分别达到20.5%和34.0%，均为历年最高，说明西部地区环境污染逐年加剧。而且，由于西部地区一般工业固体废物综合利用率一直低于全国该指标水平，使得污染问题逐年累积，日益严重。环境污染的日益严重已经威胁环境承载力，近年来越来越严重的雾霾天气正在向人们发出警告。

表5　2011～2015年西部地区废气、废水、废物排放情况

指标 \ 年份	2011	2012	2013	2014	2015
工业废气排放量(万亿立方米)	17.64	17.48	18.43	19.22	—
工业废气排放量全国占比(%)	26.2	27.5	27.5	27.7	—
废水排放总量(亿吨)	128.93	136.06	139.54	145.70	150.52
废水排放总量全国占比(%)	19.6	19.9	20.1	20.3	20.5
一般工业固体废物产生量(亿吨)	10.65	10.98	10.79	10.95	11.11
一般工业固体废物产生量全国占比(%)	33.0	33.4	32.9	33.6	34.0
西部地区一般工业固体废物综合利用率(%)	55.1	53.4	54.3	56.1	53.0
全国一般工业固体废物综合利用率(%)	60.5	61.5	62.8	62.8	60.8

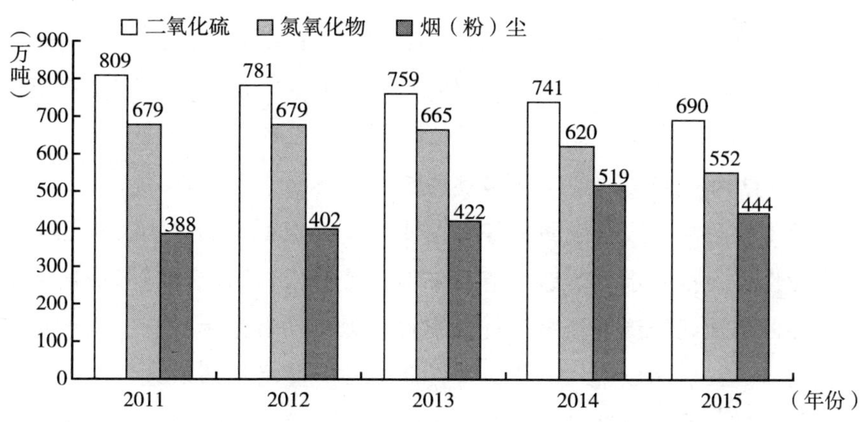

图7　2011～2015年西部地区废气中主要污染物排放情况

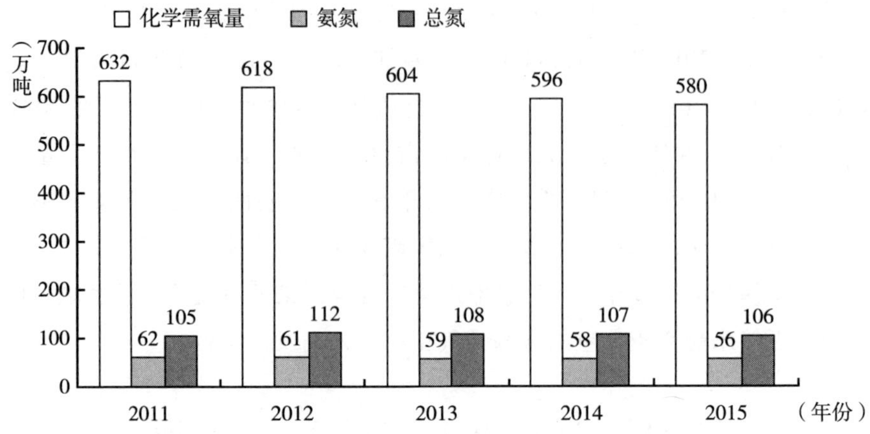

图8　2011～2015 年西部地区废水中主要污染物排放情况

3. 经济增长乏力，GDP 增长率逐年大幅下降

西部地区高度依赖资源的经济增长越发乏力，经济增长速度逐年下降，而且与东中部地区相比降幅较大。如图 9 所示，2010～2015 年（以 2009 年为基期）西部地区 GDP 增长率一直呈下降趋势，从 2010 年的 14.2% 快速降至 2015 年的 8.6%。而通过图 10 比较 2011～2015 年（以 2009 年为基期）我国东、中、西部三大区域 GDP 增长率下降幅度可以得出，西部地区除 2011 年降幅偏小外，2012～2015 年降幅都偏大，尤其 2013 年和 2014 年西部地区 GDP 增长率分别下降了 1.72 个和 1.67 个百分点，为同年我国 GDP 增长率降幅最大的区域，2015 年西部地区增速虽大幅降低，但仍高于东部地区。2015 年虽然我国经济增速整体放缓，但西部地区经济增长降幅依然偏大。

4. 产业结构不合理，第三产业发展滞后

能源工业的高投入、快回报等特点使其生产规模不断扩大，再加上能源工业专业性强，技术水平落后的情况下很难被替代，因此能源工业所属的第二产业在西部地区经济增长中一直扮演着有力拉动者角色。从三次产业贡献率和拉动率看，仍然以第二产业为首，即第二产业增加值对地区生产总值增加的贡献和拉动作用依然是最主要的。如表 6 所示，2014 年，西部地区除贵州第二产业贡献率为 47.7%，第三产业贡献率为 45.9%，二者较为接近外，

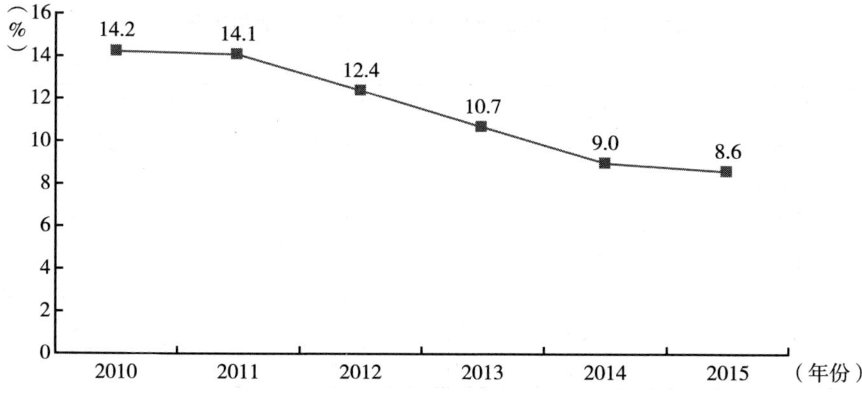

图 9　2010～2015 年西部地区 GDP 增长率变化情况

资料来源：相关年份《中国统计年鉴》。

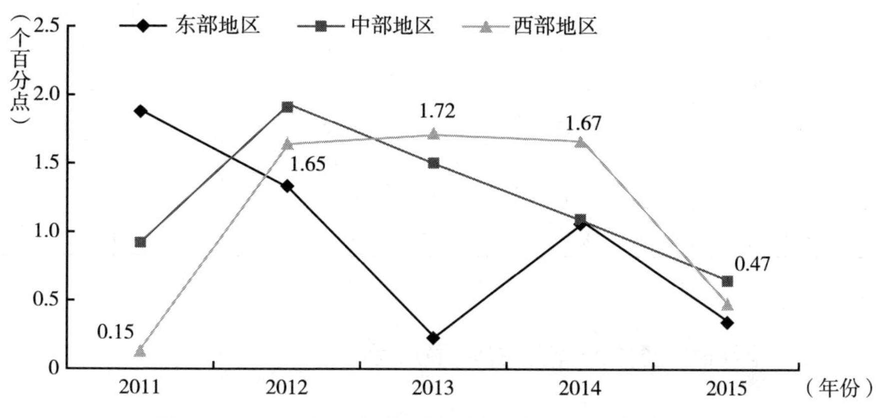

图 10　2011～2015 年我国分区域 GDP 增长率下降幅度

资料来源：相关年份《中国统计年鉴》。

其余省份第二产业贡献率都超过 50%，广西、青海、陕西甚至超过 60%，分别为 60.2%、63.5%、63.3%。根据表 7，2014 年，可获得三次产业贡献率数据的 6 个省份第二产业拉动率在三次产业中都是最高的，陕西第二产业拉动率达 6.1 个百分点，西部地区基本上依赖第二产业实现经济增长。然而随着经济的发展、产业结构的升级，把第二产业作为经济增长主力的产业模式逐渐被淘汰，西部地区这种对能源工业、第二产业依赖过高的资源型经济明显难以维持下去。

表6　2014年西部地区部分省份三次产业贡献率

单位：%

地区	第一产业	第二产业	第三产业
甘肃	7.3	50.7	42.0
广西	6.5	60.2	33.3
贵州	6.4	47.7	45.9
青海	4.6	63.5	31.9
陕西	4.0	63.3	32.7
新疆	10.0	53.5	36.5
重庆	2.7	54.9	42.4

表7　2014年西部地区部分省份三次产业拉动率

单位：个百分点

地区	第一产业	第二产业	第三产业
甘肃	0.65	4.50	3.74
贵州	0.7	5.1	5.0
青海	0.42	5.85	2.94
陕西	0.4	6.1	3.2
新疆	1.0	5.4	3.6
重庆	0.3	6.0	4.6

（二）西部地区资源型经济困境成因

1.经济新常态对资源型经济的冲击

在全球经济下行背景下，全球能源需求增长本就疲软，再加上低碳经济的倡导，传统高碳能源市场需求更受到威胁。而2015年我国经济进入新常态、整体增速放缓，且处于工业型经济向服务型经济转型阶段，我国能源需求增长同样乏力，2015年，中国能源需求量增速仅为1.0%，创近20年最低增速①。2016年全国一次能源消费总量约为41.8亿吨标准煤，同比下降2.5%，尤其原煤消费大幅度下滑，同比下降约14360万吨标准煤，超过原油、天然气、非

① 《1.5%，2015年中国能源消费增幅20年最低》，国际能源网，2016年7月9日。

火电力消费增量总和①。传统能源产业必将因此而受到影响，西部地区作为我国重要的能源供应基地，自然首当其冲。

除了需求端的波动影响外，传统能源行业在供给端也受限制。供给侧改革五大任务之一的去产能首先对准煤炭行业，2016 年初，国务院发布《关于煤炭行业化解过剩产能实现脱困发展的意见》，要求严格控制新增产能，加快淘汰落后产能，有效退出过剩产能，关闭不符合相关要求的煤矿。在政策指示下，西部各省份积极开展去产能工作，西部地区在“十三五”期间计划去产能 26955 万吨，2016 年去产能工作取得明显成效。如表 8 所示，2016 年，西部地区（除西藏外）合计关闭矿井 741 处，共退出煤炭产能 10490 万吨，贵州煤炭去产能达 2376 万吨，位居全国第一，重庆关闭矿井数目达 219 处。去产能工作的开展对能源结构以煤炭为主的西部地区能源行业造成极大冲击。

无论从需求端还是供给端来看，在当前经济形势下，以能源资源消耗带动经济增长的模式已经困难重重，难以为继。

表 8　2016 年西部地区去产能情况

地区	关闭矿井数目(处)	退出煤炭产能(万吨)	“十三五”规划去产能(万吨)
贵州	147	2376	7000
内蒙古	10	330	5414
陕西	42	1824	4706
四川	144	1983	3303
重庆	219	1300	2300
云南	121	1856	2088
甘肃	13	192	991
广西	12	227	473
新疆	21	274	282
青海	4	21	276
宁夏	8	107	122
西部地区合计	741	10490	26955

资料来源：《2016 年全国各地关闭退出煤炭产能情况：贵州仍居第一》，中商情报网，2016 年 12 月 7 日；新疆数据来自《新疆全面超额完成 2016 年度煤炭去产能目标任务》，亚心网，2016 年 10 月 28 日。

① 《2016 年国内能源市场回顾及 2017 年展望》，国际能源网，2017 年 2 月 16 日。

2. 不利的区域分工格局制约了西部地区的经济发展

一直以来，由于先天资源优势，西部地区在我国三大区域垂直型分工格局中扮演初级产品和中间产品供应者角色。西部地区利用丰富的资源，生产出初级产品和中间产品，由于产品附加价值不高，只能低价输送至东中部地区，利润流入较少。中东部地区经过产品深加工，加入高附加价值，制成最终产品，而西部地区又有消费这些最终产品的需求，只能再高价购入最终产品。西部地区这种输出初级产品和中间产品、输入最终产品的分工角色造成双重利润流失。虽然角色分工依据西部地区的要素禀赋而定，却使西部地区一直处于我国产业价值链的低端，严重制约了西部地区经济发展，使西部地区经济实力远落后于东中部地区，且与东中部地区差距越来越大。显然西部地区在这种分工格局中，无法通过技术和资本积累提升自我发展能力，这种低端锁定的产业状况决定其并不具备良好的发展前景，因而西部地区资源型经济发展陷入难以持续的困境。西部地区要摆脱这种被动落后状态，必须扭转不利的分工体系，向产业链两端延伸，与中东部地区形成平等、互补、互惠的分工新格局。

3. 创新能力不足，缺乏永久性增长动力

丰富的资源是一种财富，但同样也是一柄双刃剑，“资源诅咒”会使自然资源对其他要素产生挤出效应，如人力资本、技术进步等要素，从而导致创新不足，对经济增长产生负面影响。就人力资本而言，产业链条短、产品附加价值低的资源行业对人力资本要求不高，因此，资源型经济中人力资本水平普遍较低，缺乏创新能力。就技术进步而言，由于资源型经济特征，规模经济在短期内见效更快，因此，西部地区内部更偏向于用规模扩张代替技术研发，追求可见性经济增长，故而不重视技术进步，对技术创新投入不够，限制了创新能力的培养。实践证明，创新是经济增长最关键的推动力，比自然资源更为有效，可以说创新是经济增长的永久性动力。根据熊彼特创新理论，创新有五种形式，分别为原材料创新、技术创新、产品创新、组织创新、市场创新。而西部地区的困境完全可以通过创新来解决。通过原材料创新寻找新的更为环保的清洁能源，为生产生活提供新的原动力；通过技术创新，提高能源利用效率，节约能源资源，减轻污染物排放；通过产品创新，形成新的行业产业；通过组织创新，改变资源配置形式，释放经济主体活力；通过市场创新，扩大经济活动范围，增强市场多样性。可以说正是因为西部地区创新不足才导致资源与环境约束增强、产业结构难以升级，从而使经济发展陷入难以为继的困境。

从2015年我国分地区专利申请和受理情况看，西部地区发明、实用新型、外观设计三种专利申请数和授权数是最少的，申请数39.10万件，仅占我国三种专利申请总数的14.9%，而东部地区则占68.5%。专利授权数西部地区有20.10万件，只占我国三种专利授权总数的12.7%，而东部地区占71.9%，这一定程度上反映出西部地区创新水平相当落后，与东部地区差距悬殊（见表9）。

表9　2015年我国分地区发明、实用新型、外观设计三种专利申请和受理情况

单位：万件，%

地区	申请数		授权数	
	数量	全国占比	数量	全国占比
东部地区	179.35	68.5	113.55	71.9
中部地区	43.21	16.5	24.17	15.3
西部地区	39.10	14.9	20.10	12.7

三　西部地区资源型经济转型目标及路径选择

（一）西部地区资源型经济转型目标

西部地区资源型经济以高消耗、高排放、高污染、低产出为特征的增长模式虽然获得快速增长，但也付出了高昂的成本。这种以牺牲环境为代价的低效率增长模式已无法继续，迫切需要转型。由于西部地区既是我国经济发展落后的地区，也是资源富集区和生态环境脆弱区，经济发展和生态环境之间的矛盾异常尖锐，不可持续问题尤为突出。因此，西部地区资源型经济转型必须树立生态文明理念，以绿色经济发展为目标，推动经济发展战略和经济政策由经济优先的数量型扩张向生态环境友好的可持续、协调发展转型。绿色经济发展目标的实现，主要依赖于生产要素质量的提升、资源配置效率的提升以及资源利用效率的提升，由此突破资源环境限制，促进经济增长。生产要素质量的提升表现在，一方面，清洁绿色能源开发利用增多，使传统能源结构升级，从源头

上减少污染；另一方面，知识、技术等无形资源利用增多，能有效节约稀缺资源。资源配置效率的提升表现在行政壁垒减少，生产要素自由流通，交易成本降低，因资源低效率配置而造成资源浪费的现象得到改善。资源利用效率提升表现在低碳经济、循环经济有所发展，能源利用技术改进或革新加快，污染处理和废物回收再利用技术改进，污染物排放减少等。

（二）西部地区资源型经济转型路径选择

经济发展从来都是依靠产业支撑，由于西部地区资源型经济产业构成较为单一，传统资源产业比重大，因此，西部地区资源型经济绿色发展转型首先必须关注传统资源产业的改造升级，使传统产业实现绿色发展，此外要着力培育和发展符合绿色发展理念的新产业，以逐步减少对资源产业的依赖。具体而言，西部地区资源型经济绿色发展转型可以通过改造升级传统资源型产业和培育壮大绿色新兴主导产业路径来实现。

1. 传统资源型产业的绿色改造升级

第一，整合资源，去除过剩产能。西部地区对资源产业的依赖也造成了低水平的重复建设，资源浪费严重，尤其是煤炭、钢铁等行业，改造传统资源产业必须首先清理过剩产能，进行资源整合，停止重复建设，杜绝资源浪费。

第二，开发利用清洁能源，促使能源结构升级。注重对清洁新能源的开发利用，进行能源基地建设，促进能源结构升级，以清洁能源作为生产生活的热力电力来源，发展新型资源产业，从源头减少污染。

第三，产业链延伸，提高产品附加值。进行深度勘察、精细开发，改进生产工艺，促进能源产品深加工，尽可能纵向延伸和横向拓宽产业链，提高产品附加值。

2. 绿色新兴主导产业的培育和壮大

第一，大力发展服务业。服务业具有资源消耗少、环境污染小等特点，其壮大将直接减少对资源产业的依赖，有利于缓解资源环境压力；服务业劳动力需求较大，可以解决大量就业问题；服务业与网络信息技术息息相关，是未来经济发展的潜力所在，必须大力发展服务业来优化西部地区产业结构，促进西部地区向绿色发展转型。

第二，支持高新技术产业发展。高新技术产业一般产品附加价值高，市场份额大，发展前景较好，但对人力资本及技术水平要求极高。西部地区长期依赖低附加值的能源工业，人力资本水平普遍不高，技术水平十分落后，严重制约绿色新兴产业的产生和发展，因此，西部地区应加大政策和资金支持力度，促进高新技术产业发展。

第三，以绿色发展理念为导向筛选培育支柱产业。西部地区资源型经济转型需要培育新支柱产业，支柱产业的选择必须符合绿色发展理念，包括承接东中部转移的产业也要有选择承接。对于资源依赖程度低、环境污染小甚至可以创造新资源、改善环境污染的节能环保产业应有意培育，使其发展成支柱产业，发展绿色循环经济。

四 西部地区资源型经济转型制约因素

（一）转型成本高昂，转型动力不强

资源型经济转型意味着要改变以资源能源为主要增长动力的经济增长模式，即要改变能源工业为主导的经济结构，虽不至于完全停止资源利用，退出整个能源行业，但一定程度上会控制资源利用量，去除过剩产能，整合能源行业规模，以优化能源结构和产业结构。但这些都需要支付高昂的成本，包括机会成本、沉没成本、失业成本以及安置成本。机会成本指放弃部分资源利用而可能获得的收益；沉没成本指缩减部分已经投入能源行业无法收回的固定资产价值；失业成本即因整合行业规模而造成失业所减少的财政收入以及 GDP；安置成本指为帮助退出人员维持基本生活水平以及成功转岗所需要的安置资金。

以陕西省为例，2015 年，陕西省主要矿产保有量还很丰富，煤的保有储量达到 1610.41 亿吨，石油剩余可采储量 38445.30 万吨，天然气剩余可采储量 7587.10 亿立方米，除此之外，岩金、沙金、石灰岩铁等矿产资源也很丰富，其中要被限制的部分所创造的收益就构成转型的机会成本（见表 10）。

从 2011 ~2015 年能源工业固定资产投资来看，西部地区每年都有大量固定资产投资进入能源行业，基本占西部地区总固定资产投资的 10% 以上，这些固定资产投资部分在去产能中因无法收回而成为转型的沉没成本（见表 11）。

表 10　2015 年陕西省主要矿产保有储量

矿产	保有储量	矿产	保有储量
钠盐(亿吨)	8860. 81	沙金(金属吨)	14. 81
煤(亿吨)	1610. 41	伴生金(金属吨)	4. 36
石油(剩余可采储量)(万吨)	38445. 30	水泥用石灰岩(矿石亿吨)	77. 37
天然气(剩余可采储量)(亿立方米)	7587. 10	玻璃用石英岩(矿石亿吨)	1. 89
岩金(金属吨)	402. 41	铁(矿石亿吨)	7. 82

资料来源:《陕西省统计年鉴 2016》。

表 11　2011 ~2015 年能源工业固定资产投资情况

指标　年份	2011	2012	2013	2014	2015
能源工业固定资产投资(不含农户)(亿元)	9394. 1	10301. 1	12648. 1	14039. 1	13987. 9715
占固定资产投资比重(不含农户)(%)	13. 5	11. 9	11. 9	11. 1	10. 2

资料来源:相关年份《中国统计年鉴》。

除机会成本、沉没成本外，资源型经济的转型还会因企业退出资源型行业而产生大量失业成本及安置成本。一方面，退出资源型行业会使就业人员减少，进而使 GDP 和财政收入减少，形成失业成本；另一方面，为使整合工作顺利进行，维持经济、社会稳定，相关部门就不得不考虑退出人员的生计和转岗问题，支付一笔安置成本。2016 年，中央财政安排资金规模为两年 1000 亿元的专项奖补资金，重点用于去产能下岗职工分流安置①，而西部地区本以能源资源为经济支撑，去产能任务更加繁重，需要大量安置成本，例如仅陕西韩城就拿出一亿专项资金用于职业技能培训补贴、分流人员创业培训和贷款贴息、购买服务岗位以及社会保险补贴来安置去产能下岗职工②。

上述机会成本、沉没成本、失业成本以及安置成本共同构成西部地区资源型经济的转型成本，高昂的转型成本首先成为经济转型的制约因素。

① 《中央设工业企业调整专项奖补资金　规模两年 1000 亿》，中国新闻网，2016 年 2 月 25 日。
② 《陕西韩城拿出一亿专项资金安置去产能下岗职工》，中青在线，2016 年 9 月 13 日。

（二）民营经济发展滞后，转型缺少主体支撑

民营经济是现代市场经济的一个重要组成部分，是市场主体之一。民营经济产权明晰的特点使其具有较强的激励机制，在市场竞争压力下，更具活力，对于促进经济增长发挥着重要作用。西部地区资源型经济转型成功与否，与民营经济发展密切相关。由于西部地区民营经济发展滞后，使经济转型缺乏市场主体支撑，转型推进困难。私营企业是民营经济主要成分之一，根据表12，西部地区私营企业单位数共141.79万个，仅占全国私营企业单位总数16.38%，与私营企业单位数全国占比65.67%的东部地区相差甚远。民营经济发展滞后成为西部地区资源型经济转型的主要障碍之一：首先，资源型经济转型会使大量人员从该行业退出，民营经济因发展滞后而不能充分吸纳这些人员，导致失业大量增加，影响社会稳定；其次，民营经济发展滞后不能为经济转型提供宽松的操作空间。由于无法及时为转型经济提供新的增长动力，因经济增速下降而导致的收入下降和失业率上升，使转型阻力增大；最后，民营经济发展滞后抑制了研发、创新和绿色新兴产业产生和发展。

表12　2015年我国分区域私营企业单位数及全国占比

单位：万个，%

地区	私营企业单位数	全国占比
东部地区	568.46	65.67
中部地区	155.40	17.95
西部地区	141.79	16.38

资料来源：《中国统计年鉴2016》。

（三）科研投入不足，研发活动缺乏资金支持

西部地区一直以来技术都比较落后，多模仿而少创新，原因在于其创新能力匮乏。由于经济发展落后，资金短缺，西部地区科研投入不足，研发活动缺乏资金支持，制约创新能力的提升和技术进步。从2015年我国分区域科研情况看，西部地区R&D经费为1011.32亿元，占全国的10.1%；R&D项目数为2.99万件，仅占全国的9.6%，而东部地区这两项指标均占全国70%以上，西

部地区无论经费投入还是项目产生量都远低于东部地区（见表13）。从西部地区内部各省份2015年科研情况及全国排名看，西部地区内部各省份普遍面临R&D经费不足问题，R&D项目数在西部地区居首位的内蒙古全国排名第3，但其R&D经费仅排全国第19位，西部各省除贵州外均与内蒙古一样存在R&D经费排名明显不及R&D项目数排名的情况（见表14）。创新属于高风险活动，科研投入不足不仅会造成科研项目难以进行下去，还会降低科研人员创新热情，对西部地区资源型经济转型产生不利影响。

表13　2015年我国分区域科研情况

地区	R&D经费		R&D项目数(项)	
	数额(亿元)	全国占比(%)	数量(万件)	全国占比(%)
东部地区	7129.25	71.2	22.71	73.3
中部地区	1873.37	18.7	5.29	17.1
西部地区	1011.32	10.1	2.99	9.6

资料来源：《中国统计年鉴2016》。

表14　2015年西部地区内部各省份科研情况及全国排名

单位：项，亿元

地区	R&D项目数	全国排名	R&D经费	全国排名
内蒙古	37375	3	118.63	19
四　川	30778	4	223.81	15
重　庆	11764	6	199.66	16
陕　西	8647	10	172.58	17
广　西	6609	14	76.92	23
新　疆	4054	18	36.62	27
甘　肃	3017	20	48.61	25
云　南	1619	25	61.96	24
宁　夏	1572	26	20.05	28
青　海	1125	27	6.50	30
西　藏	972	28	0.26	31
贵　州	21	31	45.73	26

（四）体制机制不完善，转型缺乏制度保障

西部地区地处我国内陆，计划色彩较中东部地区浓厚，加上煤、石油、天

然气等资源多属国家控制，市场机制在西部地区不能广泛运作，市场化水平不高，市场配置资源作用得不到有效发挥，产生了许多弊端，要素的价格被人为地扭曲，不能真实反映供求关系，低水平的重复建设浪费大量资源。

由于体制改革不彻底，规范的市场经济体系未建立起来，政府越位、错位、缺位现象普遍存在，无法为经济转型提供有效的制度保障。根据沃森的“后发劣势”观点，落后国家可以通过模仿追赶发达国家。模仿分为制度模仿和技术模仿两种方式，模仿制度难而模仿技术易。一般情况下，后发国家大多采取技术模仿方式以谋求短期内快速发展，而缺乏从根本上进行制度变革的动力。但没有基础性制度保障，技术模仿也难以持久，更不可能实现超越，长此以往，反而会更落后。西部地区作为落后地区同样会有后发劣势制约其经济转型，一方面不能有效支持西部地区进行技术超越，另一方面阻碍诱致性制度变迁。

（五）意识观念落后，难以主动转型

意识观念决定各经济主体行为方式，无论政府、企业或是消费者，作为独立经济主体，都按其自己的意愿行事，如果意识观念落后，无法接受新理念，就会成为经济转型的巨大阻力。西部地区资源型经济增长模式根深蒂固，人们的意识观念也已经牢固树立，而这种意识观念一旦形成就极难改变，天生的惰性和后天形成的惯性使人们更加愿意奉行这种模式不作改变，除非政策要求而被迫改变或者在少数拥有先进思想的领导者带领下尝试改变。即使如此，人们有时仍会坚持固有观念而阻碍自上而下的转型政策的施行，导致政策失去应有效力，经济发展依然沿袭原有路径，经济转型无法获得成功。西部地区资源型经济转型要想成功必须致力于转变人们固有的意识观念，消除这一障碍。

五　西部地区资源型经济转型对策

（一）抓住供给侧改革与“一带一路”建设机遇，积极化解过剩产能

新常态背景下，供给侧改革要求积极化解过剩产能，全面提高全要素生产率。资源型经济转型与供给侧改革目标一致，供给侧改革的推进为西部地区资

源型经济转型提供了契机。西部地区应积极响应政策号召，化解煤炭、钢铁行业过剩产能，加快淘汰落后产能，对于经济效益较低甚至亏损的企业采取兼并重组破产清算，并尽可能地多兼并重组少破产清算，发挥规模效益；对于不合法规的企业予以取缔，尽快将资金设备转移至新兴产业，避免低水平重复建设和资源浪费。

西部地区资源型经济转型同时要紧抓“一带一路”发展机遇，加快丝绸之路经济带能源外输通道建设，全面构建对外开放平台，借助区位优势，加强与中亚、南亚、西亚等国家联系，促进能源战略合作，以外部需求化解内部需求危机，将过剩产能转移至国外市场。

（二）着力提升创新能力和人力资本水平，为转型提供基本要素支持

着力提升创新能力，包括加大科研经费投入，鼓励跨区域跨行业合作和科研院所入驻西部，共建产业园区，进行产业交流，学习先进技术及管理经验；开辟国家级高新技术产业开发区，继续推进陇东、宁东、准东、川东北等能源化工基地建设，加快建设新疆、酒泉、蒙西、蒙东四大风电基地以及各种新型清洁能源基地等；各经济主体要转变观念、主动创新，包括建立产业技术创新联盟、构建产学研用联动机制，加强高校与企业的联系，增强科研成果实用性，加快科研成果转化等。

着力提升人力资本水平，加强各高校之间联系，互通有无，共同进步；加大人力资本投资，注重高精尖人才培养，引进优秀人才，带动当地潜在人才成长，或者选派西部表现突出的人员前往中央政府部门学习，提高业务水平；广泛提高群众素质，对受教育程度较低的群众可以进行专项技能训练，全面提高人力资本水平。

（三）进一步深化体制改革，为经济转型提供制度保障

西部地区资源型经济绿色发展转型需要有力的制度保障，为此应进一步深化体制改革。首先，要理清市场经济条件下政府和市场的关系，规范政府职能，发挥市场在资源配置中的决定性作用。深化行政审批制度改革，推动政府职能转变，为企业生产经营及创新活动创造宽松环境；深化国有企业改革，完

善各类国有资产管理体制；完善市场规制，维护市场秩序，解决信息不完全和外部性等市场失灵问题。其次，建立绿色考核体系和监督激励制度。将环境保护指标纳入考核体系，改变“单纯以 GDP 论英雄”的政绩考核制度，对环境问题严重地区适当降低经济增长要求，鼓励改善生态环境，加大对滥用职权人员的惩罚力度，打击以权谋私、不顾环保的违法犯罪行为。

（四）改革财税体制，培育健康经济主体

通过财税体制改革解决企业高成本问题并避免企业对资源环境的过度利用，培育健康经济主体。一方面，释放民营经济活力，鼓励服务业发展，减轻企业税赋，降低企业成本，对符合绿色发展理念并具有发展前景的企业给予财税优惠，解决企业的后顾之忧；另一方面，合理征收资源税，严格控制排污许可证数量并促进排污权交易，加大对违规排污行为处罚力度，加速资源环境外部成本内部化，加大对企业资源消耗和环境污染的限制。

（五）完善金融体制，为转型提供有效金融支持

尽快完善各项金融制度，为资源型经济转型提供有效金融支持。首先，金融应加大对中小企业支持力度，为经济转型培育良好市场主体。在严格监管和科学评估基础上，降低中小企业准入门槛，提高担保额度，促进企业良性发展；其次，对信息技术、高端装备、新材料、新能源、生物医药等产业提供有力资金支持，培育和壮大绿色新兴产业，为西部地区资源型经济转型提供新的增长动力；再次，对传统资源型产业升级改造加大资金支持力度，实现传统资源型产业转型和绿色发展。

（六）引导意识观念转变，培养绿色发展理念

积极引导意识观念转变，一是向环保转变，二是向创新转变，培养绿色发展理念。可以通过开展讲座、做好宣传、加强思想教育等形式引导意识观念转变。向环保转型，要强调环保重要性，引导群众树立环保意识，主动改变高消耗、高污染生产、生活方式，把低碳与可持续发展理念贯彻应用至各项事宜。向创新转型，贯彻只有创新才是经济增长不竭动力的新思想，鼓励支持追求创新、敢于创新、坚持创新的精神与行动。

（七）落实专项资金，做好政策托底

落实中央专项奖补资金，加大地方保障资金扶持力度，为资源型经济转型做好政策托底。一方面，把安置资金用好、用实，多渠道分流安置下岗职工，对于具有适宜工作岗位劳动技能的人员进行企业内部调剂，对于缺乏实用劳动技能的人员进行相应就业培训，对于有创业意向的人员提供创业指导和资金帮助，对于大龄就业困难人员设置公益性岗位；另一方面，加大扶贫力度，做好社会保障。西部贫困地区较多，要做好定点扶贫工作，达到精准扶贫、有效扶贫，同时把符合条件的下岗职工及时纳入社会救助范围，为其提供基本生活保障。

社会发展

Social Develoment

B.6

西部地区农村反贫困报告*

孙 倩 徐璋勇**

摘 要： 西部地区由于地理位置、民族问题、生态环境和历史原因等导致其贫困人口众多，是我国反贫困主战场。“十二五”以来，西部地区在农村反贫困方面做了大量工作，并取得显著成效，贫困人口大幅减少，扶贫对象可支配收入和人均消费逐年增加，贫困地区医疗卫生条件得到极大改善，农户生活水平稳步提升。但是，西部地区还存在部分地区脱贫任务艰巨、教育基础设施薄弱、财政扶贫资金使用效率下降、自然灾害频发等问题。对此，西部地区在今后反贫困过程中应精

* 此报告为教育部人文社会科学重点研究基地重大项目“丝绸之路经济带战略背景下西部地区金融资源配置效率提升研究”（16JJD790048）阶段性研究成果之一。

** 孙倩，西北大学中国西部经济发展研究中心博士研究生，陕西警官职业学院社会管理系讲师，主要研究方向：金融扶贫；徐璋勇，西北大学中国西部经济发展研究中心副主任，教授，博士生导师，主要研究方向：农村金融改革与发展。

准界定贫困对象，有针对性地选择反贫困手段，不断提高反贫困资金使用效率，高效利用金融反贫困机制，充分发挥社会保障机制的反贫困作用。

关键词： 西部地区 农村反贫困 反贫困成效 问题与对策

“贫困”是制约世界经济发展和社会稳定的重要因素之一。一些经济学家不无忧虑地指出：贫困是滋生一切罪恶的温床，缩小贫富差距、消除贫困是人类社会共同的责任。

新中国成立以来，中国的反贫困工作取得举世瞩目的成绩。按照世界银行贫困线标准，中国农村贫困人口从 1978 年的 2.6 亿逐年下降，截至 2015 年底，农村贫困人口数量降至 5575 万。尽管如此，我国的反贫困任务仍然艰巨，尤其是西部地区（包括重庆、四川、贵州、云南、西藏、陕西、甘肃、青海、宁夏、新疆、内蒙古和广西等 12 个省区市），截止到 2015 年，西部地区尚有国家扶贫重点县 449 个（占全国扶贫重点县 67.5%），尚有农村贫困人口 2914 万（占全国农村贫困人口的 50% 以上）。因此，总结西部地区反贫困经验，掌握西部地区反贫困成效，找寻西部地区反贫困过程中存在的问题，探索西部可持续的反贫困之路，对于西部地区综合发展具有重要意义。

一 “十二五”期间西部地区农村反贫困主要措施

“十二五”期间，西部地区在多方资金投入基础上，通过多路径的反贫困措施和多模式的专项扶贫政策，进行了积极的反贫困探索。

（一）多方投入的反贫困资金供给

“十二五”期间，西部地区在各级政府财政投入基础上，积极引入社会各界资金，这些资金共同为反贫困工作提供了基础支持。

1. 各级政府财政投入不断增加

“十二五”期间，各级政府通过设立财政专项资金（包括财政扶贫资金、以工代赈资金、老区发展资金、少数民族资金和项目管理费等）为西部地区反贫困工作投入大量财政资金（见表1）。

表1　西部各省份省级以上财政扶贫资金投入

单位：亿元

年份	重庆	四川	贵州	云南	西藏	陕西	甘肃	青海	宁夏	新疆	内蒙古	广西
2011	14.11	—	—	33.05	25.4	20	21.95	9.28	8.89	17.62	12.89	—
2012	23	52.99	42.89	42.11	13.35	24.5	27.61	13.92	9.86	27.85	18	14.85
2013	15.6	44.69	37.78	50.24	21.21	27.57	33.35	16.93	—	30.94	20.7	22.98
2014	33.64	46.26	64.7	57.78	15.19	31.9	57.19	21.35	—	37.5	32.99	26.1
2015	40.1	51.6	52.56	61.12	16.75	29.78	61.89	17.02	—	45.37	33.9	31.9
合计	126.45	—	—	244.3	91.9	133.75	201.99	78.5	—	159.28	118.48	—

资料来源：相关年份《中国扶贫开发年鉴》。

这些财政资金的投入为改善贫困地区生产和生活条件、提高贫困人口生活质量和综合素质、支持贫困地区发展经济和社会事业提供了基础保障。

2. 东部地区向西部投入援助资金不断增多

“十二五”期间，东西扶贫协作工作力度进一步加大，东部地区对西部地区投入的政府援助资金和社会捐助资金不断增多（见表2），这些资金主要用于道路建设、产业开发、文化教育、医疗卫生、援建卫生院和养老院、资助贫困学生等方面。

表2　“十二五”期间东部向西部投入的援助资金规模

单位：亿元

年份	2011	2012	2013	2014	2015
财政援助资金规模	8.47	8.72	11.81	13.38	14.51
社会捐助资金规模	1.04	1.62	1.5	1.07	0.75

资料来源：相关年份《中国扶贫开发年鉴》。

从西部省份来看，2015年，共有六个省份得到东部地区超过1亿元的政府援助资金支持，分别是云南省（3.99亿元）、贵州省（3.41亿元）、四川省（1.8亿元）、甘肃省（1.19亿元）、宁夏回族自治区（1.18亿元）和内蒙古自治区（1.09亿元）。

从财政援助资金投入来看，2015 年提供政府援助资金最多的是上海市（4.57 亿元），第二位是浙江省（1.6 亿元），第三位是福建省（1.18 亿元）。

从社会捐助资金投入看，2015 年社会捐助资金最多的是上海市（0.24 亿元），其次是广东省（0.11 亿元）。

3. 其他扶贫资金投入趋于多样化

除了各级政府的资金投入、东部地区对西部地区的资金投入外，其他各种资金投入形式趋于多样化，包括：行业扶贫资金投入、定点扶贫资金投入、社会组织扶贫资金投入、外资投入和个人投入等。例如：2013 年 35 个国家机关和单位为甘肃省 43 个贫困县直接投入资金 9970.3 万元；2014 年世界银行五期扶贫项目对陕西投资 2.94 亿元，在 209 个项目村注册建成社区发展资金互助社，吸纳社员 9843 户，向 1710 户社员提供贷款合计 595.12 万元等。

（二）多路径反贫困策略

贫困问题的形成具有一定的复杂性，因此，在反贫困路径选择方面，应针对不同地区不同特点采取不同的反贫困策略。“十二五”期间，西部地区主要采用以下策略。

1. 加快基础设施建设改善贫困地区发展条件

贫困地区基础设施薄弱是制约当地经济发展、贫困人口脱贫的重要因素，因此对基础设施不够完善的贫困地区进行基础设施建设是反贫困的重要工作，也是反贫困的初级路径。“十二五”期间，西部地区投入大量资金进行基础设施建设，为贫困地区后续发展提供了基本保障。其中，甘肃、青海等省份针对自身基础设施薄弱的特点，在基础设施建设方面完成大量工作。

“十二五”期间，甘肃省在农村道路修筑、农田改良、农田灌溉、河堤治理、饮水安全、农电改造、农村危房改造等方面成绩显著。例如：2013 年，拓宽砂化道路 780 千米，修砂化道路 1493 千米，硬化道路 1226 千米，修便民桥 103 座，涵洞 22 个；新修梯田 17.06 亩；建成集雨节灌水窖（井）903 眼，衬砌渠道 507 千米，小型提灌工程 35 处，塘坝 17 个；治理河堤 66 千米；完成人饮工程 206 处，人饮水窖 200 眼。2015 年甘肃再投入 80.81 亿元完成建制村通畅工程 11025 千米；投入 199.99 亿元解决农村人口安全饮水问题；投资 23.72 亿元进行农村电网改造升级；投入 16.42 亿元进行农村危房改造。

“十二五”期间，青海省在村道路修建、经济林建设、省级技术转化研发平台等方面成绩显著。例如：2014 年，青海投资 46 亿元，建设村道公路、便民桥梁；投资 5 亿元改扩建县级汽车站、乡镇站；投资 4.76 亿元，解决 27.66 万人的饮水安全问题；投资 9.25 亿元，解决 1.27 万户、5.07 万无电人口用电问题；投资 1.05 亿元，建设经济林 15.63 万亩；建设 9 个省级产业技术转化研发平台；投资 7.66 亿元，实施“1020”科技支撑工程项目。

2. 通过产业扶持开发建立贫困地区造血机制

产业开发扶贫是指贫困地区在国家或地区政府扶持下，借助市场力量，利用其自然资源和劳动力资源优势，将贫困农户纳入生产、流通领域，进而增强贫困地区和贫困户自我积累和自我发展能力。贫困地区的产业发展是当地经济可持续发展的重要保障，是贫困地区脱贫的核心手段，是培育贫困地区造血能力的重要机制。

“十二五”期间，西部各省份根据自身特点，进一步发展本省（区、市）特色产业，惠及贫困户和贫困人口的数量也进一步增加。

例如：青海省具有自然风光秀美、藏药资源丰富、高原动物种类繁多等特点，因此，“十二五”期间，其产业扶持政策重点是支持贫困农牧民发展经济林果、蔬菜、中藏药材等特色种植业，牦牛、藏羊、獭兔等生态畜牧业，特色文化旅游业和绿色农畜产品加工产业。贵州省通过命名龙头企业、农民合作经济示范组织、现代高效农业扶贫示范园区重点发展特色农作物种植业、草地生态畜牧业等；通过打造命名省级乡村旅游扶贫重点县和乡村旅游“小康寨”来发展旅游业。西藏主要通过落实产业扶贫开发项目（734 个）、扶持龙头企业（6 家）、培育农牧民经济合作组织（161 家）等手段带动贫困户共同致富。甘肃在加大对贫困地区龙头企业、专业合作社和产业大户扶持力度的基础上，将电子商务同扶贫结合，鼓励贫困地区开办网店（截至 2014 年末已达 3 万家）。陕西省在 20 个县开展资产收益精准扶贫试点，委托省供销集团入股涉农龙头企业，带动特色产业发展。

3. 通过金融扶持助力贫困地区脱贫

贫困地区资金匮乏是不争的事实。贫困地区除了依赖有限的财政专项扶持资金外，还积极利用金融资金这一潜力巨大的资金来源，金融资金也是贫困地区产业发展的重要保障。“十二五”期间，西部各省份都在积极探索金融扶贫路径，其扶贫贷款也在逐年增加。

2014 年，广西扶贫小额信贷奖补试点县由 10 个扩大到 20 个，扶贫龙头企业获得扶贫项目贷款 19.6 亿元，贫困户获得小额贷款 7.84 亿元；贫困村互助金项目增加到 510 个，互助金总规模达到 9814 万元；此外，广西贫困片区农村扶贫试点示范项目被列入世界银行贷款 2015～2017 年规划备选项目，贷款额度 1 亿美元。重庆市组建村级互助社 1327 个，资金规模总量达到 3.1 亿元，入社农户达 13.1 万户，其中，贫困户 5 万余户。累计发放借贷 5.2 亿元，累计还款 5.1 亿元。贵州扶贫龙头企业获得贴息贷款融资 17 亿元，贫困农户获得小额贷款 78 亿元。西藏发放扶贫小额贷款 180.13 亿元（同比增长 94.03%），其中农户获得 87 亿元，惠及全区 95% 农牧户，受益户户均增收 4000 多元。青海投入资金 1 亿元作为风险质押金，引导金融部门以 1∶5 的比例发放贷款，安排 5000 万元资金对基准利率全额贴息，共落实贷款 7.1 亿元；此外，中和农信项目管理有限公司投入资金 1.8 亿元，在省内 9 县开展免抵押、免担保、不以营利为目的的小额贷款工作。

2015 年，内蒙古实施金融扶贫富民工程，累计发放扶贫贷款 154.56 亿元，其中直接到户贷款 134.29 亿元；广西发放扶贫小额贷款 17.08 亿元，同时继续推进金融扶贫“百千万工程”，175 家扶贫龙头企业、805 家扶贫农民专业合作社被纳入支持范围；四川 15.3 万户建档立卡贫困户获得扶贫小额信贷资金合计 25.2 亿元等。

4. 通过教育培训工作开展阻断贫困代际传递

国内外相关研究给出了很多阻断贫困代际传递的方法，包括增进儿童和母亲健康和营养、放宽深化教育政策、支持资产积累和资产的公平转移、应对歧视与赋权予女性、提供人生历程中不同时间点的社会保护、支持通过转变增长方式创造财富等。而《中国农村扶贫开发纲要（2011～2020 年）》实施期间以阻断贫困代际传递为目的的反贫困措施就是雨露计划等。

以 2014 年相关政策为例，广西对农村贫困家庭“两后生”职业学历教育补贴每人每学年 3000 元（比 2013 年增加 1000 元），获得资助人数 2.92 万（比 2013 年增加 40.4%）；对扶贫巾帼励志班每人每学年补助 4000 元（比 2013 年增加 1500 元）；资助普通高校学历教育学生 1.69 万人（比 2013 年增加

15.9%）；短期技能培训 0.56 万人；农民实用技术培训 12.04 万人。

重庆投入雨露计划财政专项资金近 1.1 亿元，培训贫困群众 13 万余人次；建立贫困大学生救助专项资金 1200 万元，为 14 个国家扶贫开发工作重点区县定向招生 200 名；雨露改革试点资助 2.1 万人；雨露工程资助贫困大学生 1100 人。

贵州投入财政扶贫资金 1.23 亿元，用于对“两后生”实行三年免费中职教育、资助建档立卡贫困户子女接受中高等职业教育和技能培训、资助建档立卡贫困户子女接受高等教育、扶贫产业技术培训、民间技艺培训、“企业招工 + 培训 + 就业”三位一体培训等。

云南投入资金 1.06 亿元，培训贫困地区劳动力 12 万，实现贫困地区劳动力转移就业 12 万；开展雨露计划实施方式改革试点，在 23 个试点县发放补助金 3630 万元，惠及 2.42 万人。

陕西投入资金 0.9 亿元，培训“两后生”2 万人、培训劳动力就业创业 3 万人、培训致富带头人 1260 人、资助大学生 6.36 万人、农民实用技术培训 100 万人。

青海安排 1500 万元对 1 万名贫困劳动力进行短期培训；安排 500 万元对 2500 名中高等职业学历教育贫困生进行补助；安排 1000 万元对 2000 名藏区“两后生”进行资助；安排 200 万元扶持 200 个大学生团队、500 名贫困大学生实施创业；另外安排 2550 万元专项资金开展雨露计划实施方式改革试点。

5. 通过易地搬迁解决贫困地区自然条件恶劣问题

恶劣的生存环境和落后的生产条件是导致某一地区居民整体贫困的重要因素，这一自然因素使得居民长期处于极度贫困状态。通过就地改变自然因素反贫的措施往往难度大、成本高、效果差，因此实施易地搬迁就成为解决这一问题的有效途径。

2014 年，内蒙古按照《内蒙古自治区生态脆弱地区移民扶贫规划（2013 ~ 2017）》要求，累计完成异地搬迁投资 14.7 亿元，完成搬迁 2.3 万户、7.3 万人，无土安置就业 1073 人次；重庆下达市级以上高山生态扶贫搬迁专项资金 15.3 亿元，安排搬迁 17.6 万人，累计启动建成集中安置点 729 个，住房竣工面积达 933.75 万平方米，涉及搬迁人数 26.68 万；四川省把搬迁户住房建设同农村危房改造、游牧民定居结合，投入资金 38.77 亿元，完成搬迁 4.15 万户、19.23 万人；陕西省印发《陕北关中移民搬迁规划实施指导意见》，将特困人口搬迁安置纳入全省规划，2014 年全年，陕北地区搬迁 2.6 万户（9.88 万人），秦岭北麓及旱塬地区搬迁 0.83 万户（3.3 万人），陕南地区搬迁 2.7 万户（10.9 万人），均超额完成任务；青海投入 5.48 亿元，在 139 个村实施易地搬迁项目 114 个，安置 1.36 万户；宁夏安置搬迁 27.78 万人，累计投入资金 91.47 亿元。

2015 年，内蒙古完成搬迁移民 2.17 万户（7.33 万人）；广西开工建设安置点 183 个；四川完成搬迁移民 7.7 万户（9 万人）；贵州全年完成建设扶贫生态移民住房 45987 万套，易地搬迁 20 万人；云南安排易地搬迁 3 万人；西藏安排搬迁 1500 户；陕西安排搬迁 11.6 万户（40.6 万人）；甘肃安排搬迁 3.5 万户（17.1 万人）等。

（三）多模式专项扶贫政策

专项扶贫政策是针对特殊对象采用的专项反贫困策略，“十二五”期间，我国政府主要使用以下专项扶贫模式：连片特困地区扶贫攻坚、整村推进、特殊地区综合治理等。

1. 扶贫攻坚，加速连片特困地区脱贫

14 个集中连片特困地区农民人均纯收入 2676 元（2011 年），仅相当于全国贫国地区平均水平的一半；全国综合排名最靠后的 600 个县有 521 个在该片区内，因此不难看出，集中连片特困地区是近阶段扶贫攻坚主战场。《中国农村扶贫开发纲要（2011～2020 年）》指出：到 2020 年，中国要实现全面建成小康社会奋斗目标，重点在中西部地区，难点在集中连片特困地区……加大对连片特困地区投入和支持力度，中央财政专项扶贫资金新增部分主要用于连片特困地区……国务院各部门、地方各级政府要加大统筹协调力度，集中实施一批民生工程，大力改善生产生活条件，培育壮大一批特色优势产业，加快区域性重要基础设施建设步伐，加强生态建设和环境保护，着力解决制约发展的瓶颈问题，促进基本公共服务均等化，从根本上改变连片特困地区面貌。《中国农村扶贫开发纲要（2011～2020 年）》实施期已经过半，连片特困地区反贫工作也取得较好成绩。

例如：在贵州、云南和广西等省份的资金支持下滇黔桂石漠化区从2000年到2014年石漠化面积减少19%，森林覆盖率提高到67.8%，修建片区公路3777千米，完成危房改造7.98万户，片区农村义务教育学生营养改善计划惠及108.7万中小学生。2014年，重庆对武陵山区和秦巴山区两大片区共完成投资5410.9亿元，分别用于基础设施建设（3396亿元）、产业发展（1285.5亿元）、民生改善（431.4亿元）、能力建设（23.4亿元）、生态环境建设（121.2亿元）；贵州对武陵山区、乌蒙山区和滇黔桂石漠化区共投入资金65.6亿元，用于产业建设、修建通村组路、培训转移和生态移民等；云南分别对乌蒙山区、滇黔桂石漠化区、滇西边境山区和西藏区投入资金351.64亿元、272.22亿元、972.38亿元和63.98亿元；陕西为连片特困地区投入资金1213亿元，比2013年增加531亿元；青海对六盘山地区进行交通固定资产投资33.16亿元，对西藏完成交通固定资产投资208.54亿元，落实各类水利资金56.18亿元，解决24.9万农牧民饮水安全问题，火电、水电和风电项目总投资78.85亿元，光伏项目投资98.95亿元，电网投资41.33亿元。新疆安排18.21亿元对南疆三地州1355个项目进行投资。内蒙古对全盟片区投资556亿元，用于基础设施建设（100.2亿元）、产业发展（188.7亿元）、民生改善（104.7亿元）、能力建设（64.2亿元）、生态环境建设（1.3亿元）和公共服务（96.9亿元），实现地区生产总值450.6亿元，比2013年提升8.1%。

2. 整村（乡）推进，实现区域脱贫

整村（乡）推进扶贫开发模式是扶贫开发模式由以项目管理为中心的大规模区域性扶贫开发和“到村到户”扶贫模式向“参与式”扶贫模式转变的重点。在《中国农村扶贫开发纲要（2011～2020年）》实施前4年，整村（乡）推进扶贫开发就取得了较好成效。

从2014年数据来看，四川省将15.85亿元投入五百多个贫困村，用于改造基础设施、改善居民生活条件、完善卫生文化教育设施、培养种养专业大户、培育农民专业合作社、建设农村商贸网点等。

西藏自治区投资15.53亿元，对189个乡镇实施整乡推进政策，相关资金主要用于改造中低产田，改良天然草场、草场围栏、人工种草，修建水渠、水塘，改善农田草场灌溉面积，建设乡村道路、桥梁等。

甘肃省通过财政专项扶贫资金、部门整合资金、贴息贷款等共投入66.84亿元用于1066个整村推进项目，完成种植业、养殖业、基础设施建设、劳动力素质提升、贫困村互助资金投入等任务。

3. 特殊地区综合治理，解决异质性贫困

西部地区幅员辽阔，贫困的内部异质性程度较高，部分地区存在特殊的贫困问题。因此在一些特殊类型的困难地区开展符合当地特点的反贫困工作。例如：广西壮族自治区东兰县、巴马县、凤山县，集中力量开展基础设施建设大会战；四川省阿坝藏族羌族自治州开展扶贫开发与综合防治大骨节病相结合试点；贵州省晴隆县开展石漠化地区扶贫开发与生态环境建设相结合的试点；新疆维吾尔自治区阿合奇县开展边境扶贫试点等。

二 西部农村地区反贫困成效

2015年，全国减少贫困人口1442万，贫困发生率从2014年的7.2%下降到5.7%，再次超额完成年度减贫1000万以上的任务。该项任务的完成，标志着《中国农村扶贫开发纲要（2011～2020年）》提出的中期目标顺利实现。在我国现行贫困标准下，从2010年到2015年底，农村贫困人口从1.66亿减少至5575万，减少了一亿多；贫困县农民年人均纯收入从3273元增加到2015年的6828元，增速连续5年高于全国农村平均水平。在此背景下，西部农村地区反贫困工作也取得了较好成绩。

（一）贫困人口数量大幅减少

“十二五”期间，西部地区贫困发生率由17.2%降至5.7%，累计降低11.5个百分点。无论是农村地区、农村贫困地区（包括集中连片特困地区和国家扶贫开发工作重点县）还是农村非贫困地区，其减贫效果均比较显著。

1. 农村贫困人口大幅减少

从西部地区农村整体情况看，“十二五”期间，西部地区农村贫困人口大幅减少（见表3），由2010年的8430万减少至2015年的2914万，累计减贫人数5516万。

表 3　西部地区农村贫困人口数量

单位：万人

年份	2010	2011	2012	2013	2014	2015
西部地区农村贫困人口数量	8430	6345	5086	4209	3600	2914
西部地区农村贫困人口减少量	—	2085	1259	877	609	686

资料来源：相关年份《农村贫困监测报告》。

2. 贫困地区贫困人口大幅减少

从西部各省份贫困地区统计数据看（见表 4），“十二五”期间，西部各省份贫困地区贫困人口逐年减少，截至 2015 年末，西部贫困地区贫困人口为 2054 万，比 2012 年减少 1524 万。

表 4　“十二五”期间西部各省份贫困地区贫困人口数

单位：万人

省份	重庆	四川	贵州	云南	西藏	陕西	甘肃	青海	宁夏	新疆	内蒙古	广西	合计
2012 年	103	399	756	744	85	312	540	82	36	138	134	249	3578
2015 年	68	203	444	448	48	180	296	42	23	101	66	135	2054
2015 年比 2012 年减少量	35	196	312	296	37	132	244	40	13	37	68	114	1524

资料来源：相关年份《农村贫困监测报告》。

3. 农村非贫困地区贫困人口同步缩减

“十二五”期间，西部非贫困地区贫困人口也在同步缩减，从 2012 年的 3520 万，降至 2015 年的 2875 万，减少了 645 万（见表 5），除内蒙古外，其余省份的贫困人口均大幅度减少。

表 5　“十二五”期间西部各省份非贫困地区贫困人口数

单位：万人

省份	重庆	四川	贵州	云南	陕西	甘肃	宁夏	新疆	内蒙古	广西	合计
2012 年	59	325	167	60	171	56	24	135	5	506	3520
2015 年	20	197	63	23	108	29	14	79	10	317	2875
2015 年比 2012 年减少量	39	128	104	37	63	27	10	56	-5	189	645

资料来源：相关年份《中国农村贫困监测报告》。

（二）贫困地区人民生活水平逐步提高

“十二五”期间，西部贫困地区人民生活水平得到较大改善，其收入水平有较大提升，收入结构和消费结构均趋于合理，基本生活设施也得到改善。

1. 收入水平逐年提高、收入结构趋于合理

“十二五”期间，西部贫困地区农村居民收入水平逐年提升，2015 年人均可支配收入为 7356 元。从分省数据来看，西部各省份贫困地区人均可支配收入均有较大增长（见表 6）。与 2013 年数据进行比较，贫困地区人均可支配收入增加额最高的省份是重庆，其增加额为 1989 元，人均可支配收入增加额最少的省份是甘肃，其增加额为 1295 元；贫困地区人均可支配收入增长率最高的省份是贵州，其增长率为 29.04%，人均可支配收入增长率最低的省份是新疆，其增长率为 22.64%。

表 6 “十二五”期间西部各省份贫困地区人均可支配收入

单位：元，%

省份	重庆	四川	贵州	云南	西藏	陕西	甘肃	青海	宁夏	新疆	内蒙古	广西
2013 年贫困地区人均可支配收入	7131	6282	5557	5616	6553	6162	4487	6462	5840	5986	6545	6252
2015 年贫困地区人均可支配收入	9120	7966	7171	7070	8244	7692	5782	7933	7255	7341	8201	7927
2015 年比 2013 年增加	1989	1684	1614	1454	1691	1530	1295	1471	1415	1355	1656	1675
2015 年比 2013 年增长	27.89	26.81	29.04	25.89	25.80	24.83	28.86	22.76	24.23	22.64	25.30	26.79

资料来源：相关年份《农村贫困监测报告》。

从收入结构看，“十二五”期间，西部贫困地区居民收入结构也趋于合理（见表 7），工资性收入呈现不断增大趋势，基本接近全国平均水平和中部水平（与东部地区还有较大差距）。此外，转移净收入占比也在增加，且高于东部水平，但低于中部水平。

2. 消费支出水平不断提高、消费结构趋于合理

“十二五”期间，西部贫困地区人民消费支出水平不断提高，2015 年人均消费支出为 6421 元，从分省域数据来看，西部各省份贫困地区人均消费支出

表7 “十二五”期间西部贫困地区收入结构

单位：%

类别		工资性收入占比	经营性收入占比	财产净收入占比	转移净收入占比
2014 年	西部贫困地区收入结构	31.3	47.5	1.2	20
	中部贫困地区收入结构	32.5	41.5	1.2	24.8
	东部贫困地区收入结构	46	33.7	1.1	19.1
	全国贫困地区收入结构	32.7	44.3	1.2	21.9
2015 年	西部贫困地区收入结构	32	46.2	1.2	20.6
	中部贫困地区收入结构	33	40	1.2	25.8
	东部贫困地区收入结构	48.2	32.2	1.3	18.3
	全国贫困地区收入结构	33.4	42.9	1.2	22.5

资料来源：相关年份《农村贫困监测报告》。

均有较大增长（见表8）。与2013年数据进行比较，贫困地区人均消费支出增加额最高的省份是重庆，为1728元，人均消费支出增加额最少的省份是新疆，为509元；贫困地区人均消费支出增长率最高的省份是西藏，其增长率为36.03%，人均消费支出增长率最低的省份是新疆，其增长率为10.34%。

表8 “十二五”期间西部各省份贫困地区人均消费支出

单位：元，%

省份	重庆	四川	贵州	云南	西藏	陕西	甘肃	青海	宁夏	新疆	内蒙古	广西
2013 年贫困地区人均消费支出	6442	5527	5327	4413	4102	5840	4313	7506	5616	4925	6467	5764
2015 年贫困地区人均消费支出	8170	6903	6498	5686	5580	6934	5452	8566	7060	5434	7886	6991
2015 年比 2013 年增加	1728	1376	1171	1273	1478	1094	1139	1060	1444	509	1419	1227
2015 年比 2013 年增长	26.82	24.90	21.98	28.85	36.03	18.73	26.41	14.12	25.71	10.34	21.94	21.29

资料来源：相关年份《农村贫困监测报告》。

从消费结构看（见表9），西部贫困地区消费支出结构不断优化，恩格尔系数不断降低，并逐步接近全国平均水平。

表 9　贫困地区消费结构比较

单位：%

项目		食品（恩格尔系数）	衣着	居住	生活用品	交通通信	教育文化娱乐	医疗保健	其他
2014 年	西部贫困地区消费支出结构	38. 1	5. 9	19. 2	6. 4	10. 8	10	8. 1	1. 4
	中部贫困地区消费支出结构	35. 3	6. 4	22. 4	6. 4	9. 3	9. 8	8. 6	1. 9
	东部贫困地区消费支出结构	31. 4	6. 8	23. 1	5. 7	10. 9	8. 6	11. 5	1. 9
	全国贫困地区消费支出结构	36. 6	6. 2	20. 7	6. 4	10. 2	9. 8	8. 5	1. 6
2015 年	西部贫困地区消费支出结构	37. 8	6	19. 2	6. 2	10. 9	10. 4	8. 1	1. 4
	中部贫困地区消费支出结构	34. 6	6. 1	22. 6	6. 2	9. 7	10. 0	8. 7	2. 0
	东部贫困地区消费支出结构	32. 9	6. 8	21. 7	5. 2	10. 5	9. 6	11. 4	1. 9
	全国贫困地区消费支出结构	36. 2	6. 1	20. 7	6. 2	10. 4	10. 2	8. 5	1. 7

资料来源：相关年份《农村贫困监测报告》。

3. 生活设施得到改善

“十二五”期间，西部农村贫困地区生活设施得到较大改善，在居住房屋、照明使用情况、独用厕所情况和固定资产占有情况方面表现突出（见表10）。

从居住的房屋情况来看，除内蒙古、新疆、宁夏还有 15% 左右农户居住的是竹草土坯房外，其余省份竹草土坯房比重基本在 10% 以下。

从照明电使用情况来看，除青海、西藏约有 5% 农户没有通照明电外，其余贫困地区照明电使用情况均超过 99% 。

从独用厕所使用情况看，除云南和西藏外，其余地区独用厕所使用率均在 90% 以上，重庆、甘肃和宁夏达到 98% 以上。

从固定资产占有情况看，移动电话占有量、汽车使用率、电冰箱使用率和洗衣机使用率均逐步提升。其中移动电话的占有率是最高的，平均每户拥有一

表 10 “十二五”末西部农村贫困地区生活设施状况

地区	居住竹草土坯房农户比重(%)	使用照明电农户比重(%)	独用厕所农户比重(%)	汽车(辆/百户)	洗衣机(台/百户)	电冰箱(台/百户)	移动电话(部/百户)
重　庆	4.2	99.7	98.7	7.3	79.3	83.3	206.6
四　川	10.5	99.0	92.8	5.0	71.5	66.2	189.8
贵　州	0.9	99.8	93.2	10.7	81.0	62.3	240.5
云　南	5.5	99.6	81.0	10.5	69.8	47.3	224.1
西　藏	2.5	93.8	71.5	17.1	44.0	44.6	173.4
陕　西	10.2	99.6	96.1	5.8	82.9	57.9	219.8
甘　肃	11.3	99.8	98.1	8.3	83.8	48.0	221.9
青　海	4.3	96.4	93.0	19.9	91.4	86.9	249.6
宁　夏	13.4	98.7	98.7	18.2	94.7	74.6	286.3
新　疆	16.3	99.7	97.4	6.2	77.2	66.5	122.8
内蒙古	19.4	99.9	91.4	15.3	83.2	84.0	200.2
广　西	1.2	99.9	95.9	8.1	64.8	89.5	245.6

资料来源：相关年份《农村贫困监测报告》。

部移动电话，有些省份能达到一户三部（例如宁夏等）。汽车使用率最高的地区是青海，每百户约 19.9 辆。洗衣机使用率最高的地区可以达到每百户 94.7 台。

（三）公共服务质量全面提升

“十二五”期间，西部地区农村公共服务质量得到全面提升，贫困地区基础设施水平、医疗卫生条件得到改善，农村地区社会救济水平不断提高。

1. 贫困地区基础设施水平有所提高

“十二五”期间，西部各省份贫困地区基础设施水平不断提高，尤其是道路交通和电力等方面成绩显著（见表 11）。

截至 2015 年底，自然村通电农户和通电话农户基本达到 99% 和 90% 以上。从主干道路面经过硬化处理的自然村比重来看，青海达到了 93.4%，新疆达到了 90.8%，最低的重庆地区也达到了 55%。从客运班车通车情况看，贫困地区通客运班车的自然村比重最高的是新疆（89.7%），最低的西藏也达到 29%。

表 11 "十二五"末西部农村贫困地区基础设施状况

单位：%

地区	通电自然村比重	通电话自然村比重	主干道路面经过硬化处理的自然村比重	通客运班车的自然村比重
重 庆	100.0	99.4	55.0	37.1
四 川	97.3	95.5	74.0	40.1
贵 州	100.0	95.9	73.2	50.1
云 南	100.0	99.1	58.5	41.3
西 藏	92.1	89.5	57.4	29.1
陕 西	99.6	98.3	84.0	65.5
甘 肃	99.2	99.1	72.4	66.3
青 海	94.5	93.9	93.4	74.7
宁 夏	99.4	96.9	73.7	73.1
新 疆	99.3	98.1	90.8	89.7
内蒙古	99.7	93.7	65.4	67.6
广 西	99.9	93.0	64.0	38.5

资料来源：相关年份《农村贫困监测报告》。

2. 贫困地区医疗卫生条件得到极大改善

反贫困工作的开展使得西部贫困地区医疗卫生条件得到极大改善（见表12）。截至2015年，宁夏有卫生站的行政村比重已达99.2%，重庆、贵州、云南、陕西、广西有卫生站的行政村比重已超过95%，四川、甘肃、青海、新疆和内蒙古有卫生站的行政村比重略低，但也都超过85%。并且这些卫生站中绝大多数是由持有合法行医证的医生执业。

表 12 "十二五"期间西部农村贫困地区医疗卫生条件

单位：%

	重庆	四川	贵州	云南	西藏	陕西	甘肃	青海	宁夏	新疆	内蒙古	广西
有卫生站的行政村比重	98.4	88.3	95.6	96.9	73.0	95.5	92.0	88.4	99.2	85.9	92.0	98.4
拥有合法行医证医生（卫生员）的行政村比重	99.6	77.8	88.0	95.5	76.0	89.4	89.9	84.1	99.0	71.3	94.7	89.1

资料来源：相关年份《农村贫困监测报告》。

3. 农村社会救济水平不断提升

“十二五”期间，西部农村地区社会救济水平不断提高（见表13）。2015年末，西部农村居民有2388.2万人享有最低生活保障，占全国农村居民享有最低生活保障人数的48.7%，比2010年减少249.1万；最低生活保障支出约为422.9亿元，占全国农村最低生活保障支出的45.4%，比2010年增加209.7亿元。在接受最低生活保障人数下降的情况下，最低生活保障支出却增加近一倍，可见，每个接受最低生活保障的农村居民获得的保障性收入增加了一倍以上。

表13 “十二五”期间西部农村社会保障水平

		重庆	四川	贵州	云南	西藏	陕西	甘肃	青海	宁夏	新疆	内蒙古	广西
2010年	农村最低生活保障人数（万人）	116.9	394.5	534.7	378	23	227.6	326.7	38	33.2	133.4	115.6	315.7
	农村最低生活保障支出（亿元）	10.3	31	31.7	31.2	1.5	25.7	24.3	4.3	2.6	11.8	15.6	23.2
2015年	农村最低生活保障人数（万人）	50.3	405.5	332.7	455.3	32	161.7	336.9	31.8	41.7	131.8	116.4	292.1
	农村最低生活保障支出（亿元）	9.8	59	61.8	76.1	4	38.6	55	7.8	9.5	26.1	31.2	44

资料来源：相关年份《中国农村统计年鉴》。

三　西部地区反贫困过程中存在的问题

截至2015年末，《中国农村扶贫开发纲要（2011～2020年）》中期目标已顺利完成，在各方资金支持下，西部地区反贫困工作取得巨大成绩，但仍存在以下问题。

（一）部分地区脱贫任务依然艰巨

“十二五”以来，西部地区农村贫困人口一直呈现大幅减少状态，但从分

地区数据看，仍有部分地区脱贫任务艰巨，需要有针对性解决其贫困问题。

从农村贫困地区贫困发生率来看，“十二五”末，全国农村贫困发生率约为5.7%，西部12省份中低于该标准的仅有重庆、四川和内蒙古三个省份，其余省份的贫困发生率仍较高，有的省份甚至达到18.6%。从农村贫困发生率来看，“十二五”末全国农村贫困地区贫困发生率约为13.3%，西部12省份中低于该标准的有重庆、四川、内蒙古、宁夏、广西和青海六个省份，其余省份贫困发生率仍较高（见表14）。因此，西藏、新疆、甘肃、贵州、云南和陕西应成为下一步反贫困工作重点区域。

表14 “十二五”末西部省份贫困发生率超过全国平均水平的省份

单位：%

省份	全国	西藏	新疆	甘肃	贵州	云南	青海	陕西	广西	宁夏
农村贫困发生率	5.7	18.6	15.8	15.7	15.0	12.7	10.9	11.0	11.0	8.9
农村贫困地区贫困发生率	13.3	18.6	15.8	18.3	15.3	17.4	—	13.6	—	—

资料来源：相关年份《农村贫困监测报告》。

从收入水平来看，“十二五”末，全国农村人均可支配收入为11522元，西部12省份农村人均可支配收入没有高于该标准的，最高的重庆和内蒙古也仅为人均10505元和10776元。从农村贫困地区人均可支配收入来看，“十二五”末，全国农村贫困地区人均可支配收入为7653元，西部12省份中有五个省份低于该标准，分别是贵州、云南、甘肃、宁夏和新疆，其中甘肃贫困地区人均可支配收入仅为5782元，比全国水平低近2000元。因此，西部地区农村人口增收问题仍是下一阶段反贫困工作重点，尤其是甘肃、贵州、新疆、云南、宁夏等省份贫困地区农户增收问题更是亟待解决。

（二）自然条件约束不容忽视

受地理位置和气候的影响，西部地区自然环境恶劣、自然灾害频发，这是制约西部发展的重要因素。

从自然环境看，广西、云南的喀斯特地貌使得这部分地区石多土少、地表土易于流失、易涝易旱、蓄水能力差、地下水污染，贵州、云南、广西的石漠化使得这些地区地表出露岩溶岩体、水土流失、旱涝交替；甘肃、贵州高原地形不利于大规模农耕等。以上这些自然环境都严重制约当地经济发展，展现出“生态失调 – 生产落后 – 生活贫困”的局面。

从自然灾害发生情况来看，“十二五”期间，西部地区受灾面积有所减少，但截至2015年底，仍有8299.3千公顷土地遭受自然灾害威胁（这些自然灾害主要包括旱灾、水灾、风雹灾和霜冻灾等），并且成灾比例始终居高不下，截至2015年成灾比例高达59.8%（见表15）。

表15　西部地区自然灾害状况

单位：千公顷，%

年份	受灾面积	成灾面积	成灾率
2005	12786.1	7211.2	56.4
2010	15532	8463.5	54.5
2014	10660.1	5515.4	51.7
2015	8299.3	4962.4	59.8

资料来源：相关年份《中国农村统计年鉴》。

由此可见，针对这些地区如果一味采取自然资源开发式扶贫，不但不能实现反贫目的，反而会加重生态环境的破坏，进一步引发更为频繁的自然灾害。因此，在自然条件约束明显的地区，一方面可以考虑通过科技手段降低成灾率，或者可以考虑通过移民搬迁方式规避自然灾害；另一方面可以通过以保护环境为前提的特色旅游等手段为当地居民创收。

（三）教育基础设施尚需完善

教育基础设施的完善是提高农村地区劳动力素质的前提，是解决贫困代际传递问题的第一步。“十二五”期间，农村贫困地区基础设施不断完善，但教育基础设施仍显不足（见表16）。从全国来看，有幼儿园或学前班的行政村比重为56.7%，有小学且就学便利的行政村比重为63.6%，而西部地区大部分省份“有幼儿园或学前班的行政村比重”和“有小学且就学便利的行政村比重”远低于全国水平。从有幼儿园或学前班的行政村比重来看，除云南、新疆和广西外，其余各省均低于全国水平，最低的西藏地区仅为34.1%；从有小学且就学便利的行政村比重来看，除贵州、甘肃、云南、宁夏、新疆和广西外，其余省份均低于全国水平，最低的内蒙古地区仅为25.3%。

表 16　2015 年末西部农村贫困地区教育基础设施状况

单位：%

省份	重庆	四川	贵州	云南	西藏	陕西	甘肃	青海	宁夏	新疆	内蒙古	广西
有幼儿园或学前班的行政村比重	42.8	44.9	56.4	60.2	34.1	41.6	51.3	40.7	38.8	77.3	39.1	71.8
有小学且就学便利的行政村比重	45.3	44.5	72.4	82.1	27.9	38.8	73.9	43.6	78	81.3	25.3	85.3

资料来源：2016 年《农村贫困监测报告》。

（四）财政扶贫资金使用效率有待提升

从扶贫资金管理部门看，各省财政部门、发改委等都是扶贫资金管理部门，各部门在资金使用方向、原则、程序和管理上都有不同的制度规定，这就使得各部门难以形成合力。

从财政扶贫资金到位时间看，“十二五”期间，各省财政扶贫资金一般分阶段到位，其中第一批资金到位时间一般在 5 月左右，已错过农作时节，因此对农户来说扶贫资金较难发挥应有作用。

从财政扶贫资金投向看，“十二五”期间，每年省级以上财政扶贫资金投入农林牧渔和农产品加工领域的比例仅为 20% 左右，其余 80% 左右都投向交通、病险水库除险加固、电力、通信等基础设施领域。即使是一些基础设施较为完善的地区，其基础设施投入仍占较大比重，这就使得财政扶贫资金投入有偏离扶贫项目、偏离贫困农户的趋势，很容易造成无效投入大、贫困人口受益少的局面。

（五）反贫困主体单一

“十二五”期间，西部地区反贫困工作依然以政府为主，非政府组织的潜能开发仍显不足。在实践中，政府借助其拥有的特殊权威以最大和最主要的组织者身份，决定着扶贫机构的设置和扶贫方针的制定，也决定着扶贫资金的规模、流向和扶贫计划的实施。这种以政府为扶贫开发主体的模式，曾为我国反贫困工作发挥了决定性作用，如果没有政府的统一组织和规划，在全国范围内大规模反贫困工作是无法进行的。但随着扶贫开发工作的深入，政府对一些扶贫工作显得力不从心，此时就需要借助非政府组织的力量。但事实上，由于政策宣传不足、扶贫监管机制不健全、非政府组织自身发展不足、贫困人口对扶贫开发认识不足等原因造成非政府组织不愿或不能参与扶贫，从而导致非政府组织反贫困潜能发挥不足的问题。

（六）贫困人口自我发展能力不足

贫困人口自我发展能力不足是制约反贫困效果的微观因素，提升贫困人口的自我发展能力是反贫困工作重点。综观西部地区贫困人口数据不难发现，贫困人口一般思想观念比较落后、致富意识和市场经济意识较差，思想观念的落后和贫困本身两大因素导致贫困人口受教育程度较低，从而制约了贫困人口劳动力素质的提升，使得这部分人群增收渠道较窄，从而加剧贫困，进一步导致贫困人口身体素质和科学文化素质“双低”，甚至加大了贫困代际传递的风险。整个过程使贫困陷入一种恶性循环，严重影响反贫困效果。

1. 贫困人口思想观念落后导致积极反贫困的动力不足

一般来说贫困人口社会环境封闭、生活方式稳定，表现出强烈的恪守旧规、安于贫困、畏惧风险等特点，这些特点使得贫困人口思想保守、不思进取、缺乏竞争意识。这种意识形态导致的结果就是“依赖政府的被动救济排斥市场机制的主动自救”。政府一直将西部地区作为反贫困主战场，各方援助工作力度逐年加强，对西部地区的贫困人口也一直进行重点帮扶，这些帮扶政策使贫困地区政府工作人员和贫困群众产生了较严重的依赖心理，他们将脱贫致富的希望寄托于各级政府，一遇到困难就向政府要钱、要物、要粮，从而解决其燃眉之急。这种缺乏市场机制的反贫困不仅导致相关反贫困项目浪费了大量人力、物力和财力，而且导致贫困人口懒于通过接受教育或自我学习来提升自身劳动力素质，从而实现脱贫。

2. 受教育程度较低导致劳动力素质不高、增收渠道狭窄

西部地区贫困人口受教育程度远低于全国平均水平，造成这种局面的原因主要有两个：一是贫困人口本身受教育意愿较低，二是贫困人口贫困现状导致其受教育能力较低。这种较低的受教育程度使得贫困人口文化素质低、科技素质差、思想观念陈旧。在科技不断进步的今天，这部分贫困人口将很难适应：

留在农村无法适应农业现代化，农业生产率低，农业收入少；进城务工难以运用新技术，只能从事低端手工劳动，收入渠道狭窄，从2014年数据来看，西部地区贫困人口每年可支配收入平均为7700元/人，比全国贫困人口每年可支配收入的平均值（10489元/人）要低2700元左右。因此不难看出，只有提高贫困人口质量，才是破解贫困的根本。而我们多年来的反贫困工作一直比较关注资金投入多寡，较少关注劳动力素质的提高。

四　西部地区反贫困工作政策建议

（一）准确定位贫困对象，有针对性地选择反贫困手段

贫困对象的准确界定是精准扶贫工作的第一步，因此应精准识别贫困片区、贫困县、贫困村和贫困人口等并对其进行动态管理。在对贫困对象进行精准识别基础上有针对性地选择反贫困手段，从而提升反贫困效率。具体操作过程应为：①识别贫困对象；②分析各种反贫困手段适用范围、适用阶段和实施方式；③分析反贫困对象的贫困特点、贫困成因等；④在反贫困手段和反贫困对象中进行合理匹配；⑤协调各种反贫困方法的关系，使各种反贫困手段有序用于反贫困对象；⑥实时监控反贫困过程，及时对贫困对象和贫困手段进行动态管理。

1. 治理生态环境、完善基础设施

对于自然环境恶劣地区一方面应积极开展生态建设以促进植被保护和恢复。按照多种类植物相结合原则开展林种丰富、功能多样的生态林建设，有计划地对陡坡耕地进行退耕还林或封山育林，大力开展以提高耕地保水保土能力为目标的缓坡地改梯田工作；另一方面应大力发展新能源，以新能源的使用来保护环境。例如，通过大力发展沼气池改善农村能源结构、节约薪柴消耗。

基础设施建设是社会赖以生存发展的一般物质条件。各地区应按照2016年国务院总理李克强主持召开的国务院常务会议的精神，部署开展交通基础设施扶贫，增强贫困地区脱贫致富能力并以贫困乡、村为单位，加强基本农田、基础设施、环境改造和公共服务设施建设。力争做到行政村通

电、通水、通路、通邮、通广播电视，有卫生院或卫生室、有幼儿园、有学校、有活动室。

2. 加大产业扶持力度

贫困地区产业发展是实现贫困地区“造血”式扶贫的关键，因此，对于缺少产业支撑的贫困地区，应加大产业扶持力度。首先根据当地特点发现该地区的优势产业和特色产业；根据当地人文习惯培育优势产业和特色产业中的龙头企业或合作社；通过龙头企业或合作社带动当地产业全面发展。

在产业扶贫过程中需要注意提高主体参与能力、激发主体参与动力、突破主体参与障碍，构建多元主体间良性互动关系，以避免目标偏离、实践变形、多元主体互动参与异化为政府主导下的被动参与问题。

3. 合理有效发放农户补贴

对于由于特殊原因致贫的农户，应根据其致贫原因给予有效的特殊帮扶。例如：对于因病致贫的农户，应给予积极的社会救助，同时鼓励农户借助社会保障体系和商业保险等途径进行提前预防；对于因短期资金周转问题而导致的生产中断，应积极引导其利用小额信贷等金融力量；对于没有劳动力的家庭，政府应给予有效的最低生活保障帮扶等。

4. 提高贫困地区劳动力素质

提升贫困地区劳动力素质属于“造血”式扶贫，其主要途径有以下几个：基础教育、职业技能培训和科技扶贫项目带动等。西部贫困地区应继续加大相关项目资金投入，并确保项目实施过程中的高效率。

基础教育是提升贫困人口素质、防止贫困代际传递的关键。西部地区应进一步加强教育基础设施建设、加大对贫困学生“两免一补”力度、逐步延长基础教育年限。在此基础上政府应通过多种手段加大贫困大学生补助力度，稳步提高接受高等教育的贫困人口比例。

根据市场需求及贫困人口自身特点，对贫困人口进行职业技能培训，是提高贫困人口劳动力素质的有效方法，可以在短期内增加贫困人口职业技能和增收途径。各地政府可以采用引导性培训、职业技能培训、劳动力转移培训、创业培训、农业科技培训等不同培训方式、不同培训内容对贫困人口进行有计划、有针对性培训。

科技示范区、科技示范户、农业科技入户工程等科技扶贫项目本身具有较高科技含量。贫困地区劳动力可以通过积极参与相关项目来提升自身科技水平。政府一方面应加大对西部贫困地区科技示范推广经费投入，大力发展科技示范区，大力培养科技示范户，加快农业科技入户工程的实施，加快贫困地区信息入乡工程建设；另一方面应积极动员各大科研院所为当地贫困地区提供有针对性的科技项目和扶贫策略。

5. 培养贫困人口致富意识

贫困人口的致富意识是贫困人口积极反贫困的主观能动性的有效反映。贫困人口致富意愿强烈则能够对反贫困政策起到正向激励作用；贫困人口致富意愿不强则会降低反贫困政策的实施效果。因此应积极培养贫困人口致富意识，首先要改变“等、靠、要”思想观念，其次要正确引导贫困人口树立市场意识。

贫困人口思想保守、不思进取、缺乏竞争意识的现实使得西部贫困人口“等、靠、要”思想观念较为严重，这种思想严重制约了贫困地区的发展。一方面应努力加强贫困地区领导干部的领导意识，在反贫困工作中充分发挥应有的号召力和影响力，主动探索适合其所在地区的反贫困措施，努力调动群众反贫困积极性；另一方面要转变贫困人口生活方式，引导贫困人口发挥主观能动性，激励贫困人口坚持不懈地从自身出发进行积极的反贫困。

一方面，贫困地区由于地理环境闭塞、经济形式单一、生产规模较小等因素并未真正融入市场经济体系；另一方面，现有的反贫困策略多是通过市场化手段引进各种开发项目。这两者之间的矛盾迫使贫困地区人口逐步树立市场意识，并且只有树立市场意识，贫困地区才能更好地发展。值得注意的是，虽然要建立市场意识，但也不能完全迷信市场而忽略政府的作用。

（二）提高反贫困资金使用效率

提高扶贫资金使用效率要从扶贫资金投入、分配、管理和监督等环节入手分别解决资金投入不足、分配结构失衡、管理机制不健全、监督缺位等问题。

1. 加大资金投入

加大资金投入，一是要拓宽资金来源渠道，建立稳定的扶贫资金增长机制，通过广泛动员社会力量引入多元化投资主体，积极吸纳外来资金，改变目前扶贫资金主要来源于中央政府的局面；二是积极对各项扶持资金进行整合，将财政扶贫资金、信贷扶贫资金、社会捐助资金等进行集中管理、统一规划、统筹安排，使有限的扶贫资金能够发挥最大的扶贫效益。

2. 优化扶贫资金分配结构

优化扶贫资金分配结构就是创新扶贫资金分配机制，根据贫困地区贫困特点进行科学分析，确定适当的资金分配份额，调整资金分配结构，明确资金投放重点，使扶贫资金能够真正服务贫困人口。在资金投放对象方面，要加大对特困人口的扶持力度，以切实解决贫困人口基本需求为目标；在资金分配结构方面，要合理安排经济发展项目、民生保障项目、贫困地区基础设施建设、贫困农民基本素质提升项目等投入比例。

3. 健全扶贫资金管理机制

健全扶贫资金管理机制就是解决我国扶贫资金管理体制层级过多、机构庞大、权责分散、审批环节多、审批手续复杂等问题。具体包括：①完善各项规章制度，制订科学合理的资金管理办法，建立统一规范的扶贫资金预算机制；②明确扶贫资金管理部门，在所辖地区设立相应派出机构，对扶贫工作进行统一管理，从而改变扶贫权责分割、机构重叠、职能重复的现状；③简化扶贫资金审批程序，设立标准化审批流程，在审批资金项目时努力提高资金审批效率。

4. 完善扶贫资金监督机制

完善扶贫资金监督机制有利于扶贫资金合理分配和高效使用，因此，应从以下几个方面完善扶贫资金监督机制：①尽快出台有关扶贫资金监管规章制度，将扶贫资金监管制度化；②建立有利于向公众、各级人大、审计部门和社会公众公开的、关于扶贫项目和扶贫资金使用情况的公示制度；③建立包括问责机制和激励机制的绩效考核机制，及时对投放资金项目进行验收评价。

（三）积极运用金融反贫困机制

金融反贫困是相对于财政反贫困而言的，是农村反贫困战略的重要组成部分，是指通过信贷、保险等形式满足贫困人口的资金需求，包括拓宽贫困地区融资渠道、创新反贫困金融产品和服务方式、建立农业保险制度等。

1. 拓宽贫困地区融资渠道

拓宽贫困地区融资渠道可以从以下方面入手：①民间借贷在贫困地区发展有信息优势，因此可以通过引导民间借贷规范发展，使民间借贷成为贫困地区金融资金供给的有效补充；②鼓励符合条件的贫困地区企业通过发行企业债券的方式在区外进行融资，通过这种直接融资的方式，将区外资金引入贫困区；③通过发展多层次资本市场支持符合条件的贫困地区企业发行股票并上市交易，通过资本市场将贫困区外资金和管理人才吸引至贫困地区，帮助贫困地区产业发展。

2. 创新反贫困金融产品和服务方式

创新反贫困金融产品和服务方式可以从以下方面入手：①普及小额信贷业务，使小额信贷业务真正成为贫困人口可以享受到的金融产品；②通过创新互联网金融等金融产品解决信息不对称问题、降低交易成本、规避交易风险等，进而为贫困地区提供现代化金融服务。

3. 建立农业保险制度

西部地区自然环境恶劣、自然灾害频发是造成以农业、种植业、畜牧业为主的贫困地区返贫的重要因素。建立农业自然灾害保险制度，引进农业自然灾害保险，可以分散自然灾害风险、减轻农民负担、缓解其贫困状况，从而降低因灾致贫、因灾返贫的可能性。因此政府应积极引进农业保险业务，根据贫困地区实际情况，切实制订具有针对性的保险种类，根据贫困地区人口接受能力，以及受灾的不同程度，划分不同等级的保费缴费金额以及灾后补偿金额，在维持保险机构持续经营基础上，切实减轻贫困人口的灾后损失。

（四）充分发挥社会保障机制的反贫困作用

1. 完善社会保障机制

社会保障机制不健全是引发贫困的又一因素，也是造成脱贫人口“返贫”的重要因素。西部贫困地区应强化农村集体对保障资金的投入，采取政府积极引导和农民自愿相结合原则，完善社会保障机制，包括养老制度、医疗制度等，以确保贫困人口老有所养、病有所医。同时鼓励农民通过积极参加各种商业保险来避免突发事件造成返贫。

2. 实现最低生活保障制度与扶贫开发政策的有效衔接

扶贫开发政策是国家通过必要的政策支持和资金投入，利用贫困地区现有自然资源或社会经济资源，进行开放性生产建设，使贫困地区依靠自身的力量逐步发展商品经济，实现经济发展、收入增加，摆脱贫困状态。最低生活保障制度是对有特殊困难的人群的基本生活权利给予保障的社会安全制度。实现开发式扶贫与社会保障的有效衔接，以最低生活保障制度兜底，在提供基本生活保障基础上，对贫困地区进行扶贫开发，可以更有效解决贫困人口脱贫问题。

B.7

西部地区社会质量评价报告*

郭 莹 王 丹 权欢欢 李 凯**

摘 要： 评价西部地区社会质量对于推动西部地区经济与社会发展具有重要参考价值和意义，本文立足于西部地区经济与社会发展现实，以社会经济保障、社会凝聚、社会包容、社会赋权为评价维度，选取22个三级指标构建了西部地区社会质量综合评价指标体系，通过运用主成分分析、聚类分析方法，对西部地区的社会质量进行综合评价，明确西部地区社会质量水平和存在的问题，提出以新发展理念为指引，持续推进西部地区经济发展；以社会治理现代化为契机、社会治理主体多元化为手段、信息化和文化建设为途径，全面提升西部地区社会质量的建议。

关键词： 社会质量 西部地区 主成分分析 聚类分析

社会质量评价作为社会发展问题诊断和社会政策制定的重要参考和依据，在政府决策过程中发挥着越来越重要的作用。社会质量理论主要包括条件性因素、规范性因素和建构性因素，其中条件性因素，即用什么样的标准来反映和衡量社会现状，是社会质量核心因素，条件性因素又包括社会经济保障、社会凝聚、社会包容和社会赋权。本文以此为四个基本评价维度构建西部地区社会

---

* 本报告为国家社会科学基金项目“以民生改善和民族和谐为主要内涵的丝路经济带社会发展质量评价研究”（15XSH008）阶段性研究成果之一。

** 郭莹，西北大学哲学与社会学学院博士研究生；王丹、权欢欢，西北大学哲学与社会学学院硕士研究生；李凯，西北大学哲学与社会学学院副教授，主要研究方向：发展社会学、社会政策。参与课题研究和数据收集的还包括哲学与社会学学院研究生莫思凡、薛筝、王轩娜、吴昭挺、贾世伟、李婉莹。

质量评价指标体系，对西部地区社会质量进行综合评价和分析，以期为提升西部地区社会质量提供一定参考。

一　西部地区社会质量评价指标体系

本文综合国内目前关于社会质量评价指标体系研究成果，以科学性、系统性、主客观指标相结合以及数据可获取性等为原则，构建了一个包含四个二级指标、22 个三级指标的评价指标体系。在此分四个维度，分别阐释指标的具体内涵。

社会经济保障维度。社会经济保障是社会质量的经济保障基础，一方面，它应该包含一些反映地区经济发展的客观指标，如 GDP、人均可支配收入；另一方面，还应该包含地区为社会成员提供的各项社会保障指标，如社会养老保险覆盖率等。所以，这一维度主要选取以下客观性的指标：人均可支配收入、人均拥有住房数、社会养老保险覆盖率、人均生产总值、恩格尔系数以及就业总人数，数据主要来源于 CSS、CGSS 以及各省份统计年鉴和城市统计年鉴。

社会凝聚维度。社会凝聚是社会质量的价值和规范基础，“社会信任”又是社会凝聚的集中表现，所以选择“社会信任”指标来反映社会凝聚。社会信任指标具体分为一般信任、亲密信任、特殊信任和机构信任四种类型，CSS 调查数据采取 1 ~4 分打分制来调查人们的“社会信任”状况。一般信任指数是指对于一般陌生人的信任程度，本文把对陌生人信任程度的打分加总平均得到一般信任指数，分数越高，说明一般信任程度越高；亲密信任指数是对亲戚朋友和邻居信任程度平均值的反映，平均分值越高，表示亲密信任程度越高；特殊信任指数是对领导、企业家、教师、医生信任程度平均值的反映，平均分值越高，表示特殊信任程度越高；机构信任指数主要是对党政领导干部和机关办事人员信任程度平均值的反映，平均分值越高，表示机构信任程度越高。

社会赋权维度。社会赋权主要反映信息资源的可获取性以及人们的政治和社会参与程度。所以，这一维度主要选择互联网使用率、文盲率、高等院校数量、社会组织数量以及政府信息公开满意度、政治和社会参与度等指标。互联网使用率、文盲率、高等院校数量以及社会组织数量指标数据来自各省份统计年鉴；政府信息公开满意度、政治和社会参与度指标数据则来自 CSS 调查数据，CSS 调查数据分别采取 1～4 分打分制对以上三项指标进行反映，数值越大，表示对政府信息的公开度越满意，民众的社会参与和政治参与度越高。

社会包容维度。社会包容是社会质量的制度基础，一个高质量的社会应该是平等、公平的，没有明显等级划分的社会。所以，这一维度选择了社会公平指数、社会安全指数、本地人与外地人冲突指数、穷人与富人冲突指数、宗教信仰群体冲突指数等指标。社会公平指数是人们对当前社会公平认知情况的一种整体反映，CSS 调查数据中采取 1～4 分赋值形式设计问题，课题组将调查结果平均化得到社会公平指数，分数越高，表示对社会公平的认同度越高；社会安全指数和社会公平指数类似，采取 1～4 分打分制，将所有调查结果平均化得到社会安全指数，分数越高，表示对社会安全认同度越高。与此同时，课题组对穷人与富人、本地人与外地人、宗教信仰群体之间的冲突指数进行了反向化处理，采取 1～4 分打分制，数值越大，表示人们感知到的冲突程度越低。具体指标如表 1 所示。

表 1　西部地区社会质量评价指标体系

一级指标	二级指标	三级指标
社会质量	社会经济保障	人均可支配收入
		人均拥有住房数
		社会养老保险覆盖率
		恩格尔系数
		人均生产总值
		就业总人数
	社会凝聚	一般信任指数
		亲密信任指数
		特殊信任指数
		机构信任指数
	社会赋权	高等院校数量
		互联网使用率
		文盲率
		社会组织数量
		政府信息公开满意度
		社会参与度
		政治参与度
	社会包容	社会公平指数
		社会安全指数
		本地人与外地人冲突指数
		穷人与富人冲突指数
		宗教信仰群体冲突指数

二　西部地区社会质量综合评价与分析

（一）评价方法和数据来源

本文主要是对西部地区社会质量及社会质量四个维度进行综合评价与分析，以期发现西部地区社会发展和社会建设过程中存在的问题，为提升西部地区社会质量提供一定的参考和借鉴。评价数据主要来自 CSS 和 CGSS 等公开数据以及相关年份各省份统计年鉴、《中国统计年鉴》、《中国城市统计年鉴》。

评价方法选择主成分分析法，主成分分析的指导思想是“降维”，在若干个指标中提取少数几个综合性指标（主成分），提取的每个主成分均能反映一部分原始变量，且各个主成分之间又具有一定独立性。主成分分析主要分为三个步骤：首先，消除各个指标之间单位的影响，对所有数据进行标准化处理，并对逆向指标进行正向化处理；其次，确定需要提取的主成分个数以及各主成分表达式；最后，计算西部各省份社会质量以及社会质量各维度的综合得分。

（二）西部地区社会质量概况

在社会经济保障方面。西部地区的社会经济保障呈现出人均可支配收入较低，社会养老保险覆盖不足等特点。《中国统计年鉴 2016》数据显示，西部地区人均可支配收入和人均生产总值均低于全国平均水平，社会养老保险覆盖率仅为 37.63%。

在社会凝聚方面。西部地区居民的社会信任水平整体较高，尤其体现在对亲友邻居、教师医生和党政人员的信任方面。CSS 2013 数据显示，53.7% 的人表示对亲戚朋友比较信任，66.7% 的人表示对邻居比较信任，44.8% 的人表示对党政领导干部比较信任，46.9% 的人表示对党政机关的办事人员比较信任，65.6% 的人表示对医生比较信任，60.9% 的人表示对教师比较信任。

在社会赋权方面。西部地区社会赋权呈现以下特点：①居民对于政府信息透明的满意度有待提高；②居民的政治参与主要集中在制度性参与，政治冷漠现象较为普遍。CSS 2013 数据显示，61.1% 的人表示对政府信息的透明度不满意，44.3% 的人表示自己曾经参加过居委会/村委会选举，有超过一半的受访者表示自己不愿意参与此类活动。

在社会包容方面。西部地区居民对于社会公平认可程度整体较高，CSS 2013 数据显示，60.6% 的人认为社会总体上是公平的。但在就业、社会财富及收入分配、不同地区和行业之间的待遇以及城乡之间的权利、待遇等方面则有较高比例的人认为存在不公平现象，比如 56.8% 的人认为社会财富及收入分配不公平，56.9% 的人认为城乡之间的权利和待遇是不公平的。

（三）西部地区各省份社会质量综合评价与分析

1. 评价过程

首先，课题组对收集到的原始数据进行标准化处理，并将负向数据转化为正向；其次，对标准化后的数据进行主成分分析（本文在此运用的是 SPSS21.0 统计分析软件），得到各个主成分特征根、累计贡献率以及各个主成分的成分矩阵；最后，计算综合得分。具体情况如表 2、表 3 所示。

表 2　解释的总方差—提取主成分（社会质量）

单位：%

成分	初始特征值			提取平方和载入		
	特征根	方差贡献率	累计方差贡献率	特征根	方差贡献率	累计方差贡献率
1	7.976	36.255	36.255	7.976	36.255	36.255
2	5.388	24.493	60.748	5.388	24.493	60.748
3	3.436	15.616	76.364	3.436	15.616	76.364
4	1.789	8.132	84.496	1.789	8.132	84.496
5	1.226	5.572	90.068	1.226	5.572	90.068
6	1.069	4.860	94.928	1.069	4.860	94.928
7	0.552	2.510	97.437			
8	0.380	1.725	99.163			
9	0.184	0.837	100.000			

注：提取方法为主成分分析法，本表仅显示前 9 个成分特征值。

由表 2 可知，第一、二、三、四、五、六主成分特征根依次为 7.976、5.388、3.436、1.789、1.226、1.069，其特征根大于 1，且累计方差贡献率达到 94.928%，因此，提取 6 个主成分进行西部地区社会质量综合评价。在此，综合表 2、表 3 以及收集的原始数据，应用综合评价模型。

表 3　各个主成分的成分矩阵

类别	成分					
	1	2	3	4	5	6
人均可支配收入	-0.482	0.100	0.808	-0.154	-0.045	0.184
人均拥有住房数	0.149	0.365	0.793	-0.051	0.108	-0.441
社会养老保险覆盖率	0.828	0.011	-0.367	0.086	0.030	-0.267
恩格尔系数	-0.549	-0.686	-0.040	0.358	0.203	0.008
人均生产总值	-0.605	-0.087	0.666	-0.170	0.124	0.239
就业总人数	0.291	0.904	-0.054	0.180	-0.042	0.149
一般信任指数	0.622	-0.206	0.651	0.113	-0.264	-0.092
亲密信任指数	0.685	-0.602	0.137	-0.173	-0.065	0.184
特殊信任指数	0.697	-0.372	0.504	0.147	0.131	-0.235
机构信任指数	0.892	-0.091	0.014	-0.024	0.361	-0.200
高等院校数量	0.201	0.896	0.182	0.242	0.160	0.052
互联网使用率	-0.452	-0.524	0.411	-0.180	0.434	0.322
文盲率	-0.399	0.606	0.595	0.124	0.078	-0.290
社会组织数量	0.328	0.824	0.131	0.332	-0.101	0.198
政府信息公开满意度	0.535	-0.576	0.241	0.472	0.104	0.180
政治参与度	0.602	0.406	-0.339	-0.025	0.568	0.150
社会参与度	0.442	-0.047	-0.041	-0.804	0.267	-0.188
社会公平指数	0.894	0.004	0.259	0.220	0.090	0.268
社会安全指数	0.919	-0.024	0.095	0.015	0.125	0.226
本地人与外地人冲突指数	0.791	-0.285	0.206	-0.224	-0.333	-0.043
穷人与富人冲突指数	0.707	0.234	0.094	-0.407	-0.383	0.298
宗教信仰群体冲突指数	0.137	-0.800	-0.018	0.388	-0.126	-0.142

注：提取方法为主成分分析法。

$$F = \frac{21}{21+22+23+24+25+26} \times F1 + \frac{22}{1+22+23+24+25+26} \times F2$$
$$+ \frac{23}{1+21+23+24+25+26} \times F3 + \frac{24}{1+22+23+24+25+26} \times F4$$
$$+ \frac{25}{1+22+23+24+25+26} \times F5 + \frac{26}{1+22+23+24+25+26} \times F6$$

其中，F1、F2、F3、F4、F5、F6 为第一、第二、第三、第四、第五、第六主成分得分，通过上式计算得到西部各省份社会质量的综合得分及排名。

根据同样的方法，对社会质量的四个维度，即社会经济保障、社会凝聚、社会赋权、社会包容也分别进行主成分分析，提取主成分，计算综合得分，具体过程如表 4、表 5、表 6、表 7 所示。

表 4　解释的总方差—提取主成分（社会经济保障维度）

单位：%

成分	初始特征值			提取平方和载入		
	特征根	方差贡献率	累计方差贡献率	特征根	方差贡献率	累计方差贡献率
1	2.725	45.418	45.418	2.725	45.418	45.418
2	1.439	23.985	69.404	1.439	23.985	69.404
3	0.919	15.311	84.715			
4	0.716	11.929	96.644			
5	0.146	2.432	99.076			
6	0.055	0.924	100.000			

注：提取方法为主成分分析法。

在社会经济保障维度综合评价过程中，提取两个主成分，第一、二主成分特征根依次为2.725、1.439。

表 5　解释的总方差—提取主成分（社会凝聚维度）

单位：%

成分	初始特征值			提取平方和载入		
	特征根	方差贡献率	累计方差贡献率	特征根	方差贡献率	累计方差贡献率
1	2.491	62.269	62.269	2.491	62.269	62.269
2	1.061	26.535	88.805	1.061	26.535	88.805
3	0.323	8.077	96.882			
4	0.125	3.118	100.000			

注：提取方法为主成分分析法。

在社会凝聚维度综合评价过程中，提取两个主成分，第一、二主成分特征根依次为2.491 和1.061。

表 6　解释的总方差—提取主成分（社会赋权维度）

单位：%

成分	初始特征值			提取平方和载入		
	特征根	方差贡献率	累计方差贡献率	特征根	方差贡献率	累计方差贡献率
1	2.827	40.388	40.388	2.827	40.388	40.388
2	1.696	24.235	64.623	1.696	24.235	64.623
3	1.132	16.172	80.795	1.132	16.172	80.795
4	0.799	11.417	92.211			
5	0.355	5.070	97.281			
6	0.132	1.887	99.168			
7	0.058	0.832	100.000			

注：提取方法为主成分分析法。

在社会赋权维度综合评价过程中，提取三个主成分，第一、二、三主成分的特征根依次为 2. 827、1. 696 和 1. 132。

表 7　解释的总方差—提取主成分（社会包容维度）

单位：%

成分	初始特征值			提取平方和载入		
	特征根	方差贡献率	累计方差贡献率	特征根	方差贡献率	累计方差贡献率
1	3. 115	62. 291	62. 291	3. 115	62. 291	62. 291
2	1. 222	24. 443	86. 734	1. 222	24. 443	86. 734
3	0. 511	10. 225	96. 959			
4	0. 095	1. 891	98. 849			
5	0. 058	1. 151	100. 000			

注：提取方法为主成分分析法。

在社会包容维度综合评价过程中，提取两个主成分，第一、二主成分的特征根依次为 3. 115 和 1. 222。

2. 评价结果与分析

通过对数据进行前期处理，课题组运用主成分分析方法进行综合评价，最终得出西部各省份社会质量以及社会质量四个维度的具体得分和排名，具体情况见表 8。

表 8　综合评价及各分项得分排名

省份	综合得分	排名	社会经济保障得分	排名	社会凝聚得分	排名	社会赋权得分	排名	社会包容得分	排名
陕西	0. 33	3	0. 42	3	0. 17	4	0. 70	2	-0. 43	8
甘肃	0. 54	2	-0. 18	9	1. 46	1	-0. 27	9	0. 89	1
宁夏	-1. 12	10	0. 08	4	-1. 6	11	-0. 76	10	-1. 26	10
青海	0. 19	6	0. 07	5	0. 96	2	-0. 23	8	0. 39	2
云南	0. 25	4	-0. 14	7	-0. 07	7	0. 25	4	-0. 21	6
四川	0. 59	1	-0. 08	6	-0. 54	9	1. 03	1	0. 37	4
重庆	0. 2	5	0. 55	2	0. 56	3	0. 22	5	0. 38	3
广西	0. 00	7	-0. 14	8	-0. 02	6	0. 31	3	-0. 42	7
贵州	-0. 1	8	-0. 33	10	-0. 21	8	-0. 22	7	-0. 05	5
内蒙古	-0. 4	9	1. 25	1	-0. 7	10	-0. 12	6	-0. 58	9
西藏			-1. 07	12	0. 01	5				
新疆			-0. 43	11						

注：由于数据的可获取性限制，只收集到西藏的社会经济保障、社会凝聚维度指标以及新疆社会经济保障维度指标的数据，对于新疆、西藏地区暂未收集到的指标数据不进行综合得分计算。

进行西部各省份社会质量综合评价目的不在于得分和排名本身，而是通过评价过程发现和诊断西部社会发展与社会建设中存在的问题，为提升西部地区社会质量提供一定的参考和借鉴。通过评价，课题组得出以下几方面结论。

（1）社会质量整体水平和排名。

总体而言，四川、甘肃和陕西三省的社会质量总体评价得分相对较高，而宁夏、内蒙古和贵州的得分较低，其余几省的得分则处于中间水平。社会质量综合得分处于中间的省份与社会质量综合得分相对较高的省份之间的分值差异并不明显，说明西部各省份之间社会质量的整体水平较为接近。但在评价的过程中也发现另外一个明显特点，西部各省份社会质量四个评价维度的得分呈现出一种不均衡状态。例如甘肃，其社会凝聚和社会包容得分均处于西部地区首位，但其社会经济保障得分和社会赋权得分却居第九位。这也说明社会质量的四个评价维度之间不一定具有正相关关系，不能仅从某一方面的得分形成对一个地区社会质量的整体认识。

（2）社会质量分项评价。

从社会经济保障的维度来看，内蒙古、重庆和陕西的社会经济保障得分较高，而新疆和西藏的社会经济保障得分较低。内蒙古自西部大开发以来，整体经济发展速度较快，人均生产总值和人均可支配收入位于西部地区之首，重庆和陕西的人均可支配收入也都处于西部地区前列。内蒙古、陕西和重庆凭借其经济规模和增速优势，为本地区居民提供了较好的社会经济保障。四川作为人口大省，虽在经济总量上排名处于西部地区前列，但在评价指标体系中由于使用人均指标，导致其社会经济保障维度得分并不理想。除此之外，西部一些省份由于受自然地理环境、经济规模偏小、经济发展速度相对较低、城市化进程较为缓慢等因素的制约，在此项评价中得分也相对偏低。

从社会凝聚维度看，甘肃、青海的社会凝聚得分比较高，宁夏、内蒙古和四川的社会凝聚得分则比较低。当前我国处于社会转型期，快速的城市化过程以及社会分工的细化加快了社会结构和社会关系的变化，群体的异质性不断增强，社会个体之间、个体与组织间的信任程度降低，特别是对陌生人的信任程度，与此同时，传统的生活方式、道德、宗教信仰日渐式微，社会凝聚程度也有所降低。甘肃、青海的城市化发展较慢，社会成员同质性较高，按关系亲近远疏划分人际关系，社会关系差序格局特征较为明显，对陌生人、亲戚朋友和邻居的信任程度比较高。宁夏和内蒙古的城镇化率均高于全国平均水平，社会趋于“有机团结”，所以处于“熟人社会”向“陌生人社会”过渡的阶段。一方面，风险社会的来临，使民众对于和自身利益密切相关的教育和医疗的关注度和需求越来越高；另一方面，在快速现代化的过程中，政府工作方式、教育和医疗资源的分配方式以及工作人员的素质不能有效满足现代化发展需要，致使民众对政府工作人员、教师以及医生的信任度不高，这就需要政府部门改善工作服务方式，加大对教育和医疗的投入管理力度，弘扬主流价值观，提升社会凝聚力。

从社会赋权维度看，四川、陕西、广西和云南的社会赋权得分比较高，甘肃、宁夏、青海和贵州的社会赋权得分则相对较低。社会转型带来的不仅是经济的快速增长，更是社会生活方式和组织方式的改变。一个国家或地区的高等院校数量、互联网使用率、文盲率、政府信息公开满意度以及社会成员的社会参与度和政治参与度等都是社会生活方式和组织方式改变的重要因素。陕西、四川等省份高等院校数量众多，居民受教育水平较高，文盲率相对较低，因此个体的政治和社会参与意识都比较强，参与度高。互联网是现代社会获取信息的主要方式，也是居民了解社会、参与政治的重要平台，甘肃等省份互联网使用率较低，居民获取信息的途径有限，居民的社会和政治参与度都比较低。

从社会包容维度看，甘肃、青海、重庆、四川和贵州的社会包容得分普遍相对较高，而宁夏、云南、广西、陕西和内蒙古的社会包容得分则相对较低。社会包容在很大程度上受到社会成员之间的互动和社会流动水平的影响。西部是多民族聚居的地区，各民族风俗习惯和宗教信仰皆不相同，且民族之间的发展差距较为明显，西部各省份社会包容维度得分的高低与各省份基本省情和各省份当前城市化进程密切相关。2015 年，我国城镇化率为 56.4%，而内蒙古城镇化率已达到 60.3%。城乡一体化进程改变了我国原有社会结构，加快了社会流动。内蒙古等省份经济增速较快、城镇化率较高，外来流动人口较多，贫富差距较为明显，本地人与外地人之间的差异和矛盾也逐渐凸显，社会包容得分较低。

通过对西部各省份社会质量以及四个维度综合得分进行聚类分析，课题组分别使用 1、2、3、4 表示高水平、较高水平、中度水平以及低水平，结果发现聚类分析进一步验证了综合评价的结果，具体情况如表 9 所示。

表9　西部地区社会质量水平分类

地区	社会质量水平	类别	社会经济保障水平	类别	社会凝聚水平	类别	社会包容水平	类别	社会赋权水平	类别
陕西	2	较高	1	高	1	高	3	中	2	较高
甘肃	1	高	2	较高	2	较高	1	高	3	中
宁夏	4	低	2	较高	4	低	4	低	4	低
青海	2	较高	2	较高	1	高	2	较高	3	中
云南	2	较高	2	较高	2	较高	3	中	2	较高
四川	1	高	2	较高	3	中	2	较高	1	高
重庆	2	较高	1	高	1	高	2	较高	2	较高
广西	3	中	3	中	2	较高	3	中	2	较高
贵州	3	中	3	中	3	中	2	较高	3	中
内蒙古	4	低	1	高	3	中	3	中	3	中
新疆			4	低						
西藏			4	低	2	较高				

三　研究结论

社会质量综合评价的结果显示，西部各省份社会质量整体得分较为接近，但每个省份社会质量各评价维度得分不均衡。四川、甘肃和陕西的社会质量总体得分处于靠前位置，云南、重庆、青海和广西社会质量总体得分处于中间位置，宁夏、内蒙古和贵州的社会质量得分则处于比较靠后位置。其中，内蒙古的社会经济保障维度得分处于西部各省份前列，但其他三个维度得分却处于较为靠后的位置，这说明社会质量水平的提升不仅需要经济发展作为强有力支撑，也需要注重社会发展。因此课题组认为，在未来一段时期内，西部地区社会质量的提升应该从经济发展和社会建设两方面着手。

在经济发展方面，应以新发展理念为指引，优化西部地区经济发展方式，持续推进西部地区经济发展。经济发展是提升社会质量的物质基础，西部地区在以往发展中更多侧重于经济总量的增长和经济规模的扩张，对于社会发展存在的问题关注不够。但反思经济发展对于社会质量的作用并不意味着质疑经济发展的基础性作用，提高一个地区的社会质量水平和大力发展地区经济之间并不冲突。西部地区在今后经济发展过程中，应以新发展理念为指引，紧紧抓住丝路经济带、国家中心城市以及城市群建设等重大发展机遇，创新经济发展方式，以科技和制度创新促进经济发展，同时应重视经济发展的协调性，在经济发展战略制定过程中充分考虑社会发展存在的问题，促进经济和社会协调发展，尤其是在西部地区生态环境相对脆弱的背景下，以“绿色”为指导理念来发展经济，促进人与自然的和谐发展。在经济成果分配方面，强调“共享”理念，在着力提升收入分配制度公平性的同时，将经济发展成果以“社会福利”方式回馈给社会，健全社会保障体系，提升基本公共服务水平，协调各方利益，缓解社会矛盾，增进人民福祉，提升西部地区居民的“获得感”，为提升西部地区社会质量奠定坚实物质基础。

在社会建设方面，应以社会治理现代化为契机，在社会建设过程中发现和解决问题，全面提升西部地区社会质量。一方面，应高度重视社会治理主体的多元化。社会治理主体多元化强调政府和其他社会治理力量之间的有效合作，政府在发挥主体作用的同时，应为社会成员提供机会，激发社区居民、社会组织、文化传媒组织、企业等社会力量参与社会治理的活力，增强社会成员参与社会发展的权利，以信任为基础、包容为要求构建各群体之间有效沟通的桥梁和机制，促进社会群体之间的平等交流、互惠融合。另一方面，应以文化建设和信息化建设为重要途径。西部地区因其地理位置和自然条件限制，思想观念和区域文化处于一个相对封闭状态。因此，西部地区应大力推进信息化建设，普及互联网等现代信息技术，拓宽人们获取资源信息范围和途径的同时推进文化建设，加大对公共文化服务体系、文化产业发展支持力度，为民众提供各种优秀文化资源，丰富民众精神生活，不断提高民众素质和能力，逐步增强人们赋权意识和能力。

B.8

西部地区社会治理研究报告*

雷晓康　王欣亮　黄钰婷　胥　丹　朱松梅**

摘　要：　社会治理是我国新时期"五位一体"总体布局重要组成部分。本文从深化改革时期社会治理从一元治理到多元治理、从集权治理到分权治理、从人治到法治、从管制治理到服务治理出发，阐述西部地区社会治理现状，指出西部地区社会治理存在的问题，并从理念、定位、主体、方法四个方面给出构建西部地区共享社会治理格局的政策建议。

关键词：　社会治理　发展特点　现状　问题　路径

一　深化改革时期社会治理发展特点

（一）从一元治理到多元治理

多元治理，即治理主体的多元化。治理一词最初是由联合国全球治理委员会提出，即"治理是各种公共的或私人的个人和机构管理其共同事务的诸多方式的总和。它是使相互冲突的或不同的利益得以调和并且采取联合行动的持

* 本文受2016年西北大学哲学社会科学繁荣发展计划"优秀科研团队建设项目""应急管理研究及西北地区社会治理能力建设研究"、2015年"陕西高校人文社会科学青年英才支持计划"（第二批）、2014年西北大学哲学社会科学繁荣发展计划重大培育项目（XDFR201403）资助。

** 雷晓康，西北大学公共管理学院博士、教授，研究方向为公共管理；王欣亮，西北大学公共管理学院讲师、博士，研究方向为公共管理；黄钰婷，西北大学公共管理学院硕士研究生，研究方向为行政管理；胥丹，西北大学公共管理学院硕士研究生，研究方向为公共经济；朱松梅，陕西省委党校讲师、博士，研究方向为公共管理。

续过程。其中，冲突或多元利益主体能够相互调适并能采取合作行动。它既包括有权迫使人们服从的正式制度和规则，也包括各种人们同意或认为符合其利益的非正式的制度安排。它有四个特征：治理不是一整套规则，也不是一种活动，而是一个过程；治理过程的基础不是控制，而是协调；治理既涉及公共部门，也包括私人部门；治理不是一种正式制度，而是持续的互动”。[①] 由联合国全球治理委员会提出的这一定义可以看出，治理一词所代表的不仅包括使人们遵守的一些正式的规章与制度，还包括约定俗成或人们自愿依据的非正式规则与安排。

治理的目的是在各种关系存在的情况下，使用各种不同方法引导公众与社会行为，约束和规范各种社会主体的相关活动，从而在最大程度上保障公众利益。在以往的社会治理活动中，政府一直居于首要地位，近年来，随着社会的发展，社会治理主体不应只是政府，社会组织等主体也要逐渐进入治理主体行列，共同构成多元化的社会治理结构模式。

多元社会治理模式就是指在处理社会事务的过程中，政府与社会等多主体共同努力，共同配合，共同进行一些公共资源分配及事务解决的模式。多元社会治理主体包括政府、社会组织及公民。其中，政府仍然占据主要位置，在社会治理活动中发挥主导作用，但与以往一元化社会治理不同的是，社会组织也逐渐开始在政府缺位或越位的领域发挥其治理的重要作用。随着经济的发展与社会的日益进步，社会环境变得更加复杂，社会治理所需要处理的问题也变得越来越多、越来越复杂，同时，公民参与社会事务、发挥主人公作用的需求也越来越强烈，这都要求政府在处理社会事务、进行社会治理过程中改变以往处理方式，要求社会运行与处理问题方式做出相应改变。在这种情况下，政府作为单一主体，对日益复杂的社会治理问题显得力不从心，而越来越多的市场与政府失灵状况也使得社会与政府无法独自完成一些社会事务的处理，建立一种政府与社会组织共同参与的多元社会治理模式势在必行。同时，多元治理的社会管理模式要求社会组织积极参与相关社会事务处理，真正成为除政府之外的社会治理主体，促进社会治理进程。与一些私人企业等主体不同，社会组织大多具有一定的公益性，并深入公众，这使得它们相较于政府而言更能够获得社

① 联合国全球治理委员会《我们的全球伙伴关系》报告，1995。

会大众的支持与信任，并具有更加强大的社会动员能力，而这正好构成社会组织参与社会治理的基础条件。

（二）从集权治理到分权治理

治理的目的就是允许多元主体使用不同方式来对社会事务及经济社会发展过程中的一些问题进行处理，因此要达到治理的目的，必须借助公共权力。但公共权力并不只是指政府权力，而是指以政府权力为主导，同时辅以多元社会自治权力的权力体系。要进一步推进社会治理相关进程，就要坚定不移地推进分权治理的相关进程。社会治理是由多元主体共同参与社会事务的相关处理，因此比社会管理更加强调处理社会事务权利的分化及自下而上的管理模式。随着社会公众参与社会治理相关事务诉求的觉醒以及社会组织等主体发展的成熟化，社会事务处理的主体也必然由政府向更多主体扩展，从而形成社会各主体均有权力参与社会事务处理的状态，而这将构成一种新的政府与社会的共同合作关系。①

分权化治理要求政府将管理社会活动、处理社会事务权力下放，使得社会组织等其他主体都能够在其中实行自己的权力。现代社会治理是分权化的逻辑结果，分权化治理是允许社会组织等主体参与社会治理的透明化社会治理。分权化治理是新型社会治理模式，是通过将政府在处理社会事务上的权力细分出去的基本形式进行社会治理的一种模式，是由政府、社会组织、公民等多主体共同参与社会事务管理、社会问题处理的一种治理模式。分权化治理具有多种形式，如政治性分权、财政性分权、行政性分权、地理空间分权和市场化分权等。其中，与社会治理联系最紧密的就是行政性分权。行政性分权是从政府内部对相关权益划分出发，将政府诸如制定公共政策、处理社会事务及公职人员管理权限等多种行政方面的权力在政府和社会组织、公民等主体之间进行调整的一种方式。②

---

① 吴晓燕：《社会管理创新：从一元管理到多元治理》，《社会主义研究》2012 年第 4 期。

② 曾维和：《发展中国家分权化治理的进程、框架及际遇考察》，《甘肃行政学院学报》2009 年第 4 期。

（三）从人治到法治

人治与法治是不同的社会治理模式，与人治相比，法治代表更加现代与科学的社会治理方式，为善治提供了核心与基础。

公平与正义是现代法治的核心，也是现代社会治理的核心价值，坚持法治型的社会治理能够更加有效地体现政府执政为民的理念和社会公众的公平诉求，保障和促进社会公平。现代社会治理由人治向法治发展，是一种必然的趋势。人治的核心在于对社会事务或经济社会发展的重要问题主要由统治者或当局者说了算，是一种高度集权化的治理方式。这种方式不仅强烈依赖于统治者个人素质，而且忽视社会公众参与社会事务处理的基本诉求。相较而言，法治的核心在于在治理过程中对法律的坚持与拥护。这种方式不仅能够保持执政理念、执政路线、执政方针的连续性、稳定性及权威性，还能最大限度减少由于统治者或领导者的个人因素而产生的治理环节中的错误。随着经济与社会的发展，社会环境中各主体利益日益多元化，面临的社会问题日益复杂化，单纯依靠领导者个人智慧来对社会事务进行管理是不可能的，唯有依靠宪法和法律制度体系，才能在日益复杂的环境中保持清醒，保证社会治理科学而有效地进行。①

（四）从管制治理到服务治理

社会治理是一个庞大而系统的工程，现代化的社会治理往往都是服务治理。与以往政府对于社会及公众的管制型治理不同，当代社会治理更加注重服务于社会，服务于人民，社会治理的目标也从对社会公众的管理变成为社会公众更好地服务。现代社会治理探索建立问题协同解决、信息研判处理、民意畅通表达、考核考评追究等责任机制，有效确保民情信息在第一时间收集、民生事项在第一时间办理、群众诉求在第一时间回应、矛盾纠纷在第一时间调处、安全隐患在第一时间消除。我国社会治理的最终目标，就是要转变政府职能与理念，减少行政干预，协调社会各主体对社会事务进行处理，最终完成服务型社会治理。服务型治理的完成极大程度依赖于服务型政府的构建，只有当政府

① 张文显：《法治与国家治理现代化》，《中国法学》2014 年第 4 期。

转变职能，社会治理才能够真正做到转型。目前我国服务型政府的建设取得了一定进展，国家公共财政支出中用于教育、医疗卫生、社会保障及就业等方面的支出不断增长，财政支出结构得到优化，基本义务教育全面普及，基层医疗卫生服务网基本建成，覆盖城乡的社会保障体系初步形成，基本公共服务日益走向均等化，政府服务职能不断强化。然而，我国虽然已取得诸多成就，但在建设服务型政府的过程中仍然存在不少问题。服务型政府的建设需要进一步加强思想与理论建设，确保每一个公务人员都树立为人民服务的观念，在行政过程中时刻谨记服务型政府的内在要求，真正做到服务人民。加强思想建设不仅针对政府公务人员，还应包括对群众的相关思想及观念的建设。在培养服务型政府公务人员的同时，还必须培养具有公民意识的群众，培养其参与意识、权利意识及责任意识，充分调动其参与公共决策、表达自我诉求及监督政务执行的积极性，从而推动服务型政府的建设。

二　西部地区社会治理现状

（一）西部地区社会治理主体

1. 政府

社会治理与政府紧密联系，但是并不意味着我国社会治理过程只允许政府参与，虽然政府的角色使得其承担着处理相关社会问题的责任，但越来越复杂的社会环境已经使得政府无法包揽一切。由政府单一主体进行社会治理活动已不能够解决现阶段诸多社会问题，其他非政府社会主体在处理社会事务中的作用越来越大。因此，社会治理的主体应是由政府与其他社会主体共同组成。在很长时期，政府垄断了全部社会管理职责，这一方面导致了我国社会管理一元主体的诸多问题，也因此丰富了我国政府应对社会事务的经验。现阶段这样一个复杂的经济社会环境，不仅需要社会各主体对社会事务的踊跃参与，更需要政府在处理社会问题中运用自身的丰富经验，组织、协调、领导社会各主体，规划社会治理发展方向，推动社会治理体系的构建与发展。

在这样的社会治理推进过程中，政府将不再是社会治理的唯一主体，而是将由政府发挥其强大的号召力与凝聚力，协调和组织其他各主体共同参与社会治理的进程。社会治理的其他各主体则应在政府领导下积极参与社会事务处理，充分发挥自身作用，与政府相互配合，产生优势互补作用。政府应着力构建社会性主体平等、共同参与社会事务治理的制度化渠道与平台，培育参与主体的合作意识和信任机制，明确共同治理中的职责。行政体制改革应以公共性为根本价值导向，行政法制与伦理、行政人员的素质提升等重要行政实践问题应始终以公共性为根本。建立综合治理领导责任制，健全政府内部评审与社会参评相结合的人事考核制度，培育具有高度公民精神和高度职业主义的社会治理人员，用制度保障责任的落实；政府要制定税收优惠政策，设立专项基金和激励基金，加快“政社分离”，通过加大服务购买力度实现政府职能转移，完善社会组织决策参与机制。

社会治理仍是政府应关注的基本问题，也是其基本职能，在进行社会治理过程中，政府应充分关注自身公权力的界限与范围，不能出现越位、错位及缺位等一系列问题。改革开放以后，我国社会组织虽然得到了良好的发展，但仍然存在一些问题，包括发展不成熟与规范不够等。而且许多社会组织并未完全脱离政府掌握，具有明显的依附于政府的倾向，其发展在很大程度上依赖于政府的权力分配与资金支持。这就要求政府在推进社会治理的进程中分散一定的公权力，努力激发社会组织的发展活力，鼓励和支持社会各主体积极参与社会治理，最终实现政府与社会的良性互动。

2. 社会组织及公民

在现代社会治理内涵要求下，政府逐步下放权力，各类社会组织积极参与社会治理活动。这些组织以洞察民需为导向，确定服务供给方向。但在我国，尤其是西部地区，由于地区发展特性，自下而上表达渠道及其影响力依然较弱，社会组织发育不成熟。但在公民积极要求参与社会治理活动热情下，西部地区社会组织积极发展，努力扩展其服务范围，提升服务能力。为了成功解决日益增长的公民需求与日益复杂的社会问题，西部地区社会组织的服务内容也得到了丰富，目前各类社会组织的活动内容已经发展到居民精神生活和心理健康领域。但是，在社会组织发展过程与环境中仍然存在诸多压力与阻挠。权力的扩张、利益的分化与民众利益表达渠道的堵塞等，使传统的社会控制方式与社会新生力量整合之间存在张力。为了解决这个问题，各类社会组织应积极联系公民、聚合资源，依靠公民的力量积极协商参与社会治理活动，强化自身建设。

近年来，西部地区各类社会组织规模不断壮大，在民政部门依法登记的各类社会组织数量空前，社会团体、民办非企业单位及各类基金会蓬勃发展，各类社会组织逐步发展壮大，架起政府与社区、公民之间的桥梁。社会组织为城乡居民提供更好的公共服务，成为推进基层社会治理的重要力量。随着各类社会组织的发展、公民权利意识的增强，政府出台一系列政策，确定行业协会商会类、公益慈善类、科技类、城乡社区服务类等社会组织直接登记的范围、程序、要求和管理权限，优化社会组织发展环境，保障公民权利。

（二）西部地区社会治理的运行

西部地区疆域辽阔，人口稀少，少数民族聚集地多，经济发展落后，基础设施不完善，在社会治理推进过程中存在诸多问题，很大程度上增加了当下及未来进一步推进社会治理的成本。因此，在西部地区推进社会治理进程中，国家及政府的经济投入明显多于东中部。而且由于地理环境及基础设施建设因素，人们居住分散，导致公共服务的供给、基础服务设施的提供与改善及信息传递等需要投入大量人力物力财力及时间。西部地区社会经济发展水平与人们的要求差距巨大，无论提供物质性服务设施还是精神层面的服务平台与渠道方面，都存在很大问题。同时，西部地区农村区域众多，由于经济发展及交通运输条件等原因，西部地区农村社会治理的推进面临着更大问题。相较城市地区而言，农村地区公共服务供给更加不完善，民众传递民情的渠道更加有限，各类社会组织发展更加不成熟，社会治理的发育程度也更低。不仅如此，西部地区社会治理还面临着财政投入短缺问题。由于地理条件和历史因素的限制，西部地区经济发展水平远远落后于发达地区，西部各省份的财政收入占全国财政总收入的比例远远低于中东部一些发达省份。西部地区政府财政收入十分有限，因此导致其对社会治理领域的投入相较于中东部地区更低，从而进一步抑制了西部地区社会治理水平的提高。

虽然西部地区在社会治理推进方面存在着成本高、服务供给能力弱、农村地区发展问题多、财政投入少等诸多问题，但是西部地区各类社会和基层组织发展得却十分迅速。改革开放以来，由于中央及各级政府对西部地区发展各类社会组织在政策上倾斜，给予了西部地区各类社会组织蓬勃发展的良好政策环境，为这些组织在西部地区的蓬勃发展提供了良好的土壤，使得其能够在客观上拥有不断壮大发展的环境。同时，由于西部地区少数民族与汉族一起居住的情况十分常见，各类意见与建议的交流十分频繁，因此在主观上，西部地区也具有十分成熟的供各类社会组织建立并发展的条件。因此，西部地区各类社会组织发展速度远超预期，各类组织蓬勃发展，并迅速成长为社会治理的主要力量之一，协助政府稳步推进社会治理。①

（三）西部地区社会治理的保障

推进西部地区社会治理的主要目标之一，是在有效规范政府权力与行为边界的同时，为社会和群众的自治良性互动留下足够空间，探索更为科学有效的社会治理模式，促进社会和谐发展。因此，我国西部地区社会治理必须有完善的法规制度作为支撑与保障，同时必须进一步推进法治型政府的建设。只有法治型政府的成熟发展，才能保证在社会治理过程中，政府能够以法治规范自身的行为，引导、保障和推进社会治理。② 因此，要在西部地区进一步推进和发展社会治理，必须坚定法治型政府的建设。只有不断推进法治型政府的建设，规范政府行为与边界，才能保证西部地区社会治理活动的发展。

法治型政府即政府通过在行政过程中坚持以法律为基准，以法律规定的界限实行政府职能，使政企分开、政事分开，在合理限度与范围内发挥政府经济调控、市场监管、社会管理与公共服务的职能。西部地区在推进法治型政府建设过程中，应在政府内部积极开展法治教育，培养公务人员法治观念，树立执政的法治意识，从而使得公务人员在工作中严格遵循法律规定，将政府行为纳入法治规范，从思想上树立法治政府概念。在法治观念培育中，最基本的是要高度重视法律的存在，将法律作为政府行政的最高标准，保证政府及公务人员的行为在法律授权与允许的范围内，坚决杜绝执政者违反法律的执政行为。除此之外，公务人员尤其是领导者还应积极树立责权统一的理念，制约个人权力，保障公务人员依法执政，不滥用职权。这些努力都将为西部地区法治型政府建设助力，并最终有助于形成成熟完善的政府行为体系，从而为西部地区社

① 伍定：《推行网格化服务治理　建设文明和谐沙湾》，《中共乐山市委党校学报》2014 年第 4 期。

② 吴开松：《社会组织在西部民族地区社会治理创新中的价值研究》，《贵州民族研究》2014 年第 9 期。

会治理提供保障，在分权与监督社会其他主体参与社会治理活动过程中做到不偏不倚，正确对待。

三 西部地区社会治理中存在的问题

（一）治理理念偏颇且落后

政府职能错位。许多应该由市场和专业化团队承担的，应当按照市场规则运行的社会事务却由政府部门依靠行政权力强行管理，政府的强行介入遏制了社会组织及各种社会力量的发展，这种介入使得西部地区民间组织处于一种被动发展状态，这种状况也使西部地区社会组织参与社会治理的成本增加。随着改革开放的逐步深入，新的社会问题和社会矛盾频繁涌现，由于地方政府长期以来重经济发展轻社会建设的思维模式，许多原本应由政府重点管理的领域和环节却因措施不到位、执行不得力，甚至政府机关的漠视而问题丛生，由此导致政府在社会安定、社会公平、环境资源管理、人口和就业管理、公共安全管理、保护弱势群体等方面表现不佳。

文化认同薄弱。在西部地区多种意识形态并存，民众的民族认同感弱化，并受境外分裂主义、极端主义、恐怖主义三股势力的影响，民族地区群体性事件屡禁不止，国家与公民之间出现信任“赤”字，不利于社会的有序运行，成为社会治理失效的一个重要因变量。特别是在“一带一路”背景下西部地区积极对外开放，各民族间以及与相邻国家间的人文交流日益频繁，在文明彼此碰撞的过程中会促进文化发展，但也可能会产生极化倾向。一是由于多民族和多元文化的存在，各民族之间生活习惯、文化习俗、宗教信仰等方面迥然不同，由此产生了“封闭效应”和“避邻效应”，将外来者的介入视为一种侵略主义，从而阻碍各民族之间的文化交流和融合发展，弱化社会治理的心理基础。二是民族文化是民族地区的精神财富和文化符号。一旦文化消失了，民族也就灭亡了。随着现代文明的冲击和外来文明的影响，传统的民族文化生存空间被压缩，特别是西部地区经济较落后的民族地区无力抵挡外来文化的入侵，文化自由受限，民族特色逐步消失。三是民族文化被异化。少数民族地区在享受外来旅游带来的巨大财富时，民族文化遭到商业化侵袭，民族文化被异化，成为当地经济发展的牺牲品。

（二）治理主体单一且乏力

政府的单一治理，使其他社会力量试图介入的空间和领域相对狭小。西部地方社会组织规模较小，社会管理服务作用没有充分发挥，呈现“强政府，弱社会”的社会治理态势。以陕西省为例，截至2014年底，全省各级民政部门依法登记、备案的社会组织共有25664家，其中社会团体12044家，民办非企业单位10465家，基金会93家，从业人员超过50万。长期以来，西部地区受管理观念滞后、政策扶持力度不够等多种因素的影响，社会组织规模较小，发展较慢，组织力量较弱，服务社会作用发挥不充分。

政府作为社会治理的主体，政府财政汲取能力直接关乎社会治理能力的发挥，一个没有足够财力、物力支撑的政府，许多政策措施都无法付诸实践，从而变成一纸空文。基础设施薄弱、群众受教育程度较低、贫困人口众多、自我发展能力单薄等制约因素，使西部地区经济发展水平与发达地区相比有很大差距。再加上西部地区人口稀少且分散居住，通信设备、交通设施都不完善，使得社会治理成本增加、难度倍增。西部地区大多数地方政府对中央政府的财政转移支付严重依赖，最明显的是西藏自治区，2015年其对中央政府转移支付的依赖度达到44.44%，是全国平均水平的5倍，位居全国第一；新疆维吾尔自治区、宁夏回族自治区依赖度分别为14.26%、14.62%，高于全国平均水平；内蒙古自治区、广西壮族自治区依赖度分别为8.10%、9.27%，接近全国平均水平。而东部发达地区如江苏、广东、山东依赖度分别为1.21%、1.41%、2.51%。由此可见，西部地区与发达地区相比自我发展能力弱，对中央转移支付依赖严重。

（三）治理手段刚性且单一

社会治理手段的科学性、有效性直接关系和影响政府治理能力，是检验政府治理能力的有效指标。社会治理手段一般有行政手段、法律手段、经济手段，每种手段都有其利弊。由于民族地区社会治理环境复杂且区域间经济社会发展不平衡，使得民族地区在社会治理中往往以使用行政手段居多，而经济、法律手段少且不规范，治理手段单一，安于现状式和刚性管控式治理常态化，以行政权力代替法律效力，甚至以行政处罚作为管理手段的现象时

有发生。在社会治理中过分采用行政手段，势必会压缩法律手段、经济手段的治理空间。

以行政手段为主的治理方式具有直接性、强制性、快速性特点，其能在突发危机事件的情况下迅速供给公共服务，化解矛盾，解决社会治理中出现的问题。但是刚性的行政手段明显缺少科学合理的充分论证，难以满足人们多元及多层次需求，并且民族地区政府官员也是理性的经济人，在关乎利益分配的社会治理政策方面往往服从于行政领导个人主观偏好，易产生政府短期行为。在此背景下，行政主导式的社会治理可能导致不同阶层、群体利益分配的不均等。长此以往，西部地区社会治理会形成“内卷化”现象，主要表现在管理功能维稳化、管理人员压力化，从而导致西部地区“以硬对硬，以蛮对蛮”的简单粗暴的治理方式。

四　构建西部地区共享社会治理格局的优化路径

（一）理念：从“利益”到“价值”转变

社会治理作为一项长期性、基础性事业，需要长时间的投入、科学的论证与规划。以扶贫工作为例，在扶贫实施初期，由于产业发展导致贫困人口减少，能够有效提升一个地区的经济发展水平，地方政府在扶贫的同时也提升了当地的 GDP，因此很多地方积极主动有效地减少贫困人口。但是随着扶贫开发工作的推进，扶贫区域由大规模的集中贫困区向小规模、分散化贫困户演变，扶贫对象由劳动能力强的人群逐渐演变为丧失劳动能力的人群。扶贫成本不断提升，使地方政府兴趣逐渐衰减。

要突出均衡式发展理念。西部边疆地区的发展应是共享发展、均衡式发展，传统的阶梯式发展政策已经不适应新形势发展的需要。今后西部边疆地区的发展要坚持均衡发展理念，统筹民族之间、民族与非民族之间、城乡之间的发展，对于平衡社会心态，促进民族大团结具有重要意义。①

① 魏丽、吴琼：《以政府治理理念完善多民族地区的社会控制》，《西藏大学学报》2016 年第 1 期。

突出法治化理念。随着“一带一路”建设带来的开放性的增强，西部地区一些领域也迅速发展起来，包括特色旅游、文化产业、跨国合作等，对道德风险和道德滑坡也应加以防范，西部地区现有法治建设较为落后，宗教、习俗等教化权力对法治权力的僭越不利于民族地区的发展，因而必须加快国际法和民族立法进程，加强法制化教育。

（二）定位：从“维稳”到“维权”转变

及时处理与解决社会矛盾是判断社会治理有效性的重要指标，因此要积极主动处理社会治理中的突出问题，做到早发现、早解决。政府机关在处理此类社会问题时应该秉持为群众解决问题的态度，对此类问题予以重视，积极疏导和应对，而不应消极推卸责任或回避。另外，要建立健全群众与政府沟通的畅通渠道，建立合理的处理社会问题与矛盾的机制，改变“稳定压倒一切”的工作导向。畅通的沟通渠道是问题得到及时解决的有效保障，要倾听民众心声、反映群众所想、处理群众所急，保持社会和谐与稳定。

最近一个时期，人民群众最关切的仍然是社会公平与自身权益问题。政府要切实解决群众的后顾之忧，认真严谨对待群众的任何一件“小事”，在为群众办事过程中要做到绝不懈怠、不有失公允，充分保障公民合法权益。公务人员在办事过程中，应热情主动、态度端正、全心全意为群众服务。办事要严格按照规定，公开透明办事，踏踏实实办事。“千里之堤，溃于蚁穴”，许多小问题不解决就会演变成重大社会问题，乃至破坏政府的公信力与国家的制度根基，所以说，从“维稳”到“维权”的转变将是今后一段时期社会治理的重点。

（三）主体：从“一元”到“多元”转变

政府是社会治理的建构者。要加强制度设计，健全法制体系。制定金融安全、网络信息安全、意识形态安全等方面的制度和国际法规；促进公共服务均等化，提高地区公共物品和服务的供给能力和质量；健全宗教管理体制，保障宗教信仰自由的同时，严厉打击宗教极端势力，保护国家安全；完善社会保障机制，着力解决民生领域方面的教育、就业、养老、医疗等重大问题，维护社会公平正义；建立生态风险治理机制，制定能源发展战略和资源治理战略，对西部地区因生态建设遭到损失或做出贡献的省份给予补偿。

社会组织是社会治理的推动者。要重视和发挥西部地区传统民间组织等社会力量的积极作用，让社会组织有效参与社会治理，在对社会矛盾的调节与稳定中弥补政府失灵。同时通过它们开展的“新公共外交”，加强与周边国家同类组织的双向对话，规避多元化风险、消除“三股势力”的威胁。

公民是社会治理的参与者。要提高西部地区公民特别是边缘群体的参与程度和参与能力，通过积极参与政府决策提高其社会责任感与归属感，也为社会积累人力资本，提高公民社会的自我管理、自我服务能力。另外，通过民众对决策的监督，积极搭建网络监测平台，建立回应机制，完善民众的利益诉求和表达机制，提高公民参与的积极性和政府决策的科学性。①

（四）方法：从“刚性”到“柔性”转变

强化治理过程的互动性。要注重政府组织与社会组织之间的互动，非政府组织相对于政府的间接式管理来说，更具有针对性、直接性和能动性，在维持社会稳定、调节人际关系、协调社会矛盾、引导人们树立观念、规范人们行为上具有独特功效。因此，地方政府与非政府组织要保持持续互动，谋求合作。要注重地方政府之间的持续互动。西部地区的社会治理面临条块分割、上下错位困境，新形势下必须打破这种单向度和分离式的管理局面，中央政府适当地给予西部地方政府自治权，提高地方自主管理、自主治理能力。强调自上而下和自下而上的有机统一，建立中央政府和西部地方政府的双向互动机制，建立自上而下系统、明确的行政工作体系。②

强化网络治理方式。要主动适应网络和新媒体发展趋势，高度重视对虚拟社会的管理，树立以人为本、服务为先的理念，积极引导网络和新媒体发挥正面效应。完善网络和新媒体管理的相关法律制度。西部各省区市要及时出台网络和新媒体管理的相关法律规定，强化法律法规的约束作用，对违法人员给予

---

① 胡仙芝：《公众参与制度化：社会治理创新的突破点》，《人民论坛》2014 年第 18 期。

② 蔡辉明：《警惕社会管理中的“内卷化”现象》，《理论学习》2011 年第 10 期。

相应惩处，营造良好的网络环境和新媒体运行环境。建立全员参与治理模式。积极构建政府主导、全员参与、社会协同的网络和新媒体管理模式；健全激励机制，调动广大公众和社会各方面积极参与对网络和新媒体的管理。改进和转变“捂、盖、压、删”管理方式，尽可能通过沟通、引导、协调、服务的方式，积极解决网络社会问题，化解社会矛盾。

文化科技教育

Culture, Science And Education

B.9

西部地区传媒发展与区域竞争力报告*

赵 勋 庞万红**

摘 要： 本文基于西部地区经济社会发展现状，以西部视角评价西部传媒发展，探讨西部传媒在区域经济社会发展中的作用，分析西部传媒对西部地区竞争力产生影响的主要指标，并从传播效应、产业增长效应以及传媒溢出效应等方面，分析传媒影响西部竞争力的机制，以正确认识西部传媒发展，更好地推动西部地区走向现代化。

关键词： 西部地区 发展传播学 传媒 区域竞争力 可持续发展

---

* 本文为国家社科基金项目（13BXW048）；西安社科基金项目（17Z48）成果。

** 赵勋，西北大学新闻传播学院教授，中国西部传媒与社会发展研究院研究员；庞万红，西安外事学院文学院讲师；参与本研究报告的还有西北大学新闻传播学院硕士生赵娜、王宜佳、武超、王希曦、贺立凡。

在推进西部地区落实“创新、协调、绿色、开放、共享”发展理念背景下，西部地区要实现小康社会，进而实现全面现代化，大众传媒责任重大，无论是就大众传媒自身社会功能而言，还是从西部地区社会发展迫切要求来说，新闻传媒都应积极参与西部建设。加快西部地区发展，构建和谐社会，是西部地区今后面临的一个重要课题，正确认识西部传媒发展水平、建立客观的西部传媒评价指标体系，有利于推动西部地区现代化。

一　西部发展中的传媒角色

本研究旨在探讨传媒在西部地区经济社会发展中的作用，探索我国社会转型期以及新媒体传播环境下传媒发展与经济、社会可持续发展的相互关系。

（一）发展传播学视角下的传媒

发展传播学兴起于20世纪五六十年代，美国麻省理工学院教授丹尼尔·勒纳（Daniel Lerner）于1958年出版的《传统社会的消逝：中东的现代化》一书被认为是发展传播学的开端。20世纪50年代初，美国哥伦比亚大学应用社会学研究所进行了一项针对土耳其、黎巴嫩、约旦、埃及、叙利亚和伊朗等中东六国的大规模社会调查。根据调查成果，勒纳出版了这一重要著作。他指出，尽管这些国家各自面临的问题与社会状况不同，但它们在从传统社会向现代社会转型的过程中，都或多或少受到西方国家的影响，其中相同的因素，就是这些国家都受到具有典型现代特征的大众媒介的影响。他认为，大众传媒在社会变革过程中，能够将现代观念广泛扩散，形成媒介环境。传播系统的变动，既是整个社会系统变动的结果，又是其变动的原因。①

发展传播研究尤为关注传媒在国家迈向现代化过程中所发挥的作用。创新扩散理论的出现将发展传播学引向应用层面，这一理论指出，传播是社会变革的基本要素之一。新思想、新事物的普及是一种特殊的传播形态。20世纪七八十年代，传播媒介在技术层面发生了巨大变革，卫星传播、网络系统的发展，使大众传媒显露出前所未有的威力。罗杰斯认为，创新和发明在传播扩散

① 张国良：《20世纪传播学经典文本》，复旦大学出版社，2005，第314页。

过程中，大众传播是催化剂，对其充分利用，能够促进创新性的扩增、政治知识的提高、成就动机的增加以及期望水平的提高等，进而提高国家现代化水平。[①] 可见，在现代化理论框架之下传媒成为社会发展中的一个重要角色。

（二）传媒是区域发展的“软实力”

随着我国社会进入转型期，尤其是随着网络传播以及新媒体的快速发展，我国传媒领域发生了深刻变化，在这一社会背景下，西部传媒发展面临着新的矛盾与新的问题。以网络为代表的新兴媒体经过指数级增长，呈现出爆发性增长态势，传统媒体的优势地位从根本上被动摇。在这一背景下，西部地区传媒与社会发展如何加以调适，需要深入研究。

传媒的发展与经济、社会发展之间存在着某种相互影响的关系。在一个国家内部，传媒的发展水平存在地区差异，依据传媒发展的关键性指标或指数，将其分为不同的发展梯级，并将其与这一地区的社会发展水平进行对比分析，发现传媒发展梯度与经济社会发展水平基本相符，为可持续发展奠定基础。所谓传媒发展梯度，是指基于发展传播学的理论提出的，是衡量传媒发展阶段与社会发展匹配度的一个概念。我国的传媒发展梯级，与东中西部地区的地理梯级分布恰好相反，即中国地理梯级是从东部到中部、西部呈现梯级上升，而传媒发展梯级则是东部、中部西部逐级向下。即使在西部地区，也是地理梯级较低的省份，如重庆、四川、陕西等传媒发展相对较好。其中的原因是，西部地区由于自然因素制约，高原、沙漠分布广泛，人口密度小、城市化率低，经济发展水平落后于东部地区，使得西部传媒发展水平滞后。可见，传媒发展受一个地区自然条件环境与经济、社会发展制约。与此同时，区域经济、社会发展也受传媒发展的反作用力，其对区域竞争力的影响，应受到更多关注。

区域竞争力指支撑一个区域持久生存和发展的力量，即一个区域在竞争和发展过程中与其他区域相比较所具有的吸引、争夺、拥有、控制和转化资源，争夺、占领和控制市场的能力，是其自身发展所应具备的资源优化配置能力。区域竞争力是一个地区的经济、社会、科技、文化以及人文素质等方面综合水平和能力的体现。

---

① 尤游：《大众传媒在农村社区的角色变迁》，上海交通大学出版社，2011，第 11 页。

国内机构和学者对区域竞争力的定义大多数源自国家竞争力的内涵。国家和地区是不同行政管理层级的地域概念，二者有很大相似性，可持续发展能力说指出，区域竞争力的重要体现就是可持续发展能力，本质上是区域的可持续发展问题。张为付、吴进红认为，区域综合竞争力是一个区域与整个市场加强分工与协作，实现区域经济和社会可持续发展的能力。[①] 丁力、杨茹认为，地区竞争力是一地经济持续增长的能力，它的强弱可以通过地区竞争力指数得到反映。[②] 左继宏、胡树华认为，区域竞争力应定义为参与竞争的区域（省、地区）依据区位特点，通过实现产业合理分工、协作而表现出吸引利用资源并促进经济社会可持续发展的能力。[③]

影响区域竞争力的因素包括“软”和“硬”两个方面。就硬实力来说，包括产业竞争力、企业竞争力、基础设施竞争力、科学技术竞争力等。其中，产业竞争力是区域竞争力的核心。区域竞争力差异，最直接的表现就是产业发展的现状和前景，产业越具有吸引力，资源优化配置能力越强，表明该地区产业竞争力越强，区域竞争力也越强。

随着竞争的深入，文化竞争力逐渐受到更多的关注。文化竞争力被认为是构成区域竞争“软”实力的重要因素。而作为文化产业核心层的传媒产业，又是构成区域文化竞争力的重要因素。约瑟夫·奈（Joseph s. Nye）提出“软实力”（Soft Power）概念，将文化因素在国际竞争中的作用凸显了出来。[④] 倪鹏飞通过对城市综合竞争力的动态跟踪研究认为，在城市竞争的诸分力中，文化力对城市竞争力贡献仅次于资本力，是第二重要分力。另外，文化力与其他力之间均存在着较强的相关性，这表明文化力受其他分力影响，也通过其他分力对城市竞争力产生间接影响。[⑤]

---

① 张为付、吴进红：《对长三角、珠三角、京津地区综合竞争力的比较研究》，《浙江社会科学》2002 年第 6 期。

② 丁力、杨茹：《经济增长加速度与地区竞争力》，《广东社会科学》2003 年第 3 期。

③ 左继宏、胡树华：《区域竞争力的指标体系及评价模型研究》，《商业研究》2005 年第 16 期。

④ 〔美〕约瑟夫·奈：《软实力：权力，从硬实力到软实力》，马娟娟译，中信出版社，2013，第 55 页。

⑤ 倪鹏飞：《中国：城市竞争力与文化观念》，《开放导报》2002 年第 9 期。

二　西部地区传媒发展状况

与西部地区经济、社会发展相适应，我国西部地区传媒业也呈现快速发展态势。近年来西部传媒发展总体呈现出与以往不同的特征：一方面，由于受自身经济发展水平、自然环境复杂等因素影响，西部地区传统媒体发展落后于东部地区；另一方面，进入新媒体时代，西部地区的自然环境劣势对传媒的影响有一定程度弱化，但由于互联网传播，西部个别省份在新媒体、大数据等领域有突出表现。因此，缩小东西部地区差异、提升西部地区综合竞争力，大力提高网络信息化水平，从某种程度上看，可算是一条“捷径”。

（一）西部地区传媒发展水平

1. 西部传媒发展指数

从我国传媒发展指数来看，西部地区传媒发展呈现明显的“梯级”差异。本报告以“中国传媒发展指数”（CMDI）的测评结果为依据。[①] 通过城镇化率、居民年人均收入、广告增长率、千人广告成本、主媒介渗透率、时间消费总额、内容售卖收入、报纸总印数等15个基础指标计算出传媒生产指数、传媒盈利指数、传媒受众消费指数、传媒广告竞争指数以及媒介环境指数等5个分指数，再合成一个总指数。根据这一方法，课题组对全国31个省区市的传媒发展状况进行测算。根据总指数排序，排名前五位的省份均处于东部，分别是北京、广东、上海、江苏、浙江；西部地区传媒发展指数最高的是四川，全国排名第十位，其指数（69.32）略超过全国平均水平（66.64）。

依据《中国省域经济综合竞争力发展报告（2015～2016）》[②]，全国省域经济综合竞争力排名中，广东、江苏、北京、上海、浙江、山东、天津、福建等居前8位，中部省份湖北、河南位于上游区，以上省份占据前10位；西部地区表现最好的是重庆居第11位，其次是四川，居第13位，重庆、四川、内

① 喻国明：《中国传媒发展指数报告2014》，中国人民大学出版社，2014，第18页。

② 定军、郑晓彬：《2015年中国省域经济综合竞争力：广东第一，京沪排三四名》，《21世纪经济报道》2017年2月28日。

表 1 西部地区传媒发展指数与经济综合竞争力排名

省份	传媒发展指数	西部排名	全国排名	经济综合竞争力全国排名
四川	69.32	1	10	13
陕西	64.14	2	14	20
内蒙古	62.34	3	15	18
重庆	61.84	4	18	11
新疆	61.71	5	19	26
云南	59.94	6	24	28
广西	58.78	7	25	22
甘肃	56.27	8	26	30
宁夏	54.93	9	27	27
贵州	53.93	10	28	24
青海	52.39	11	29	29
西藏	47.81	12	31	31
全国平均	66.64	—	—	—

资料来源：《中国传媒发展指数报告（2014）》《中国省域经济综合竞争力发展报告（2015～2016）》。

蒙古、陕西位于中游区，而西部多数省份位于下游区。这与西部地区传媒发展指数在全国排名非常相似。

2. 西部地区新媒体传播力指数

全国省级网络新媒体传播力 2017 年 2 月的排行榜显示，西部地区在全国虽整体仍处于较为落后的区间，但个别省份已经不弱于中东部地区。例如，重庆、四川的部分省级主流新媒体综合传播力分别居全国各省区市第 2、第 6 位，居全国领先行列。西部其余省份则出现明显“断档”，贵州、云南各有一家新媒体进入前 25 名，分别排名第 19 位和 22 位；而陕西、广西、甘肃、内蒙古、新疆的省级新媒体传播力排名较为靠后，宁夏、青海、西藏则无一家新媒体进入综合传播力前 50 名。

（二）西部地区信息化水平

东西部地区在数字化、信息化方面仍存在一定差距，东西部地区之间的“数字鸿沟”现象依然存在，主要表现在东西部地区网络普及率、网络资源配

表 2　西部地区新媒体传播力指数及排名

省份	网站	综合传播力		移动端		PC 端		微信		微博	
		排名	传播力指数	排名	传播力指数	排名	传播力指数	排名	传播力指数	排名	传播力指数
重庆	华龙网	2	8104.2	18	5310.8	3	6023.2	4	6132.4	9	8165.4
四川	四川新闻网	6	6519.7	—	—	5	5406.2	34	1755.5	28	3488.1
	四川在线	16	4586.0	42	1896.7	15	3678.3	25	1905.5	29	3241.4
贵州	多彩贵州网	19	4407.8	25	4113.6	17	3362.1	15	2207.2	14	5887.7
云南	云南网	22	4168.4	37	2287.5	21	3267.3	31	1786.6	23	4493.9
陕西	西部网	32	3743.1	17	5443.4	37	2856.1	32	1777.6	18	5267.8
	陕西传媒网	36	3636.5	26	3468.8	32	2921.1	—	—	37	2432.8
广西	广西新闻网	38	3626.1	—	—	39	2802.7	19	2133.7	33	3060.0
甘肃	每日甘肃网	46	3236.2	20	5170.5	48	2395.4	17	2169.8	24	4317.3
	中国甘肃网	48	3102.3	29	3194.7	49	2394.2	37	1689.7	20	5123.3
内蒙古	内蒙古新闻网	47	3208.1	—	—	43	2625.7	—	—	—	—
	正北方	—	—	47	1422.6	—	—	—	—	40	2299.5
新疆	亚心网	50	3069.9	46	1571.8	47	2405.4	—	—	35	2776.6
	天山网	—	—	—	—	50	2356.1	26	1847.9	—	—
宁夏	宁夏新闻网	—	—	39	2038.4	—	—	13	2277.7	30	3220.9
青海	青海新闻网	—	—	—	—	—	—	35	1715.9	—	—
西藏	—	—	—	—	—	—	—	—	—	—	—

注：统计对象为国家网信办许可和确定的 272 家互联网新闻信息服务单位。表中“—”表示无进入排行榜前 50 位的媒体。

资料来源：中央网信办《网络传播》“中国新闻网站传播力榜”2017 年 3 月发表的相关资料。

置、大数据发展指数等方面的差异。

1. 西部地区互联网普及率

从西部地区互联网普及率来看，近年来呈现逐步增长态势，但与东部地区仍有差距。截至 2016 年 12 月底，西部地区互联网普及率平均水平为 48.1%，与全国平均水平（53.2%）相比尚有一定差距。12 个省区市中，仅新疆、青海两省份互联网普及率超过全国平均水平，分别为 54.9% 和 54.5%，这主要得益于近年来国家和地方大力推进互联网基础设施建设，加强“信息扶贫”。

2. 西部地区网络资源配置

一个地区的 IP 地址数量往往代表该地区互联网发展状况，可以从侧面反

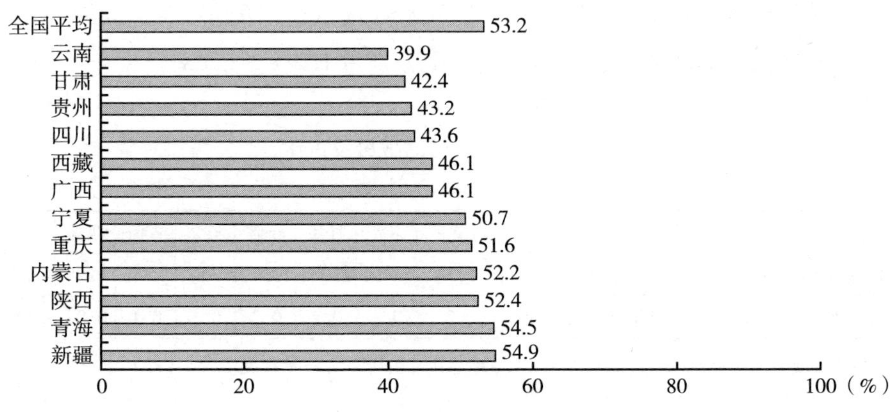

图 1　2016 年西部地区互联网普及率

资料来源：中国互联网络信息中心《第 39 次中国互联网络发展状况统计报告》。

映该地区的上网人数、网站数量等信息。截至 2016 年 12 月，全国 IPv4 总数为 338102784 个，网站 4823918 个。从西部地区 IPv4 地址分布看，基本符合各个地区发展情况，西部地区各省区市 IPv4 地址分布情况与网民分布规模相符。西部各省区市 IPv4 数量占全国的 11.33%，与东部地区的 61.94% 相差甚远。西部地区 IPv4 拥有数量比例较大的依次是四川省、重庆市、陕西省以及广西壮族自治区，比例分别为 2.77%、1.68%、1.63%、1.38%。其他省份均在 1% 以下。全国 IPv4 所占比例最少的 5 个省份中，有 4 个是西部省份，分别为贵州（0.44%）、宁夏（0.28%）、青海（0.18%）、西藏（0.13%）。

表 3　西部地区 IPv4 数量在全国所占比例

单位：%

省份	四川	陕西	广西	重庆	云南	内蒙古	新疆	贵州	甘肃	宁夏	青海	西藏	合计
数量占比	2.77	1.63	1.38	1.68	0.98	0.78	0.60	0.44	0.48	0.28	0.18	0.13	11.33

资料来源：中国互联网络信息中心《第 39 次中国互联网络发展状况统计报告》。

2016 年底，全国网站总数为 4823918 个，西部地区 12 个省区市的网站数量总计为 435472 个，保持迅速增长态势。但是，从网站相对数量看，西部地区仅占全国网站总数的 9%，而东部地区则占全国 64%，东部地区网站是西部地区 7 倍多。西部地区各省份网站数量占全国的比例，除了四川、陕西、重庆以外，其他地区均在1%以下。四川省网站数量占全国的4.1%，为西部地区拥有网站数量最高的省份，陕西、重庆则分别占1.2%、1.1%。

表4　西部地区网站数量及占比

单位：个，%

省份	四川	陕西	重庆	广西	云南	内蒙古	贵州	甘肃	新疆	宁夏	青海	西藏	合计
网站数量	196377	58800	51424	43281	22443	15534	15491	11008	10379	5983	3524	1228	435472
所占比例	4.1	1.2	1.1	0.9	0.5	0.3	0.3	0.2	0.2	0.1	0.1	0.02	9

资料来源：中国互联网络信息中心《第39次中国互联网络发展状况统计报告》。

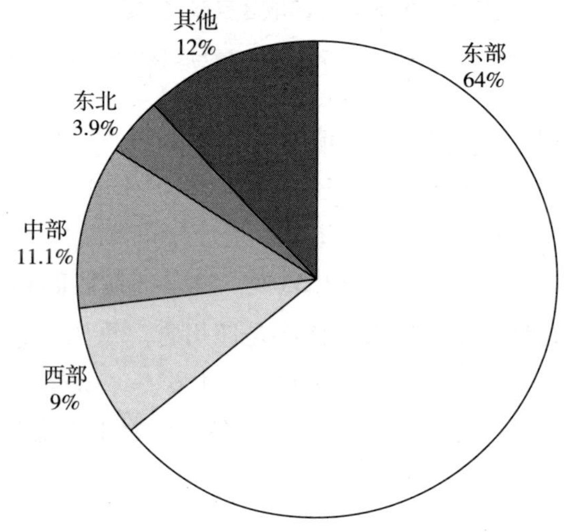

图2　2016年四大区域网站总数占比

资料来源：中国互联网络信息中心《第39次中国互联网络发展状况统计报告》。

（三）西部地区大数据发展指数

随着网络技术的不断发展，人类社会开始步入大数据时代，数据资源正和土地、劳动力、资本等生产要素一样，成为促进经济增长与社会发展的基本要素。任何一个行业和领域都会产生有价值的数据，对这些数据进行统计、分析、挖掘，可以创造意想不到的财富与价值。目前，大数据产业已成为组织创新、产业升级、经济社会发展、国家治理能力现代化的核心驱动力。国家信息中心定期发布“大数据发展报告”，对各省区市的大数据发展指数进行测算。2017 年初发布的全国各省区市大数据发展指数中，排名前五位的均为东部省份，而西部地区少数省份近年来大力推动大数据产业发展，成绩显著，贵州、重庆、四川进入全国前十位，尤其是贵州省通过我国首部大数据地方法规《贵州省大数据发展应用促进条例》，得益于政策红利及众多外部利好因素的推动，其大数据产业发展异军突起。尽管如此，西部地区与东部地区相比，在大数据发展上仍有不小差距。

表 5　2016 年西部地区大数据发展指数及在全国排名

省份	大数据发展指数	在全国排名	省份	大数据发展指数	在全国排名
贵　州	57.73	7	内蒙古	37.01	24
重　庆	54.62	8	新　疆	31.79	28
四　川	54.28	10	宁　夏	30.64	29
陕　西	52.94	11	青　海	35.87	30
云　南	41.28	20	西　藏	15.75	31
甘　肃	38.62	22	西部平均	40.68	—
广　西	37.71	23	全国平均	47.15	—

资料来源：国家信息中心《2017 中国大数据发展报告》。

（四）西部传媒类公司上市融资状况

从传媒类公司上市融资情况来看，东西部地区之间差异明显。目前，我国沪深证券交易所已有传媒类上市公司 58 家，总股本 760.6318 亿股，总市值约为 11994.47 亿元（以 2017 年 3 月 31 日收盘价计算）。从行业划分来看，传媒上市公司分为出版业、广播电视电影业、信息传播服务业以及广告业等。从区域分布来看，东部地区拥有 36 家传媒上市公司，总股本约 514.8 亿股，总市值 8270.89 亿元；中部地区 10 家，总股本 109.2 亿股，总市值约为 1757.03 亿元；东北地区 3 家，总股本 53.1 亿股，总市值约为 549.76 亿元；西部地区 9 家，总股本 83.47 亿股，总市值约为 1416.79 亿元。从传媒上市公司数量和融资额来看，东部地区占绝大部分份额，这与东部文化产业发展有密切关系。以各省区市情况来看，北京传媒上市公司有13家，浙江有8家，广东有5家，上海、江苏、湖南各有4家，而西部地区的云南、内蒙古、新疆、宁夏、青海、西藏等6个省份尚无一家传媒上市公司，西部一些省份的优势未能完全发挥出来。

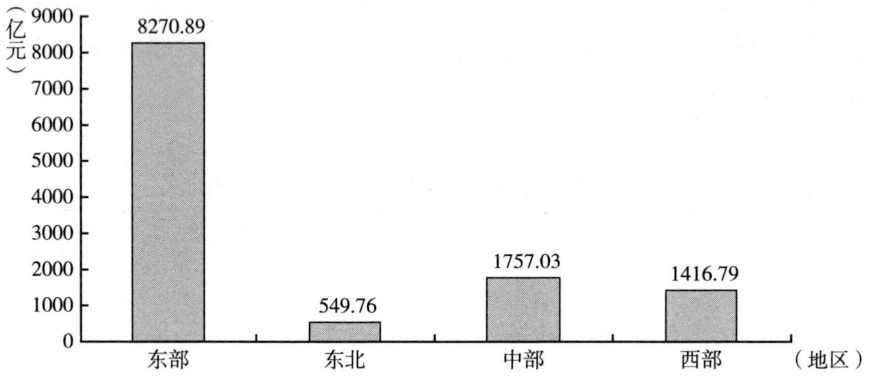

图3　全国四大区域传媒上市公司总市值

从传媒上市公司主营业务构成来看，东中西部地区差异明显。东部地区传媒上市公司广泛分布在出版、电影电视、户外媒体、新媒体、动漫游戏等领域，通过资本市场募集资金后，资本并购重组实现快速发展，对于资本市场的运作更为娴熟。而西部地区传媒上市公司以传统媒体的经营性业务为主，其中又以广播电视网络传输服务、出版业居多，缺乏多元化传媒公司，表明西部地区传媒公司活力明显不如东部地区。

表6　西部地区传媒上市公司基本状况

单位：万股，亿元

省份	上市公司	总股本	总市值
四川	博瑞传播	109333.2092	87.47
	新华文轩	123384.1	268.85
	印纪传媒	110614.6365	401.75
	长城动漫	32676.037	33.2
贵州	贵广网络	104256.8441	171.09

续表

省份	上市公司	总股本	总市值
陕西	广电网络	60496.7689	75.80
广西	广西广电	167102.6239	186.65
重庆	欢瑞世纪	98098.0473	114.97
甘肃	读者传媒	28800	77.01
合计		834762.3	1416.79

资料来源：沪深证券交易所。

注：总市值以2017年3月31日收盘价计算。

三　传媒对西部地区竞争力的影响机制分析

从传媒发展与区域竞争力关系来看，传媒产业与一个地区的经济发展呈现正相关关系。以往学者认为这是因为区域经济发展为传媒提供了良好的环境，居民收入水平的提升，使居民对传媒产品的消费能力增强，对其他产品的购买力也更强，从而吸引广告商投放广告，形成良性循环。但是，传媒发展与区域可持续发展是互动关系，传媒发展对区域竞争力的影响同样应该受到重视。传媒发展对区域竞争力的影响，主要体现在传媒的经济增长效应、传媒的产业溢出效应以及传媒区域形象传播效应等方面。

（一）传媒的经济增长效应

传媒作为一个独特产业，其自身发展以及其带动关联产业的发展，有助于区域竞争力的提升。随着我国传媒业的改革开放，传媒产业日益崛起成为国民经济一个重要产业，到2015年末，我国传媒产业整体市场规模已达到12750.3亿元，比上年增长12.3%。① 在传媒产业内部，呈现出不同的发展态势，西部地区传媒产业发展同样保持着迅猛态势。

相关研究显示，传媒产业是前向关联度与后向关联度都较高的产业，传媒产业的发展将有助于减少国民经济各部门因信息不对称而需要支付的高昂成

① 崔保国：《中国传媒产业发展报告（2016）》，社会科学文献出版社，2016，第3页。

本，提高经济资源利用效率。[①] 传媒产业对国民经济的所有产业有着直接或间接影响。传媒产业的产业链条比较长，可以带动其上、下游众多产业发展。研究显示，在135个产业中，基本与传媒产业有着直接或间接联系的包括：与新闻出版业后向关联密切的产业有13个；与广播、电视、电影和音像业后向关联密切的产业有39个。所有产业与传媒业有前向直接关联关系，其中，与新闻出版业关联密切的产业有21个；与广播、电视、电影和音像业关联密切的产业有25个。以新闻出版业为例，其每新增加1个单位产值，能够带动其他产业增加2.194个单位产值；而广播、电视、电影及音像业每增加1个单位产值，能够带动其他产业增加2.077个单位产值，对其他产业的总带动效应较高。[②]

对于传媒产业关联度的衡量，一般利用投入产出表数据计算其产业影响力系数和产业感应度系数。影响力系数反映产业后向联系程度，传媒产业影响力系数就是指该产业变化时，引起其他产业产出变化的系数。如果影响力系数大于1，则说明产业影响力较强，对其他产业的拉动作用较大。产业感应度系数则反映产业的前向联系程度，传媒产业的感应度系数是指其他产业的变化，引起传媒产业发生相应变化的系数。如果感应度系数大于1，则说明其感应程度较高，受其他产业部门影响较大。一项对于文化产业的研究表明，我国文化产业的影响力系数约为0.9712、感应度系数约为1.0239，均高于一般服务业。[③] 对陕西传媒产业的研究结果显示，从影响力系数来看，新闻出版业为1.114，广播、电视、电影和音像业为0.644，印刷业和记录媒介复制业为1.043，即这些产业每增加1个单位的产出，会带动其他产业增加1.114、0.644、1.043个单位的产出；上述三个产业感应度系数分别为0.448、0.425和0.695，显示传媒产业受其他产业的影响程度不高。[④]

（二）传媒的产业溢出效应

传媒对于区域经济、社会发展的最重要影响在于传媒的溢出效应巨大。由于传媒的渗透力强、影响力大，且与其他领域均能产生联系，因此能影响一个

---

① 彭永斌：《传媒产业发展的系统理论分析》，西南财经大学出版社，2004，第80页。

② 林吟昕：《中国传媒产业与相关产业关联问题研究》，南京大学硕士学位论文，2012。

③ 韩顺法：《文化产业对相关产业的带动效应研究》，《商业经济与管理》2012年第7期。

④ 邢娜、李保林：《基于投入产出的陕西省文化产业分析》，《北方经济》2011年第3期。

表7　陕西省传媒产业影响力系数和感应度系数

指标＼产业	新闻出版业	广播、电视、电影和音像业	印刷业和记录媒介的复制业
影响力系数	1.114	0.644	1.043
感应度系数	0.448	0.425	0.695

区域的其他领域，有很强的外部性。传媒对于区域舆论环境的营造、增强区域各利益主体凝聚力、提升公民素质都具有很强的作用，是一种“软”实力。尤其是随着网络传播的发展，传媒业推动了现代制造业、旅游业、电子商务等产业发展，提升其价值，其溢出效应比其他产业更为显著。

作为产业形态的传媒，只是传媒对社会发展贡献的一小部分，它对社会发展更大的贡献是以模拟环境、设置议程、交流观点和舆论导向等形式出现的，其实力体现在对国内的动员力和国外的影响力，是一种实现价值的“软力量”。因此，从本质上说，传媒实力是一种软实力。[①] 传媒的溢出效应主要体现在以下方面。

首先，大众传媒是实现其他“软实力”的重要渠道。没有大众传媒的信息交流，文化、科技、贸易以及外交等对外交往活动都无法产生快速而有效的影响。在“一带一路”建设中，西部地区与国内外的经济、文化、科技交流日益频繁，“以传媒促发展”，传媒是“一带一路”沿线国家达成“政策沟通、设施联通、贸易畅通、资金融通、民心相通”的沟通工具。尤其是促进“民心相通”、传播“利益共同体、命运共同体和责任共同体”理念，更不可能少了传媒的力量。一个地区的传媒业发达、开放，表明其信息流动畅通，对于吸引外部投资及商务活动具有积极的促进作用。高效、发达的传媒体系，能够构筑良好的社会环境和投资环境。这是由传媒的“拟态环境”功能的发挥导致的。作为一种“软实力”，传媒能够营造良好的舆论环境、凝聚一个地区的发展动力，促进区域发展与社会进步，传媒实力是构成区域竞争力的重要方面。

其次，大众传媒不只是为公众提供资讯，同时也是意见领袖和议程设置者，传媒通过信息传播设置议程，并通过议程设置影响受众的思维和行为方式。通过接受大众传媒传播的信息，受众可以产生认知改变、态度改变、行为

① 喻国明、焦中栋：《中国传媒软实力发展报告》，同心出版社，2009，第37页。

改变；大众传媒的“吸引力”“影响力”可以造成受众的“肯定”“认同”“追随”。[①] 传媒对于和谐社会的构建、内部意见沟通非常有用，有利于社会和谐发展，增强内在实力。[②] 传播有助于形成“共同体”，培养受众的归属感，使其参与社会建设。我国处于社会转型期，各类公共事件频发，传媒对于化解社会矛盾、沟通信息、弥合分歧具有重要作用。对于西部地区而言，发挥传媒作用，尤其具有现实意义。

再次，传媒的溢出效应还体现在创新扩散功能上。创新扩散理论是美国学者埃弗雷特·罗杰斯（E. M. Rogers）于 20 世纪 60 年代提出的一个传播效果理论，是关于通过媒介劝服人们接受新观念、新事物、新产品的理论，侧重大众传播对社会和文化的影响。创新扩散研究的一个重要方面，是大众传播与发展的关键问题。

（三）传媒的区域形象传播效应

传媒业除了能够创造经济效益之外，更主要的是提供满足人民精神生活的产品和服务，为区域经济、社会发展鼓舞士气、营造良好舆论氛围、增强社会正能量，而这些则是投入产出表所不能反映的。传媒的传播效应，即通过传媒的运作，对社会公众产生影响。传媒的传播效应主要通过传媒竞争力、新媒体传播力体现出来，具体可测度的二级指标，则是传媒发展指数与新媒体传播力指数。

传媒对于区域形象的塑造与传播，是“软实力”的一个主要表现方式。区域形象是重要的无形资产，对一个地区、一个城市的发展有着相当大的影响力。区域形象是人们对一个区域的主观印象，是通过大众传媒、个人经历、人际传播、记忆以及环境等因素的共同作用而形成的。因此，大众心目中的区域形象，很大程度来自传媒。传媒自身的传播功能，往往对地区形象的塑造与传播起到关键作用。因此，传媒影响区域竞争力的一个重要途径，就是对区域形象的传播、扩大区域影响力，提升区域品牌形象。传媒通过自身运作，一方面传播信息，另一方面塑造着区域形象，传媒本身也被形象地称为“地方

---

① 喻国明、焦中栋：《中国传媒软实力发展报告》，同心出版社，2009，第 37 页。

② 赵勋：《我国城市化进程中的社区传播研究》，西北大学出版社，2016，第 42 页。

名片”，在西部地区经济社会发展以及“一带一路”建设中能够发挥重要作用。一个地区的传媒对该地区的形象塑造功能，取决于传媒的传播力与影响力。充分发挥传媒传播力、影响力，是把握传播话语权、构建区域综合实力的重要一环。

四　传媒发展对区域竞争力影响程度评价

在分析传媒对区域竞争力的影响机制之后，如何进一步评价传媒业对区域竞争力的影响程度，是一个非常复杂的问题，其中包括经济的和社会的影响，有些是有形的，有些是无形的，有些是可以量化的，有些则是定性的。

（一）区域竞争力影响评价指标

本研究围绕传媒对区域竞争力影响的三个方向，试图构建传媒发展对区域竞争力影响程度的“雷达图”评价方法。在前述传媒影响机制的分析基础上，本文将影响区域竞争力的三个方面，即经济增长效应、产业溢出效应以及区域形象传播效应，进一步细分为7个指标，每个指标采用五个等级进行评价。传媒对区域竞争力影响指标体系，由传媒竞争力、新媒体传播力、“互联网+”发展潜力、传媒产业影响力、传媒舆论引导能力、传媒形象传播能力以及传媒活力等指标构成。

1. 传媒竞争力

传媒竞争力是核心指标之一，选取传媒发展指数作为可量化的衡量标准。该指数主要以传统主流媒体为对象进行测算，对各省区市传媒生产指数、传媒盈利指数、传媒受众消费指数、传媒广告竞争指数以及媒介环境指数等进行综合测评。在传媒发展指数测算的基础上，依据指数高低进行分类。

2. 新媒体传播力

新媒体传播力指标以新媒体传播力指数作为衡量标准，该指数是对新媒体形式（包括网站、微信、微博、PC端）等传播形态的传播力进行科学测算，本研究采用中央网信办的省级新媒体传播力指数进行衡量。

3. “互联网+”发展潜力

网络基础设施建设状况，反映了一个地区未来互联网发展情况及对于其他产业提供的网络资源状况，尤其是在“互联网+”时代，网络基础设施建设的重要性不言而喻。网络基础设施可以互联网普及率及 IPv4 数量、网站数量等网络资源配置状况作为衡量标准，能够反映传媒发展潜力。大数据发展指数则反映各地区大数据产业发展基本状况。

4. 传媒活力

传媒活力指标反映在构建区域竞争力过程中，传媒可持续发展能力在其中的重要性。传媒活力是传媒体制、机制创新能力的表现。以传媒融资能力、传媒体制机制改革状况作为衡量标准。传媒活力既反映传媒的可持续发展潜力，也反映传媒在竞争中的灵活度。传媒融资能力则是传媒从资本市场获取资金的能力；能力强，则表明传媒产业的后续发展具备资金实力，尤其是在网络传播时代，缺少充沛的资金作后盾，传媒产业是难以在竞争中占据优势地位的。

5. 传媒产业影响力

传媒产业影响力是指传媒产业对于国民经济的其他产业的拉动程度，以影响力系数作为衡量标准。

6. 传媒舆论引导能力

传媒舆论引导能力是传媒对区域发展营造良好舆论环境的能力；传媒创新扩散能力是传媒在区域创新推动中的作用，以及信息传播对于其他领域创新的普及作用，是传媒的影响力和吸引力的综合体现。

7. 传媒形象传播能力

传媒形象传播能力是传媒在自身传播力、影响力、吸引力之下，对于区域形象的形成与传播的能力。一个地区的地方形象与区域品牌的构建、传播，与其传媒发展及传播能力有着密不可分的关系。

（二）传媒发展对区域竞争力影响状况评价

以上指标基本涵盖了传媒影响区域竞争力的几个主要方面，对于能够量化的指标，如传媒发展指数、互联网普及率、大数据发展指数、新媒体传播力等，以 20% 作为级差进行赋值，即某项指标在全国各省区市排名前 20%（对应的位次为第 1~6 位）的，赋值为 5；位于全国各省区市前 21%~40%（第 7~12 位）的，赋值为 4；位于 41%~60%（第 13~18 位）的赋值为 3；位于

61%~80%（第19~25位）的赋值为2；位于81%以下（第26~31位）的赋值为1。

表8　相关指标在全国位次及其赋值

位次	1~6	7~12	13~18	19~25	26~31
赋值	5	4	3	2	1

对于难以量化的指标，例如舆论引导力、创新扩散力、传媒活力等，采取专家咨询法进行赋值，依据各指标得分情况分为五个等级并予以相应赋值。五个等级分别为：a影响很大，5分；b影响较大，4分；c影响一般，3分；d影响较小，2分；e影响很小，1分。

表9　西部地区传媒发展各项指标得分

指标	得分	指标	得分
传媒竞争力指数	2	传媒产业影响力系数	2.5
新媒体传播力指数	2.7	舆论引导能力	4
“互联网+”发展潜力	2.8	形象传播能力	3
传媒活力	3		

在以上分析基础上，笔者将各指标及其赋值以雷达图形式展现出来，进而判断传媒产业对区域竞争力影响程度，并将评价结果采用雷达图的形式进行描绘。在雷达图中，由各个指标围成的阴影面积越大，显示其对于区域竞争力的影响程度越大。

通过雷达图所显示的信息我们可以对西部地区各省区市传媒发展对其区域竞争力的影响进行分析，也可以将西部地区作为一个整体，分析区域传媒发展对西部地区竞争力的总体影响程度，并且可以对一些影响西部竞争力的因素进行进一步分析，找出影响因素中的“短板”。对西部地区传媒发展影响程度分析表明：西部传媒影响区域竞争力的主要指标中，传媒的舆论引导能力相对较强，是保障西部地区经济发展、社会稳定与民族团结进步的重要力量；但西部地区传媒竞争力、传媒活力、传媒融资能力、传媒产业影响力等因素比较落后，既是制约西部地区传媒产业发展的“瓶颈”，也是进一步影响区域竞争力的主要原因。此外，西部地区互联网普及率及网络基础设施建设有待进一步加强。

五　加快西部传媒发展、提升区域竞争力的对策建议

西部地区面临着一系列难得的机遇，在国家深入实施西部大开发战略、着力推动“一带一路”倡议历史背景下，西部地区要实现跨越式发展，应进一步加强传媒发展，提升区域竞争力。

（一）增强西部传媒活力，增强传媒“软实力”，提升西部综合竞争力

当前，我国已把提升文化“软实力”作为实现中华民族伟大复兴的新的战略着眼点。西部地区“软实力”的提升将是西部各省区市在国家发展以及“一带一路”建设中赢得话语权的重要环节，其重要性比以往任何时期都更为突出。传媒业作为增强西部“软实力”的重要组成部分，如何运用其影响力来提升西部的综合竞争力，具有十分重要的意义。从2016年西部地区传媒产业发展来看，西部地区的传媒实力与东部沿海经济发达省份相比，差距主要表现为硬件设备落后、传媒产业资本单一、体制机制创新动力不足等。运用、提升传媒影响力带动西部地区软实力提升，应着重从以下方面着手。

紧抓“一带一路”建设机遇，借助新旧媒体扩大对外传播范围。“一带一路”是我国构建更大范围、更高水平、更深层次的区域经济合作架构的重要发展战略，西部地区是我国“一带一路”核心区域，随着这一战略的深入实施，国家从政策、资金、技术、人力等方面给予西部地区前所未有的重视与倾斜。西部地区拥有自身独特的地缘、历史、民族文化等资源优势，西部传媒业应当紧抓“一带一路”历史发展机遇，加大传媒产业开放力度。一方面借助新媒体自媒体扩大西部对外传播，让更多的人关注西部；另一方面，借助“一带一路”为西部地区带来的优惠政策，鼓励西部地区传媒产业与东部传媒机构合作，带动相关产业发展，以此提升西部地区影响力。

（二）强化西部传媒传播力，树立区域形象品牌

西部地区要强化对外传播力，充分依托“一带一路”建设提供的历史机遇，构建西部区域形象，服务于西部地区经济与社会发展。首先，高度认识“一带一路”建设为西部地区带来的巨大历史发展机遇，加大对外传播领域的资金、设备、技术以及人才投入。其次，完善对外传播体系，延伸传播服务，解决对外传播力各个环节上的短板，创新传播技巧和表达方式，借助全媒体融合发展过程中的立体网络化传播渠道，以内容建设品质化为核心，着重传递西部地区经济、政治、文化取得的优秀发展成果和品牌特色，增强自身竞争力。

西部各省份应立足区域特色，加强形象传播，构建区域品牌。西部地区虽然经济发展滞后，但作为少数民族聚集地区的典型地域，多元的文化形态、优良的自然风貌、悠久的历史资源、丰富多彩的资源文化等优势，通过大众传媒，能够转化为独具特色的西部品牌，进而形成西部地区文化竞争力。

（三）加快西部互联网建设，进一步缩小东西部“数字鸿沟”

重视传媒发展对西部经济社会发展的影响，进一步缩小东西部地区“数字鸿沟”，加快西部地区电子商务发展。电子商务服务将促进区域经济平衡发展。电子商务服务的跨地域特性，能够帮助中西部地区进一步释放区域经济发展活力，有效拓展全国乃至全球市场。电子商务交易平台有助于西部地区对接全国大市场，打破区域壁垒，推动建立全国统一大市场，从而促进区域经济平衡。西部地区必须抓住“一带一路”建设发展机遇，加大互联网基础设施建设，推动电子商务发展。西部地区无论网民规模、互联网普及率还是电子商务发展水平都与东部地区有较大差距，各地应发挥自身优势，奋起直追。西部地区如果能够抓住技术革新带来的发展机遇，推动互联网尤其是移动互联网产业快速发展，将会为经济发展注入新的活力，实现区域跨越式发展。

发展传播学理论认为，“传播有助于减少贫困，给边缘群体和在政策制定与决策过程中被隔离的群体提供更好的参与机会”。① 传播学者威尔伯·施拉

① 〔比〕瑟韦斯、〔泰〕玛丽考：《发展传播学》，张凌译，武汉大学出版社，2014，第371页。

姆曾强调，传媒能够在发展中国家传播现代科技知识，使其跟上现代化潮流，地区发展也是如此。在社会发展中，传播减轻贫困的功能也得到广泛肯定。我国西部地区地域辽阔、地形复杂，在传统媒体时代，西部地区的广播电视、报纸等发展受地理环境制约，与东部地区差距较大。进入新媒体时代，网络传播由于其特性在推动西部地区经济发展中显现出极大优势。因此，加大西部地区互联网基础设施投入，提高信息传播便捷性，是推动西部地区减贫的重要一环。在这方面，西部省份已经开始相应行动，陕西省制定并开始实施“网络扶贫”行动计划，到“十三五”末，贫困地区行政村宽带网络覆盖率达到98%以上。[①] 传媒的发展及互联网普及率的提高，使西部地区特色产业具备更好的营销渠道。西部地区的农牧产品、特色食品的营销，一方面需要传媒的宣传推广，另一方面可以通过网络“疏通”销售渠道，将西部的资源优势转化为竞争力。

（四）推动西部传媒体制改革、机制创新，加快西部媒介融合步伐

传媒产业在发展中受到较多的政府管制，行业壁垒森严，如何加快西部地区传媒体制改革步伐、创新机制，构建有竞争力的传媒企业，加快利用资本市场进行融资与扩张，是提升西部地区竞争力的一个重要环节。目前，西部地区传媒依赖自有资本滚动式发展，面临资金不足和融资渠道不畅的制约，建议从扶持西部地区发展战略格局出发，扶持西部地区有发展潜力的强势媒体登陆资本市场，并对传媒跨行业投资并购政策限制松绑，帮助其快速发展和扩张。

传媒产业正在发生巨大变革，西部传媒应加快推进传媒业市场化进程，从创新体制机制、融合转型，面向市场、增强活力出发，创新传媒生产模式，建立适应市场发展的竞争机制和经营管理模式，增强传媒活力，引进国内外企业先进经验和机制，大胆创新，破除机制体制束缚，促进传媒产业向集约化、规模化发展。

---

① 程靖峰：《我省将重点实施网络扶贫行动》，《陕西日报》2016 年 12 月 5 日。

B.10
西部地区科技创新能力评价与提升研究报告

耿 鹏 权欢欢 王 丹*

摘 要： 本文在对2006~2015年西部地区科技创新状况进行回顾的基础上，运用主成分分析法和改进的层次分析法对2011~2015年西部各地区的科技创新能力进行了综合评价。基于西部各地区科技创新现状和综合评价的结果，笔者对西部地区科技创新能力给出了综合性的分析结论，并提出了提升西部各省区市科技创新能力的建议。

关键词： 西部地区 科技创新 科技创新能力 综合评价

一 引言

随着科学技术的发展，科技在整个国民经济社会发展的过程中充当着越来越重要的角色，科技创新已成为一个国家和地区经济发展的主要驱动力。2016年7月，国务院在《“十三五”国家科技创新规划》中指出，坚持创新是引领发展的第一动力，全面深化科技体制改革，大力推进以科技创新为核心的全面创新。

2015年，国家发改委和科技部在“一带一路”建设问题上强调科技创新是重要驱动力，要加强科技合作，开展重大科技攻关，共同提升科技创新能力。同年10月，十八届五中全会提出五大发展理念，强调要进一步落实创新驱动发展战略，在全面创新中重视科技创新的带头作用。丝绸之路经济带从西

* 耿鹏，西北大学公共管理学院讲师；权欢欢，社会学硕士研究生；王丹，社会学硕士研究生。

部地区开始，丝路经济带战略的提出在为西部地区科技创新能力发展提供机遇的同时也带来了挑战。在此背景之下，科技创新有着举足轻重的地位和深远意义，提升科技创新能力成为西部地区在抓住发展机遇并与国际进行对接合作时需要考虑的问题。

西部地区在西部大开发等政策的推动下较之前取得巨大的发展，但由于经济基础薄弱，加之历史、地理等各种因素，其科技创新增长率较中东部地区低，科技创新水平较为落后，科技创新能力相对较弱。科技是经济发展的关键驱动力，是决定经济发展方式转变的核心力量，而创新则是科技能力的重要组成部分。在经济新常态下，西部地区要进行经济发展，需要以科技创新为牵引，提高经济增长的质量和数量。提升自身的科技创新能力一方面是促进地区发展的现实要求，另一方面也是缩短东西部地区间科技创新能力差距，加快与国际科技创新合作交流和提高对外开放度的必然要求。西部地区只有增强对科技创新的支持力度，促进科技创新能力建设及科技人才队伍建设，扩大科技开放合作的范围，营造良好的高新技术创业环境，加快产业结构调整，才能缩小与东部地区科技发展水平的差距，使西部地区科技创新能力进一步提升。

二　西部地区科技创新现状分析

（一）西部科技创新活动的人力资源基本状况

2015 年，西部地区研发人员全时当量为 46.78 万人/年，较上年增长 0.47%，其中，科研人员全时当量为 24.37 万人/年，较上年下降 0.99%。

由图 1 可以看出，自 2006 年到 2015 年的 9 年间，西部地区研发人员的全时当量从 24.74 万人/年增长到 46.78 万人/年，年均增长率达到 7.33%。由此可见，从纵向比较，西部地区研发人员的数量在持续增长，科技创新人才的储备在不断扩充。

但是，从占全国的比重来看，西部地区研发人员全时当量所占的比重自 2006 年到 2015 年总体呈现出下降趋势。其中 2006 年西部地区研发人员全时当量占全国的比重为 16.57%，比中部地区低 0.5 个百分点，比东部地区低 40.5

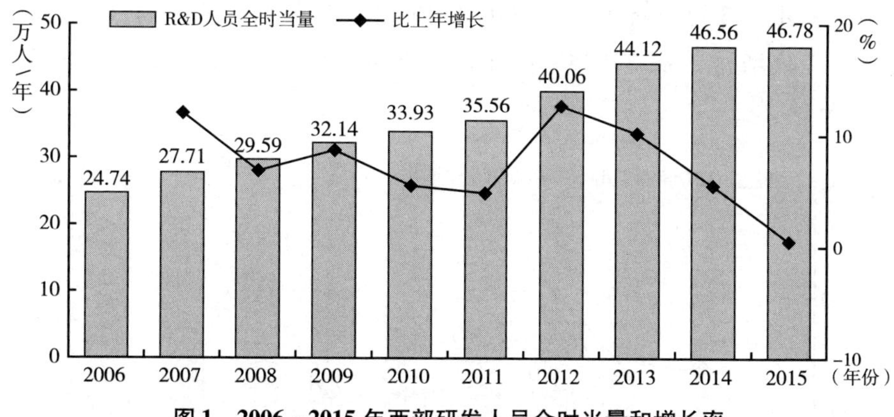

图1　2006～2015年西部研发人员全时当量和增长率

资料来源：相关年份《中国科技统计年鉴》。

个百分点；2015年，西部地区研发人员全时当量占全国的比重为12.4%，比中部地区低4.4个百分点，比东部地区低53.2个百分点。由此可见，西部地区创新人才数量从纵向比较来看虽然有所提升，但从横向比较来看，区域之间的差距正在逐步拉大（见图2）。

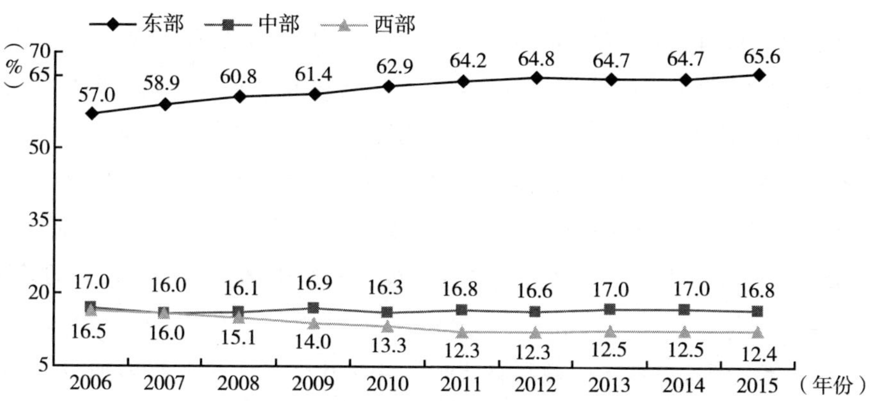

图2　2006～2015年东中西部地区研发人员全时当量占全国的比重

资料来源：相关年份《中国科技统计年鉴》。

（二）西部科技创新活动的经费支出基本情况

2015年，西部地区科技创新活动经费支出为1731.61亿元，较上年增加11%。由图3可以看出，自2006年到2015年，西部地区的科技创新活动经费持续增加，从357.49亿元增加到1731.61亿元，年均增长率为19.16%。

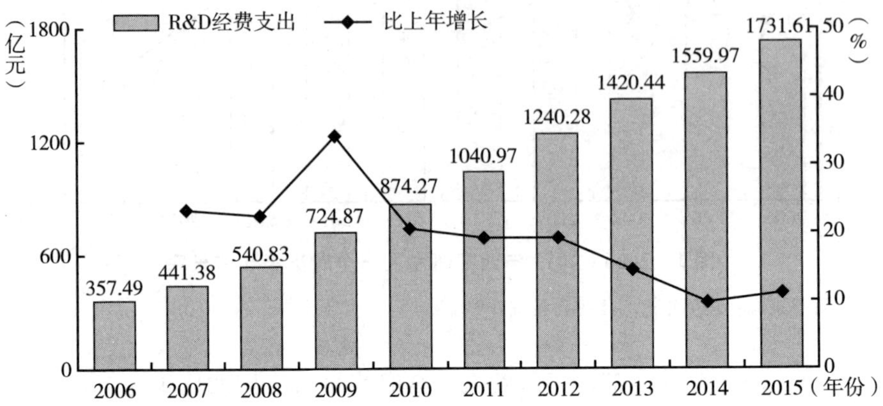

图3　2006~2015年西部地区研发经费支出和增长率

资料来源：相关年份《中国科技统计年鉴》。

从占全国的比重来看，西部地区的科技创新活动经费占全国的比重自2006年到2015年呈现出整体下降的趋势。其中2006年西部的科技创新活动经费支出占全国比重为11.9%，较之中部地区低0.1个百分点，较之东部地区低56.4个百分点；2015年，西部科技创新活动经费支出占全国比重为12.2%，较中部地区低3个百分点，比东部地区低55.8个百分点。由此可见，在科技创新活动经费的拥有量方面，西部地区和东中部地区仍有较大的差距，(见图4)。

2015年，西部的地方财政科技支出为497.6亿元，较上年增加14.91%。2006~2015年，西部地区的科技投入经费从84.7亿元增长到497.6亿元，年均增长率达到21.74%（见图5）。

从科技支出占地方财政支出的比重来看，2006年西部地区地方财政中科技支出占到总支出的1.11%，2011年降到0.95%，到了2015年回升到1.15%。由此可见，西部地区科技支出占到地方财政支出的比重经历了一个先下降后上升的过程（见图6）。

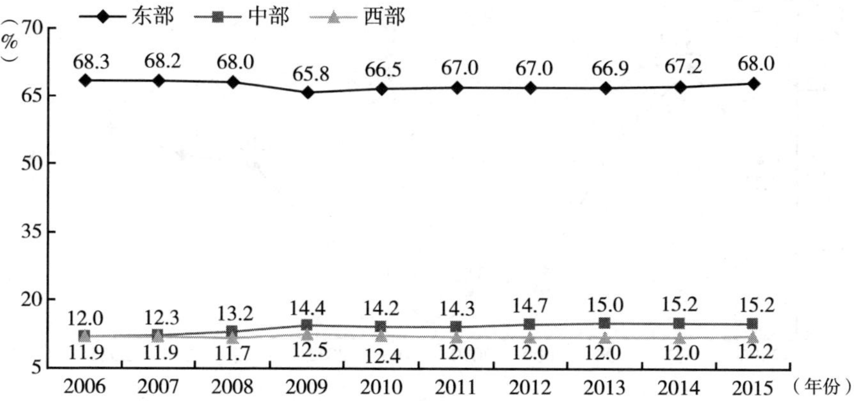

图 4　2006 ~ 2015 年东中西部地区研发经费支出占全国的比重

资料来源：相关年份《中国科技统计年鉴》。

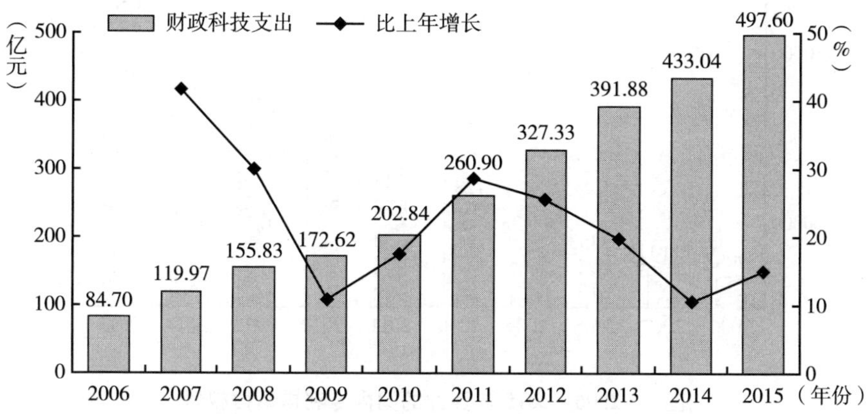

图 5　2006 ~ 2015 年西部的财政科技支出和增长率

资料来源：相关年份《中国科技统计年鉴》。

(三) 西部科技创新活动产出的基本情况

2015 年，西部的国内专利申请授权量为 201038 项，较上年增加 44. 94% 。由图 7 可以看出，2006 ~ 2015 年，西部的国内专利申请授权量从 22082 项增加到 201038 项，年均增长率为 27. 82% 。

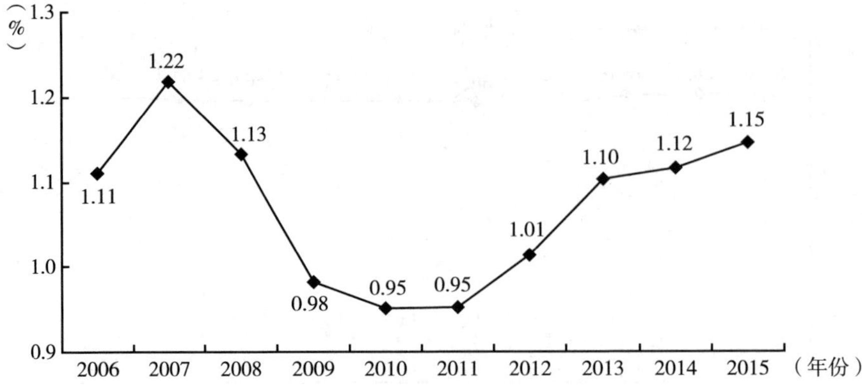

图6　2006～2015年西部财政科技支出占地方财政支出的比重

资料来源：相关年份《中国科技统计年鉴》。

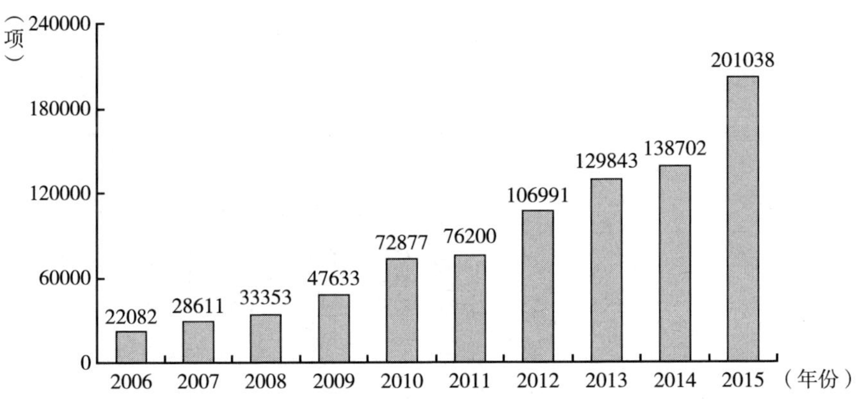

图7　2006～2015年西部的国内专利申请授权量

资料来源：相关年份《中国科技统计年鉴》。

2006年，西部地区国内发明专利申请授权量占全国专利申请授权量的12.28%，2015年比重上升至15.5%。2006～2015年，西部的国内发明专利申请授权量占国内发明专利申请授权量的比重整体表现出稳步提升的态势（见图8）。

2015年，西部技术市场成交额为1345.01亿元，较上年增加8.61%。从图9可以看出，自2006年到2015年，西部的技术市场成交额从152亿元增长到了1345亿元，年均增长率达到27.43%（见图9）。

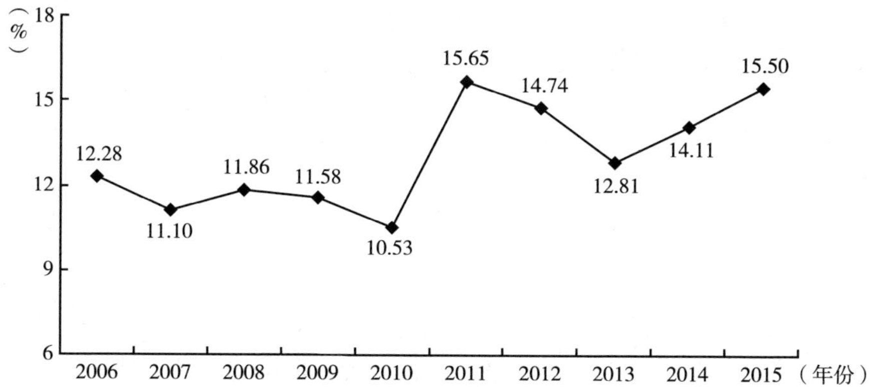

图 8　2006～2015 年西部地区国内发明专利申请授权量占全国专利申请授权量比重

资料来源：相关年份《中国科技统计年鉴》。

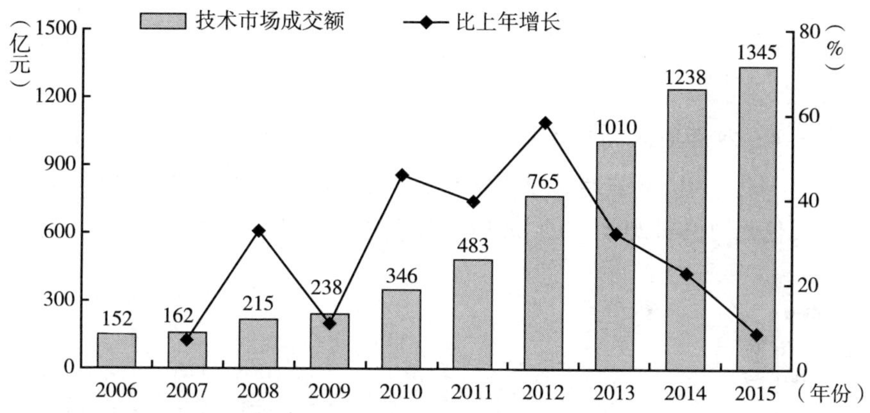

图 9　2006～2015 年西部地区的技术市场成交额和增长率

资料来源：相关年份《中国科技统计年鉴》。

从技术市场成交额占全国的比重来看，2006 年西部地区技术市场成交额占到全国的 8.7%，比中部地区高 0.2 个百分点，比东部地区低 67.7 个百分点；2015 年西部地区技术市场成交额占到全国比重的 14.4%，较中部地区高 1.1 个百分点，较东部地区低 53.4 个百分点。由此可见，自 2006 年到 2015 年，西部地区的技术市场成交规模持续上升，西部与东部之间的差距有所缩小（见图 10）。

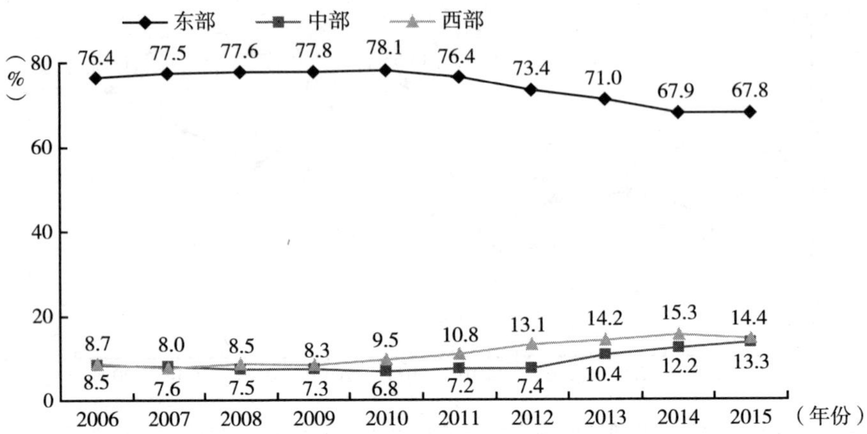

图 10　2006～2015 年东中西部技术市场成交额占全国比重

资料来源：相关年份《中国科技统计年鉴》。

（四）西部地区高技术产业情况

2015 年，西部地区高技术产业主营业务收入为 14919 亿元，比上年增长 10.54%。2006～2015 年，西部地区高技术产业主营业务收入快速增长，从 2006 年的 1412 亿元增长到 2015 年的 14919 亿元，年均增长 29.94%（见图 11）。

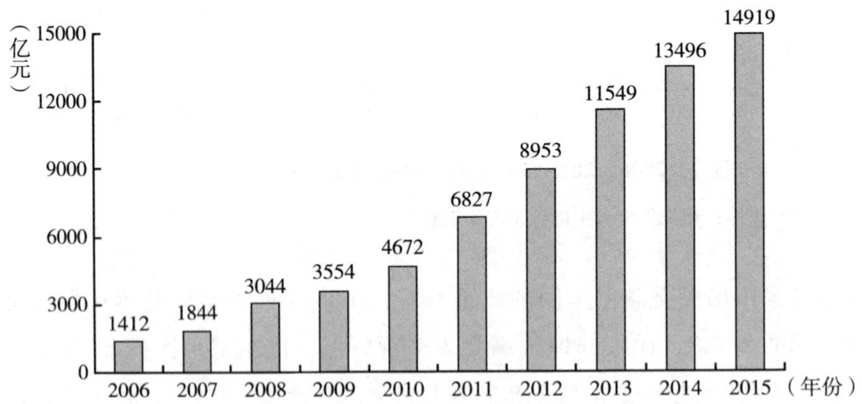

图 11　2006～2015 年西部地区高技术产业主营业务收入

资料来源：相关年份《中国科技统计年鉴》。

2006～2015年，西部地区高技术产业新产品销售收入占主营业务收入的比重整体呈现先降后升的趋势。2006年西部地区高技术产业新产品销售收入占主营业务收入的比重为37%，2010年逐步下滑至12.73%，2015年又波动上升至20.51%（见图12）。

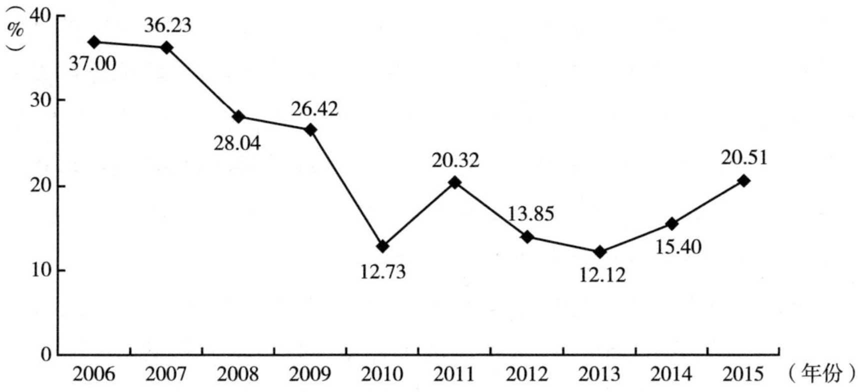

图12　2006～2015年西部地区高技术产业新产品销售收入占主营业务收入比重

资料来源：相关年份《中国科技统计年鉴》。

三　西部科技创新能力评价和分析

（一）评价的指标体系和模型

1. 指标体系的构建

创新人才是创新能力的基础和源泉，而创新人才的培养多依赖于教育，尤其是高等教育的发展，高等教育的发展水平和态势不仅对一个地区人力资本的形成有重要影响，也对一个地区的创新环境和创新潜力起到至关重要的作用。所以，笔者将教育发展水平纳入科技创新能力评价体系当中，一方面，教育发展水平的提高为科技创新能力的发挥提供了重要的人力资本和潜在的文化资本；另一方面，高等教育的发展，能够营造浓厚的科技创新氛围。近年来，不管是国家政策，还是社会投资对于高技术产业的发展都给予特别的关注，再加上目前国内关于高技术成果转化的基础条件渐趋完备，创新创业氛围在全社会形成。所以，笔者将高技术产业发展水平纳入科技创新能力评价指标体系。国外对科技创新能力的正式研究大概开始于20世纪80年代，90年代经合组织认为一个国家的自主创新能力评价体系，应包括知识的投入、流量、存量、网络、产出、知识和学习等方面。我国对其研究，尤其关于区域研究的起步较晚，乔章凤、周志刚（2011）认为科技创新能力是指创新主体依靠科技资源优势和创新环境支撑，产生具有新的发明、新的产品、新的服务与新的工艺等有关现实生产力的能力。陶雪飞（2013）认为科技创新体系是指在城市范围内企业、大学、科研院所和政府机构之间对科学技术的发展应用、产业化、商品化所产生的相互反应的运行网络。杨艳萍（2007）从科技进步的基础、投入、产出、科技推动社会发展等维度构建出科技创新能力的综合指标体系。庞秀平、赵宇、杨秀会（2013）从科技进步环境、科技活动的投入、产出、产业化、科技推动经济社会发展等角度，构建出区域科技创新能力的综合指标体系。

依据相关文献，在此笔者认为科技创新能力，是指在已有科技和教育的发展水平条件下，通过从事研究和试验发展，技术的创新、转移等科技相关活动，反映国家或地区的科技与教育投入、发展水平、产出情况、科研潜力。

因此，笔者从科技创新投入水平、科技创新产出水平、教育发展水平、高技术产业发展水平四维度构建出指标体系（见表1）。

2. 评价模型

依据被评价对象的特征，本文选择采用主成分分析法与改进的层次分析法相结合的方法来对其进行评价。为减弱科技创新能力每二级指标下三级指标间的相关性，笔者使用客观赋权的主成分分析法对各二级指标进行评价和分析。由于科技创新能力的二级指标具有相对独立的特点，不适合再次采用主成分分析方法。所以，对各二级指标进行赋权时，为真实体现各二级指标的重要性，笔者通过使用主客观结合的层次分析法来明确指标权重。层次分析法能够有效弥补仅依赖定性或者定量方法的缺陷，把定性与定量的有关因素充分结合，从而使评价结果更具有科学性。但因为以往层次分析法的判断矩阵常常难以满足一致性的条件，有时一致性检验也无法通过，致使评价产生的结果和实际不相

表 1　西部的科技创新能力评价指标体系

一级指标	二级指标	三级指标
科技创新能力	科技创新投入水平	R&D 经费支出(亿元)
		R&D 经费投入强度(%)
		地方财政科技拨款(亿元)
		地方财政科技拨款占地方财政支出的比例(%)
		R&D 人员全时当量(人年)
		R&D 研究人员全时当量(人年)
	科技创新产出水平	专利申请受理量(项)
		专利申请授权量(项)
		发明专利占专利授权量的比重(%)
		科技论文数(篇)
		每万人科技论文数(篇/万人)
		技术市场成交合同额(亿元)
	教育发展水平	地方财政教育支出(亿元)
		地方财政教育支出占地方财政支出的比例(%)
		大专以上人口比例(%)
		每万人在校大学生数(人/万人)
	高技术产业发展水平	高技术产业新产品销售收入(亿元)
		高技术产业新产品销售收入占主营业务收入的比重(%)
		高技术产品进出口额(亿美元)
		高技术产品进出口额占对外贸易额的比例(%)

符。因此，笔者最后采用改进后的层次分析法，通过构造判断矩阵的两阶段法，使判断矩阵满足一致性的条件。具体过程如下。

假定同一层次任意两个元素的重要性都具有可比性。①将问题分解组合，构建梯阶层次结构，清晰地表示出各层次间关系。②通过使用人们较为熟知的三标度法（0，1，2）对同一层次的元素进行两两比较，建立一个比较矩阵并且计算各个元素重要性的排序指数。③通过采用极差法构造判断矩阵，得出各个元素的权重。

（二）分项评价和分析

1. 科技创新投入水平的评价和分析

根据《中国科技统计年鉴》（2012～2016）、《中国统计年鉴》（2012～

2016）及《中国高技术产业统计年鉴》（2012～2016），笔者选取2011～2015年的相关数据对西部各个省区市的科技创新投入水平进行评价与分析，具体得分和排名情况见表2。

表2　西部地区科技创新投入水平的评价得分和排名

省份	2011年		2012年		2013年		2014年		2015年	
	得分	排名	得分	排名	得分	排名	得分	排名	得分	排名
四　川	92.24	1	93.86	1	92.91	1	94.38	1	95.10	1
陕　西	90.44	2	89.40	2	87.12	2	88.20	2	89.92	2
重　庆	62.98	3	62.59	3	65.78	3	64.08	3	68.19	3
云　南	41.23	6	37.40	6	38.59	6	36.99	6	42.37	4
广　西	52.82	4	55.39	4	53.15	4	51.23	4	42.37	5
贵　州	31.07	9	31.44	9	31.36	9	34.86	8	37.66	6
内蒙古	43.44	5	38.81	5	40.69	5	37.97	5	36.96	7
甘　肃	35.16	7	33.73	7	33.77	7	35.16	7	35.84	8
新　疆	33.65	8	32.52	8	32.23	8	29.94	9	27.10	9
宁　夏	23.81	10	22.15	10	22.03	10	23.18	10	25.87	10
青　海	13.39	11	16.36	11	14.75	11	14.91	11	12.86	11

依据上文分析的结果，本文得出的结论如下。

（1）2015年科技创新投入水平的基本情况。

2015年，四川和陕西两省的科技创新投入水平排名居西部地区前两位，四川在R&D研究人员全时当量、R&D人员全时当量、R&D经费支出以及地方财政科技拨款这四个维度的得分都居于首位，但在R&D经费支出占GDP比重方面得分排名第二；陕西的R&D经费支出占GDP比重得分居第一位，R&D研究人员全时当量、R&D人员全时当量及R&D经费支出这三个维度的得分则居第二位，表明四川和陕西的科技创新投入水平在西部各省区市中较高。

重庆则位居第三，在R&D经费支出占GDP比重、R&D经费支出、R&D研究人员全时当量以及R&D人员全时当量等方面的得分都居第三位，表明重庆的科技创新投入在西部各省区市中也具有较高水平。

云南、广西、贵州、内蒙古和甘肃五个省份的科技创新投入水平的得分相对较低，依次排第四到八名，与前三个省份之间具有一定的距离，需要进一步的提升。新疆、宁夏、青海排名后三位，尤其是青海，这三个省份的科技创新投入水平亟须提升。

（2）“十二五”期间科技创新投入水平的基本变动情况。

2011～2015 年，四川与陕西两省的排名一直处于前列，在一定程度上表明四川和陕西两省在西部各省区市中的科技创新投入水平始终较高。

而重庆在 2011～2015 年则始终位居第三，表明重庆在西部各省区市中的科技创新投入水平也比较高。

贵州的排名从 2011 年的第九位上升到 2015 年的第六位，云南从 2011 年的第六位提升到 2015 年的第四位，表明贵州和云南的发展趋势相对较好；甘肃、广西及新疆三省份的排名波动相对较小，发展的趋势相对平稳；内蒙古的排名从第五位下滑到第七位，这种趋势不利于其科技创新能力的提升；宁夏、青海两省份的排名大体上较为落后，特别是青海，一直居于末位，这对于青海科技创新能力的提升会产生负面影响。

2. 科技创新产出水平的评价和分析

笔者通过选取 2011～2015 年的相关数据对西部地区的科技创新产出水平进行评价与分析，得分与排名情况具体见表 3。

表 3　西部地区科技创新产出水平的评价得分和排名

地　区	2011 年		2012 年		2013 年		2014 年		2015 年	
	得分	排名	得分	排名	得分	排名	得分	排名	得分	排名
陕　西	92.06	1	91.36	1	92.52	1	92.48	1	90.54	1
四　川	77.28	2	76.89	2	76.86	2	79.07	2	81.76	2
重　庆	69.54	3	64.51	3	66.19	3	66.02	3	64.85	3
甘　肃	49.58	4	48.18	4	47.09	4	45.62	4	45.26	4
广　西	31.96	7	33.19	7	38.73	6	43.03	5	43.88	5
云　南	39.98	5	40.93	5	40.46	5	39.33	6	37.56	6
宁　夏	25.55	10	25.39	11	26.38	10	27.67	9	29.28	7
贵　州	32.74	6	27.75	9	29.03	9	30.65	7	28.82	8
内蒙古	30.10	8	37.92	6	30.13	7	25.12	11	26.93	9
新　疆	26.09	9	26.99	10	26.35	11	26.60	10	26.76	10
青　海	24.14	11	27.94	8	29.53	8	28.03	8	26.10	11

依据上文分析的结果，本文得出的结论如下。

（1）2015 年科技创新产出水平的基本情况。

2015 年，陕西科技创新产出水平的得分居于首位，在每万人科技论文数、科技论文数及技术市场成交合同额方面的得分均居第一，表明陕西在西部各省区市中科技创新产出水平较高，具有明显的优势。

同时，四川和重庆两个省份的科技创新产出水平的得分分别居第二位和第三位，四川在专利申请授权量、专利申请受理量方面的得分都处于首位，在科技论文数方面的得分居第二；重庆在专利申请授权量、每万人科技论文数、专利申请受理量方面的得分都居第二位，表明四川和重庆也具有比较高的科技创新产出水平。

甘肃、广西和云南三个省份科技创新产出水平的得分排名分别位列第四、五、六位，处于中间水平，需要进一步提高。宁夏、贵州、内蒙古、新疆和青海科技创新产出水平的得分相对较低，和排名靠前的几个省份之间具有很大的差距，这也说明五个省份的科技创新产出水平亟须进一步地提高。

（2）“十二五”期间科技创新产出水平的基本变动情况。

2011～2015 年，陕西科技创新产出水平的得分一直处于西部第一，这在一定程度上表明陕西具有很高的科技创新产出水平，在西部地区的科技创新产出方面具有明显优势。同时，四川和重庆两省份科技创新产出水平的得分排名始终稳定在第二与第三的位置，表明四川和重庆在科技创新产出方面也具有相对的优势，具有较高的科技创新产出水平。

宁夏科技创新产出水平得分的排名在 2011～2015 年从第十位提升至第七位，广西科技创新产出水平得分的排名在 2011～2015 年从第七位上升到第五位，表明宁夏和广西科技创新产出水平相对比较高；贵州科技创新产出水平得分的排名从第六位下降至第八位，这种发展趋势对于贵州科技创新能力的提升是不利的；其他省份的排名波动不大。

3. 教育发展水平的评价和分析

笔者通过选取 2011～2015 年的相关数据，对西部地区的教育发展水平进行评价与分析，得分和排名情况具体见表 4。

依据上文分析的结果，本文得出的结论如下。

（1）2015 年教育发展水平的基本情况。

2015 年，陕西的教育发展水平得分居首位，其每万人在校大学生数、大

表 4　西部地区教育发展水平的评价得分和排名

地　区	2011 年		2012 年		2013 年		2014 年		2015 年	
	得分	排名	得分	排名	得分	排名	得分	排名	得分	排名
陕　西	91.09	1	91.40	1	90.14	1	87.49	1	84.04	1
四　川	57.08	3	63.99	2	62.87	2	61.58	2	63.09	2
重　庆	53.91	5	62.81	3	58.80	3	57.23	3	54.52	3
新　疆	60.54	2	51.65	4	55.24	4	55.39	4	52.25	4
广　西	48.71	6	45.97	7	46.27	7	49.22	6	50.64	5
内蒙古	56.94	4	49.33	5	50.93	5	50.36	5	50.58	6
甘　肃	44.97	7	47.15	6	46.56	6	46.01	7	47.49	7
贵　州	33.08	10	33.02	9	38.20	9	42.91	8	46.02	8
云　南	42.94	8	44.87	8	43.22	8	39.73	9	40.74	9
宁　夏	35.60	9	31.91	10	35.93	10	37.36	10	38.60	10
青　海	20.12	11	19.71	11	14.18	11	12.72	11	10.84	11

专以上人口比例的得分都排名前列，在一定程度上表明在西部地区中陕西的教育发展水平较高。

四川的教育发展水平得分位居第二，其中地方财政教育支出方面的得分居首位，说明四川的财政教育支出比较多，对四川的教育发展水平产生了一定的影响。

重庆、新疆、广西、内蒙古这四个省份的教育发展处于中游水平，分别位列第三、四、五、六，说明重庆、新疆、广西、内蒙古的教育发展水平有待提高。甘肃、贵州、云南、宁夏、青海排名靠后，特别是青海，这五个省份的教育发展水平与得分高的省区市之间具有很大的差距，亟须进一步提高。

（2）“十二五”期间教育发展水平的基本变动情况。

2011～2015 陕西的教育发展水平得分一直处于西部地区前列，表明陕西在西部地区中的教育发展水平较高。四川虽然在 2011 年位居第三，但在2012～2015 年的得分始终位居第二，表明四川教育发展趋势良好，教育发展水平比较高。

重庆教育发展水平得分的排名在 2011～2015 年从第五位提升到第三位，贵州在 2011～2015 年从第十位上升到第八位，说明这两个省份发展态势良好。然而，新疆教育发展水平得分的排名从第二位下降到第四位，内蒙古教育发展水平得分的排名从第四位下滑到第六位，这种趋势对于这两个自治区科技创新能力的提升会产生负面的影响；广西、甘肃、云南、宁夏教育发展水平得分的排名波动不大，发展相对稳定；青海教育发展水平得分的排名始终处于末位，对于青海科技创新能力的提高是不利的。

4. 高技术产业发展水平的评价和分析

笔者通过选取2011～2015年的相关数据对西部地区的高技术产业发展水平进行评价与分析，得分与排名情况具体见表5。

表5　高技术产业发展水平的评价得分和排名

地　区	2011年		2012年		2013年		2014年		2015年	
	得分	排名	得分	排名	得分	排名	得分	排名	得分	排名
重　庆	87.00	2	79.33	2	72.46	2	86.44	2	97.91	1
四　川	94.74	1	95.31	1	93.96	1	94.13	1	88.97	2
陕　西	63.40	3	62.22	3	61.46	3	66.62	3	67.91	3
广　西	33.59	6	36.66	5	37.78	6	34.73	5	36.30	4
宁　夏	34.41	4	34.06	7	34.10	7	33.95	6	32.96	5
新　疆	32.79	8	25.78	10	27.91	10	26.24	10	31.92	6
甘　肃	31.65	9	35.14	6	32.85	8	32.92	8	31.51	7
贵　州	33.84	5	38.53	4	38.22	4	34.93	4	31.40	8
云　南	33.11	7	33.97	8	37.86	5	33.69	7	29.20	9
内蒙古	26.70	10	26.96	9	28.28	9	26.34	9	26.57	10
青　海	24.94	11	25.30	11	25.38	11	24.76	11	23.84	11

依据上文分析的结果，本文得出的结论如下。

（1）2015年高技术产业发展水平的基本情况。

2015年，重庆和四川居前两位，其中重庆在高技术产业新产品销售收入和高技术产品进出口额方面的得分均排名第一，在高技术产品进出口额占对外贸易总额比重方面的得分排名第二；四川在高技术产品进出口额、高技术产业新产品销售收入方面的得分都居于第二位，表明重庆和四川具有很高的高技术产业发展水平，在西部各省区市中优势明显。

陕西高技术产业发展水平的得分居于第三位，在高技术产品进出口额占对外贸易总额比重方面的得分排名第一，在高技术产品进出口额、高技术产业新产品销售收入方面的得分都排名第三，在一定程度上表明陕西的高技术产业发展具有相对较高的水平，在西部地区也具有优势。

广西、宁夏、新疆及甘肃四省份的高技术产业发展水平得分分别位列第四、五、六、七位，处于中间水平，仍然需要加强高技术产业的发展，促进高技术产业水平的提高。贵州、云南、内蒙古、青海高技术产业发展水平的得分排名处于后位，与得分相对靠前的省份之间具有较大距离，高技术产业发展水平较低，亟须进一步提高。

（2）“十二五”期间高技术产业发展水平的基本变动情况。

2011～2015 年，四川、重庆和陕西三省份高技术产业发展水平的得分排名一直居于前列，这表明四川、重庆和陕西的高技术产业发展水平比较高，在西部地区具有非常明显的优势。其中，重庆在 2015 年跃居榜首，说明重庆的高技术产业发展态势良好。

贵州从 2011 年的第五位下降到 2015 年的第八位，说明贵州的高技术产业发展态势不容乐观；广西、新疆和甘肃均上升两位，说明广西、新疆和甘肃的高技术产业发展趋势相对比较好；云南则较之前下降两个位次，这种发展趋势不利于云南科技创新能力的提高；其他省份的排名波动不大。

（三）综合评价和分析

笔者选取 2011～2015 年的相关数据对西部各省区市科技创新能力进行评价和分析，综合得分和排名情况具体见表 6。

表 6　科技创新能力综合评价得分和排名

地　区	2011 年		2012 年		2013 年		2014 年		2015 年	
	得分	排名	得分	排名	得分	排名	得分	排名	得分	排名
四　川	81.88	2	83.72	1	82.88	1	83.66	1	83.52	1
陕　西	83.87	1	83.15	2	82.41	2	83.52	2	83.11	2
重　庆	69.30	3	67.57	3	66.28	3	69.15	3	72.42	3
广　西	41.27	4	42.56	4	43.82	4	44.25	4	42.82	4
甘　肃	40.09	5	40.68	5	39.67	6	39.56	5	39.56	5
云　南	39.09	6	38.93	6	39.82	5	37.30	6	37.26	6
贵　州	32.65	9	32.63	9	33.90	9	35.33	7	35.27	7
内蒙古	38.08	7	37.53	7	36.58	7	33.87	8	34.20	8
新　疆	36.70	8	33.03	8	34.06	8	33.10	9	33.27	9
宁　夏	29.42	10	28.11	10	29.15	10	30.05	10	31.19	10
青　海	20.69	11	22.53	11	21.45	11	20.63	11	18.95	11

依据上文分析的结果，本文得出的结论如下。

（1）2015 年西部各省区市科技创新能力的基本情况。

2015 年，四川和陕西两省科技创新能力的得分居于前两位，其中，四川在科技创新投入方面的得分排名居首位，在科技创新产出、教育发展水平、高技术产业方面的得分都排名第二；陕西在科技创新产出、教育发展水平方面的得分都居于首位，在科技创新投入方面的得分排名第二，说明四川和陕西两省的科技创新能力很强，在西部各省区市中占据优势地位。重庆科技创新能力的得分则紧跟其后，排名第三，高技术产业方面得分排名居于首位，其他三个方面得分都排名第三，表明重庆的科技创新能力也相对较强，在西部地区具有一定的优势。

广西、甘肃、云南和贵州四个省份科技创新能力得分分别位列第四、五、六、七位，处于中间水平，需要进一步增强。内蒙古、新疆、宁夏和青海四省份科技创新能力的得分排名则处于后位，尤其是青海，这四省份的科技创新能力相对比较弱，与排名靠前的省份之间差距较大，需要尽快提高科技创新能力。

（2）“十二五”期间西部各省区市科技创新能力的基本变动情况。

2011～2015 年，四川科技创新能力的得分排名从第二位提升至第一位，表明在西部各省区市中，四川的科技创新能力具有显著的优势，发展趋势相对较好。陕西科技创新能力的得分排名始终处于前两位，重庆的排名一直保持在第三位，说明这两个省份的科技创新能力也相对比较强，特别是重庆，近年来，重庆比较注重创新驱动，努力发展适应消费升级需求的智能、高端、高技术产品，2015 年，全市高技术产业主营业务收入 4028.8 亿元，同比增长 17.3%；高技术产业新产品销售收入 1310.5 亿元，同比增长 185.9%，高技术产业发展水平跃居西部第一，表现出比较好的发展趋势。①

与此同时，贵州科技创新能力的得分排名从第九位提升至第七位，提升比较明显，表明贵州的科技创新能力发展趋势相对比较好；广西、甘肃和云南科技创新能力的得分排名始终处于中游，呈现出较为稳定的发展趋势；内蒙古、新疆、宁夏和青海四省份的科技创新能力得分排名靠后，基本上处于末位，特别是青海。

① 资料来源：《中国高技术产业统计年鉴 2015》和《中国高技术产业统计年鉴 2016》。

四　提升西部地区科技创新能力的政策建议

（一）西部地区在科技创新方面存在的问题

在对我国西部各省份科技创新的现状进行分析，并对其科技创新能力进行综合评价后，笔者发现西部地区在科技创新能力方面主要存在以下几个问题。

1. 西部各省区市科技创新能力的内部差异比较大

通过对近些年西部各省区市科技创新能力综合评价与分析，笔者发现四川和陕西的科技创新能力总体处于西部省份的前列，重庆紧跟其后。虽然陕西和四川的教育发展水平、科技创新产出均位于第一第二的位置，但重庆近年来高技术产业水平跃居首位，体现出良好的发展势头。经过综合得分和排名，发现西部各省区市科技创新能力综合得分差距较大，2015 年四川与青海的综合得分相差 64.57，而且青海在各项排名中始终处于末位。

2. 科技创新投入水平较低

西部地区与中东部地区间的科技创新投入水平的差距正在进一步拉大，从西部各省份从事 R&D 人员全时当量的角度来看，虽然 2006～2015 年，整体趋势是逐年上升的，但是西部各省份的 R&D 人员在全国所占比重落后于其他地区，并且其发展趋势不容乐观。从整体来看，近些年我国西部各省份不断提高财政科技支出和 R&D 经费支出，但科技支出和 R&D 经费支出分别占全国财政支出比重较中东部地区低。这也是由于西部地区的地方财政收入没有中东部地区高，导致教育经费投入不足。

3. 科技创新活动产出水平较低

发明专利数量是衡量一个地区科技活动成果的重要指标之一，从整体来看，我国西部各省份的国内发明专利申请授权量占全国的比例呈逐年上升的态势，但相比中东部地区专利申请量、专利授权量和发明专利授权量却显得不足。

4. 高技术产业发展水平一般

虽然国家出台相关政策鼓励西部地区高技术产业的发展，但西部地区的高技术产业尚未形成规模效应，对科技创新能力的提升推动作用不明显。许多科

研机构与企业联系并不是很紧密，供给和需求的不一致使得科技成果能够用于产品开发和生产的机会比较少，特别是在高技术产业领域。

（二）提升西部地区科技创新能力的政策建议

根据西部地区各省区市科技创新能力存在的问题，本文提出以下建议。

1. 加大西部地区人力资本投资，完善创新型科技人才队伍建设

影响科技进步与科技创新的重要因素之一，就是具备创新能力的高科技人才，目前我国以模仿为主的人力资本趋于饱和，科技创新能力的提高已经不能仅依靠以模仿为主的科技人员，因此为提高西部地区的科技创新能力，完善创新型科技人才队伍建设是其基础环节。首先，应加大对西部地区科教事业的财政支持力度，提高科教水平，为经济发展和科技创新奠定基础。其次，拓宽人才培养的途径，具体包括促进高等教育水平的提升，推动高等教育和职业教育协同发展，提高高校人才培养水平；积极推荐本地区优秀人才去中东部地区或海外学习交流；通过人才引进政策，大力吸引东中部地区优秀人才，积极引进海外人才，支持企业和科研院所培养和吸引创新型人才，留住高科技人才，加快西部地区高科技人才队伍建设，不断提升西部地区各省份的科技持续创新能力。

2. 加大科技创新投入力度，合理配置资源

通过分析可以发现科技创新投入对于科技创新能力的提高具有重要影响，尤其对于西部地区来说，当前提升西部地区的科技创新能力的关键依然在于对科技创新的资金支持力度。加大科技创新投入力度需要整合科技资源，合理配置，优化结构。首先，适当调整西部各省份财政科技拨款的规模，扩大科技拨款在财政支出中的比例。通过整合科技资源，优化科技拨款配比，将科技资源选择性投入基础研究领域、优先发展领域以及重点支持领域，加大对高校、科研机构和高技术产业相关的专项投资，从而充分发挥科研基础设施在创新能力提升方面的支柱性作用。其次，政府应制定相关优惠政策，鼓励企业在科技创新方面加强投入力度，提高自身的创新能力。再次，合理配置资源，注重区域间投入分布。通过丝绸之路经济带战略、国家中心城市规划和西部城市群发展规划，科技资源逐渐向西部地区各省份倾斜，并给予政策支持。

3. 增强产学研结合效能，提升科技成果的市场利用率

由于我国西部各省份的科技成果总量偏低，发明专利数量也处于全国较低水平，特别是专利转化为产业的比例在全国处于较低水平，所以西部地区各省份不仅要在科技成果总量上进一步提升，更要在科技成果的市场利用率上提升。这就需要增强产学研结合效能，从而提升科技成果的市场利用率。首先，政府应在政策方面给予支持，推进科技创新支持体系建设。鼓励科技人员创业，同时尽量减少创业过程中的各种障碍，例如为科技创业人员建立专业孵化组织，提供资金、场所和政策的支持；注重产学研有效结合，支持高校科研团队、科技机构和企业建立交流合作关系，加强深度合作，打破产学研有效结合的壁垒，提高科技成果转化率。其次，加大对专利产业化项目的奖励力度。通过加大对专利的奖励力度提高企业、高校、科研机构、个人进行科技创新的积极性，同时政府要主动督促和落实专利产业化项目的实施，以此来提高科技产出水平和科技成果转化率。

4. 优化科技创新环境，推动西部地区高技术产业的发展

政府应发挥科技创新的引领作用，优化高技术产业发展的外部环境。第一，政府应该建立完善多主体协调机制，推进各主体协同创新，加强西部各省区市之间的合作，增加协调度，共同促进西部地区科技创新能力的提升。第二，政府需要制定相应的优惠配套政策，例如金融、税收政策，包括放宽银行贷款条件和利率优惠等；拓宽融资渠道，提供融资担保，为小微型企业提供资金和政策支持；政府可以大力发展科技创新产业风险投资，引导民间资本参与科技创新风险投资，例如互联网金融支持等。第三，政府应引导高技术企业和创新型企业加强自主创新能力的建设，吸引发达地区高技术企业来西部地区发展落户。第四，建立和营造对科技产权保护有利的法律环境，注重对知识产权的保护和管理。第五，西部地区应根据自身的资源特色和现有区域产业优势，注重区域科技创新战略布局，培养和发展区域重点以及具有当地特色的高技术企业，使其规模化和产业化。

B.11

陕西省属本科高校信息公开测评报告*

姚聪莉　张韩凯　陈志军**

摘　要：　高校信息公开是促进高校办学发展公开化、透明化的有力举措。陕西省属本科高校信息公开工作取得的成效有：信息公开工作逐步受到重视，并得到广泛关注；组织机构不断健全，工作机制正在改进；信息公开平台正在完善，信息互动通道更加畅通。同时，陕西省属本科高校信息公开也存在相关人员对信息公开工作缺乏深刻认识，导致对信息公开工作不够重视，信息公开的内容形式失衡、信息公开制度保障和监督机制不健全等问题，对此本文提出了改进建议。

关键词：　陕西省属本科高校　信息公开　测评

一　高校信息公开测评背景和内涵

政府及公共事业部门信息公开是信息时代民主与法治建设的重要内容。2007 年，国务院正式公布《政府信息公开条例》（以下简称《条例》）。《条例》的颁布，标志着我国政府开始推进信息公开法制化进程。根据《条例》第三十七条规定，教育部于 2010 年发布了《高等学校信息公开办法》（以下

---

* 本报告为中国高等教育学会高等教育科学研究“十三五”规划课题项目“西部地方高校信息公开监测分析与研究”（16ZD007）阶段性研究成果。

** 姚聪莉，西北大学高等教育研究中心主任，教授，博士生导师，研究方向：高等教育政策、教育经济与管理；张韩凯，西北大学公共管理学院 2015 级高等教育学专业硕士研究生；陈志军，西北大学公共管理学院 2016 级教育经济与管理专业硕士研究生。参与调研的课题组成员有：田云章、杨佩、陶亚丽、李晓姣、洪晓霞，均为西北大学公共管理学院硕士研究生。

简称《办法》)，标志着高校信息公开制度在我国正式确立，依法公开信息成为高等学校的法定义务。[①] 2014 年 7 月，教育部又研究制定了《高等学校信息公开事项清单》，要求高校“确保信息及时真实，建立即时公开制度，完善年度报告制度，构建统一公开平台，加强公开监督检查”。[②]

从《办法》出台至今，多数高校都在持续推进信息公开制度建设和运行工作，并初见成效。但从整体看，高校间仍然存在较大差异，呈现出发展不平衡状态。调查结果显示，截至 2015 年 11 月底，全国 1219 所本科高校中，开设并实际运行信息公开网站的高校占全国本科高校总数的 49. 1%，未开设信息公开网站的高校所占比例为 44. 3%[③]。而剩下的约 7% 高校还存在以下问题：开设的信息公开网站形同虚设，未显示任何公开信息；开设的信息公开网站用学校其他行政部门的网站来代替链接；一些高校的信息公开网站访问受限，要么打开后无法访问，要么要求进行密码登录等等。可见，高校信息公开工作的实际运行情况并不如我们所期待的那样完善。可以说，从经费来源到产出成果，高等学校一切活动都带有公共性质。因此，处在公共活动过程中的高校信息也应当是公共和公开的。而且，进入 21 世纪以来，随着公民意识逐渐提升，公民参与社会公众事务管理的要求日益迫切。因此，从自身发展以及社会需求变化来看，高校信息公开工作的推进势在必行。

（一）国内外高校信息公开的问题与趋势

所谓高校信息公开，是指高校依据相关法律法规，按照一定原则及程序，将在开展办学活动和提供社会公共服务过程中产生、制作、获取的，以一定形式记录、保存的信息[④]，及时、准确地通过现代化途径向师生、政府及社会公众公布，从而确保公众的知情权、参与权、表达权和监督权，促使高校决策更为规范和透明，进而推动大学治理理念转变和大学治理范式创新。

---

① 盛况：《高校信息公开与年鉴工作的整合性研究》，《兰台世界》2013 年第 17 期，第 37 ~38 页。

② 《教育部关于公布〈高等学校信息公开事项清单〉的通知》，http：//www. moe. edu. cn/srcsite/A01/s7048/201407/t20140728_ 174685. html。

③ 谌思宇、喻恺：《我国高校信息公开网站建设状况与完善路径》，《北京教育学院学报》2016 年第 6 期，第 55 ~59 页。

④ 《高等学校信息公开办法》，http：//www. moe. edu. cn/srcsite/A02/s7049/201005/t201005 11_ 170528. html。

国内学界对于高校信息公开问题的研究较为广泛。从具体内容看，主要集中在以下四个方面：一是高校信息公开的基本理论研究。重点关注高校信息公开的特点、原则、作用、目标等①。二是高校信息公开的具体内容研究。尤其关注财务信息（预决算）、职务晋升、巡视组意见反馈、奖惩以及招生考试信息公开等内容。三是高校信息公开途径和方式研究。现有研究显示，网站及纸媒等传统公开形式依然是高校信息公开的重要手段，未来仍需解决信息获取途径窄、信息获取难、公开效果不明显等问题。四是高校信息公开制度、评价和组织保障研究。

与国内相比，部分国家和地区在信息公开实践领域和理论研究方面起步较早并相对成熟，其研究主要集中在高校信息公开历史演变、公开内容、公开的法律和政策、专业机构对高校信息公开网站的调查及对突发事件信息公开分析等。

（二）信息公开与高校发展之间的关系

高校信息公开的实施效果实际上折射出高校办学发展真实情况，高校信息公开对高校发展至关重要，本文结合相关文献分析，从学理角度予以阐释。

①从法学角度来看，高校信息公开制度不仅可以有效保障公民的受教育权和知情权，还可以将高校依法自主办学地位落到实处，促进高校基于法律法规行使高校的权利并承担相应的责任与义务。②从管理学角度来看，高校信息公开制度是现代大学治理理念的有力践行。从现代大学治理理念角度看，大学办学不再是大学自身的事情，众多利益相关者都渴望参与大学治理并对大学的政策、规划、愿景及实施产生影响。而利益相关者只有在掌握充分、有效信息的基础上才能介入大学治理，为此，高校需要建立一个完善的信息沟通机制，让利益相关者及时获取学校办学信息，因而，高校信息公开制度的建立和完善，将有助于大学与社会的密切联系，推动社会参与大学管理，从更大程度上推动高校有序、科学发展。③从经济学角度来看，信息公开制度是解决高校与利益相关者之间信息不对称问题的有效途径。高校信息具有较强的公共性，信息公开制度的建立在打破高校与利益相关者之间信息不对称格局的同时，还可以降低信息交易成本。④从教育学角度来看，大学已成为现代经济社会发展的轴心

① 李博、马海群：《我国高校信息公开的特点、原则、主要问题及相关制度建设》，《现代情报》2011 年第 3 期，第 7～11 页。

机构，众多的利益主体参与对高等教育话语权的争夺，现代大学制度恰好是为平衡各利益主体关系而做出的一套规则安排。在现代大学制度中，大学必须接受社会监督来持续完善大学治理，而实现与社会监督互动的重要途径之一，就是建立高校信息公开制度，推进高校信息公开建设。①

从现实情况来看，高校信息公开制度也是营造公平稳定教学科研环境的要求，是促进高等教育开放和高等教育国际化的要求，是促进高等教育内涵式发展的要求，是提升高等教育现代化水平的要求。因此，高校信息公开的有效开展和运行，对高校办学的健康发展具有重要影响。

基于以上分析，本研究拟在实地调查基础上，系统分析陕西省属高校信息公开情况，进而提出改进建议。

（三）测评概述

1. 测评对象

课题组以教育部颁布的《高等学校信息公开办法》（以下简称《办法》）和《高等学校信息公开事项清单》（以下简称《清单》）为依据，以中国高等教育学会制定的《高校信息公开监测指标体系》（以下简称《指标体系》）为测评标准，对陕西省 48 所省属本科高校的信息公开情况进行测评。这 48 所省属本科高校包括 36 所省属普通本科高校（其中公办 27 所，民办 9 所）和 12 所省属独立学院，在办学层次上涵盖了高水平大学和普通大学，在办学类型上涉及公办和民办两种类型。

2. 测评方法和时间节点

此次高校信息公开测评采取“背对背”网络测评方式，即测评过程未通知高校，也不对外公布测评时间；通过浏览被测评高校的官方网站，课题组检索《指标体系》涵盖的相关内容和网站建设情况，并按照《指标体系》统一的测评标准进行打分。由一名项目负责人把握全局，与其他测评人员沟通协商，及时处理测评过程中出现的各种问题，每名测评员负责对 12～13 所高校进行全程测评。在测评过程中，所有测评人员严格依据统一的监测标准，对各自负责的被监测高校进行详细记录，所有测评结果和数据统计在规定的时间内完成。初次测评完成

---

① 马海群：《高校信息公开的理论基础研究》，《新世纪图书馆》2014 年第 2 期，第 21～25 页。

以后，进行交叉测评和最终复评，以避免由于测评员个人原因造成测评误差。

课题组2016年共做过2次测评，第一次测评数据收集时间段为2016年10月1~8日，第二次测评数据收集时间段为2016年12月25~31日。

3. 测评过程

本次测评过程分为两个阶段，具体内容如下。

（1）第一阶段：数据获取与处理。

——获取测评信息

根据陕西省教育厅官网公布的最新省属本科高校名单，测评员从各类搜索引擎进入学校官网主页，查找“信息公开”专栏；如果该校没有“信息公开”专栏，则从该校官网上“校务公开”“政务公开”“财务信息公开”“公共信息查询”或者“信息服务”等板块查找；或直接搜索“××校信息公开网”。另外，还通过浏览陕西省教育行政部门官方网站对相关信息的披露情况，获取有效测评信息。

——指标赋分

按照《指标体系》涵盖内容逐一赋分。在评分过程中，只要出现被测评高校的某项信息链接无效或信息公开不全等情况，则该项得分为0或者得分低于该项满分，并进行网页截图存证。

（2）第二阶段：结果统计与分析。

完成数据获取之后，测评人员将全部数据进行汇总，从不同维度对汇总数据进行相关处理，力求较为客观、全面、准确地把握陕西省属本科高校在信息公开方面的现状和成效，科学研判其存在的问题，并提出有针对性的建议。

二　陕西省属本科高校信息公开特征分析

（一）总体呈现追赶超越、逐步向好的发展态势

依据《指标体系》规定，测评满分应为111分，及格分应为66.6分。从本次测评结果看①，陕西省属本科高校中有25所高校测评总分超过66.6分，

① 在测评期间，长安大学兴华学院信息公开网页打不开，导致无法查询，因此得分为0。之后的分析不再包含该校，仅分析47所高校。

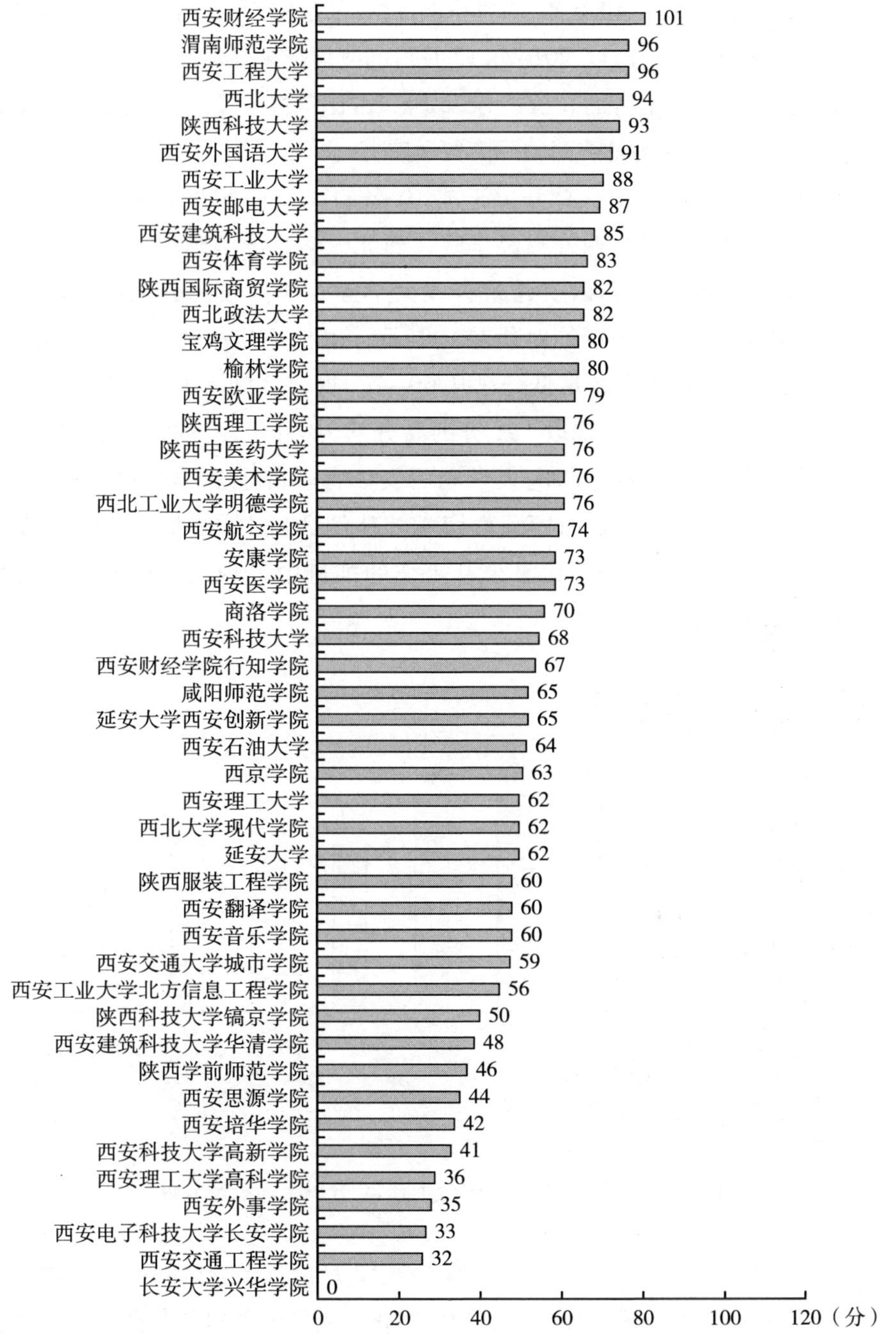

图1　2016年12月陕西省属本科高校信息公开测评得分情况

占比约为52%，相较于2016年10月份测评情况，总分在及格分以上的高校比例提升了将近21个百分点。2016年12月份的测评结果显示，许多高校总分得到大幅度提升，总分上升的高校共有36所，占比75%。有9所高校得分上升20分以上，上升最多的是陕西国际商贸学院。

2016年12月测评中，总分位于前10名的高校情况与2016年10月份相比“稳中有变”。虽然西安财经学院、西北大学、渭南师范学院、西安工业大学、陕西科技大学和西安建筑科技大学等6所高校总分依旧位于所有高校的前10名，依然保持绝对优势，但是，也呈现出一些新变化。首先，本次测评总分前10名高校最低分已从60～79得分区间上升至80～99得分区间。其次，西安财经学院以101分的高分从10月份测评排名第5跃居第1；西安外国语大学、西安邮电大学和西安体育学院也从排名位于第25名之后强势挺进前11名；陕西国际商贸学院从倒数后10名进步至正数第11名。从得分情况看，高校在信息公开工作的推进中呈现出你追我赶、力争上游的良好态势。

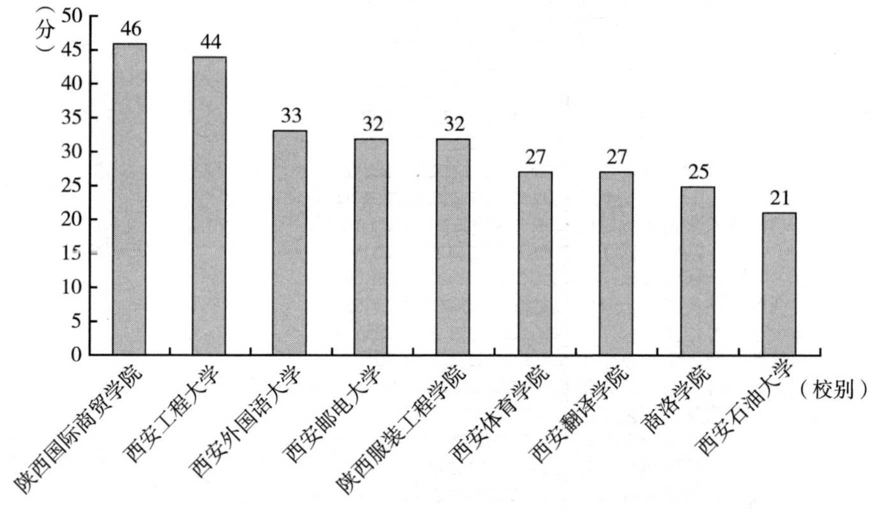

图2　2016年12月测评得分上升20分以上高校及分数

另外，从得分区间分布情况看，2016年12月份各得分区间的高校数量分布情况与2016年10月份相比发生了较大变化，高校测评得分所在区间整体上由低分区间向高分区间移动。首先，2016年12月份与2016年10月份相比，

20～39 和 40～59 这两个低分区间的高校数量明显减少。其次，高分区间的高校数量显著增加，尤其是 80～99 得分区间增幅较大。可以看出，陕西省属本科高校信息公开工作的改善成效显著。

表 1　两次测评得分分布情况

分数段	20～39	40～59	60～79	80～99	100 以上	无法查询
2016 年 10 月院校数(所)	12	13	18	5	0	0
2016 年 12 月院校数(所)	4	8	21	13	1	1

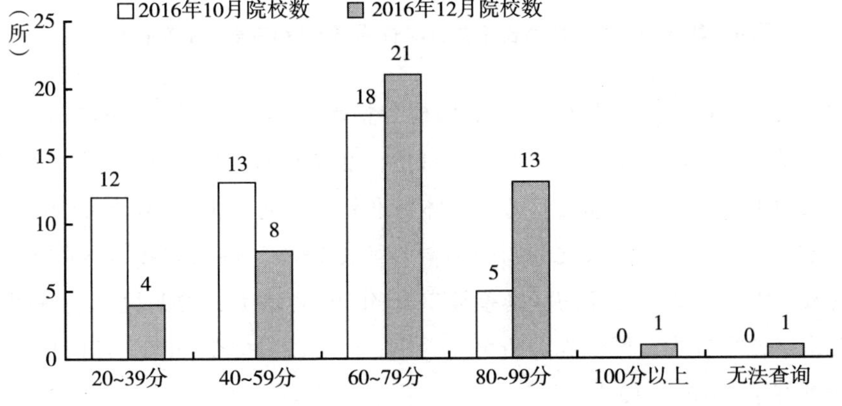

图 3　两次测评得分分布情况比较

（二）公办院校信息公开发展水平最高，民办院校进步最大

1. 测评得分情况

从赋分情况看，省属公办院校在所有得分区间内均有分布，但位于 70～89 得分区间内的数量最多；民办院校和独立学院主要位于 70 分以下的两个得分区间；而最高得分区间内只有 6 所公办院校。可以看到，公办院校的信息公开建设水平明显优于民办院校和独立学院，这与公办院校办学资源相对丰富、管理体制相对健全有关。

从平均分来看，2016 年 12 月公办院校的平均分高于总体平均分，民办院校和独立学院的平均分均低于总体平均分和公办院校平均分，但与 2016 年 10

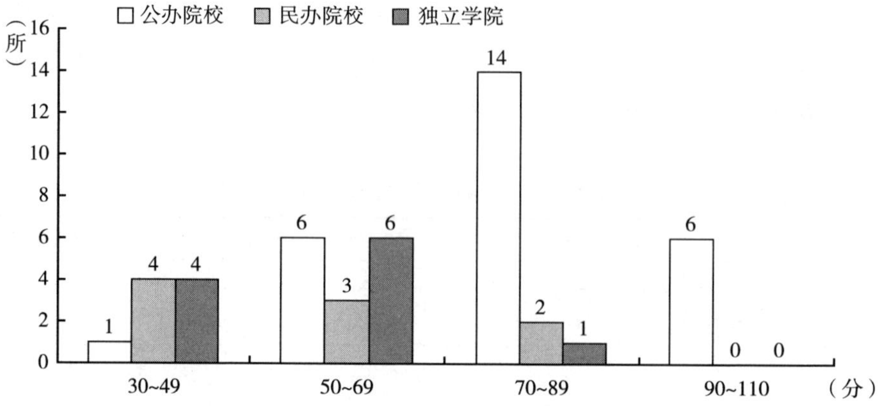

图 4　2016 年 12 月陕西省不同办学性质省属院校得分分布情况

月相比，三类不同办学性质的院校平均得分情况均得到不同程度的提升，其中，民办院校的平均分高于 2016 年 10 月份，涨幅接近 50%。从标准差来看，公办院校 2016 年 12 月的标准差低于总体标准差，同时也低于 2016 年 10 月的自身标准差，说明公办院校之间得分差异在不断缩小，逐渐向高分区间聚集；民办院校 2016 年 12 月测评的标准差较 2016 年 10 月增大，说明民办院校间信息公开水平差异较大，但仔细分析可以看出，民办院校 2016 年 12 月信息公开情况显著好于 2016 年 10 月。

表 2　不同办学性质院校平均分及标准差比较

项目	平均分		标准差	
	2016 年 12 月	2016 年 10 月	2016 年 12 月	2016 年 10 月
公办院校	78. 50	66. 44	12. 77	14. 13
民办院校	55. 22	37. 56	17. 12	11. 54
独立学院	53. 91	50. 5	12. 98	12. 55
总体	67. 89	57. 04	18. 05	17. 56

2. 信息公开网建设情况

公办院校大多建立了信息公开网，而民办院校和独立学院则大多没有。被测评的 47 所省属高校中，有 27 所高校设有信息公开网或信息公开栏目，其中包括 24 所公办本科院校和 3 所民办本科院校。公办本科院校信息公开网开设率达到88.89%；民办本科院校开设率为33.33%，较2016年10月增加了1所；而11所独立学院无一所开设信息公开网。

（三）综合类、理工类院校信息公开程度较高

按照陕西省教育厅官网普通高等学校类别信息①，被测评的47所高校可以分为九类：综合类（17所）、理工类（15所）、语言类（1所）、政法类（1所）、医药类（2所）、财经类（4所）、艺术类（2所）、体育类（1所）和师范类（4所）。数量最多的综合类院校中，7所高校得分在70分以上（见图5）；数量居第二位的理工类院校中，有5所得分在70分以上；3/4的财经类和1/2的师范类院校得分在70分以上（见图5）。总体而言，综合类、理工类、财经类和师范类院校信息公开程度高于其他类院校。

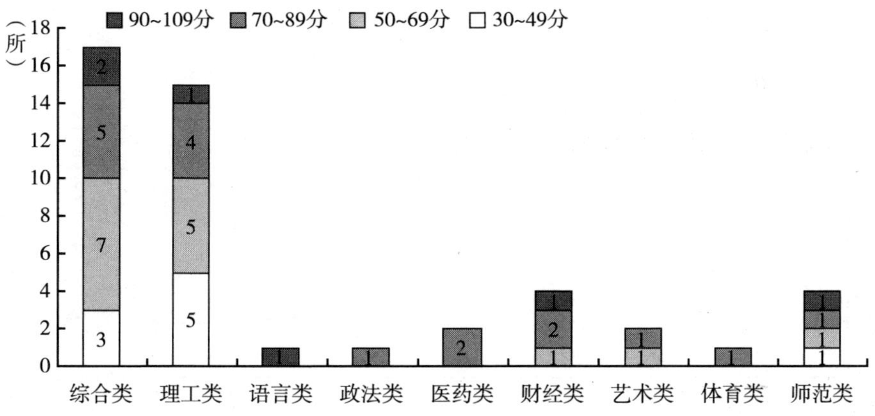

图5　2016年12月陕西省不同类别省属院校信息公开得分分布情况

（四）十大类别信息公开改善的成效率整体得到提高

2016年12月份测评结果显示，《指标体系》涵盖的十大类别信息公开的平均得分全部高于2016年10月测评结果，说明十大类别信息公开情况得到一定程度改善（见图6）。从十大类别信息公开改善成效率②情况看，2016年12

① 陕西省教育厅官方网站，http：//www.snedu.gov.cn/。

② 成效率即平均得分与满分比，反映某个类别的完成效率。

月十大类别信息公开改善的成效率较10月均有所提升。比如“对外交流与合作”上升17.75个百分点、“学风建设”上升17.60个百分点、“基本信息”上升13.17个百分点、“财务、资产及收费”上升10.93个百分点、“学位、学科”上升10.63个百分点、“学生管理服务”上升9.50个百分点、“人事师资”上升8.50个百分点、“教学质量”上升7.41个百分点、“招生考试”上升5.19个百分点、“其他”上升1.67个百分点，上升幅度最大的是“对外交流与合作”，上升幅度最小的是“其他”。两次测评中没有一个类别的成效率超过80%，12月份测评时“人事师资”“学位、学科”和“其他”三个类别的成效率没有超过50%，属于成效率较低的类别，“学位、学科信息”表现最差（见图7、图8）。从成效率来看，陕西省属本科高校信息公开程度不高，还有较大改善空间。

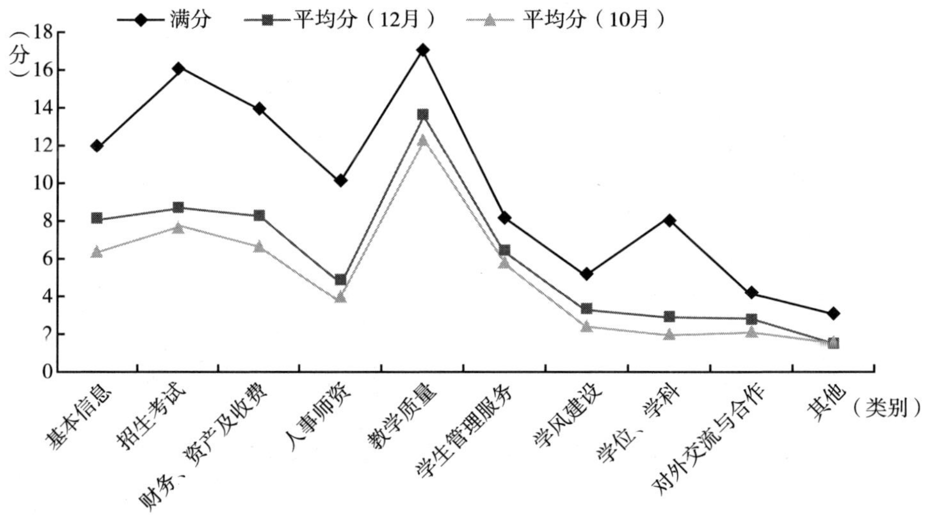

图6　2016年两次测评十大类别信息公开评价平均得分比较

（五）信息公开网首页要素完善程度差异较大

依据相关政策文件和文献资料分析，笔者认为高校信息公开网首页建设情况应包括以下几个要素：网站链接的有效性、高校信息公开实施办法（细则）、信息公开指南、信息公开工作机构信息、信息公开意见箱、学校信息公

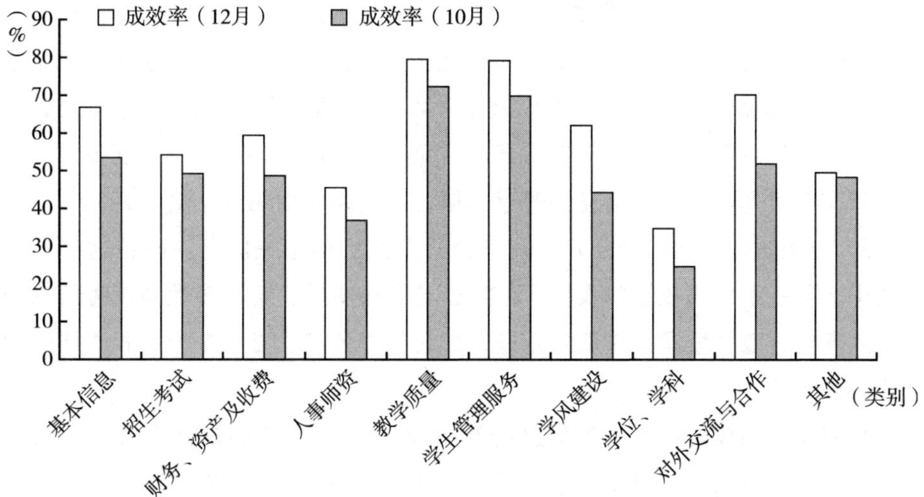

图 7　2016 年两次测评十大类别信息公开成效率对比情况

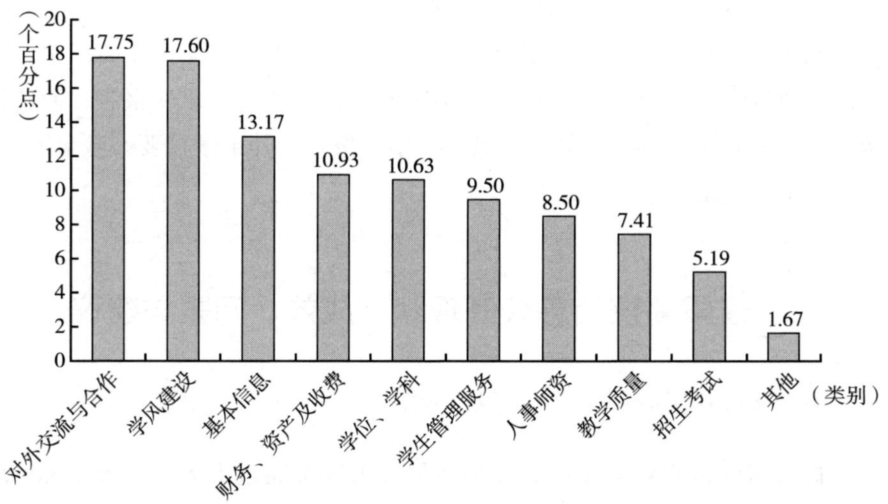

图 8　2016 年两次测评十大类别信息公开成效率上升情况

开目录以及信息公开年度报告等。[①] 课题组针对这些要素的建设完善情况进行了分析。测评结果显示，陕西省属 47 所本科高校中有 27 所高校开设了链接有

① 《高等学校信息公开办法》，http：//www. moe. edu. cn/srcsite/A02/s7049/201005/t20100511_170528. html。

效的信息公开专栏，占比超过57%。其中以“信息公开”命名网站的有13所公办院校和3所民办院校；其余11所高校以“校务公开”“财务公开”“党务公开”等名称命名信息公开专栏。还有不少高校的信息公开专栏打开之后只有财务公开目录情况，更有甚者打开之后只有一份信息公开工作年度报告。另外，只有2所高校开设了信息公开意见箱，其余高校均无意见箱（栏）。

33.33%的高校向社会公开了信息公开工作机构相关信息。而在这些公开高校中，除极个别高校专门设立了信息公开办公室外，绝大多数高校将信息公开划入其他行政办公室工作职责范围，如校长办公室、党务办公室和法律顾问工作办公室等。

只有4成高校发布了学校信息公开指南。44.44%的高校未设置信息公开目录，呈现在页面上的只是一堆零散、碎片化信息，没有进行相应归类处理，给查阅方进行信息检索带来了很大困难。另外，测评期间，仍然有接近1/2的高校未发布信息公开实施办法或实施细则。

有超过1/3的高校没有编制任何信息公开工作年度报告。《办法》出台至今，各高校应该有2011～2012年五个年度的信息公开工作年度报告，而测评结果显示，只有4所高校公布了全部五个年度报告，其余学校要么数量不全，要么报告的年度出现断层或缺失。

三　省属高校信息公开现状、成效、问题与建议

（一）省属高校信息公开现状分析

根据《指标体系》规定，高校具体信息内容可通过十大类一级指标、57项二级指标进行测评，此次测评主要考察公开具体信息内容的高校数量及该项信息公开程度。

测评过程中共有27所高校开设了信息公开专栏，因此，高校总数为27所。那么，某项信息公开比例按照如下公式进行计算[①]。其中，设C=某项信息公开比例，B=高校总数（27所），A=公开某项信息的高校数量：

① 只要某高校该项信息得分大于或等于1分，就将此高校统计在内；得分是0则不统计。

$$C = \frac{A}{B}\%$$

1. 基本信息公开情况

在第1大类“基本信息”中，2016年12月高校公开情况较好。其中，“办学规模、校级领导班子简介等”“学校章程及制定的各项规章制度”和“信息公开年度报告”公开比例均达到100%，说明27所高校都公开了这些信息；“学校发展规划、年度工作计划等”和“教职工代表大会相关制度、工作报告”两项信息的公开比例均超过85%；而“学术委员会相关制度、年度报告”的公开比例虽然偏低，但也超过7成。

表3　2016年12月份陕西省属本科高校“基本信息”公开情况

单位：所，%

二级指标	学术委员会相关制度、年度报告	学校发展规划、年度工作计划及重点工作安排	教职工代表大会相关制度、工作报告	信息公开年度报告	学校章程及制定的各项规章制度	办学规模、校级领导班子简介及分工等办学基本情况
公开信息高校数	19	23	23	27	27	27
比例	70.37	85.16	85.16	100.00	100.00	100.00

2. 招生考试信息公开情况

在第2大类“招生考试信息”中，2016年12月高校“考生个人录取信息查询渠道和办法，分批次、分科类录取人数和录取最低分”和“招生章程及特殊类型招生办法，分批次、分科类招生计划”公开比例达到100%；招考咨询与申诉等信息的公开情况也较理想；而有关研究生招生考试信息公开情况则明显不如前述信息公开情况，其中，“研究生招生咨询及申诉渠道”和“参加研究生复试的考生成绩”这两项信息公开比例最低，分别为44.44%和33.33%。

3. 财务、资产及收费信息公开情况

在第3大类“财务、资产及收费信息”中，2016年12月90%以上高校对采购和招投标信息与财产管理制度信息进行了公开；80%以上高校对预、决算信息及收费相关信息进行了公开；对于资产保值增值和捐赠等相关信息的公开比例虽然较10月份的29.63%和22.22%有所提高，但仍然偏低，分别为44.44%和37.04%。

表 4　2016 年 12 月份陕西省属本科高校“招生考试信息”公开情况

单位：所，%

二级指标	参加研究生复试的考生成绩	研究生招生咨询及申诉渠道	拟录取研究生名单	研究生招生简章、招生专业目录、复试录取办法，各院（系、所）或学科、专业招收研究生人数	保送、自主选拔录取、高水平运动员和艺术特长生招生等特殊类型招生入选考生资格及测试结果	招生咨询及考生申诉渠道，新生复查期间有关举报、调查及处理结果	考生个人录取信息查询渠道和办法，分批次、分科类录取人数和录取最低分	招生章程及特殊类型招生办法，分批次、分科类招生计划
公开信息高校数	9	12	16	16	21	25	27	27
比例	33.33	44.44	59.26	59.26	77.78	92.59	100.00	100.00

表 5　2016 年 12 月陕西省属本科高校“财务、资产及收费信息”公开情况

单位：所，%

二级指标	受捐赠财产的使用与管理情况	校办企业资产、负债、国有资产保值增值等信息	收支预算总表、收入预算表、支出预算表、财政拨款支出预算表	收费项目、收费依据、收费标准及投诉方式	收支决算总表、收入决算表、支出决算表、财政拨款支出决算表	财务、资产管理制度	仪器设备、图书、药品等物资设备采购和重大基建工程的招投标
公开信息高校数	10	12	22	24	24	25	26
比例	37.04	44.44	81.48	88.89	88.89	92.59	96.30

4. 人事师资信息公开情况

在第 4 大类“人事师资信息”中，2016 年 12 月超过 85% 的高校对岗位信息和人员进出信息进行了公开；而“校级领导干部因公出国（境）情况”“校级领导干部社会兼职情况”和“教职工争议解决办法”3 项信息的公开比例虽然较 10 月份的 40. 74%、22. 22% 和 33. 33% 有所提高，但仍然相对较低，分别为 55. 56%、40. 74% 和 40. 74%。

表6　2016年12月陕西省属本科高校“财务、资产及收费信息”公开情况

单位：所，%

二级指标	教职工争议解决办法	校级领导干部社会兼职情况	校级领导干部因公出国（境）情况	校内中层干部任免、人员招聘信息	岗位设置管理与聘用办法
公开信息高校数	11	11	15	23	24
比例	40.74	40.74	55.56	85.19	88.89

5. 教学质量信息公开情况

在第5大类“教学质量信息”中，2016年12月除“艺术教育发展年度报告”信息外，剩余信息项的公开比例均在74%以上，且平均值达到88%以上，说明剩余信息项的整体公开情况较好，尤其是有两项信息公开比例达到100%，分别是“本科生占全日制在校生总数的比例、教师数量及结构”和“促进毕业生就业的政策措施和指导服务”。而“艺术教育发展年度报告”信息项的公开比例虽很低，但其公开情况较2016年10月份的测评结果已有所改善，公开此项信息的高校数量从1所增加到4所。

表7　2016年12月份陕西省属本科高校“教学质量信息”公开情况

单位：所，%

二级指标	艺术教育发展年度报告	全校开设课程总门数、实践教学学分占总学分比例、选修课学分占总学分比例	主讲本科课程的教授占教授总数的比例、教授授本科课程占课程总门次数的比例	本科教学质量报告	高校毕业生就业质量年度报告	毕业生的规模、结构、就业率、就业流向	专业设置、当年新增专业、停招专业名单	促进毕业生就业的政策措施和指导服务	本科生占全日制在校生总数的比例、教师数量及结构
公开信息高校数	4	20	20	23	24	25	25	27	27
比例	14.81	74.07	74.07	85.19	88.89	92.59	92.59	100.00	100.00

6. 学生管理服务信息公开情况

2016年12月第6大类“学生管理服务信息”4项具体信息公开比例均在74%以上，且平均值达到87%以上，说明该大类信息整体公开情况较好。值得关注的是，“学生申诉办法”信息公开比例较2016年10月份的59.26%提高了约15个百分点。

表8　2016 年 12 月份陕西省属本科高校“学生管理服务信息”公开情况

单位：所，%

二级指标	学籍管理办法	学生奖、助学金等费用优惠减免事宜申请与管理规定	学生奖励处罚办法	学生申诉办法
公开信息高校数	24	26	24	20
公开信息比例	88.89	96.30	88.89	74.07

7. 学风建设信息公开情况

相比 2016 年 10 月份测评结果，2016 年 12 月的“学风建设信息”的公开情况整体有所好转。从 2016 年 10 月份整体公开比例低于 60% 变化为 12 月份两项指标达到 66% 以上，说明陕西省属高校学风建设信息公开工作趋向良好。其中，“学风建设机构”信息公开高校数增加 2 所，公开比例比 2016 年 10 月提高 7.4 个百分点；“学术规范制度”信息公开高校数增加 4 所，公开比例信息提高了 14.7 个百分点；“学术不端行为查处机制”信息公开高校数增加 3 个，公开信息比例提高了 11.1 个百分点。不过，“学风建设机构”信息的公开比例虽有所提高，但相比其他信息仍然处于较低水平。

表9　2016 年 12 月、10 月陕西省属本科高校“学风建设信息”公开情况

单位：所，%

二级指标	2016 年 10 月		2016 年 12 月	
	公开信息高校数	比例	公开信息高校数	比例
学风建设机构	8	29.63	10	37.04
学术规范制度	16	59.30	20	74.04
学术不端行为查处机制	15	55.56	18	66.67

8. 学位、学科信息公开情况

2016 年 12 月“授予博士、硕士、学士学位的基本要求”信息项的公开比例有小幅提升。以信息公开比例增幅由大到小对剩余信息项进行排序，依次为“新增硕士、博士学位授权学科或专业学位授权点审核办法”

（22.23 个百分点）、“拟新增学位授权学科或专业学位授权点的申报及论证材料”（15.74 个百分点）和“拟授予硕士、博士学位同等学力人员资格审查和学力水平认定”（12.04 个百分点）。可以看出，3 项信息的公开比例均有较大提升，说明高校近期对这些方面的信息公开工作予以重视，进行了改进。

表 10　2016 年 12 月、10 月陕西省属本科高校“学位、学科信息”公开情况

单位：所，%

二级指标		授予博士、硕士、学士学位的基本要求	拟授予硕士、博士学位同等学力人员资格审查和学力水平认定	新增硕士、博士学位授权学科或专业学位授权点审核办法	拟新增学位授权学科或专业学位授权点的申报及论证材料
2016 年 12 月	公开信息高校数	19	10	10	11
	公开信息比例	70.37	37.04	37.04	40.74
2016 年 10 月	公开信息高校数	18	6	4	6
	公开信息比例	66.67	25.00	14.81	25.00

9. 对外交流与合作信息公开情况

2016 年 12 月该大类信息项下 2 项信息公开比例均在 74% 以上，较 2016 年 10 月测评结果提高不少。其中，“中外合作办学情况”的公开比例提高了将近 15 个百分点，而“来华留学生及管理相关规定”公开比例变化尤为明显，提高了近 26 个百分点，一定程度上说明高校的对外合作办学越来越规范化、制度化。

表 11　2016 年 12 月、10 月陕西省属本科高校“对外交流与合作信息”公开情况

单位：所，%

二级指标		中外合作办学情况	来华留学生及管理相关规定
2016 年 12 月	公开信息高校数	22	20
	公开信息比例	81.48	74.07
2016 年 10 月	公开信息高校数	18	13
	公开信息比例	66.67	48.15

10. 其他信息公开情况

2016 年 12 月“其他信息”主要考察高校信息公开门户网站易用性和交互性，对除“测评者对该校信息工作的总体评价”以外的剩余其他信息项进行了分析。27 所高校全部设置了多样化信息公开工作联系方式，比如电话、邮箱、微博、微信等。8 成以上高校信息公开网站具有关键词搜索功能，并且网站分类信息清楚。7 成以上高校信息公开网站搜索结果准确，而且公布了突发事件处理情况等。6 成以上高校信息公开网站导航清楚。另外，同 2016 年 10 月的测评结果比较看，设置专门机构负责信息公开工作的高校从 7 所变成了 9 所，增加了 2 所。尤其值得注意的是，“巡视组反馈意见，落实反馈意见整改情况”这项信息从之前只有 1 所高校披露到现在有 10 所高校对外公开，公开比例比 2016 年 10 月提升了 33.3 个百分点，结果喜人。说明这一问题正在逐渐引起高校关注。

表 12　2016 年 12 月份陕西省属本科高校“其他信息”公开情况

单位：所，%

二级指标	设置专门机构负责	巡视组反馈意见，落实反馈意见整改情况	信息公开网站导航清晰	自然灾害等突发事件的应急处理预案、预警信息和处置情况，涉及学校的重大事件的调查和处理情况	搜索结果准确	分类信息清楚	关键词搜索功能	设置联系方式，联系方式多样化
公开信息高校数	9	10	18	19	20	22	24	27
比例	33.33	37.04	66.67	70.37	74.07	81.48	88.89	100.00

（二）省属本科高校信息公开成效

陕西省属本科高校信息公开工作获得较大的进步离不开主管教育行政部门的大力引导和支持。2010 年教育部颁布《高等学校信息公开办法》以来，陕西省教育厅高度重视推进高校信息公开工作，分别于 2014 年、2015 年、2016 年三年连续发布《教育部办公厅关于做好高校信息公开工作年度报告工作的通知》（教办厅函〔2014〕55 号）、《关于做好 2015 年度高校信息公开年度报告编制公开工作的通知》（陕教秘办〔2015〕6 号）和《关于落实高校信息公开清单做好2016年度高校信息公开年度报告编制公开工作的通知》（陕教秘办〔2016〕5号），督促各高校建立信息公开门户网站，编制信息公开年度报告。同时，陕西省教育厅高度重视第三方评估机构对高校办学发展的重要作用，积极采纳高校信息公开测评课题组近年来的监测数据和分析报告。尤其是2016年11月在全省省属高校全文转发《陕西省属本科高校信息公开测评报告》，再加上2016年12月初陕西省高教学会在年会上发布了测评结果，在不同程度上对促进高校改进信息公开工作发挥了作用。到目前为止，陕西省属本科高校基本能够按照省教育厅部署和要求，扎实推进信息公开工作，坚持“以公开为常态、不公开为例外”工作理念，最大限度保障全体师生和社会公众的知情权、参与权、表达权和监督权，信息公开工作常态化、规范化、制度化水平得到有效提升。

1. 信息公开工作得到重视，信息公开工作得到有力推动

从第三方组织连续两年的测评结果看，陕西省属本科高校信息公开工作逐年改善、成效显著。从2016年12月的测评结果可以看出，陕西省属高校信息公开测评赋分有较大提高，主要得益于政府和高校高度重视，以及第三方积极参与。近年来省教育厅连续下发信息公开文件，各高校不断完善信息公开制度以及第三方评价结果在全省转发及公开发布，都使信息公开工作受到前所未有的重视，有力地推动了信息公开工作进程。

2. 信息公开组织不断健全，工作机制正在改进

陕西省教育厅下发文件敦促省属本科高校积极开展信息公开工作，编制信息公开年度报告，省属本科院校相继成立信息公开领导小组，院校各相关部门密切配合，对公开信息进行收集、整理和发布，连续不断健全和改进高校的信息公开组织建设和运行机制。比如西北大学、渭南师范学院等高校进行了较为完善的信息公开门户网站首页要素建设，配备专门工作机构，开通信息公开意见箱，制定适合本校的信息公开方案，有效地保障了信息公开工作的落实。

3. 信息公开平台正在完善，信息互动通道更加畅通

高校信息是以高校信息公开网站为主要平台进行公开，信息公开网站是校内外各利益相关者了解高校信息的主要通道。信息公开网站建设要求从工作机构、工作细则、工作方法、工作内容、工作流程、意见反馈以及内外监督等方面形成全方位信息公开运行网络。逾 6 成高校已开设信息公开专栏，高校对信息公开网站首页建设必备要素的公开比例，较上次测评有大幅提升。

（三）省属高校信息公开存在的问题

1. 对信息公开工作内容认识模糊

2016 年 12 月测评期间仍有 41% 的高校以“校务公开”等名称代替“信息公开”，可见，仍有不少高校没有真正认识到信息公开与校务公开的区别；只有 4 所高校公开了《艺术教育发展年度报告》，仅占 14.8%，可见绝大多数高校对于艺术教育是施行全面素质教育的重要途径缺乏清晰认识，没有全面系统地梳理与总结学校的艺术教育工作；另外，仍有 63% 的高校没有设立学风建设机构，对于设置、规范学术行为的机构和制度的必要性也缺乏足够认识。

2. 对信息公开工作重视不够

一些高校的公开内容未经分类，查找信息如同“海底捞针”，这些高校不重视信息的实际应用和整理，信息公开网站形同虚设、内容杂乱无章；在测评中还发现一些高校集中批量发布信息，以应付检查；还有一些高校网站运行不稳定，导致网站在课题组测评期间无法访问、链接错误或失效等。

在测评过程中，还发现不少高校对一些信息的披露存在有所保留和避重就轻的问题。接近 8 成的地方高校没有公开学校财务资产运作实际过程和情况，只是对财务资产管理制度做了披露，这样的信息公开工作流于形式，缺少实质性内容信息。另外，半数以上高校没有公开相应的信息公开工作指南。缺少指南，在很大程度上影响实际工作透明度。

3. 信息公开内容形式失衡

地方高校信息公开内容存在多种形式的失衡。一是公开内容的层次和性质失衡，比如招生层次信息的失衡，研究生招考、咨询及申诉等信息公开比例普遍低于本科生相关信息公开比例，在人事、财务腐败高发的关键领域信息隐藏较为严重；二是公开对象位次失衡，地方高校对领导干部因公出国和社会兼职情况的信息公开比例较低，公开信息比例较高的则大多是对教师和学生的管理制度和运行情况；三是公开的义务和权利失衡，地方高校对于各种管理制度的信息公开比例较高，但对于实际管理情况、被管理者申诉制度和渠道的信息公开比例较低；四是公开内容的主体失衡，公办院校的信息公开工作进程明显优于民办院校和独立学院。

4. 信息公开制度保障和监督机制不健全

首先，仍然有超过1/2的高校没有发布适用于本校的信息公开实施办法或实施细则，显然，陕西省属本科高校在开展信息公开实际工作过程中没有很好的微观制度作为保障；其次，只有4所高校公布了全部5个年度的信息公开工作报告，只有2所高校专门开设了信息公开意见箱，而只有37.04%左右的高校对“巡视组反馈意见，落实反馈意见整改情况”等信息进行了公开。这说明大多数高校在内部和外部没有相对健全的监督机制来调控和管理高校实际信息公开工作。地方高校在听取、接受有关信息公开工作反馈意见时存在较为严重的动力不足问题。

（四）提高高校信息公开工作水平建议

基于上述观测和分析可以看出，陕西省属本科高校的信息公开工作在取得很大成效和进步的同时，还需要继续改进与完善。

1. 以完善制度为基础，实现高校信息公开法制化

完备的信息公开制度建设是保证高校信息公开工作顺利运行的条件。只有构建健全的法制保障，高校才能在开展信息公开工作时真正做到有据可依、有据必依。目前颁布的信息公开文件只做出了一般性规定，并没有对公开主体——高校进行分类，现有政策不能够完全适应民办院校、独立学院甚至专科院校；另外，关于高校公开内容的含义和指向性还存在不少争议，没有对这些内容的内涵、范围、公开形式和程度等做出相应解释和说明，很难准确地为高校信息公开工作提供帮助，也很难有效指导第三方开展测评工作。因此，政府应建立健全信息公开制度体系，细化信息公开内容的规定与要求，构筑完善的信息公开制度环境。

2. 引入第三方评价机制，建立信息公开常态监测机制

必要和适当的调控与监督能对高校顺利开展信息公开工作提供强大的动力。地方教育部门除了要求高校及时上传及公布信息公开工作年度报告，还要求其注重和加强对信息公开工作的日常监控，注重在过程中及时发现问题，建立信息公开工作的常态监控机制。因此，建议地方政府应尽快按照不同层次和类型的高校，制定分类考核标准和指标体系，授权第三方评价机构，常态监测并评价高校信息公开工作。同时，广泛宣传，创设舆论氛围，开设社会公众监督渠道，建立反馈机制，借助媒体、社交网络（微信、微博）等手段及时发布相关信息，形成全方位的高校信息公开监控系统。

3. 健全保障机制，增强高校信息规范性

目前，许多高校信息公开工作往往被指派给党政办公室、宣传部、教务处、网络中心等职能部门，作为兼职业务处理。多数高校缺少从事信息公开工作的专职人员和专门机构，导致投入不足、责任不清、任务不明，严重影响信息公开工作的质量和水平。建议高校设立专门机构并配备专职人员负责信息的收集、分类、整理、编制、公开等工作，从而保证信息公开的规范性以及时效性。同时，在学校内部经费预算方面专门列支信息公开专项经费，为高校信息公开提供经费保障。

4. 完善信息回馈机制，提升高校信息公开有效性

从实际工作看，高校信息公开同档案管理、校园信息化建设等有很大关联性。因此，高校信息公开工作往往会形成责任机制缺乏、信息公开内容更新缓慢等问题。建议高校内部设立专门监督部门，负责信息公开监督工作，并制定相关的管理办法与方案，切实做到责任落实到人，从而保证监督工作的有效开展、信息的及时公开。同时，应该从保障学生及教职工切身利益出发，高度重视申诉渠道相关信息公开，特别是考生申诉渠道、学生申诉办法、违规收费投诉方式以及教职工争议解决办法等必须公开的信息，相当一部分高校并未真正建立解决学生或教职工诉求的信息渠道。建议高校健全申诉渠道，设置申诉平台，并将申诉处理结果及时进行公开并反馈，切实保证信息公开的及时性和有效性。

生态环境

Ecological Environment

B.12 西部地区低碳发展报告*

冯宗宪 高 赢**

摘 要： 本研究基于西部地区经济发展现状，测算并分析了2000～2014年该地区由能源消费引起的二氧化碳排放情况。结果表明，西部地区碳排放在考察期间整体呈现出稳定增长趋势，且年均近70%的碳排放源于煤炭消耗。然后基于近似关系和脱钩关系两个分析层面，揭示西部地区低碳经济发展现状。结论表明，西部地区碳排放、能源消费与经济增长三者之间存在着长期稳定的均衡关系，且经济增长与碳排放之间在绝大部分年份表现出弱脱钩状态。最后提出针对加快西部地区

* 本文为国家社会科学基金重大项目（项目编号：12&ZD070）、中国清洁发展机制基金赠款项目（项目编号：2014041）阶段成果。

** 冯宗宪，西安交通大学经济与金融学院教授，博士，博士生导师，研究方向：区域经济、低碳经济、国际贸易；高赢，西安交通大学经济与金融学院博士研究生，研究方向：贸易与环境、低碳经济。

低碳经济发展的路径与对策措施。

关键词： 碳排放 经济增长 能源消费 近似关系 脱钩模型

一 引言

我国西部地区由重庆、四川、内蒙古、贵州、广西、云南、西藏、陕西、甘肃、宁夏、青海、新疆12个省市区组成，该区域拥有辽阔的土地和丰富的自然资源，战略位置极为重要。相较于我国东、中部地区，西部地区整体经济发展水平落后，亟须进一步推动该地区经济迅速增长，以缩小与其他区域发展水平的差距。自西部大开发以来，由于国家相关发展政策的支持和倾斜，使得西部大开发战略中的各项工作都得到稳步推进，且成效凸显。2015年，西部地区生产总值达到了143992.53亿元，与2000年相比增长了7倍多，年均增幅达到46%。与此同时，西部地区能源消费量也出现不断攀升趋势，2000~2014年，西部地区能源消费总量由35157.38万吨标准煤增长至139739.34万吨标准煤，增长近3倍，年均增长20%。值得注意的是，在西部地区能源消费种类中，煤炭在一次能源消费中的比重一直高达80%以上，而石油和天然气等能源的消费比重均低于10%，属于典型的碳基能源消费结构。

正是由于能源消费总量的持续攀升以及长期不合理的能源消费结构的存在，西部地区二氧化碳排放总量已经由2000年的24965.13万吨增加到2014年的99393.82万吨，增长了2.98倍，年均增长19.9%。可见，西部地区在获得经济发展的同时，不可避免引致了能源消费和碳排放量的同步增长。作为我国的生态环境脆弱区，西部地区的大部分区域已经被纳入国家限制开发及禁止开发的范围，所以在未来西部大开发工作过程中应着力保护西部地区的生态环境、减少西部地区由能源消耗引起的碳排放，以促使西部地区逐步实现从高投入、高能耗、高污染的传统“三高”经济模式转向绿色经济发展模式。作为当今世界第一大二氧化碳排放国，我国一直面临巨大的国际减排压力，西部地区加快推进低碳经济发展战略选择一方面有益于全国低碳经济发展总体目标的实现；另一方面，可以倒逼该区域内各省份重新审视自身在产业发展、能源开发、政策制定等各类发展因素上的优劣势，以增强本地区可持续发展能力，大幅缩小与其他区域的差距，并推动本区域科学稳定发展。

二 西部地区经济发展现状

（一）西部地区经济总量

作为我国重要的能源资源基地，西部地区为国内经济的飞速发展做出了重要贡献。自从西部大开发战略实施以来，该地区的经济已经步入快速增长阶段，2000 年，地区生产总值为 17158. 61 亿元，到 2015 年已增长至 143992. 53 亿元，占当年国内生产总值的 20%，年均增长速度达到了 46%。与此同时，人均 GDP 由 2000 年的 5112. 45 元提高至 2015 年的 41174. 91 元，尽管还低于全国平均水平，却具备极大的提升空间。如图 1 所示，西部地区 GDP 年增长率的变化趋势与全国 GDP 年增长率的变化趋势是比较一致的，且在绝大多数年份西部地区 GDP 增长率高于全国。可见，西部地区在此期间经济发展的速度高于全国平均水平，整体经济发展形势较为乐观。

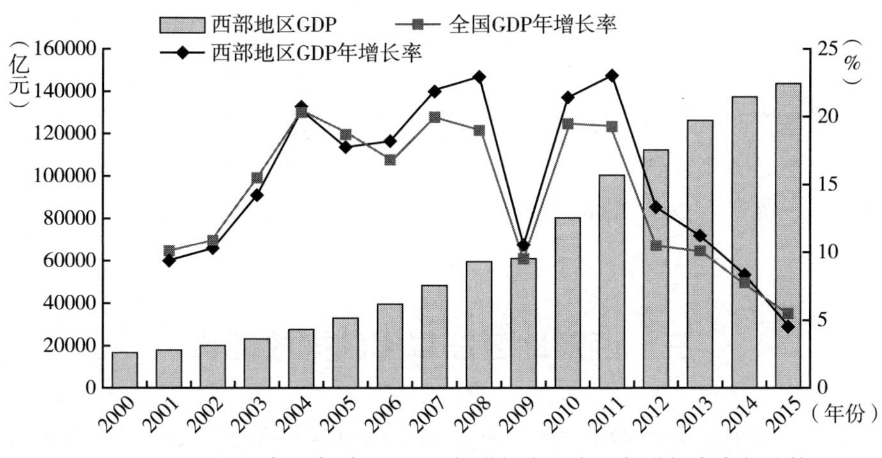

图 1　2000～2015 年西部地区 GDP 年增长率及全国年增长率变化趋势

（二）西部地区产业结构现状

如图 2 所示，西部地区第一产业所占比重呈现出鲜明的逐年下降趋势，从

2000 年的 21.38% 降至 2014 年的 11.91%；第二产业占比在总体上稳中有升，由 2000 年的 39.08% 上升至 2014 年的 47.46%，从 2004 年开始，第二产业所占比重超过第三产业占比，其中 2010 ~2012 年三年间，第二产业所占比重均超出 50%；第三产业占比的整体波动幅度不大，均在 40% 左右浮动。总体来看，西部地区三次产业结构从 2000 年的 0.21∶0.39∶0.40 变为 2014 年的0.12∶0.47∶0.41，对应的全国三次产业结构则从 2000 年的 0.15∶0.45∶0.40 变为 2014 年的 0.09∶0.43∶0.48。在西部地区第二产业中，工业增加值历年均占到 80% 以上的比重，由于工业部门本身属于能源密集型部门，在全球能源利用总量中占 40%，具有极为明显的高碳排放特征，这无疑会加重该地区环境成本和减排压力。因此，西部地区当前的产业结构不尽合理，仍需加快优化调整的步伐。

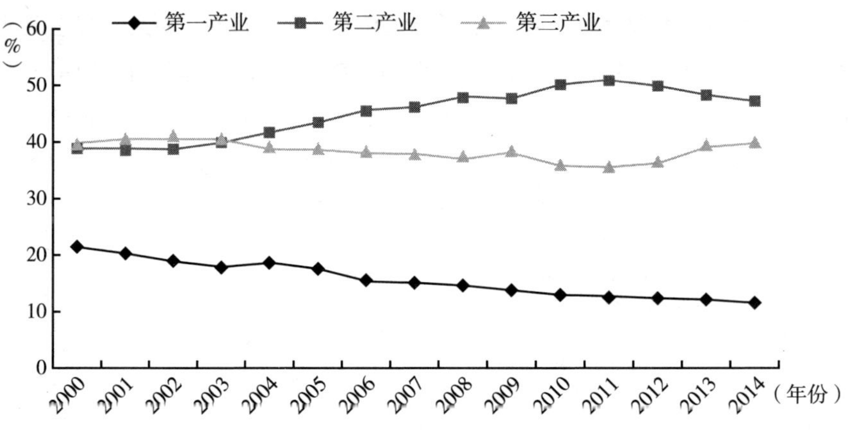

图 2　2000 ~2014 年西部地区三次产业占比情况

三　西部地区二氧化碳排放现状

由于西藏地区各类数据指标比较缺乏，同时基于全文相关数据在分析和计算时口径统一考虑，本研究所讨论的西部地区包括内蒙古、新疆、宁夏、青海、甘肃、陕西、四川、重庆、贵州、广西、云南等 11 个省区市。各省区市的能源消费实物量数据来自中国历年统计年鉴，然后参考后文表 1 换算为相应的以标准煤为单位的标准量。

（一）西部地区能源消费情况

1. 能源消费总量

2000～2014 年，西部地区能源消费总量表现出稳定增长态势（见图 3）。2000 年，能源消费总量为 35157.38 万吨标准煤，到 2014 年已增长至 139739.34 万吨标准煤，增长了 2.97 倍，年均增速达到 19.83%。西部地区能源消费总量 2005 年之前快速增长的势头比较明显，年均增长率为 13.3%，与我国进入 21 世纪后社会经济开始飞速发展大环境吻合；2005～2009 年，能源消费总量增速开始放缓，年平均增长速度为 11.22%，主要由于 2008 年绿色奥运会的举办我国在节能、减排等方面付诸一些措施，外加 2008 年全球金融危机对国内社会经济的冲击等因素的影响，一定程度抑制了国内能源资源的消耗；2010～2014 年，西部地区能源消费总量缓慢上升后又开始下降，年均增速降至 7.5%，为落实国家“十二五”规划关于加快构建资源节约、环境友好的生产方式以增强可持续发展能力，西部地区各省份依据自身能源资源优势纷纷进行产业结构优化调整。相较于全国能源消费情况而言，2000～2014 年西部地区能源消费年均增长率为 9.8%，而全国为 7.7%，且在绝大多数年份西部地区能源消费总量年增长率高于全国水平，二者变动走势也基本一致，波动幅度较大。2014 年，西部地区能源消费总量占全国近 28%。总体来讲，西部地区不仅能源消费总量大，而且增速快。

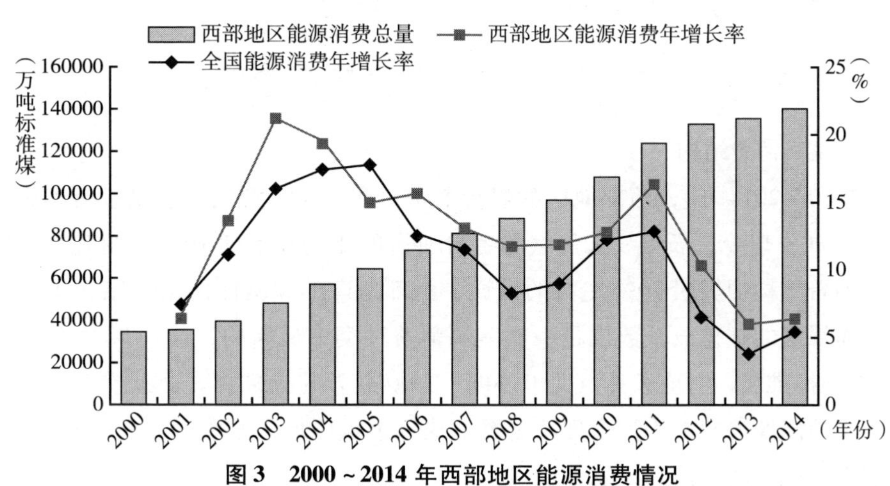

图 3　2000～2014 年西部地区能源消费情况

2. 能源消耗强度

能源消耗强度是指万元 GDP 所耗用的能源数量，揭示对能源利用的社会经济效益（下文简称能耗强度）。由图 4 可知，全国以及各地区能耗强度均在整体上呈现出下降趋势，说明各地区总体能源经济效率在不断提升。2000~2014 年，全国的能耗强度一直低于西部地区和中部地区，而东部地区能耗强度历年都是最低的。其中，全国能耗强度年平均值为 1.24 吨标准煤/万元，东部地区为 1.01 吨标准煤/万元，中部地区为 1.5 吨标准煤/万元，西部地区为 1.61 吨标准煤/万元，可见西部地区能耗强度与全国及东部地区平均水平相比仍有很大差距，说明西部地区能源利用效率比较低，具有很大的提升空间。

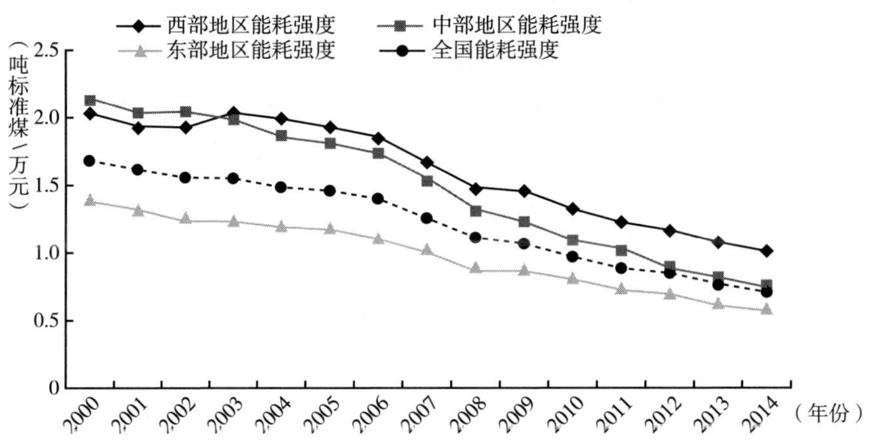

图 4　2000~2014 年全国及各地区能耗强度

3. 能源消费结构

2000~2014 年，西部地区的煤炭消费量在一次能源消费总量中所占比重均达到 80% 以上，石油、天然气等各自所占的比例都不到 10%，相对于全国能源消费结构中煤炭 70% 左右的占比，西部地区的碳基能源消费结构更为典型，而煤炭的碳排放系数也是一次能源消费种类中最高的，达到 0.7559 万吨碳/万吨标准煤，对应天然气是 0.4483 万吨碳/万吨标准煤。由此看来，西部地区当前能源消费结构不合理，需要加快推进该区域碳基能源消费结构转变，加强天然气等清洁能源开发使用。

（二）西部地区二氧化碳排放现状

1. 碳排放测算

目前，国内相关统计机构没有明确公布各省份二氧化碳排放数据，需要根据地区实际能源消费情况与相应能源碳排放系数进行估算，本研究选取的是具有代表性的煤炭、石油、天然气等八种能源的消费作为地区二氧化碳排放主要来源，并结合各种能源的碳排放系数和折算标准煤系数（见表1），以估算我国区域二氧化碳排放情况。

表1　各类能源碳排放系数及折算标准煤系数

能源种类	折算标准煤系数（千克标准煤/千克）	碳排放系数（万吨 CO_2/万吨标准煤）
煤炭	0.7143	0.7559
焦炭	0.9714	0.8550
煤油	1.4714	0.5714
汽油	1.4714	0.5538
原油	1.4286	0.5857
柴油	1.4571	0.5921
燃料油	1.4286	0.6185
天然气	1.33（千克标准煤/立方米）	0.4483

资料来源：2006 IPCC Guidelines for National Greenhouse Gas Inventories。

因此，基于能源消费碳排放估算可表示为 $CO_2 = \sum_j^n c_j = \sum_j^n F_j \cdot E_j$。式中 CO_2 代表由能源消费产生的二氧化碳排放总量，C_j、F_j、E_j 分别表示第 j 类能源消费所产生的碳排放量、第 j 类能源的碳排放系数、第 j 类能源的消费量。本文各类能源历年的消费数据可由中国统计信息网获得，利用表1中折算标准煤系数，便可得到各类能源历年消耗标准量，然后代入公式计算各类能源消费相应碳排放量。

2. 西部地区碳排放现状

西部地区二氧化碳排放总量以及各区域碳排放占全国碳排放总量比重测算结果见表2，图5绘制出西部地区历年二氧化碳排放的变化趋势。总体来看，

2000～2014年，西部地区二氧化碳排放总量的演变有以下特征：①区域二氧化碳排放总量在考察期间整体呈明显上升趋势，由2000年的24965.13万吨上升至2014年的99393.82万吨，15年间增长了298.13%，年均增长19.88%。②根据地区二氧化碳排放总量的变化趋势特点可以划分为三个阶段：第一阶段为2000～2002年，碳排放总量的增长态势较为平缓，2000年的二氧化碳排放量为24965.13万吨，到2002年增长至28551.59万吨，年均增长4.79%；第二阶段为2002～2011年，此间碳排放总量呈现出迅速攀升势头，由2002年的28551.59万吨升至2011年的88539.17万吨，年均增长17.51%，与第一阶段相比提升了近13个百分点；第三阶段为2011～2014年，从2011年之后西部地区碳排放总量的增长趋势开始明显放缓，年均增长率降为3.06%。可见，2000年以来，西部地区二氧化碳排放总量日益增加已经是不争的事实，但增长速度近年来开始变慢。

表2　2000～2014年西部地区碳排放总量及各地区碳排放占比

单位：万吨，%

年份	西部地区碳排放总量	东部地区碳排放占比	中部地区碳排放占比	西部地区碳排放占比
2000	24965.13	47.61	31.31	21.09
2001	25600.94	47.59	31.64	20.77
2002	28551.59	46.87	31.85	21.28
2003	34546.92	46.70	30.85	22.44
2004	40962.89	46.81	30.27	22.92
2005	46326.83	48.04	29.82	22.14
2006	52731.99	47.53	29.65	22.82
2007	58403.67	47.58	29.28	23.13
2008	63929.36	47.26	28.61	24.14
2009	69913.97	47.05	27.99	24.96
2010	76882.50	47.13	27.83	25.03
2011	88539.17	46.24	27.77	26.00
2012	95087.68	45.72	27.11	27.17
2013	97158.07	45.39	26.75	27.86
2014	99393.82	45.14	26.72	28.13

西部地区二氧化碳排放总量中，由煤炭消费引起的碳排放远高于石油、天然气等其他种类能源消费引起的碳排放，其历年占比均在67%以上，且变动趋势与西部地区二氧化碳排放总量走势基本一致，而由天然气消费引起的碳排放量最少。2000～2014年，煤炭在西部地区一次能源消费总量中所占比重一直维持在80%以上，石油、天然气消费均在10%以下，这种以煤炭为主的一次能源消费结构无疑与该地区内碳排放总量的持续增长密切相关。可见，要实现本地区的低碳发展，着力调整能源消费结构是当务之急。如图5所示，2000～2014年，西部地区能源消费变化趋势与二氧化碳排放总量走势极为一致，尽管东部地区和中部地区的碳排放占全国碳排放总量的比重均高于西部地区，但呈现出逐年下降的趋势。相反，西部地区碳排放占比却在缓慢上升，由2000年的21.09%上升至2014年的28.13%，且从2012年开始超过中部地区碳排放占比。随着西部大开发的加速推进，西部地区经济在未来还将实现跨越式增长，势必会继续增加对地区内能源资源的消耗，所以西部地区在大开发深化阶段实现该区域经济与环境的可持续发展任重道远。

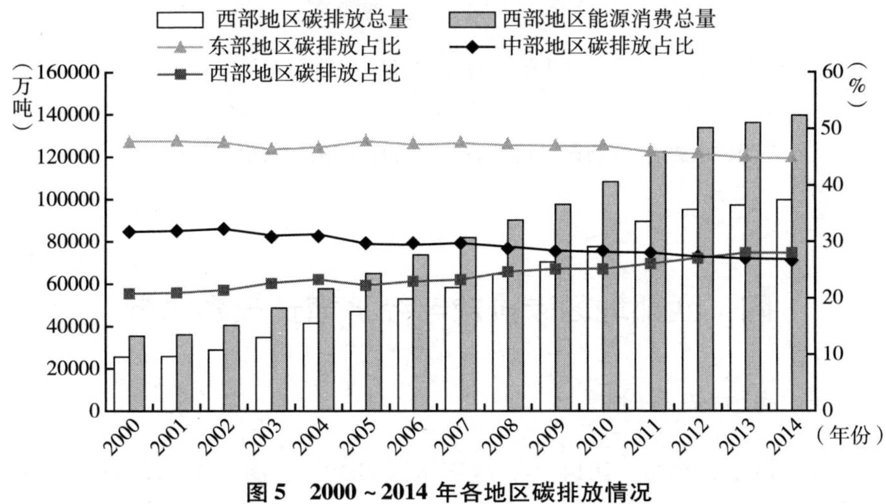

图5　2000～2014年各地区碳排放情况

在西部地区的11个省份（不含西藏）中，历年碳排放总量比较高的有内蒙古、陕西、四川和新疆，该四省碳排放总量占西部地区碳排放总量的50%以上。其中，内蒙古历年的碳排放总量均居首位，在考察期间，从2000年的3674.38万吨增长至2014年的22287.25万吨，增幅达506.56%，年均增长

33.77%，是西部地区碳排放第一大省。如图6所示，2014年陕西和新疆的碳排放占比相当，仅次于内蒙古，而青海的碳排放占比最低，其次是宁夏、甘肃、广西、云南四省份。各省份之间碳排放的差异无疑从侧面反映了区域内部发展的不平衡性以及各自能源资源优势差异性。

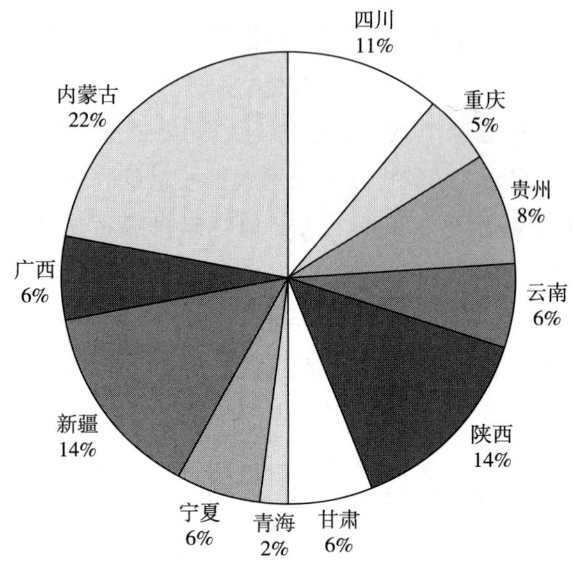

图6 2014年西部地区各省份碳排放占地区总碳排放比重

四 西部地区碳排放与经济增长关系探析

（一）近似关系分析

如图7所示，2000～2014年，西部地区GDP、能源消费总量及二氧化碳排放总量整体呈现出稳定增长趋势。其中，碳排放总量与能源消费总量的整体变化趋势比较一致，碳排放量在研究期间均低于能源消费量，从2011年开始其增速明显放缓，相较于地区内碳排放总量的增幅，西部地区能源消费总量增幅更大，一定程度上表明西部地区总体减排工作已经取得一些成效。2000～2014年，西部地区GDP总体呈持续稳定的增长势头，且其变化趋势与对应的能源消费总量的走势也比较相似，这既体现出了能源要素对经济增长鲜明的驱动作用，也反映出了经济发展对能源要素投入需求量的变动情况。2000～2003年，西部地区GDP增长得还比较缓慢，2003年之后，才出现迅速攀升势头。2009年之后，西部地区GDP的增长速度较前期再次明显攀升，且开始超过地区碳排放和能源消费增速。

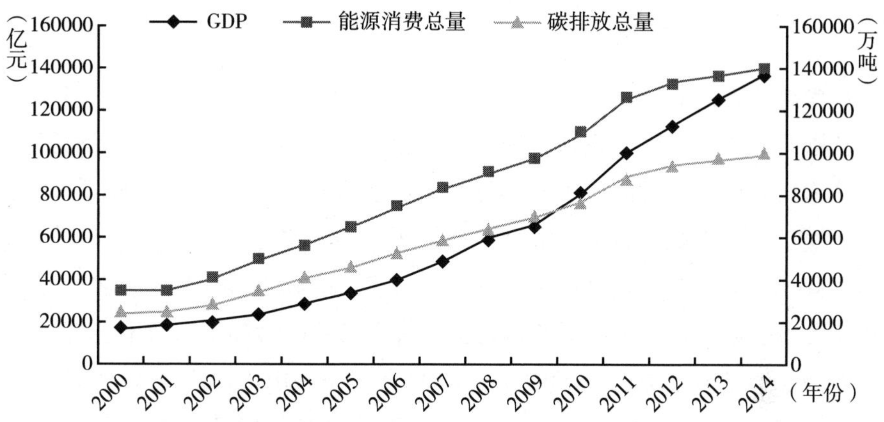

图7　2000～2014年西部地区GDP、能源消费及碳排放变化趋势

本研究选取西部地区万元GDP能耗和万元GDP碳排放描述该地区能耗强度和碳排放强度历年变化趋势（见图8）。2000～2014年，万元GDP能耗和万

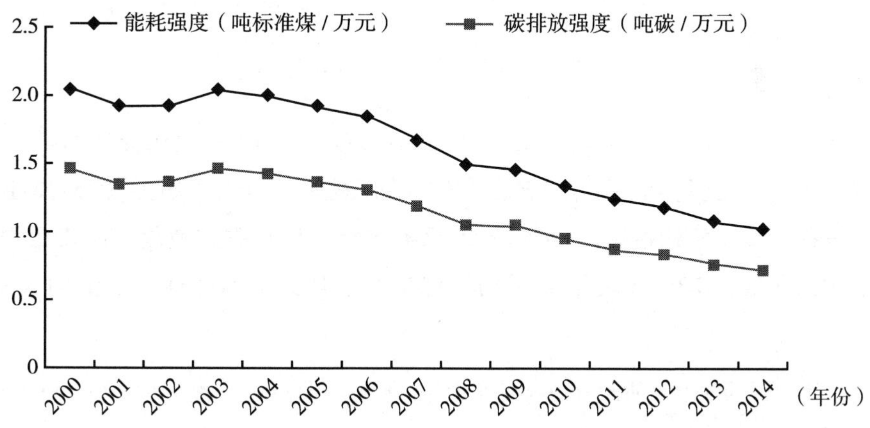

图8　2000～2014年西部地区能耗强度及碳排放强度变化趋势

元 GDP 碳排放的变动趋势极为一致，均呈现出了波动的下降趋势。其中，万元 GDP 能耗在研究期间下降了 50.3%，单位 GDP 碳排放下降了 50.2%。由此可见，能源要素对经济增长驱动力在减弱，而碳排放强度与能源强度的变动程度由于极为相近，进一步印证了降低能源强度对于碳减排无疑具有积极作用。

（二）脱钩关系分析

1. 脱钩模型构建

从资源环境层面讲，脱钩意味着资源能源的消费数量或环境破坏程度不追随经济增长而增长。目前，主要的脱钩分析模型有：①OECD（2002）脱钩指数分析模型，认为脱钩表示一定时期环境压力增长率小于其经济驱动增长率，进而划分了绝对脱钩和相对脱钩两种分析形式，绝对脱钩指在经济增长的同时环境压力不变或降低，而相对脱钩则指经济增长的同时环境压力也会增长，只是后者增速小于前者增速①；②Tapio（2005）提出的脱钩弹性分析模型，旨在分析欧洲交通量与 GDP 之间的脱钩关系问题，该模型提升了相关脱钩关系问题分析的客观性与准确性，因为它综合考虑了绝对量变化和相对量变化这两类指标②。基于此，本研究参考 Tapio 模型构建以下脱钩指数分析模型：

$$e(CO_2, GDP) = \frac{\%\Delta(CO_2)_n}{\%\Delta GDP_n} = \frac{\Delta(CO_2)_n/(CO_2)_{n-1}}{\Delta GDP_n/GDP_{n-1}} \tag{4.1}$$

$$e(E, GDP) = \frac{\%\Delta E_n}{\%\Delta GDP_n} = \frac{\Delta E_n/E_{n-1}}{\Delta GDP_n/GDP_{n-1}} \tag{4.2}$$

式（4.1）中，e（CO_2，GDP）代表碳排放与 GDP 的脱钩弹性指数，可视为本研究的总脱钩指标；e（E，GDP）表示能源消费与 GDP 的脱钩弹性指数，也称为节能脱钩指标。$(CO_2)_n$表示第 n 年二氧化碳排放量，E_n表示第 n 年能源消费量，GDP_n代表第 n 年的区域生产总值。根据弹性系数值的大小，

---

① OECD. Indicators to Measure Decoupling of Environmental Pressures from Economic Growth [R]. Paris: OECD, 2002.

② Tapio P. Towards A Theory of Decoupling: Degrees of Decoupling in the EU and the Case of Road Traffic in Finland between 1970 and 2001 [J]. Transport Policy, 2005, 12 (2): 137-151.

Tapio 将脱钩状态界定为强脱钩、强负脱钩、弱脱钩、扩张负脱钩、扩张联结、弱负脱钩、衰退脱钩、衰退联结等八种形式，并以两坐标轴为基础又划分为八大象限进行表述展示。本研究为便于分析，借鉴彭佳雯等（2011）关于经济增长与 CO_2 排放的脱钩度量模型①，定义六个脱钩弹性指标（见表 3、表 4），分别为扩张负脱钩、弱脱钩、强负脱钩、弱负脱钩、衰退性脱钩、强脱钩，进而在此基础上讨论研究西部地区二氧化碳排放、能源消费及经济增长之间的脱钩关系及程度。

表 3　CO_2 排放与 GDP 增长脱钩状态

脱钩状态	$\% \Delta CO_2$（环境压力）	$\% \Delta GDP$（经济增长）	弹性值 e
扩张负脱钩	>0	>0	$e \geqslant 1$
弱脱钩	>0	>0	$0 < e < 1$
强负脱钩	$\geqslant 0$	<0	$e \leqslant 0$
弱负脱钩	<0	<0	$0 < e < 1$
衰退脱钩	<0	<0	$e \geqslant 1$
强脱钩	$\leqslant 0$	>0	$e \leqslant 0$

表 4　CO_2 排放与 GDP 增长脱钩状态解释

脱钩状态	解　　释
扩张负脱钩	经济增长，GDP 增加，同时 CO_2 排放也增加，且后者增长率大于前者增长率
弱脱钩	经济增长，GDP 增加，同时 CO_2 排放也增加，且后者增长率小于前者增长率
强负脱钩	经济发生衰退，GDP 降低，但 CO_2 排放增加
弱负脱钩	经济发生衰退，GDP 降低，CO_2 排放也降低，但后者下降率小于前者下降率
衰退脱钩	经济发生衰退，GDP 降低，CO_2 排放也降低，但后者下降率大于前者下降率
强脱钩	经济增长，GDP 增加，而 CO_2 排放降低

2. 脱钩因子影响力评价

为了能够对总体的脱钩弹性进行深入分析，本研究通过因果链构造，将相关脱钩弹性指标分解为具有鲜明逻辑关系的相关变量弹性值乘积，得：

① 彭佳雯、黄贤金、钟太洋等：《中国经济增长与能源碳排放的脱钩研究》，《资源科学》2011 年第 4 期，第 626～633 页。

$$e(CO_2,GDP) = \frac{\Delta CO_2/CO_2}{\Delta GDP/GDP} = \left(\frac{\Delta CO_2/CO_2}{\Delta E/E}\right)\cdot\left(\frac{\Delta E/E}{\Delta GDP/GDP}\right) \qquad (4.3)$$

式（4.3）第二个等号后的第一项代表碳减排脱钩弹性，第二项代表节能脱钩弹性，分别记作 e1、e2，则总脱钩指标 e（CO_2，GDP）即为碳减排脱钩弹性指标 e1 与节能脱钩弹性指标 e2 的乘积。具体地讲，e1 与能源消费结构相关，由表 1 可知单种能源中煤炭和焦炭的碳排放系数最大，且煤炭在西部地区一次能源消费总量中的比重始终维持在 80% 以上，故该指标弹性值会比较大，这也得到后文测算结果的印证，当该指标的弹性值处于理想脱钩状态时，意味着碳排放增长率小于能源消费增长率，说明低碳技术在地区经济发展中发挥了积极的改善作用，反之则说明碳减排的成效较差。e2 可用来衡量能源综合利用效率，当其弹性值处于理想脱钩状态时，意味着 GDP 增长率高于能源消耗增长率，说明经济发展中的能源利用效率得到提高，节能效果明显，反之则说明节能效果较差。可见，对 e（CO_2，GDP）进行因果链分解和指标测评，可明确造成各种脱钩状态的深层次原因，进而提出实际改善对策。关于脱钩因子的影响力评价，可采取对数形式，即把各因子的乘积作为对数底数，然后分别对各影响因子求对数，以评价各脱钩因子对最终变量影响力的强弱。基于此，本研究将主要分析二氧化碳排放与 GDP 增长脱钩影响因子 e1 与 e2，并构造影响力评价函数：

$$I_{ei} = \begin{cases} -\log_{e(CO_2,GDP)} ei, & e(CO_2,GDP) > 1, ei = e1 ore2 \\ \log_{e(CO_2,GDP)} ei, & 0 < e(CO_2,GDP) < 1, ei = e1 ore2 \end{cases} \qquad (4.4)$$

3. 脱钩弹性结果分析

（1）总脱钩弹性分析，如表 5 反映脱钩弹性指标计算结果，2001 ~ 2014 年，西部地区由能源消费引起的碳排放与经济增长在绝大部分年份处于弱脱钩状态，说明地区内二氧化碳排放受经济增长的驱动力在总体上比较弱，尽管碳排放的绝对量是逐年增加的，但其增速却低于区域经济增长速度。具体来讲，整个考察期间，西部地区二氧化碳排放与经济增长的脱钩状态有三个阶段性特点。①2003 年以前，地区内碳排放与经济增长处于最不理想的扩张负脱钩状态，即碳排放的年增长率远高于 GDP 的增长率，这主要是因为西部大开发和国家能源战略西移的历史机遇，再加上我国于 2001 年底加入 WTO，极大刺激了国内生产，对能源资源的开发消耗随之大幅增加，使得化工、纺织、金属冶炼、建材等高能耗产业获得大力发展，导致这一期间的能源消费总量及碳排放总量都大幅增长，事实上，这几年对应的 e1 和 e2 也都是扩张负脱钩状态。②2004～2008 年，西部地区碳排放与经济增长都处于弱脱钩状态，且有不断加强趋势，说明在这些年碳排放的增速不断变缓，远低于经济增长速度。其间开始实施的“十一五”规划，立足全面落实科学发展观、注重转变经济增长方式、调整经济结构，并提倡走新型工业化道路，不断加强节能减排降碳工作力度，并将节能减排纳入地方经济社会发展规划与政府工作方案之中，从而有力推动地方节能减排工作开展，使得地区内的碳排放与经济增长持续处于弱脱钩状态。③从 2009 年开始，弱脱钩趋势再次加强，由于受 2008 年金融危机及其滞后效应的影响，生产锐减，进而减少了生产过程中对能源资源的消耗，使碳排放减少；从 2011 年开始实施“十二五”规划，提出加快建设资源节约型、环境友好型社会，提高生态文明水平，无疑对碳减排具有积极作用。

表 5　2001～2014 年西部地区脱钩指标分析结果

年份	e1	e2	e(CO_2,GDP)	状态
2001	0.8751	0.3042	0.2662	弱脱钩
2002	1.0116	1.0740	1.0864	扩张负脱钩
2003	1.0229	1.4251	1.4577	扩张负脱钩
2004	1.0119	0.8848	0.8953	弱脱钩
2005	1.0178	0.7228	0.7356	弱脱钩
2006	0.9925	0.7581	0.7524	弱脱钩
2007	0.9991	0.4907	0.4903	弱脱钩
2008	1.0167	0.4054	0.4122	弱脱钩
2009	1.0144	0.8553	0.8677	弱脱钩
2010	0.9585	0.4815	0.4615	弱脱钩
2011	1.0246	0.6393	0.6549	弱脱钩
2012	1.0031	0.5411	0.5428	弱脱钩
2013	0.9775	0.1949	0.1905	弱脱钩
2014	0.8379	0.3138	0.2630	弱脱钩

2003 年，对应的 e（CO_2，GDP）和节能脱钩弹性 e2 分别达到最高值 1.4577 和 1.4251 是所有年份中最不理想的状态；2013 年对应的 e（CO_2，GDP）和节能脱钩弹性 e2 分别达到最低值 0.1905 和 0.1949，则为考察期间最理想的状态。结合 e1、e2、e（CO_2，GDP）来看，e（CO_2，GDP）和 e2 的变动趋势更为相似，说明西部地区经济增长与碳排放脱钩主要是由经济增长与能源消费脱钩推动的，但在绝大部分年份，碳排放的 GDP 弹性与能源消费的 GDP 弹性互有高低，且弱脱钩状态加强与减弱趋势存在反复，这意味着西部地区当前节能减排技术的发展仍然滞后，故对碳排放与经济增长实现脱钩的贡献力度不强。显然，GDP 增长率的变化反映了宏观经济的运行趋势，而节能减排的政策调控也会极大影响能源消费及碳排放增长率的变动，所以碳排放、能源消费及经济增长之间的脱钩关系强弱会深受宏观经济运行状况及节能减排措施影响。

（2）脱钩因子影响力评价。根据上文式（4.4），将碳排放与经济增长脱钩弹性分解出碳减排脱钩因子与节能脱钩因子，然后利用对数函数测算两因子分别对总脱钩弹性指标影响力（见表 6），进而分析评价两者在碳排放与经济增长脱钩关系中的力量强弱，并找出内在原因。

表 6　2001～2014 年西部地区碳排放与 GDP 增长脱钩因子影响力

年份	碳减排脱钩因子	节能脱钩因子	碳减排脱钩因子影响力	节能脱钩因子影响力
2001	0.8751	0.3042	0.1008	0.8992
2002	1.0116	1.0740	-0.1386	-0.8614
2003	1.0229	1.4251	-0.0600	-0.9400
2004	1.0119	0.8848	-0.1072	1.1072
2005	1.0178	0.7228	-0.0574	1.0574
2006	0.9925	0.7581	0.0265	0.9735
2007	0.9991	0.4907	0.0013	0.9987
2008	1.0167	0.4054	-0.0187	1.0187
2009	1.0144	0.8553	-0.1010	1.1010
2010	0.9585	0.4815	0.0548	0.9452
2011	1.0246	0.6393	-0.0573	1.0573
2012	1.0031	0.5411	-0.0051	1.0051
2013	0.9775	0.1949	0.0138	0.9862
2014	0.8379	0.3138	0.1324	0.8676

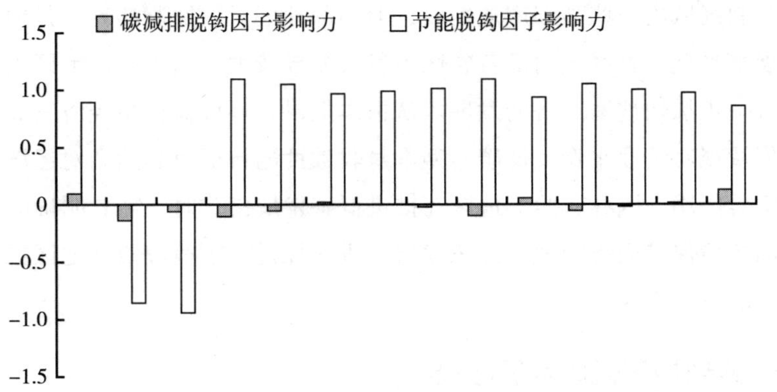

图9　2001～2014年西部地区碳减排与节能脱钩因子影响力变化

如表6和图9所示，2001～2014年，西部地区碳减排脱钩因子的影响力整体上是正负向反复变化的特点，即对于区域内碳排放与经济增长的脱钩既有促进作用，又会是阻力，但其绝对值整体都很小，远低于节能脱钩因子影响力，几乎可忽略不计，总体影响力均值为-0.0154，这意味着西部地区总体上在调整能源消费结构、制定执行减排政策以及研发应用减排技术等方面还需加大力度，才能切实推进该区域碳排放与经济增长的强脱钩。就节能脱钩因子而言，在绝大多数年份表现为正向影响，其影响力均值为0.7297，特别是从2004年开始稳定表现为正向的推进作用，说明西部地区总体节能工作成效凸显，通过实施能耗调控政策，能源消费与经济增长实现了一定程度脱钩，进而促进能源消费引起的碳排放与经济增长实现了稳定脱钩。可见，节能脱钩因子是目前影响西部地区碳排放与经济增长实现脱钩的主导因素，并会在长期决定地区碳排放与经济增长的脱钩状态，所以继续加快推进节能降耗工作应是西部地区各省份实现碳排放与经济增长脱钩的重中之重，通过调整产业结构、推广节能技术等，能源综合利用效率将得以提高。

五　推进西部地区低碳发展路径和对策建议

通过对西部地区低碳发展现状揭示和分析可知，该地区仍然面临巨大的能源消费结构、产业结构调整任务，尽管各地方相关职能部门已经采取严厉的环保政策来限制区域内一些高碳产业发展，但西部地区无法回避的现实是地区整体经济发展水平低，且区域内部各省区市发展差异较大，所以西部地区当务之急仍然是进一步加快地区经济的发展。从根本上讲，环境保护与经济发展不相互矛盾，但从现实情况来看，低碳转型本身收敛性的特征也必然会对经济增长产生一些阻碍作用。因此，西部地区在推进低碳发展模式时，需要明确的发展路径，不因环境保护而影响地区经济发展，进而探讨真正适应西部地区推进低碳经济发展的对策建议。

（一）西部地区低碳发展路径

西部地区推进低碳发展总体路径可概括为切实将低碳经济理论运用于地区实际经济活动过程，实现由传统的粗放型经济发展模式向低碳绿色经济增长模式转变。具体讲，即以低投入、低能耗、低排放为基础，以低碳发展为出发点和落脚点，以节能减排为发展方式，以碳中和技术作为绿色发展方法。

首先，低碳发展重点在于低碳，但最终目的却是一种更具竞争力和可持续性发展。由于低碳约束会倒逼西部地区经济发展的重新定位，迫使经济社会向低碳排放方向转变，通过优化调整能源产业结构、加快技术创新、增加森林碳汇等措施，切实降低碳排放，必然会提升地区经济发展的速度和质量。其次，节能减排目前是西部地区实现低碳发展的两个重要方式和手段，节能主要指有效利用能源，以提升能源利用效率；减排指二氧化碳排放的减少。最后，关于碳中和技术，亦称为低碳或无碳技术，即对碳排放总量进行测算之后，通过植树造林、二氧化碳捕捉和埋存等方法吸收碳排放，即事后解决方法。就目前西部地区所处发展阶段而言，在短期内投入充足资金发展低碳经济还不现实，只能循序渐进地向低碳经济发展模式过渡，所以推进西部地区低碳发展将是一项长期而复杂的系统性工程。

（二）推进西部地区低碳发展的对策措施

1. 制定可持续能源发展战略

尽管目前我国对绿色能源的开发和利用取得了很大进展，但过高的煤炭占比仍是我国和西部地区能源消费结构鲜明特点，而煤炭单种能源的碳排放系数高，无疑造成二氧化碳减排困境。由前文的分析可知，2000～2014 年，节能脱钩因子对地区碳排放与经济增长的脱钩具有主要推动作用，这一方面肯定了西部地区相关节能降耗工作的成效，另一方面也明确指出了该地区今后大力推进碳排放与经济发展脱钩的重要手段和途径，即继续保持节能优势并制定更为科学的可持续能源发展战略，优化调整当前的能源消费结构。

首先，加快推进节能降耗。从西部地区发展实际看，节约能源与提升能源利用效率是西部地区社会经济可持续发展应坚持的长期战略选择。通过推广应用成熟的新技术、新设备、新材料，不断提高节能技术水平，同时加大科技创新力度以拓展节能降耗思路，重点对电力、煤炭、钢铁、有色金属、化工、建材、纺织、印染等省内高能耗行业进行节能调控，加强行业指导，强化监督管理，淘汰落后工业产能，提升行业整体能效水平。其次，加快调整能源消费结构。在西部地区一次能源消费结构中，煤炭比重超出80%，而非化石能源占比很少，这就需要加快推进地区碳基能源消费结构的根本性转变，一方面通过运用“煤改气”“煤改电”技术增加天然气的使用；另一方面开发利用清洁能源及可再生能源，例如水能和核能的开发，加快水电和核电的建设，提升其在一次能源消费结构中占比。

2. 推进西部地区产业结构调整

在西部大开发的深化阶段，调整优化地区产业结构对于二氧化碳减排具有重要意义。依据经济发展规律，产业结构会从“一、二、三”向“三、二、一”转变。作为服务业的第三产业，其能源消费和碳排放量远低于第二产业，同时第一产业中的林业具有增加碳汇功能。可见，第三产业占比越高，社会经济越接近于低碳发展。目前，西部地区总体产业结构是“二、三、一”，以工业为主的第二产业占比最高，不利于陕西省碳排放与经济发展的强脱钩。因此，西部地区应继续推进产业结构调整，提升产业发展的科学性。

首先，积极发展低碳农业，着力推广有机农业，加强农业碳汇功能。西南地区可重点发展休闲观光农业，以降低农作物的碳排放量；同时提升地区林木蓄积量，增加森林碳汇。其次，着力发展低碳工业，严格限制高耗能、高碳排放产业发展，加快对落后产能、污染企业的淘汰，提高能源化工、有色金属、建材、钢铁冶炼等行业的进入门槛；在承接东部地区产业转移时拒绝高碳排工艺和产品的产业转移；依据区位优势和资源优势，西部地区应积极推进新材料、新能源、信息网络、生物医药、节能环保、高端制造业等六大环保产业发展。最后，大力发展现代服务业，提升第三产业占比。发展服务业有利于低碳经济的发展，也符合西部地区的现实情况。以旅游业为例，西部地区应充分利用地区旅游资源优势，在发展传统观光旅游的同时着力开发具有西部特色的新式旅游，如文化旅游、生态旅游、边境旅游、农业旅游、科普旅游、探险旅游等。

3. 构建完善的地区低碳金融体系

西部地区在低碳发展过程中面临巨大的资金缺口，尤其在先进低碳技术的研发与应用、高碳排产业基础设施升级改造等方面都需要大量资金投入，如果在西部地区建立完善的低碳金融体系，就能够将全社会资本甚至国外资本有效聚集起来，通过金融资本与低碳实体经济对接的实现，引导资金流向节能环保企业和项目，推进西部地区低碳经济稳步发展。

首先，建立“绿色信贷”，大力引导银行等金融中介机构对节能环保型企业进行信贷支持和倾斜，同时限制高碳排企业的信贷条件和规模。其次，鼓励建立针对低碳技术创新研发的风投机构，从一项低碳技术的研发到成功投入应用过程中往往存在比较高的风险，正是因为这种低碳技术创新和产业化过程中的高风险，使得低碳技术产业化发展在实际中受到制约。因此，政府相关职能部门应建立并扶持一批低碳技术发展的风险投资机构，向这些风投机构提供政策优惠，以承担企业在低碳技术研发和实施产业化过程中可能遭遇的风险。最后，立足区域发展实际，由相关地方财政出资建立地区性政策性银行，并提供税收减免，旨在以低息贷款等方式给予环保企业资金支持，帮助相关企业解决在低碳发展实际中面临的资金瓶颈问题。同时，政策性银行需要建立严格的信贷审批程序，保证贷款资金真实性和安全性。

4. 加强区域间低碳发展的合作

整个西部地区面积占我国国土总面积约70%，囊括了12个省区市，由于地理位置以及资源禀赋的差异，各地区的发展极不平衡，所以面临的二氧化碳减排压力以及减排技术难题也不尽相同，若各区域间能够加强交流与合作，无疑对整个西部地区的低碳发展具有重要意义，对市场分割的消除和彼此间的优势互补也有益于促进区域的协调平衡发展。

西部地区可从以下方面加强与其他区域低碳发展合作：第一，积极构建多重区域间合作框架。在当前国际减排和国内环境保护双重压力之下，西部地区要实现可持续低碳发展，就需要加强区域内部合作与交流，跨越地理位置障碍，真正实现优势互补。同时，增强与中部地区、东部地区合作。第二，增强区域间低碳技术的研发合作，共享创新成果。技术创新是目前西部地区低碳发展的核心，西部地区各省份需要依据自身特色积极融入地区间或国际性低碳技术研发活动，并通过无偿或者低价转让的合理方式从发达的东部地区引进并吸收先进的二氧化碳减排技术，提升不同区域以及区域内部的科技创新水平。第三，拓展区域间低碳领域投资合作。新能源产业作为西部地区低碳发展的重头戏，势必会成为各区域投资合作的热点领域，也会成为地区一个新的经济增长点。西部地区应依据本身资源优势和政策优势，积极寻求东部地区资金及技术投资，加强区域之间低碳发展合作。

B.13

西部地区节能减排绩效评价分析报告*

董 梅 葛鹏飞 徐璋勇**

摘 要: “十二五”时期,西部各省份单位生产总值能耗显著下降,二氧化碳排放增长趋势放缓,节能减排成效显著。依据2010~2015年西部11个省份29项指标,本文将其分为四个子系统,通过主成分分析方法得出节能减排综合指数并进行评价。结果表明:西部多数省份的节能减排综合指数波动较大;重庆、陕西和四川节能减排综合指数位于前三;内蒙古、广西、贵州和云南处于中等水平;甘肃、青海、宁夏和新疆的节能减排综合指数较低。西部地区应着力提高能源利用效率,充分利用风电、水电等清洁能源,促进经济增长与环境保护有效结合。

关键词: 西部地区 节能减排 主成分分析 绩效评价 “十二五”时期

我国正处于工业化转型升级新时期,在此背景下,西部地区过去粗放型经济增长模式所带来的日益严重的生态问题和环境问题,对可持续发展产生了不可忽视的抑制作用,难以适应新时期经济发展的要求。因此,通过提高能源效率、调整产业结构、有效控制污染物排放,注重经济增长速度、效率和质量的

---

* 基金项目:中国清洁发展机制基金赠款项目(2014017),江苏省教育厅高校哲学社会科学基金项目(2016SJD790026)。

** 董梅,西北大学经济管理学院博士生,江苏师范大学商学院讲师,研究方向:低碳经济研究;葛鹏飞,西北大学经济管理学院博士生,研究方向:金融效率与系统风险;徐璋勇,西北大学中国西部经济发展研究中心副主任、教授、博士生导师,研究方向:农村金融改革与发展。

统一显得尤为重要。本文对 2010～2015 年西部各省份的节能减排绩效进行分析，对比各省份“十二五”期间的低碳发展情况。

一 西部地区“十二五”节能减排政策、措施与成效

针对节能减排，中央和西部各省份地方政府在“十二五”期间陆续颁布了一系列相关政策和措施，对西部地区节能减排和低碳经济发展起到重要的规范和指导作用。

（一）节能减排政策与措施回顾

1. 节能减排政策与措施

“十二五”期间，西部各省份注重节能相关法律规章的制定，在国家节能减排相关政策指引下，各省份都相继编制出台了本省份《“十二五”节能减排工作方案》，将“十二五”节能减排目标分解下达到各区县和重点用能单位；制定出台了各省份《“十二五”淘汰落后产能工作实施方案》，对淘汰落后产能的检查考核、督促安置等工作提供了明确指导意见；各省份还相继编制完成《“十二五”应对气候变化规划》和《“十二五”控制温室气体排放工作实施方案》，加强各省份应对气候变化工作的规划指导；此外，各省份还出台了《“十二五”能源发展规划》《“十二五”发展循环经济专项规划》《低碳经济发展规划》《节能目标评价考核办法》和《“十二五”公共机构节能专项规划》等规划和办法，分部门和市、县区进一步细化考核内容，提升节能减排工作可操作性，落实分解“十二五”公共机构节能目标，对政府机关及事业单位的节能减排做了明确指导。2010 年启动国家低碳省份试点工作，陕西入选首批低碳试点省份。为巩固节能减排成效，各省份还在“十二五”后期出台了《2014～2015 年节能减排低碳发展行动方案》，进一步促进“十二五”期间节能减排目标的完成。各省份都按照国家《万家企业节能低碳行动实施方案》要求，积极推进“资源节约型、环境友好型”示范企业创建。

西部各省份针对本地区的实际情况，还自行制定了一系列节能减排专项政策措施。2014 年第二季度，重庆正式启动碳排放权上线交易，标志着其利用市场机制推进绿色低碳发展迈出了重要一步；重庆还编制了《重庆市垃圾焚

烧发电“十二五”规划》，进一步规范本市循环经济发展。贵州开展了《节约能源条例》的立法工作，出台了《省节能减排检查暂行办法》和《循环经济促进条例》，进一步规范了节能减排检查工作，为本地区循环经济发展提供指导。云南省制定了《2012年节能降耗工作指导意见》，编制完成《低碳发展规划纲要（2011～2020年）》《低碳省份试点工作实施方案》和《节水型社会建设“十二五”规划》，为云南节能减排和发展低碳经济提供了工作指导。甘肃省启动实施了《2011年甘肃省节能降耗应急预案》，每月对市州和重点用能企业上月预警监控指标完成情况进行考核。青海省政府印发《关于下达“十二五”全省节能减排指标的通知》，向各地区分解下达节能减排指标任务。宁夏编制完成了《循环经济总体规划（2011～2020年）》，对循环经济产业统筹安排合理布局。新疆维吾尔自治区出台《合同能源管理项目及财政奖励资金实施办法（暂行）》，制定《自治区煤炭产业结构优化升级方案实施办法》，出台《新疆维吾尔自治区2012年主要污染物排放总量控制计划》等政策，为新疆污染治理工作提出明确指引；自治区还出台《机动车“十二五”主要污染物排放总量控制管理办法（试行）》，逐步实施机动车环保检验合格标志管理制度。

2. 产业结构调整政策与措施

为进一步优化产业结构，淘汰落后产能，国务院印发《“十二五”国家战略性新兴产业发展规划》，明确我国节能环保产业、新一代信息技术产业、生物产业、高端装备制造业、新能源产业、新材料产业、新能源汽车产业发展路线图。在此指导下，西部各省份都相继制定了本地区《“十二五”战略性新兴产业发展规划》，并严格执行《产业结构调整指导目录（2011年版）》，强化通过结构优化升级实现节能减排的战略导向。

根据各地区特点，西部各省份还制定了相应的产业结构调整政策措施。内蒙古自治区制定了《关于承接产业转移发展非资源型产业构建多元化发展多极支撑工业体系的指导意见》，重点打造7个非资源性产业领域的产业集群。广西制定了《高耗能高排放行业限制类、淘汰类投资项目指导目录》和《关于严格控制高耗能高排放项目投资审批的意见》，对本省淘汰落后产能提供具体工作指导。重庆出台了《工业转型“十二五”规划》，探索控制工业生产过程中的温室气体排放，并在电力行业开展碳捕集实验。四川制定并印发了

《固定资产投资项目节能评估和审查实施暂行办法》，严格控制高能耗产业的新增投资项目。陕西制定《加快培育和发展战略性新兴产业的意见》，实施了一批标杆性项目，培育电子信息、航空航天、生物医药和新材料产业等新兴产业。

（二）节能减排主要成效

西部各省份贯彻落实绿色发展理念，推进建设资源节约型、环境友好型社会，在“十二五”期间贯彻执行节能减排的各项政策和措施，坚持优化产业结构、不断推进产业结构转型，提高能源利用效率，以较低的能源消费增速支撑各地区经济较快增长，突出重点领域引领节能，完善机制促进节能，在降低单位生产总值能耗、降低二氧化碳排放等方面取得了明显成效。

1. 能源节约方面

（1）能源消费和单位生产总值能耗变动情况。

能源为经济增长提供必要支撑，随着西部地区经济不断增长，各省的能源消费在“十二五”期间均呈上升趋势。如图 1 所示，内蒙古和四川的能源消费远高于其他西部各省份，2010～2015 年分别上涨了 12.53% 和 11.16%，到 2015 年其能源消费分别达到 1.89 亿和 1.99 亿吨标准煤。新疆的能源消费在“十二五”期间增长最快，由 2010 年的 0.83 亿吨标准煤上涨到 2015 年的 1.57 亿吨标准煤，上涨了 88.79%。陕西、云南、贵州、广西和重庆的能源消费在西部地区处于中等水平，到 2015 年，这五省份的能源消费分别达到 1.17 亿、1.04 亿、0.99 亿、0.98 亿和 0.89 亿吨标准煤。能源消费最少的三个省份为青海、宁夏和甘肃，到 2015 年分别为 0.41 亿、0.54 亿和 0.75 亿吨标准煤。

单位生产总值所需要的能源消费（以下简称单位能耗）是衡量能源集约利用程度的重要指标，该指标越低，表示能源集约利用程度越高，即能源利用效率越高。“十二五”期间，西部各省份单位能耗变动如图 2 所示，按 2010 年价格计算，各省单位能耗都呈不同程度下降。其中，广西的单位能耗最低，即该省的能源使用效率最高，其 2015 年比 2010 年累计下降 23.7%，2015 年单位生产总值能耗达到 0.63 吨标准煤/万元。重庆、四川和陕西的单位生产总值能耗也较低，且下降速度较快，截至 2015 年该三个

省份单位能耗分别达到0.62、0.69和0.68吨标准煤/万元。内蒙古、贵州、云南和甘肃的单位能耗略高于之前的省份，到2015年其单位能耗分别达到1.01、1.2、0.85和1.1吨标准煤/万元。青海、宁夏和新疆的单位生产总值能耗较高，其中，青海和宁夏单位能耗从2010年的2.08和2.28吨标准煤/万元下降到2015年的1.83吨和2吨标准煤/万元。新疆的单位生产总值能耗2010～2013年呈现上升趋势，这主要是由于“十二五”期间新疆的能源消费增长过快导致，但2014年之后显著下降，到2015年其单位能耗为1.73吨标准煤/万元。

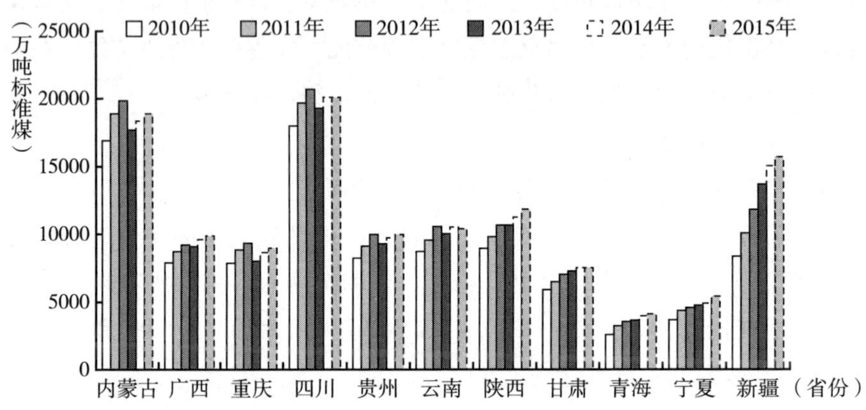

图1　2010～2015年西部各省份能源消费

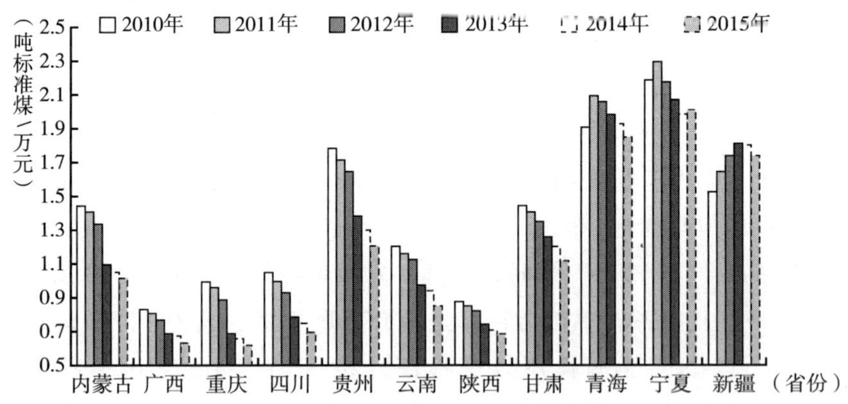

图2　2010～2015年西部各省份单位生产总值能耗（2010年价格）

（2）电力消费和单位生产总值电耗变动情况。

电力作为二次能源，其消费变动与经济增长呈高度相关。如图 3 所示，“十二五”期间，西部各省的电力消费都出现上涨，各省电力消费水平与能源消费水平密切相关，且电力消费增速显著高于能源消费增速。内蒙古和四川电力消费最高，新疆电力消费增长最快，这些特征与其能源消费水平一致，到 2015 年，这三个省的电力消费分别达到 2542.86 亿、2013.42 亿和 2190.68 亿千瓦小时。广西、贵州、云南、陕西和甘肃的电力消费位于中等水平，到 2015 年，电力消费在 1000 亿～1500 亿千瓦小时之间。重庆、青海和宁夏的能源消费水平相对较低，到 2015 年分别为 875.37 亿、658 亿和 878.33 亿千瓦小时。

单位生产总值的电力消费（以下简称单位电耗）体现了电力使用效率，该指标数值越低，说明电力使用效率越高。“十二五”期间，除内蒙古和新疆外，西部各省份单位电耗均呈下降趋势，说明电力使用效率不断提高。其中，重庆单位生产总值电耗最低，由 2010 年的 788.59 千瓦时/万元下降到 2015 年的 604.22 千瓦时/万元。陕西、四川和广西的单位电耗比重庆略高，到 2015 年分别为 714.29、702.57 和 863.06 千瓦时/万元，分别比 2010 年下降 15.8%、22.1% 和 16.8%。内蒙古单位电耗较稳定，到 2015 年为 1350.81 千瓦时/万元。贵州和甘肃的单位电耗较之前省份略高，到 2015 年分别达到 1415.36 和 1613.71 千瓦时/万元，分别比 2010 年下降了 22.1% 和 17.23%。青海和宁夏的单位生产总值电耗最高，到 2015 年分别为 2920.04 和 3247.36 千瓦时/万元，分别比 2010 年下降了 15.2% 和上涨 0.3%。新疆单位电耗在“十二五”期间呈现快速上升的趋势，5 年间上升 98%，到 2015 年达到 2417.69 千瓦时/万元，这与“十二五”期间新疆电力基础设施建设快速发展密切相关。

（3）单位生产总值水耗变动情况。

水资源是重要的自然资源，但西部各省份自然资源禀赋比东部差，特别是西北地区水资源不丰富，因此提高西部地区用水效率更为重要。西部各省份在“十二五”期间单位生产总值的水耗（以下简称单位水耗）均呈现下降趋势。如图 5 所示，重庆和陕西的单位水耗最低，到 2015 年分别为 54.53 和 53.32 立方米/万元，分别比 2010 年下降了 50% 和 35.3%。内蒙古和四川的单位水耗略高，到 2015 年分别为 98.7 和 92.65 立方米/万元，分别比 2010 年下降了

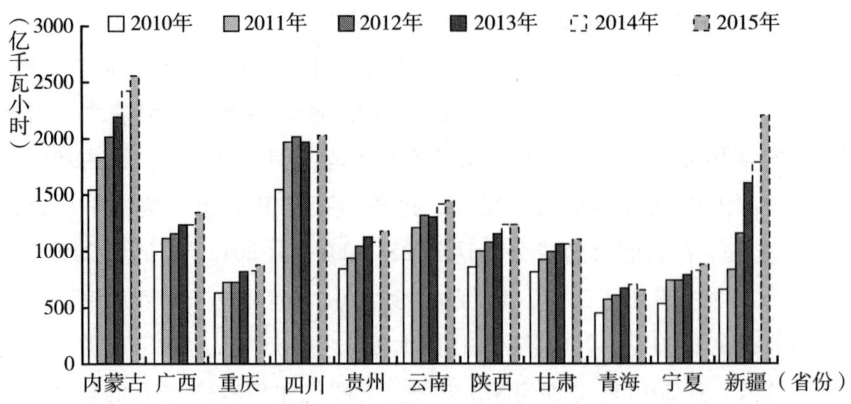

图3　2010～2015年西部各省份电力消费

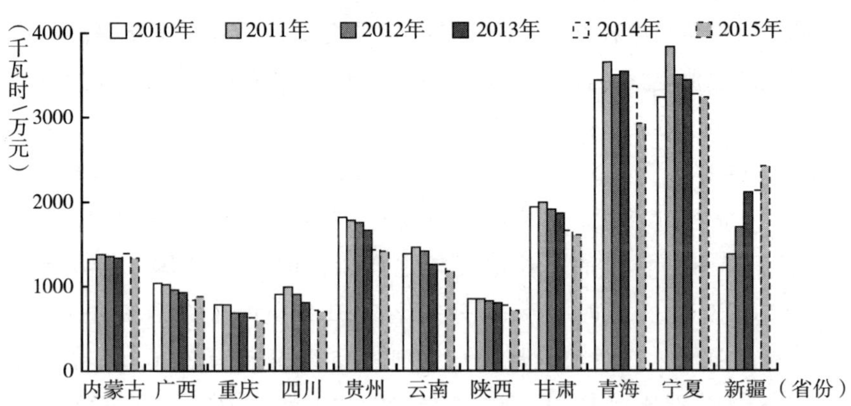

图4　2011～2015年西部各省份单位生产总值电耗（2010年价格）

36.67%和30.7%。贵州、云南、青海、甘肃和广西的单位水耗在西部地区处于中等水平。宁夏和新疆单位水耗较高，其中，宁夏单位水耗从2010年的428.49立方米/万元下降到2015年的260.28立方米/万元，累计下降39.27%。新疆单位水耗远高于西部其他各省份，从2010年的984.1立方米/万元下降到2015年的637.01立方米/万元，累计下降35.27%。由单位水耗的数值可以看出，原有水资源较丰富的省份，单位水耗数值较低，例如重庆、陕西和四川的水资源利用率较高；而干旱省份单位水耗较高，例如新疆单位水耗约为陕西的10倍。但随着节能减排的不断深化，各省份的水资源利用率逐步提高。

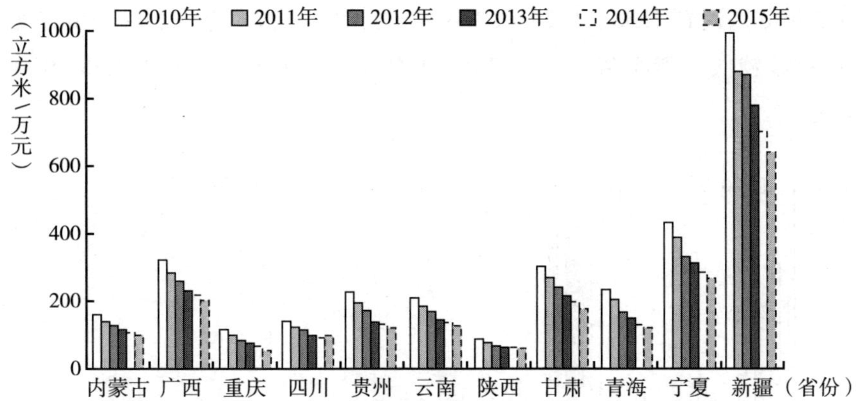

图5　2010～2015年各省份单位生产总值水耗（2010年价格）

2. 减少二氧化碳及污染物排放方面

（1）二氧化碳排放变动情况。

化石能源燃烧会产生大量二氧化碳排放，“十二五”期间，由于西部各省能源消费的增加，排放的二氧化碳量（以下简称碳排放）也呈现不同程度上升。如图6所示，碳排放最高的省份是四川，2010～2011年碳排放上升较快，但2012年后其碳排放增长不明显，截至2015年，四川的碳排放达到3.04亿吨。碳排放量排第二的是内蒙古，到2015年其碳排放达到2.51亿吨。广西、重庆、贵州、云南、陕西和新疆的碳排放在西部地区处于中等水平，2015年碳排放都达到1.5亿吨左右。甘肃、宁夏和青海由于能源消费较少，碳排放也较低，到2015年分别达到0.95亿、0.64亿和0.47亿吨。

由于西部各省份保持一定的经济增长速度，很难在短期减少碳排放绝对量，但单位生产总值的二氧化碳排放量（以下简称单位碳排放）是衡量减排成效的重要指标。西部各省份的单位碳排放在“十二五”期间呈不同程度下降。如图7所示，“十二五”前半期，贵州和宁夏的单位碳排放最高，而“十二五”后半期，贵州的单位碳排放快速下降，宁夏单位碳排放有微弱下降，到2015年分别为1.8和2.37吨/万元。其次，新疆和青海的单位碳排放也较高，新疆的单位碳排放在“十二五”期间呈现先增加后下降的趋势，到2015年为1.7吨/万元，青海的单位碳排放在2010～2014年呈现先增后降的趋势，但2015年又有所增加。内蒙古、云南和甘肃的单位碳排放略低于之前各省份，到2015年分别达到1.33、1.24和1.4吨/万元。广西、重庆、四川和陕西是单位碳排放较低的四个省份，到2015年分别达到0.98、0.92、1.06和0.94吨/万元。

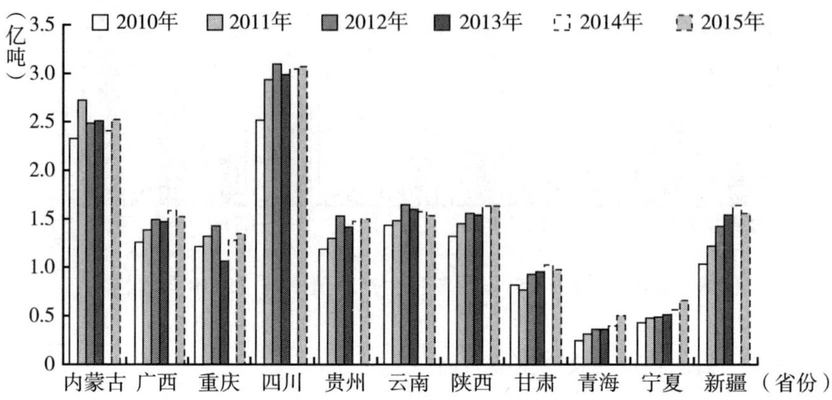

图6　2010～2015年西部各省份二氧化碳排放总量

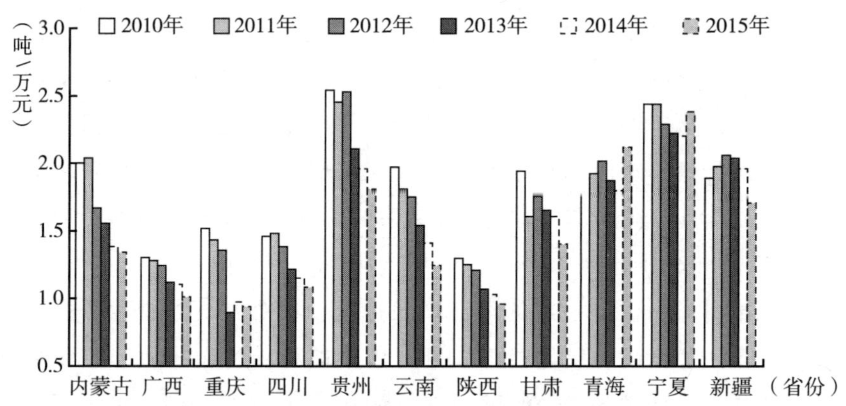

图7　2010～2015年西部各省份单位生产总值二氧化碳排放量（2010年价格）

（2）主要污染物排放变动情况。

除二氧化碳外，污染物排放主要包括二氧化硫、氮氧化物、废水中的化学需氧量、工业废气、工业固体废物等。“十二五”期间，西部地区的单位工业增加值二氧化硫排放量（简称单位硫排放）如图8所示。其中，贵州和宁夏的单位硫排放远高于西部其他省份，贵州 2010 年单位硫排放为 0. 042 吨/万元，2011 年上涨到 0. 056 吨/万元，之后年份逐渐下降。宁夏“十二五”期间单位硫排放比 2010 年有所增加，但在 2012 ~ 2015 年呈现下降趋势，截止到 2015 年达到 0. 051 吨/万元。甘肃和新疆单位硫排放紧随其后，但“十二五”期间呈现增加趋势，到 2015 年单位硫排放分别为 0. 033 和 0. 034 吨/万元。内蒙古、云南和青海单位硫排放比之前各省略低，均在 0. 02 吨/万元左右。广西、重庆、四川和陕西的单位硫排放较低，且在“十二五”期间呈现下降趋势，2015 年单位硫排放最低的是四川，仅为 0. 008 吨/万元。

单位工业增加值化学需氧量（简称单位化学需氧量）也是污染物排放的重要指标，2015 年，宁夏、新疆和青海单位化学需氧量位居西部地区前三，分别为 0. 011、0. 009 和 0. 007 吨/万元。单位化学需氧量最低的三个省份分别是内蒙古、重庆和四川，其指标值分别为 0. 0018、0. 0014 和 0. 0013 吨/万元。

西部各省在“十二五”期间的单位工业增加值一般工业固体废物产生量（简称单位废弃物）变化较为稳定，其中，青海的单位废弃物远高于其他各省，到 2015 年为 20 吨/万元。贵州、云南和宁夏的单位废弃物为 5 吨/万元。内蒙古、甘肃和新疆的单位废弃物紧随其后，均为 4 吨/万元左右，单位废弃物最少的是重庆，为 0. 8 吨/万元。

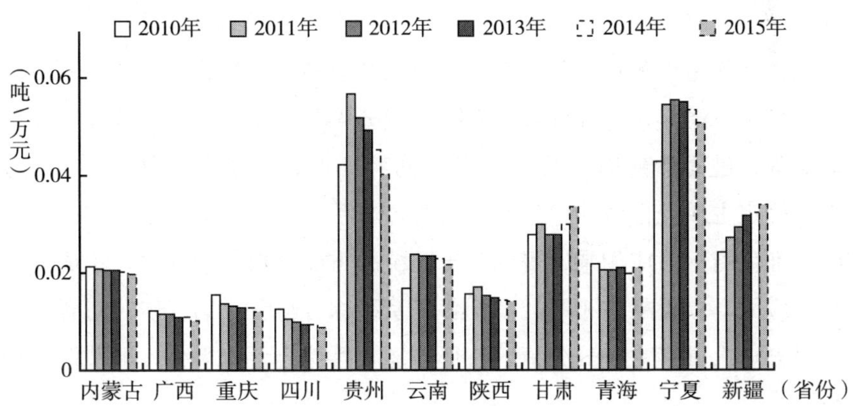

图 8　2010 ~ 2015 年西部各省份单位工业增加值二氧化硫排放量（2010 年价格）

二　节能减排绩效评价指标方法

（一）构建地区节能减排综合指数指标体系

对于节能减排绩效发展水平的确定，常用方法有层次分析法、主成分分析法、因子分析法和灰色关联分析法等，各种方法各有利弊。考虑评价指标体系中指标层数据具有多指标、时间序列较短的特点，本文采用主成分分析法对西部地区节能减排绩效发展水平进行综合评价。主成分分析法指标构建包括目标层、准则层和指标层三个层次，其中目标层为节能减排综合发展水平；准则层包括经济水平、能源节约、污染物排放、环境治理四个方面。指标层是在上述准则层分类下的若干具体指标，共设 29 个指标，其中经济水平 5 个指标，能源节约 9 个指标，污染物排放 8 个指标，环境治理 7 个指标（见表 1）。

（二）节能减排绩效评价方法概述

主成分分析法的核心思想是降维，即用较少的几个综合指标代替原来较多的指标，使之能尽量多地反映原来指标所反映的信息。结合节能减排绩效评价的内容，本文主成分分析主要步骤为：第一步：数据正向化和无量纲处理。由于不同的数据具有不同的性质和量纲，要使指标之间具有可比性，必须进行数据的正向化和无量纲处理，使所有数据变动与节能减排综合发展趋势一致。第二步：分别按不同年份，计算各子系统主成分得分和综合得分。首先，计算相关系数矩阵，进而计算相关系数矩阵 R 的特征值，根据主成分特征值大于 1 的原则，确定主成分个数 m。其次，提取各子系统主成分载荷系数，并与该子系统的标准化指标对应相乘，得到各子系统的主成分得分。再次，主成分得分分别与对应的方差贡献率相乘，得到各子系统综合得分。第三步：对各子系统的综合得分再次进行主成分分析，获得节能减排综合评价得分，即节能减排综合指数。

以下根据本文 4 个准则层分别列出分析过程。

表 1　节能减排综合发展评价指标体系

目标层	准则层	指标层			
		符号	指标名称	单位	类别
节能减排综合发展水平	经济水平	A1	实际人均地区生产总值	元	正指标
		A2	第三产业增加值占地区生产总值比重	%	正指标
		A3	农村居民人均纯收入	元	正指标
		A4	城镇居民人均可支配收入	元	正指标
		A5	城乡居民人均储蓄存款余额	元	正指标
	能源节约	B1	单位生产总值能耗	吨标准煤/万元	逆指标
		B2	单位生产总值能耗降低率※	%	正指标
		B3	单位工业增加值能耗	吨标准煤/万元	逆指标
		B4	单位生产总值电耗	千瓦时/万元	逆指标
		B5	单位生产总值电耗降低率※	%	正指标
		B6	单位工业增加值电耗	千瓦时/万元	逆指标
		B7	单位生产总值水耗	立方米/万元	逆指标
		B8	单位生产总值水耗降低率※	%	正指标
		B9	单位工业增加值水耗	立方米/万元	逆指标
	污染物排放	C1	单位生产总值二氧化碳排放量	吨/万元	逆指标
		C2	单位生产总值二氧化碳排放量降低率※	%	正指标
		C3	单位生产总值废水排放量	吨/万元	逆指标
		C4	单位生产总值化学需氧量排放量	吨/万元	逆指标
		C5	单位工业增加值化学需氧量排放量	吨/万元	逆指标
		C6	单位工业增加值二氧化硫排放量	吨/万元	逆指标
		C7	单位工业增加值废气排放量	立方米/万元	逆指标
		C8	单位工业增加值工业固体废物产生量	吨/万元	逆指标
	环境治理	D1	一般工业固体废物综合利用率	%	正指标
		D2	环境污染治理投资占 GDP 比重	%	正指标
		D3	工业污染防治投资占工业增加值比重	%	正指标
		D4	城市污水处理厂集中处理率	%	正指标
		D5	城市生活垃圾无害化处理率	%	正指标
		D6	城市燃气普及率	%	正指标
		D7	森林覆盖率	%	正指标

1. 经济发展指数

对经济水平子系统中的指标 A1、A2、A3、A4、A5 进行标准化后分别表示为 ZA1、ZA2、ZA3、ZA4、ZA5，假设该子系统主成分分析只提取 1 个主成分，进而获得的载荷系数分别为 $f_{A1.1}$、$f_{A1.2}$、$f_{A1.3}$、$f_{A1.4}$、$f_{A1.5}$，方差贡献率为 $G_{A.1}$，则经济子系统的主成分得分 F_A 和经济发展指数 Y_A 分别为：

$$F_A = f_{A1.1} \times ZA1 + f_{A1.2} \times ZA2 + f_{A1.3} \times ZA3 + f_{A1.4} \times ZA4 + f_{A1.5} \times ZA5 \quad 式(1)$$

$$Y_A = G_{A.1} \times F_A \quad 式(2)$$

2. 能源节约指数

对能源节约子系统中的指标进行标准化后分别表示为 ZB1、ZB2…ZB9，假设能源节约系统提取了 3 个主成分，获得的载荷系数分别为三组，即 $f_{B1.1}$、$f_{B1.2}$…$f_{B1.9}$，$f_{B2.1}$、$f_{B2.2}$…$f_{B2.9}$ 和 $f_{B3.1}$、$f_{B3.2}$…$f_{B3.9}$，三个主成分的方差贡献率分别为 $G_{B.1}$、$G_{B.2}$ 和 $G_{B.3}$。则经济子系统的主成分得分 $F_{B.1}$、$F_{B.2}$、$F_{B.3}$ 和能源节约指数 Y_B 分别为：

$$F_{B.1} = f_{B1.1} \times ZB1 + f_{B1.2} \times ZB2 + \cdots + f_{B1.9} \times ZB9 \quad 式(3)$$

$$F_{B.2} = f_{B2.1} \times ZB1 + f_{B2.2} \times ZB2 + \cdots + f_{B2.9} \times ZB9 \quad 式(4)$$

$$F_{B.3} = f_{B3.1} \times ZB1 + f_{B3.2} \times ZB2 + \cdots + f_{B3.9} \times ZB9 \quad 式(5)$$

$$Y_B = G_{B.1} \times F_{B.1} + G_{B.2} \times F_{B.2} + G_{B.3} \times F_{B.3} \quad 式(6)$$

3. 污染物排放指数

参照以上计算方法，同理可构造污染物排放子系统的主成分得分 $F_{C.1}$、$F_{C.2}$、$F_{C.3}$ 和污染物排放指数 Y_C。

4. 环境治理指数

参照以上计算方法，同理可构造环境治理子系统主成分得分 $F_{D.1}$、$F_{D.2}$、$F_{D.3}$ 和环境治理指数 Y_D。

5. 节能减排综合指数

在已获得各子系统发展指数 Y_A、Y_B、Y_C 和 Y_D 的基础上，再进行主成分分析，假设提取 2 个主成分，获得两组载荷系数分别为 $f_{Z1.1}$、$f_{Z1.2}$、$f_{Z1.3}$、$f_{Z1.4}$ 和 $f_{Z2.1}$、$f_{Z2.2}$、$f_{Z2.3}$、$f_{Z2.4}$，两个主成分的方差贡献率分别为 $G_{Z.1}$ 和 $G_{Z.2}$，则综合主

成分得分 $F_{Z.1}$、$F_{Z.2}$和节能减排综合得分 Y_Z 分别为：

$$F_{Z.1} = f_{Z1.1} \times Y_A + f_{Z1.2} \times Y_B + f_{Z1.3} \times Y_C + f_{Z1.4} \times Y_D \quad 式(7)$$

$$F_{Z.2} = f_{Z2.1} \times Y_A + f_{Z2.2} \times Y_B + f_{Z2.3} \times Y_C + f_{Z2.4} \times Y_D \quad 式(8)$$

$$Y_Z = G_{Z.1} \times F_{Z.1} + G_{Z.2} + F_{Z.2} \quad 式(9)$$

（三）数据来源及处理

1. 指标范围及时间选择

本文选取西部地区 11 个省份，即内蒙古、广西、重庆、四川、贵州、云南、陕西、甘肃、青海、宁夏和新疆的 29 项统计指标为分析依据。由于西藏历年数据缺乏，不能真实反映其节能减排发展情况，因此本文未将西藏列入分析。各项指标涵盖 2010 ~ 2015 年的年度数据，将“十二五”规划时期的五年时间各指标的发展情况与“十一五”末进行对比。各指标数据来源于各年《中国统计年鉴》《中国能源年鉴》《中国环境年鉴》以及各省份的统计年鉴，其中有关二氧化碳排放的数据，采用《2006 年 IPCC 国家温室气体清单指南》［以下简称 IPCC（2006）］提供的“方法 1”，参照各省能源消费数据的物理数量和对应的缺省排放因子对碳排放量进行估算而得。

2. 指标的预处理

本文对指标的预处理包括①“实际人均地区生产总值”“单位生产总值能耗”“单位工业增加值能耗”等一系列指标，并换算为 2010 年价格数值，便于将“十二五”期间的各项指标的发展趋势与 2010 年对比。②逆指标的正向化处理，即对表 1 中的 13 个逆指标采用倒数方法进行正向化处理。③负值的正向化处理，对于表 1 中标注“※”的 4 个既含有正值也含有负值的“降低率”指标，采用 Min-Max 方法对数据进行标准化，其中“Min”和“Max”是同一省份 2010 ~2015 年该指标极值。④标准化处理，即将全部指标进行 Z-Score 转换处理，转换为服从标准正态分布，消除各指标的量纲影响。经过以上预处理的指标都与节能减排绩效评价趋势一致，不存在量纲影响，保证了主成分分析的科学性。

三 西部地区节能减排绩效评价

由于本文主成分分析的指标采用标准化数值，因此每一年通过计算而得的

经济发展指数、能源节约指数、污染物排放指数、环境治理指数和节能减排综合指数11个省份均值为零，这使得相应的指数在同一年份具有截面可比性。另外，主成分分析的所有指标在2010～2015年每个年份的数据预处理方式都一致，同一省份在不同年份也具有时间序列的可比性。

（一）经济发展指数评价

经济发展子系统计算出的经济发展指数如表2所示。以“十二五”期间各省经济发展指数的平均值对比来看，内蒙古的经济发展指数排第一，为3.79，远高于其他省份，说明“十二五”期间其发展较快。经济发展指数排名第二、三的分别为重庆和四川，其平均指数分别为1.5和0.85。广西和陕西的经济发展指数紧随其后，分别为0.52和0.4。宁夏、新疆、青海和云南的经济发展平均指数低于之前省份，其指数在－0.93～－0.47。经济发展指数排名最靠后的两个省份为甘肃和贵州，其平均指数分别为－2.38和－1.99，表明“十二五”期间这两个省份的经济发展水平在西部地区较落后。

从时间发展趋势看，西部地区各省份经济发展指数大多呈现波动变化。其中，内蒙古、广西和四川的经济发展指数“十二五”期间的前半期呈现微弱下降，后半期呈现快速上涨趋势。甘肃的经济发展指数在“十二五”期间先增加后下降。贵州的经济发展指数虽然排西部各省倒数第二位，但在“十二五”期间的上涨趋势较显著。

表2　2010～2015年西部各省份经济发展指数

年份	内蒙古	广西	重庆	四川	贵州	云南	陕西	甘肃	青海	宁夏	新疆
2010	3.35	0.71	2.45	1.22	－3.20	－0.83	－0.45	－2.52	－0.33	－0.46	0.06
2011	3.28	0.64	1.62	0.89	－2.29	－0.90	0.60	－2.07	－0.44	－0.54	－0.79
2012	3.01	0.18	1.30	0.79	－2.63	－0.95	0.52	－1.93	－0.15	－0.25	0.11
2013	2.88	0.32	2.13	0.59	－1.08	－0.69	－0.21	－1.71	－0.97	－0.53	－0.74
2014	4.62	0.74	1.51	0.56	－2.27	－0.49	0.57	－2.73	－1.03	－0.85	－0.64
2015	5.14	0.74	0.93	1.40	－1.68	－1.62	0.50	－3.48	－1.35	－0.17	－0.41
平均	3.79	0.52	1.50	0.85	－1.99	－0.93	0.40	－2.38	－0.79	－0.47	－0.49

注：本表的“平均”是指2011～2015年的平均值，不包括2010年，该指标代表“十二五”期间各省经济发展指数的平均水平。

（二）能源节约指数评价

能源节约子系统的指标选择，主要包括单位生产总值能耗、电耗、水耗，以及单位工业增加值能耗和电耗情况。随着能源消费约束趋紧，单位能源消费越少越好。由主成分分析得出的能源节约指数如表3所示，该指数越高表明能源使用效率越高。

从截面数据对比来看，陕西能源节约平均指数最高，为3.89，表明陕西“十二五”期间的单位生产总值消费能源的数量最低，该省的能源使用效率较为突出。重庆和四川的能源节约平均指数分别位于第二和第三，其指数为3.85和2.56，这两省的能源使用效率也较高。与以上省份相比，新疆、宁夏、青海和甘肃的能源节约形势最为严峻，其平均指数分别为-3.12、-2.79、-2.47和-1.63，表明这四个省份单位能耗较多，能源使用效率有很大提升空间。

从时间序列发展趋势来看，各省份在2010～2015年的能源节约指数都呈现波动变化，其中陕西的能源节约指数从2010年的5.66下降到2013年的3.03，在2014～2015年又出现显著上涨；四川的能源节约指数呈现先下降后上升。内蒙古和云南的能源节约指数变动最小，稳定在零左右。贵州的能源节约指数上升显著，表明该省“十二五”期间的节能效果较好。新疆的能源节约指数在2013年后快速下降，到2015年达到-4.75，由于新疆的服务业发展规模较小，且能源工业产值比重较大，经济发展高能耗特征十分显著。

表3　2010～2015年西部各省份能源节约指数

年份	内蒙古	广西	重庆	四川	贵州	云南	陕西	甘肃	青海	宁夏	新疆
2010	-0.19	1.54	4.08	2.23	-1.97	-0.46	5.66	-1.57	-3.09	-4.00	-2.23
2011	0.37	0.97	2.76	2.34	-2.17	-0.77	4.57	-1.81	-3.02	-3.46	0.21
2012	0.24	1.08	3.49	1.82	-1.86	-0.84	4.12	-1.47	-1.87	-2.39	-2.31
2013	0.67	1.39	4.40	3.17	-0.72	0.47	3.03	-1.92	-3.29	-2.27	-4.92
2014	0.35	0.85	3.91	3.01	-1.17	-0.60	3.73	-1.58	-2.01	-2.67	-3.82
2015	-0.01	1.50	4.71	2.45	-1.11	-0.10	3.98	-1.39	-2.13	-3.15	-4.75
平均	0.32	1.16	3.85	2.56	-1.41	-0.37	3.89	-1.63	-2.47	-2.79	-3.12

注：本表的“平均”是指2011～2015年的平均值，不包括2010年，该指标代表“十二五”期间各省能源节约指数平均水平。

（三）污染物排放指数评价

污染物排放子系统主要衡量单位生产总值二氧化碳排放、废水及废水中化学需氧量的排放，单位工业增加值的废气排放、废气中二氧化硫排放、固体废物产生等。随着环境约束的不断增强，这些污染物单位排放量越少越好。由主成分分析所得的污染物排放指数越高，表明污染物排放越少。

从截面角度对比分析，污染物排放指数最高的三个省份是重庆、陕西和四川，其平均指数分别为5.28、3.12和3.14，表明这些省份在经济发展中单位产出的废水、废气、废物以及二氧化碳的排放都较低，低碳化发展程度较高。内蒙古和广西的污染物排放平均指数紧随其后，分别为1.02和0.66。贵州、云南、甘肃和青海污染物排放平均指数较低，处于-1.26~-2，说明这四个省份的污染物排放较高。宁夏和新疆的污染物排放平均指数最低，其指数分别为-3.67和-2.66，说明这两个省需要加大污染物排放治理工作。

从时间发展趋势看，广西和四川的污染物排放指数显著提高，说明这两省污染物治理工作成效显著。重庆和陕西的污染物排放指数“十二五”前半期显著上升，之后又出现下降。内蒙古、青海和宁夏污染物排放指数有下降趋势，说明这三个省份的污染物排放没有显著改善。其余省份的污染物排放指数都存在波动变化的趋势。总体来看，西部各省污染物减排的长效机制仍未形成。

表4　2010~2015年西部各省份污染物排放指数

年份	内蒙古	广西	重庆	四川	贵州	云南	陕西	甘肃	青海	宁夏	新疆
2010	1.73	-1.02	2.03	1.35	-0.56	0.28	1.98	0.00	-1.94	-2.84	-1.02
2011	1.28	0.16	4.31	2.70	-1.65	-1.48	2.92	-1.58	-1.69	-3.50	-1.47
2012	0.97	0.40	5.17	2.28	-2.33	-1.23	3.97	-1.65	-1.25	-3.71	-2.60
2013	1.15	0.56	6.14	3.33	-2.21	-1.54	3.29	-1.79	-1.96	-3.48	-3.49
2014	1.07	0.73	5.52	3.40	-2.06	-1.22	3.08	-1.81	-1.83	-3.60	-3.28
2015	0.62	1.46	5.27	3.99	-1.76	-0.85	2.36	-1.55	-3.06	-4.04	-2.44
平均	1.02	0.66	5.28	3.14	-2.00	-1.26	3.12	-1.68	-1.96	-3.67	-2.66

注：本表的“平均”指2011~2015年平均值，不包括2010年，该指标代表“十二五”期间各省污染物排放指数的平均水平。

（四）环境治理指数评价

环境治理子系统是低碳经济发展最重要环节，对生产过程中产生的污染物进行综合利用及无害化处理，投入资金用于环境污染防治，优化能源结构，增加森林碳汇，这些都是减少二氧化碳排放和节约能源的重要措施。由主成分分析得出的环境治理指数衡量了环境治理水平，该指数越高，说明对环境治理的投入越多及治理成效越好。

从西部各省份环境治理平均指数看，环境治理指数最高的三个省份分别是重庆、陕西和广西，其指数分别为 1.41、0.62 和 0.42，这三个省份的自然资源条件较好，森林覆盖率较高。环境治理指数最低的三个省份分别为甘肃、青海和云南，其指数分别为 -1.63、 -0.55 和 -0.24。

从时间序列看，由于西部各省份的环境治理资金投入和工业污染物治理资金投入存在较大波动，因此环境治理指数也表现出较大波动，这是由于西部地区人口密度较低，环境保护很大程度上依靠该地区生态的自净功能，环境治理投入并未形成稳定的长效机制，从而使得环境保护效果存在不确定性。

表 5　2010～2015 年西部各省份环境治理指数

年份	内蒙古	广西	重庆	四川	贵州	云南	陕西	甘肃	青海	宁夏	新疆
2010	0.29	1.19	2.30	-0.48	-0.88	-0.06	0.31	-1.70	-1.02	0.44	-0.39
2011	0.17	0.67	2.45	0.07	-0.21	-0.04	0.68	-2.34	-0.42	-0.64	-0.39
2012	0.38	1.04	1.48	0.62	-0.34	-0.74	0.62	-2.50	0.32	-1.24	0.36
2013	-0.22	0.75	1.55	0.21	0.54	0.37	0.94	-1.97	-1.00	-0.20	-0.97
2014	0.76	-1.07	-0.26	-1.01	-0.50	-0.95	-0.24	0.14	-0.23	1.86	1.50
2015	-0.08	0.70	1.82	0.37	0.64	0.14	1.11	-1.50	-1.44	-0.79	-0.95
平均	0.20	0.42	1.41	0.05	0.02	-0.24	0.62	-1.63	-0.55	-0.20	-0.09

注：本表的“平均”是指 2011～2015 年平均值，不包括 2010 年，该指标代表“十二五”期间各省环境治理指数平均水平。

（五）节能减排综合指数评价

依据以上得到的 2010～2015 年西部各省份经济发展指数、能源节约指数、污染物排放指数和环境治理指数，进一步通过主成分分析法计算而得的节能减排综合指数能够综合反映“十二五”期间各地区节能减排成效的发展变化（见图9）。从截面角度对比来看，节能减排综合指数最高的三个省份分别为重庆、陕西和四川，其平均指数分别为8.34、5.66和4.72。其中，重庆2010～2013年节能减排综合指数显著增加，2013年达到最高10.03，在随后两年，节能减排综合指数略有下降，到2015年该指数为8.63，远高于西部其他各省份，说明重庆在经济发展中的节能减排优势较为突出，并且重庆碳排放权交易中心的建立与运行对其节能减排效果有显著正向影响。陕西节能减排综合指数在2011年、2012年最高，分别为6.71和6.26，在2013～2014年略有下降。陕西在2010年成为全国第一批低碳试点省份之一，通过一系列低碳试点政策的实行，其节能减排工作成效显著。四川的节能减排综合指数在“十二五”期间显著上升，到2015年达到5.38，说明四川正在逐渐形成较为稳定的节能减排发展机制。内蒙古和广西节能减排综合指数紧随其后，其2011～2015年的平均指数分别为3.09和2.04，其中，内蒙古的节能减排综合指数变动较为稳定，而广西的节能减排综合指数有显著增加。其余6个省份，即贵州、云南、甘肃、青海、宁夏和新疆的节能减排综合指数均为负值，其中平均指数最低的三个省份分别为宁夏、甘肃和新疆，其指数都低于－4。在西部地区，这六个省份在自然资源禀赋、经济发展水平和环境保护资金投入方面，都与其他省份存在较大差距，因此其节能减排成效的综合评价较低，但在“十二五”期间，贵州、云南和甘肃的节能减排综合指数有上升趋势，说明节能减排综合水平有一定提高。

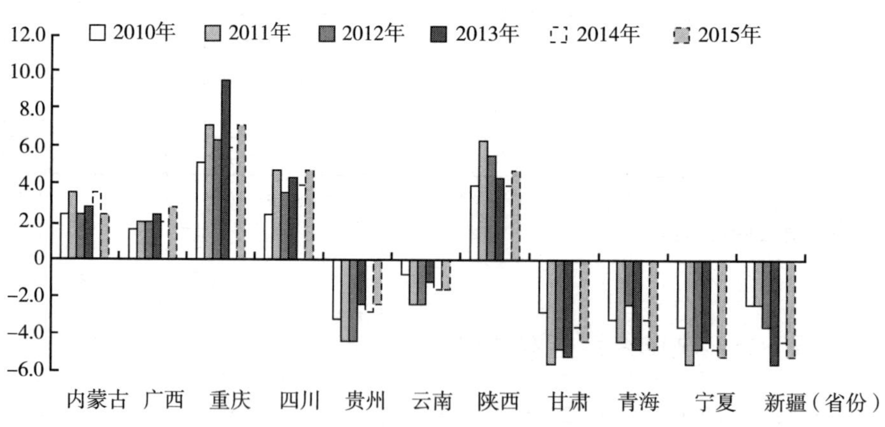

图9　2010～2015年西部各省份节能减排综合指数

四 西部地区“十二五”节能减排存在的问题和发展方向

（一）西部地区“十二五”节能减排存在的问题

西部地区工业发展过程中的能源利用效率与东部地区差距较大，工业生产高耗能、高排放的特征明显，节能减排的资金、技术、人才投入较少，对节能减排的技术支持不足。新能源开发利用程度较低，对环境污染治理的资金投入尚未形成稳定的长效机制。在东部地区不断加大能源和环境约束的背景下，西部省份在接纳东部地区产业转移过程中，对高能耗、高排放的产业准入门槛较低，进一步增加了西部地区节能减排的压力。新疆的能源消费增长过快，使得该地区单位能耗和单位碳排放增长速度远高于其他地区，节能减排形势严峻。

（二）西部地区节能减排的未来发展方向

虽然现阶段西部地区的经济发展和节能减排效果与东部地区仍有较大差距，但若在今后一个时期对节能减排充分重视并加大投入，西部地区的低碳发展将有很大提升空间。首先，通过加大科技投入、产业结构调整和新能源开发等途径提高能源利用效率。目前西部地区以煤炭为主的能源结构在未来很长一段时期很难改变，因此提高能源利用效率十分重要，可以加强学习东部发达省份的先进做法，通过清洁煤技术、能源循环利用等节能技术，引导鼓励企业参与节能服务，增强企业自身科技创新能力。其次，充分利用风电、水电等清洁能源。相对东部地区而言，西部地区地广人稀，西北地区风能丰富，西南地区水资源丰富，应该结合西部地区各省份自身优势，加大新能源开发利用，并进一步做好清洁电力在西部地区的消纳工作，有效提高清洁能源在能源消费中的比重。

总的来说，西部地区要平衡现实需要和长远利益，综合推进清洁生产、循环经济、节能减排工作，探索西部地区经济增长和环境保护的有效结合路径，避免走上先污染后治理的道路。

B.14

黄土高原区生态修复效果评价报告*

姚顺波　王恒博**

摘　要： 通过对黄土高原区2000年、2010年、2015年三期土地利用类型数据分析，本文得出研究区土地利用类型的动态演化规律，即耕地面积持续减少，林地和草地面积有所增加，水域面积和城乡、工矿、居民用地面积增长较为明显，未利用土地面积有所减少的结论。结合生态服务价值计算方法，本文评估黄土高原区生态服务价值的动态变化趋势，即黄土高原区生态服务价值持续增长，多数省份生态服务价值有所提高。另外，笔者发现有林地面积占林地面积比例降低、单位面积蓄积量偏低、生态服务价值增长缓慢等问题，提出强化林地管理、加强林地抚育、合理配置土地资源等政策建议。

关键词： 黄土高原　生态修复　动态演化　生态服务价值

黄土高原是中国乃至世界典型的生态脆弱区，也是中国水土保持和生态恢复重点区域①，包括太行山以西、日月山以东、关中平原以北、长城以南的

---

* 教育部人文社会科学重点研究基地基金“西部生态修复工程财政支出效率与提升路径”（项目编号：14JJD790031）；国家自然科学基金“黄土高原区退耕还林政策生态效率评价与提升路径”（项目编号：71473195），“基于资源环境禀赋视角的生态修复工程补偿标准研究”（项目编号：71373206）。

** 姚顺波，西北大学中国西部经济发展研究中心兼职研究员，西北农林科技大学教授，博士生导师，研究方向：林业经济理论与政策；王恒博，西北农林科技大学博士研究生，研究方向：林业经济管理。

① 刘国彬、王兵、卫伟等：《黄土高原水土流失综合治理技术及示范》，《生态学报》2016年第22期。

广大地区，跨山西省、陕西省、甘肃省、青海省、宁夏回族自治区等省份。为了有针对性地分析黄土高原区生态情况，本文在时间上以2000年、2010年和2015年分三期开展，在空间上着重分析陕西省、山西省、甘肃省、青海省和宁夏回族自治区五个省份，总面积160.36万km^2，占全国面积的16.70%。统计数据来源于《中国林业统计年鉴》（2000～2014年）、8次全国森林资源清查资料；土地利用类型数据采用地理国情监测云平台提供的2000年、2010年和2015年三期土地利用现状Landsat TM/ETM 30m遥感影像数据。

一　黄土高原区生态修复效果分阶段评价

（一）2000年黄土高原区生态修复效果

1. 各类林木面积和蓄积量

黄土高原区林地面积为3179.89万hm^2，活立木总蓄积量64854.08万m^3，分别占全国的11.16%和4.76%，其中森林面积1535.77万hm^2，森林蓄积量58465.5万m^3，分别占全国的11.16%和4.69%，占黄土高原区的48.30%和90.15%，森林覆盖率为9.59%。天然林面积762.75万hm^2，蓄积量54125.04万m^3，分别占黄土高原区的23.99%和83.46%。人工林面积349.89万hm^2，蓄积量4340.46万m^3，分别占黄土高原区的11.00%和6.69%。

2. 野生动植物保护

黄土高原区实有自然保护区141个，其中国家级自然保护区40个，分别占全国的13.08%和11.63%。实有自然保护区面积为144.25万hm^2，其中国家级自然保护区面积62.45万hm^2，分别占全国的14.66%和9.52%。

（二）2010年黄土高原区生态修复效果

1. 各类林木面积和蓄积量

黄土高原区林地面积为3728.85万hm^2，活立木总蓄积量71739.11万m^3，分别占全国的12.19%和4.81%，其中森林面积1838.11万hm^2，森林蓄积量65235.82万m^3，分别占全国的9.40%和4.75%，占黄土高原区的49.29%和

90.93%，森林覆盖率为 11.57%。天然林面积 813.63 万 hm^2，蓄积量 58863.06 万 m^3，分别占黄土高原区的 21.82% 和 82.05%。人工林面积 381.60 万 hm^2，蓄积量 6372.76 万 m^3，分别占黄土高原区的 10.23% 和 8.88%。

2. 野生动植物保护

黄土高原区实有自然保护区 156 个，其中国家级自然保护区 39 个，分别占全国的 7.67% 和 15.79%。实有自然保护区面积为 3114.28 万 hm^2，其中国家级自然保护区面积 2526.27 万 hm^2，分别占全国的 25.17% 和 33.25%。

（三）2015年黄土高原区生态修复效果

1. 各类林木面积和蓄积量

黄土高原区林地面积为 4024.81 万 hm^2，活立木总蓄积量 83267.30 万 m^3，分别占全国的 12.88% 和 5.07%，其中森林面积 2111.29 万 hm^2，森林蓄积量 75777.15 万 m^3，分别占全国的 10.17% 和 5.01%，占黄土高原区的 52.46% 和 91.00%，森林覆盖率为 13.29%。天然林面积 870.41 万 hm^2，蓄积量 66719.23 万 m^3，分别占黄土高原区的 21.63% 和 80.13%。人工林面积 493.62 万 hm^2，蓄积量 9057.92 万 m^3，分别占黄土高原区的 12.26% 和 10.88%。

2. 野生动植物保护

黄土高原区实有自然保护区 159 个，其中国家级自然保护区 55 个，分别占全国的 7.31% 和 15.99%。实有自然保护区面积为 3324.75 万 hm^2，其中国家级自然保护区面积 2784.29 万 hm^2，分别占全国的 26.66% 和 34.32%。

综上所述，黄土高原区林地面积、活立木蓄积量、森林面积、森林蓄积量不断增加，森林覆盖率稳步提高，自然保护区个数、面积逐步增长。

二 生态修复效果动态演化

（一）黄土高原区生态修复效果动态演化

黄土高原区位于东经 103°～114°，北纬 34°～40°，东西长 1000km，南北宽 750km，海拔高度 800～3000m。按照中国土地利用分类方法，结合 LUCC 分类系统，本文将土地利用类型分为耕地，林地，草地，水域，城乡、工矿、居民用地和未利用土地等6个一级类①，其2000年、2010年和2015年三期土地利用类型数据统计见表1。

表1　黄土高原区土地利用类型数据统计

单位：km^2

年份＼类型	耕地	林地	草地	水域	城乡、工矿、居民用地	未利用土地	合计
2000	238937. 31	164580. 52	695666. 20	35840. 87	13706. 24	454868. 86	1603600
2010	230795. 02	168458. 10	716427. 99	38511. 00	20583. 74	428824. 14	1603600
2015	229884. 68	168153. 31	708123. 07	39075. 34	23598. 30	434765. 31	1603600

从表1可见，黄土高原区耕地面积由2000年的238937. 31km^2减少为2010年的230795. 02km^2，2015年进一步减少为229884. 68km^2；林地面积由2000年的164580. 52km^2增加为2010年的168458. 10km^2，2015年调整为168153. 31km^2；草地面积由2000年的695666. 20km^2增加为2010年的716427. 99km^2，2015年调整为708123. 07km^2；水域面积由2000年的35840. 87km^2增加为2010年的38511. 00km^2，2015年进一步增加为39075. 34km^2；城乡、工矿、居民用地面积由2000年的13706. 24km^2增加为2010年的20583. 74km^2，2015年进一步增加为23598. 30km^2；未利用土地面积由2000年的454868. 86km^2减少为2010年的428824. 14km^2，2015年调整为434765. 31km^2。

在此基础上分析黄土高原区2000年，2010年，2015年期土地利用类型的动态演化情况为：黄土高原区耕地面积占总面积比例从2000年的14. 90%下降到2015年的14. 34%，下降了0. 56个百分点；林地面积占总面积比例从2000年的10. 26%上升到2015年的10. 49%，增加了2. 17个百分点；草地面积占总面积比例从2000年的43. 38%上升到2015年的44. 16%，增加了1. 79个百分点；水域面积占总面积比例从2000年的2. 24%上升到2015年的2. 44%，增加了9. 02个百分点；城乡、工矿、居民用地面积占总面积比例从2000年的

① Liu Jiyuan，Shao Quanqin，Yan Xiaodong et al.，The Climatic Impacts of Land Use and Land Cover Change Compared among Countries. *Journal of Geographical Sciences*，2016，26（7）.

0.85%上升到2015年的1.47%，增加了72.17%；未利用土地面积占总面积比例从2000年的28.37%下降到2015年的27.11%，减少了4.42%。

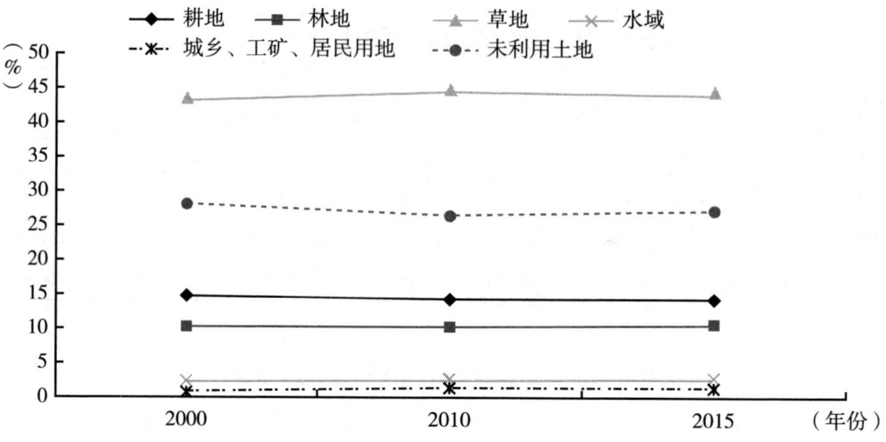

图1　黄土高原区土地利用类型演化情况

（二）陕西省生态修复效果动态演化

陕西省位于西北内陆腹地，横跨黄河和长江两大流域中部，地理坐标为东经105°29′～111°15′，北纬31°42′～39°35′，南北最长为878km，东西最宽为517km，海拔高度800～3000m，总面积20.58万km^2，海拔主要分布在500～2000m之间，约占全省的90%，平均海拔1127m，因秦岭－淮河一线将北方与南方划分开。按照上文方法，其2000年、2010年和2015年土地利用类型数据统计见表2。

表2　陕西省土地利用类型数据统计

单位：km^2

年份＼类型	耕地	林地	草地	水域	城乡、工矿、居民用地	未利用土地	合计
2000	71943.98	46415.61	77834.13	1663.40	3150.22	4792.65	205800
2010	68235.68	48091.38	78953.41	1667.50	4299.93	4552.11	205800
2015	67817.93	47913.21	78401.87	1863.49	5212.39	4591.12	205800

从表 2 可见，陕西省耕地面积由 2000 年的 71943.98km^{2}减少为 2010 年的 68235.68km^2，2015 年进一步减少为 67817.93km^2；林地面积由 2000 年的 46415.61km^{2}增加为 2010 年的 48091.38km^2，2015 年调整为 47913.21km^2；草地面积由 2000 年的 77834.13km^{2}增加为 2010 年的 78953.41km^2，2015 年调整为 78401.87km^2；水域面积由 2000 年的 1663.40km^2 增加为 2010 年的 1667.50km^2，2015 年进一步增加为 1863.49km^2；城乡、工矿、居民用地面积由 2000 年的 3150.22km^{2}增加为 2010 年的 4299.93km^2，2015 年进一步增加为 5212.39km^2；未利用土地面积由 2000 年的 4792.65km^2 减少为 2010 年的 4552.11km^2，2015 年调整为 4591.12km^2。

在此基础上分析陕西省 2000 年、2010 年、2015 年土地利用类型的动态演化为：陕西省耕地面积占总面积比例从 2000 年的 34.96% 下降到 2015 年的 32.95%，总面积减少了 5.74%；林地面积占总面积比例从 2000 年的 22.55% 上升到 2015 年的 23.28%，总面积增加了 3.23%；草地面积占总面积比例从 2000 年的 37.82% 上升到 2015 年的 38.10%，总面积增加了 0.73%；水域面积占总面积比例从 2000 年的 0.81% 上升到 2015 年的 0.91%，总面积增加了 12.03%；城乡、工矿、居民用地面积占总面积比例从 2000 年的 1.53% 上升到 2015 年的 2.53%，总面积增加了 65.46%；未利用土地面积占总面积比例从 2000 年的 2.33% 下降到 2015 年的 2.23%，总面积减少了 4.21%。

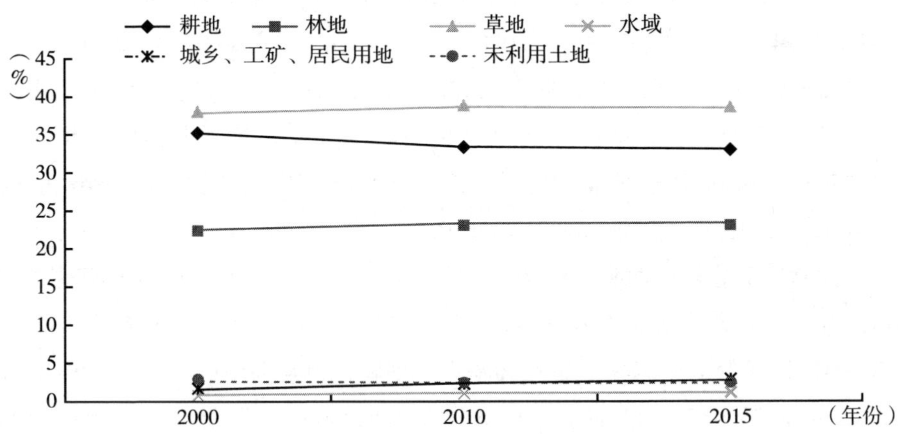

图 2　陕西省土地利用类型演化情况

（三）山西省生态修复效果动态演化

山西省是内陆省份，位于东经 110°14′～114°33′，北纬 34°34′～40°44′，南北长约682km，东西宽约385km，总面积15.67万 km^2，东有太行山，西有吕梁山，山区面积约占全省总面积的80%，是典型的黄土覆盖的山地高原，地势东北高西南低，境内大部分地区海拔1500m以上。按照上文方法，其2000年、2010年和2015年土地利用类型数据统计见表3。

表3　山西省土地利用类型数据统计

单位：km^2

年份 \ 类型	耕地	林地	草地	水域	城乡、工矿、居民用地	未利用土地	合计
2000	61262.78	43699.94	45676.37	1684.33	4221.61	154.97	156700
2010	58036.53	44552.20	44828.66	1504.32	7667.96	110.34	156700
2015	57817.98	44548.75	44785.40	1375.02	8063.15	109.70	156700

从表3可见，山西省耕地面积由2000年的61262.78km^2减少为2010年的58036.53km^2，2015年进一步减少为57817.98km^2；林地面积由2000年的43699.94km^2增加为2010年的44552.20km^2，2015年调整为44548.75km^2；草地面积由2000年的45676.37km^2减少为2010年的44828.66km^2，2015年调整为44785.40km^2；水域面积由2000年的1684.33km^2减少为2010年的1504.32km^2，2015年进一步减少为1375.02km^2；城乡、工矿、居民用地面积由2000年的4221.61km^2增加为2010年的7667.96km^2，2015年进一步增加为8063.15km^2；未利用土地面积由2000年的154.97km^2减少为2010年的110.34km^2，2015年进一步减少为109.70km^2。

在此基础上分析山西省2000年、2010年、2015年期土地利用类型动态演化情况为：山西省耕地面积占总面积比例从2000年的39.10%下降到2015年的36.90%，减少了5.62%；林地面积占总面积比例从2000年的27.89%上升到2015年的28.43%，增加了1.94%；草地面积占总面积比例从2000年的29.15%下降到2015年的28.58%，减少了1.95%；水域面积占总面积比例从2000年的1.07%下降到2015年的0.88%，减少了18.36%；城乡、工矿、居民用地面积占总面积比例从2000年的2.69%上升到2015年的5.15%，增加了91.00%；未利用土地面积占总面积比例从2000年的0.10%下降到2015年的0.07%，减少了29.21%。

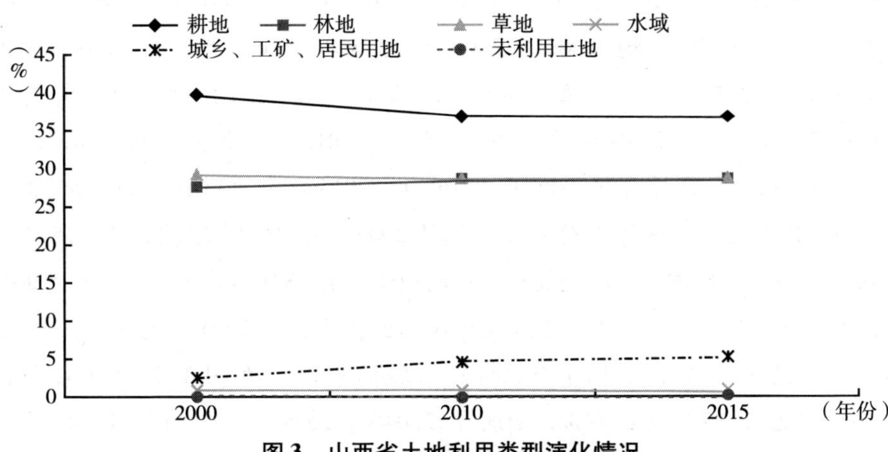

图3　山西省土地利用类型演化情况

（四）甘肃省生态修复效果动态演化

甘肃省位于黄土高原、青藏高原和内蒙古高原三大高原交汇地带，地理坐标为东经92°13′～108°46′，北纬32°31′～42°57′，东西长1659km，南北宽530km，总面积45.37万km^2，海拔大多在1000m以上，四周为群山峻岭所环抱。按照上文方法，其2000年、2010年和2015年土地利用类型数据统计见表4。

表4　甘肃省土地利用类型数据统计

单位：km^2

年份＼类型	耕地	林地	草地	水域	城乡、工矿、居民用地	未利用土地	合计
2000	73295.98	42096.74	155721.75	3108.72	3986.54	175490.27	453700
2010	72698.98	43096.14	155738.85	3368.77	4815.88	173981.38	453700
2015	72680.63	43700.89	156191.23	3483.14	5728.03	171916.09	453700

由表4可见，甘肃省耕地面积由2000年的73295.98km^2减少为2010年的72698.98km^2，2015年进一步减少为72680.63km^2；林地面积由2000年的

42096.74km² 增加为 2010 年的 43096.14km²，2015 年进一步增加为 43700.89km²；草地面积由 2000 年的 155721.75km² 增加为 2010 年的 155738.85km²，2015 年进一步增加为 156191.23km²；水域面积由 2000 年的 3108.72km²增加为 2010 年的 3368.77km²，2015 年进一步增加为 3483.14km²；城乡、工矿、居民用地面积由 2000 年的 3986.54km² 增加为 2010 年的 4815.88km²，2015 年进一步增加为 5728.03km²；未利用土地面积由 2000 年的 175490.27km²减少为 2010 年的 173981.38km²，2015 年调整为 171916.09km²。

在此基础上分析甘肃省 2000 年、2010 年、2015 年土地利用类型的动态演化情况为：甘肃省耕地面积占总面积比例从 2000 年的 16.16% 下降到 2015 年的 16.02%，减少了 0.84%；林地面积占总面积比例从 2000 年的 9.28% 上升到 2015 年的 9.63%，增加了 3.81%；草地面积占总面积比例从 2000 年的 34.32% 上升到 2015 年的 34.43%，增加了 0.30%；水域面积占总面积比例从 2000 年的 0.69% 上升到 2015 年的 0.77%，增加了 12.04%；城乡、工矿、居民用地面积占总面积比例从 2000 年的 0.88% 上升到 2015 年的 1.26%，增加了 43.68%；未利用土地面积占总面积比例从 2000 年的 38.68% 下降到 2015 年的 37.89%，减少了 2.04%。

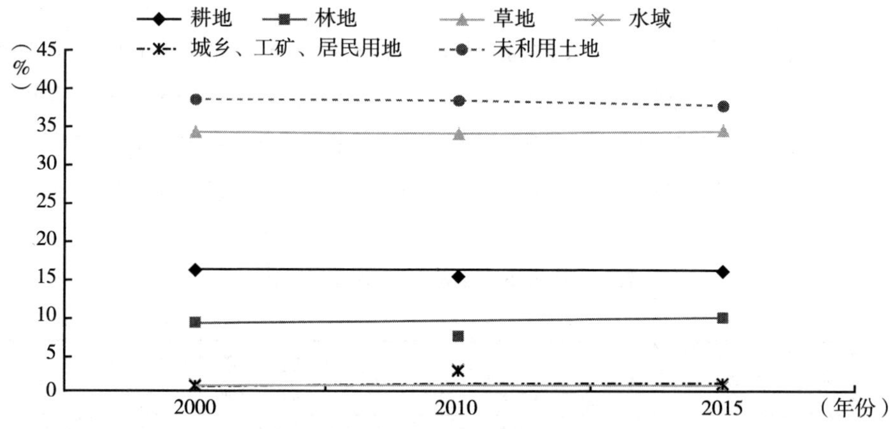

图 4　甘肃省土地利用类型演化情况

（五）青海省生态修复效果动态演化

青海位于世界屋脊青藏高原的东北部，地理坐标为东经 89°35′～103°04′，北纬31°9′~39°19′，东西长1200km，南北宽800km，总面积72.10万km^2，东北部由数列平行山脉和谷地组成，平均海拔4000m以上；西北部的柴达木盆地，海拔2600~3000m；南部青南高原，平均海拔4500m以上，地貌以山地为主，兼有平地和丘陵。按照上文方法，其2000年、2010年和2015年土地利用类型数据统计见表5。

表5　青海省土地利用类型数据统计

单位：km^2

年份＼类型	耕地	林地	草地	水域	城乡、工矿、居民用地	未利用土地	合计
2000	8547.13	29412.13	385866.52	28177.88	1045.06	267951.28	721000
2010	8886.58	29270.98	406633.66	30722.47	1614.54	243871.76	721000
2015	8566.94	28450.96	398983.92	31029.74	1987.13	251981.32	721000

从表5可见，青海省耕地面积由2000年的8547.13km^2增加为2010年的8886.58km^2，2015年再减少为8566.94km^2；林地面积由2000年的29412.13km^2降低为2010年的29270.98km^2，2015年进一步降低为28450.96km^2；草地面积由2000年的385866.52km^2增加为2010年的406633.66km^2，2015年调整为398983.92km^2；水域面积由2000年的28177.88km^2增加为2010年的30722.47km^2，2015年进一步增加为31029.74km^2；城乡、工矿、居民用地面积由2000年的1045.06km^2增加为2010年的1614.54km^2，2015年进一步增加为1987.13km^2；未利用土地面积由2000年的267951.28km^2减少为2010年的243871.76km^2，2015年调整为251981.32km^2。

在此基础上分析青海省2000年、2010年、2015年期土地利用类型动态演化情况为：青海省耕地面积占总面积比例从2000年的1.19%上升到2010年的1.23%，再降低到2015年的1.19%，增加了0.23%；林地面积占总面积比例从2000年的4.08%降低到2015年的3.95%，减少了3.27%；草地面积占总面积比例从2000年的53.52%上升到2015年的55.34%，增加了3.40%；水域面积占总面积比例从2000年的3.91%上升到2015年的4.30%，增加了10.12%；城乡、工矿、居民用地面积占总面积比例从2000年的0.14%上升到

2015年的0.28%，增加了90.14%；未利用土地面积占总面积比例从2000年的37.16%下降到2015年的34.95%，减少了5.96%。

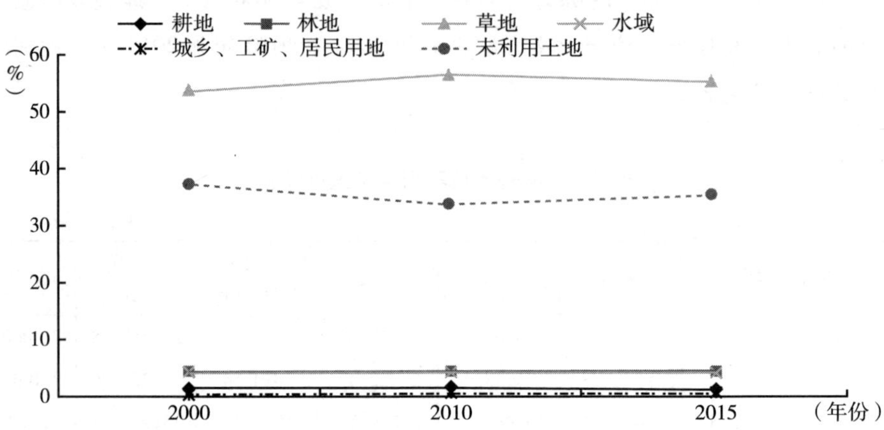

图5 青海省土地利用类型演化情况

（六）宁夏回族自治区生态修复效果动态演化

宁夏回族自治区地处黄土高原与内蒙古高原的过渡地带，地势南高北低，地理坐标为东经104°17′~107°39′，北纬35°14′~39°23′，南北相距约456km，东西相距约250km，总面积为6.64万km^2，平均海拔1000m以上。按照上文方法，其2000年、2010年和2015年土地利用类型数据统计见表6。

表6 宁夏回族自治区土地利用类型数据统计

单位：km^2

年份＼类型	耕地	林地	草地	水域	城乡、工矿、居民用地	未利用土地	合计
2000	23887.43	2956.10	30567.44	1206.54	1302.81	6479.68	66400
2010	22937.26	3447.40	30273.41	1247.95	2185.42	6308.55	66400
2015	23001.21	3539.50	29760.66	1323.95	2607.60	6167.08	66400

从表6可见，宁夏回族自治区耕地面积由2000年的23887.43km^2减少为2010年的22937.26km^2，2015年调整为23001.21km^2；林地面积由2000年的

2956.10km²增加为2010年的3447.40km²，2015年进一步增加为3539.50km²；草地面积由2000年的30567.44km²减少为2010年的30273.41km²，2015年进一步减少为29760.66km²；水域面积由2000年的1206.54km²增加为2010年的1247.95km²，2015年进一步增加为1323.95km²；城乡、工矿、居民用地面积由2000年的1302.81km²增加为2010年的2185.42km²，2015年进一步增加为2607.60km²；未利用土地面积由2000年的6479.68km²减少为2010年的6308.55km²，2015年进一步减少为6167.08km²。

在此基础上分析宁夏回族自治区2000年、2010年、2015年土地利用类型的动态演化情况为：宁夏回族自治区耕地面积占总面积比例从2000年的35.98%下降到2015年的34.64%，减少了3.71%；林地面积占总面积比例从2000年的4.45%上升到2015年的5.33%，增加了19.74%；草地面积占总面积比例从2000年的46.04%降低到2015年的44.82%，减少了2.64%；水域面积占总面积比例从2000年的1.82%上升到2015年的1.99%，增加了9.73%；城乡、工矿、居民用地面积占总面积比例从2000年的1.96%上升到2015年的3.93%，增加了100.15%；未利用土地面积占总面积比例从2000年的9.76%下降到2015年的9.29%，减少了4.82%。

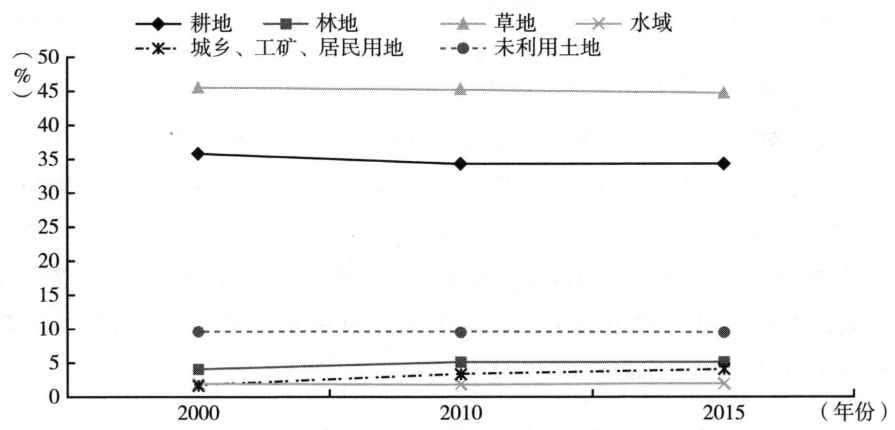

图6　宁夏回族自治区土地利用类型演化情况

综上所述，黄土高原区多数省份耕地面积出现减少现象，尤其是2000～2010年；多数省份林地和草地面积有所增加；各省份水域面积和城乡、工矿、居民用地面积增长较明显；各省份未利用土地面积有所减少，但青海、甘肃等省份仍有相当规模。

三 生态修复工程对黄土高原区生态修复效果影响

中国开展的六大林业重点生态修复工程中，退耕还林工程、天然林资源保护工程、“三北”防护林体系建设工程对黄土高原区生态修复效果影响较大。三大林业重点生态修复工程在黄土高原区的建设情况见表 7。

表 7 2000 ~ 2014 年黄土高原区林业重点生态修复工程建设情况

单位：hm^2，%

区域（项目）\ 类别	造林面积	占全国造林面积	占黄土高原区造林面积
全国	83577494	—	—
黄土高原区	17759837	21. 25	—
其中:退耕还林	6810785	8. 15	38. 35
天然林	3191104	3. 82	17. 97
三北防护林	2887335	3. 45	16. 26
三大生态修复工程合计	12889224	15. 42	72. 58

从表 7 可见，2000 ~ 2014 年，黄土高原区累计造林面积 1775. 98 万 hm^2，其中退耕还林工程、天然林资源保护工程和“三北”防护林体系工程等三大重点生态修复工程累计造林面积 1288. 92 万 hm^2，占黄土高原区总造林面积的 72. 58%。退耕还林工程累计造林面积 681. 08 万 hm^2，占黄土高原区累计造林面积的 38. 35%；天然林资源保护工程累计造林面积 319. 11 万 hm^2，占黄土高原区累计造林面积的 17. 97%；“三北”防护林体系建设工程累计造林面积 288. 73 万 hm^2，占黄土高原区累计造林面积的 16. 26%。

（一）退耕还林工程对黄土高原区生态修复效果的影响

退耕还林工程从 1999 年开始在陕西、甘肃、四川 3 省试点，2002 年全面启动，工程建设范围包括黄土高原区的 25 个省份。截至目前，工程经历三个阶段：启动阶段（1999 ~ 2007 年）、成果巩固阶段（2007 ~ 2014 年）和再启动阶段（2014 年至今）。2000～2014 年黄土高原区及各省份退耕还林工程累计造林面积和投资额见表 8。

表 8　2000～2014 年退耕还林工程累计造林面积和投资额汇总

区域＼类别	工程造林面积（hm^2）	占全国工程造林面积比例（%）	退耕地造林面积（hm^2）	占全国退耕地造林面积比例（%）	投资额（万元）	单位面积投资额（万元/hm^2）
全国	24462013	—	7658982	31.31	30156181	1.23
黄土高原区	6810785	27.84	2256806	33.14	7480065	1.10
陕西省	2269285	9.28	831979	36.66	2330392	1.03
山西省	1466225	5.99	350437	23.90	1174528	0.80
甘肃省	1771977	7.24	619289	34.95	2501813	1.41
青海省	447308	1.83	148147	33.12	634385	1.42
宁夏回族自治区	855990	3.50	306954	35.86	838947	0.98

从表 8 可见，2000～2014 年，黄土高原区退耕还林工程累计造林面积 681.08 万 hm^2，占全国工程造林面积的 27.84%。分省份看，陕西省和甘肃省累计造林面积最多，分别为 226.93 万 hm^2 和 177.20 万 hm^2；青海省和宁夏回族自治区较少，分别为 44.73 万 hm^2 和 85.60 万 hm^2。黄土高原区退耕地造林面积 225.68 万 hm^2，占全国退耕地造林面积的 33.14%，占黄土高原区造林面积的 33.1%，高于全国平均水平（31.31%），多数省份高于黄土高原区平均水平，仅山西省以 23.90% 低于黄土高原区的平均水平。黄土高原区累计投资额达 748.01 亿元，占全国投资额的 24.80%，单位面积投资额为 1.10 万元/hm^2，低于全国平均水平（1.23 万元/hm^2），其中山西省、宁夏回族自治区、陕西省较低，分别为 0.80 万元/hm^2、0.98 万元/hm^2 和 1.03 万元/hm^2；青海省和甘肃省较高，分别达到 1.42 万元/hm^2 和 1.41 万元/hm^2，高于全国平均水平。

退耕还林工程造林面积按林种用途分类：用材林 17.13 万 hm^2，经济林 57.99 万 hm^2，防护林 596.59 万 hm^2，薪炭林 8.08 万 hm^2，特种用途林 1.29 万 hm^2。

在退耕还林工程启动阶段，黄土高原区造林面积 554.88 万 hm^2，占总造林面积的 82.96%，投资额 299.70 亿元，占总投资额的 40.07%。在成果巩固阶段，黄土高原区造林面积 113.99 万 hm^2，占总造林面积的 17.04%，投资额 448.30 亿元，占总投资额的 59.93%。

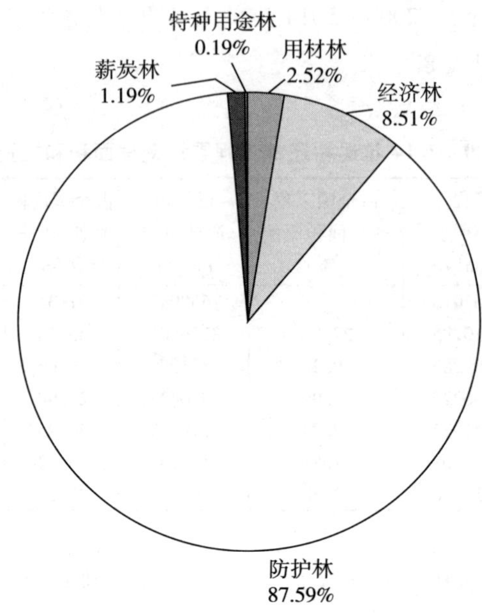

图 7　黄土高原区退耕还林工程造林面积按林种用途分类

（二）天然林资源保护工程对黄土高原区生态修复效果的影响

天然林资源保护工程从 1998 年在长江上游、黄河上中游、东北、内蒙古等地区试点，2000 年 10 月正式启动，工程建设范围涵盖黄土高原区的 18 个省份。2000～2014 年，黄土高原区及各省份天然林资源保护工程累计造林面积和投资额见表 9。

表 9　2000～2014 年天然林资源保护工程累计造林面积及累计投资额汇总

类别 区域	工程造林面积（hm^2）	占全国工程造林面积比例（%）	投资额（万元）	单位面积投资额（万元/hm^2）
全国	10107107	—	16792186	1.66
黄土高原区	3191104	13.05	2567715	0.80
陕西省	1642306	6.71	1022895	0.62
山西省	579035	2.37	359662	0.62
甘肃省	586149	2.40	781433	1.33
青海省	190985	0.78	290629	1.52
宁夏回族自治区	192629	0.79	113096	0.59

从表9可见，2000～2014年，黄土高原区天然林资源保护工程累计造林面积319.11万hm^2，占全国工程造林面积的13.05%。分省份看，陕西省累计造林面积最多，为164.23万hm^2，甘肃省次之，为58.61万hm^2；青海省和宁夏回族自治区较少，分别为19.10万hm^2和19.26万hm^2。黄土高原区累计投资额达到256.77亿元，占全国投资额的15.29%，单位面积投资额为0.80万元/hm^2，低于全国平均水平（1.66万元/hm^2）。其中宁夏回族自治区、陕西省、山西省较低，分别为0.59万元/hm^2、0.62万元/hm^2和0.62万元/hm^2；而青海省和甘肃省较高，分别达到1.52万元/hm^2和1.33万元/hm^2，但均低于全国平均水平。

天然林资源保护工程造林面积按林种用途分类情况为：用材林11.67万hm^2，经济林6.35万hm^2，防护林296.75万hm^2，薪炭林0.43万hm^2，特种用途林3.92万hm^2。

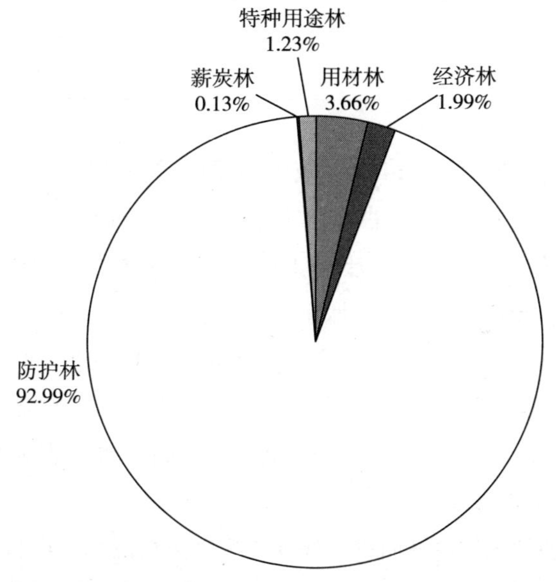

图8　黄土高原区天然林资源保护工程造林面积按林种用途分类

（三）“三北”防护林体系建设工程对黄土高原区生态修复效果的影响

“三北”防护林体系建设工程于1978年启动，是中国三北地区（西北、华北和东北）建设的大型人工林业生态工程，工程范围涵盖黄土高原区的13个省份，工程规划期限为73年，分八期进行，目前处于第五期。2000～2014年黄土高原区及各省份“三北”防护林体系建设工程累计造林面积和投资额见表10。

表10　2000～2014年“三北”防护林体系建设工程累计造林面积及累计投资额汇总

区域 \ 类别	工程造林面积(hm^2)	占全国工程造林面积比例(%)	投资额(万元)	单位面积投资额(万元/hm^2)
全国	7770467	—	2888542	0.37
黄土高原区	2887335	37.16	643816	0.22
陕西省	727523	9.36	158698	0.22
山西省	628768	8.09	133825	0.21
甘肃省	663656	8.54	147686	0.22
青海省	356327	4.59	89532	0.25
宁夏回族自治区	511061	6.58	114075	0.22

从表10可见，2000～2014年，黄土高原区“三北”防护林体系建设工程累计造林面积288.73万hm^2，占全国工程造林面积的37.16%。分省份看，陕西省累计造林面积最多，为72.75万hm^2，甘肃省次之，为66.37万hm^2；青海省和宁夏回族自治区较少，分别为35.63万hm^2和51.11万hm^2。黄土高原区累计投资额达到64.38亿元，占全国投资额的22.29%，单位面积投资额为0.22万元/hm^2，低于全国平均水平（0.37万元/hm^2）。黄土高原区的全部省份单位面积投资额均在0.22万元/hm^2上下，最高的青海省为0.25万元/hm^2，但均低于全国平均水平。

“三北”防护林工程造林面积按林种用途分类情况为：用材林7.15万hm^2，经济林26.90万hm^2，防护林252.91万hm^2，薪炭林1.45万hm^2，特种用途林0.33万hm^2。

（四）其他生态修复工程对黄土高原区生态修复效果的影响

除以上三大重点生态修复工程之外，部分省份还开展了太行山绿化工程、长江流域防护林体系工程等生态修复工程。太行山绿化工程在黄土高原区中仅

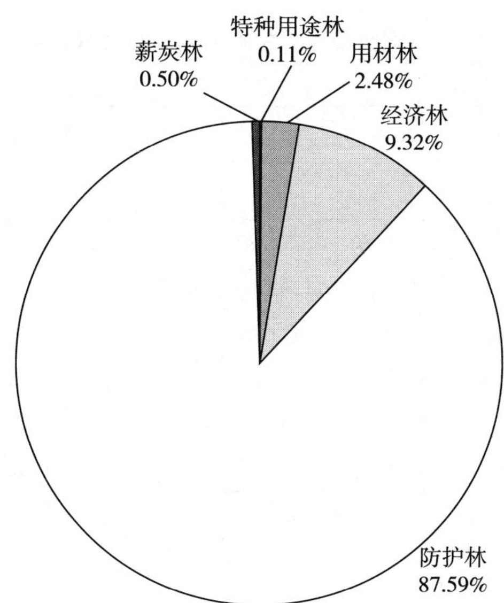

图 9　黄土高原区“三北”防护林体系建设工程造林面积按林种用途分类

有山西省参与，2000～2014 年山西省工程造林面积 408870hm²，占全国的 28.33%；投资额为 67353 万元，占全国的 28.67%。长江流域防护林体系工程在黄土高原区中仅有陕西省参与，2000～2014 年陕西省工程造林面积 29894hm²，占全国的 1.50%；投资额为 7304 万元，占全国的 0.80%。

综上所述，中国通过退耕还林工程、天然林保护工程、“三北”防护林体系建设工程等重点生态修复工程，使黄土高原区造林面积大幅增加，投资额不断提高，对黄土高原区生态修复发挥了重要作用。

四　黄土高原区生态服务价值动态变化及评估

（一）黄土高原区生态服务价值评估

本文按照单位面积生态系统服务价值当量计算方法评估黄土高原区生态系统服务价值①，黄土高原区及各省份生态系统服务价值见表 11。

① 谢高地、张彩霞、张雷明等：《基于单位面积价值当量因子的生态系统服务价值化方法改进》，《自然资源学报》2015 年第 8 期。

表 11　黄土高原区生态服务价值变化情况

单位：亿元

区域＼年份	2000	2010	2015	2000	2010	2015	2015 年比 2000 年增长*（%）
	考虑价格因素			不考虑价格因素			
黄土高原区	15594.17	28111.80	35710.82	27421.91	28111.80	28168.40	2.72
陕西省	4775.17	8843.03	11241.40	8648.18	8843.03	8883.94	2.73
山西省	2095.42	3524.21	4427.47	3513.14	3524.21	3498.42	-0.42
甘肃省	4248.84	7733.62	9917.59	7599.67	7733.62	7818.29	2.88
青海省	3793.29	6715.43	8432.22	6423.47	6715.43	6661.00	3.70
宁夏回族自治区	681.45	1295.52	1692.15	1237.45	1295.52	1306.76	5.60

注：* 以 2000 年、2015 年不考虑价格因素的生态服务价值计算。

从表 11 可见，2000 年、2010 年和 2015 年黄土高原区生态系统服务价值分别为：15594.17 亿元、28111.80 亿元和 35710.82 亿元。2015 年比 2010 年增长 7599.02 亿元，2010 年比 2000 年增长 12517.63 亿元。若不考虑价格因素，以 2010 年标准生态系统当量因子经济价值量估算 2000 年、2015 年黄土高原区生态系统服务价值分别为：27421.91 亿元和 28168.40 亿元，2015 年比 2010 年增长了 56.60 亿元，增长率为 0.20%；2010 年比 2000 年增长了 689.89 亿元，增长率为 2.52%。

（二）各省份生态服务价值评估

1. 陕西省生态服务价值评估

2000 年、2010 年和 2015 年陕西省生态系统服务价值分别为：4775.17 亿元、8843.03 亿元和 11241.40 亿元。2015 年比 2010 年增长 2398.37 亿元，2010 年比 2000 年增长 4067.86 亿元。若不考虑价格因素，以 2010 年标准生态系统当量因子经济价值量估算陕西省 2000 年、2015 年生态系统服务价值分别为：8648.18 亿元和 8883.94 亿元，2015 年比 2010 年增长 40.91 亿元，增长率为 0.46%；2010 年比 2000 年增长 194.85 亿元，增长率为 2.25%。

2. 山西省生态服务价值评估

2000 年、2010 年和 2015 年山西省生态系统服务价值分别为：2095.42 亿元、3524.21亿元和4427.47亿元。2015年比2010年增长903.26亿元，2010年比2000年增长1428.79亿元。若不考虑价格因素，以2010年标准生态系统当量因子经济价值量估算山西省2000年、2015年生态系统服务价值分别为：3513.14亿元和3498.42亿元，2015年比2010年减少25.79亿元，增长率为－0.73%；2010年比2000年增长11.07亿元，增长率为0.32%。

3. 甘肃省生态服务价值评估

2000年、2010年和2015年甘肃省生态系统服务价值分别为：4248.84亿元、7733.62亿元和9917.59亿元。2015年比2010年增长2183.98亿元，2010年比2000年增长3484.78亿元。若不考虑价格因素，以2010年标准生态系统当量因子经济价值量估算，甘肃省2000年、2015年生态系统服务价值分别为：7599.67亿元和7818.29亿元，2015年比2010年增长84.67亿元，增长率为1.09%；2010年比2000年增长133.95亿元，增长率为1.76%。

4. 青海省生态服务价值评估

2000年、2010年和2015年青海省生态系统服务价值分别为：3793.29亿元、6715.43亿元和8432.22亿元。2015年比2010年增长1716.79亿元，2010年比2000年增长2922.14亿元。若不考虑价格因素，以2010年标准生态系统当量因子经济价值量估算，青海省2000年、2015年生态系统服务价值分别为：6423.47亿元和6661.00亿元，2015年比2010年减少54.44亿元，增长率为－0.81%；2010年比2000年增长291.96亿元，增长率为4.55%。

5. 宁夏回族自治区生态服务价值评估

2000年、2010年和2015年宁夏回族自治区生态系统服务价值分别为：681.45亿元、1295.52亿元和1692.15亿元。2015年比2010年增长396.63亿元，2010年比2000年增长614.07亿元。若不考虑价格因素，以2010年标准生态系统当量因子经济价值量估算，宁夏回族自治区2000年、2015年生态系统服务价值分别为：1237.45亿元和1306.76亿元，2015年比2010年增长11.24亿元，增长率为0.87%；2010年比2000年增长58.07亿元，增长率为4.69%。

综上所述，2000～2015年，黄土高原区生态系统服务价值增长20116.66亿元；不考虑价格因素，生态系统服务价值增长746.50亿元，增长率为2.72%。多数省份生态系统服务价值有所提高，尤其是2000～2010年增长较多。

五　存在的问题与政策建议

（一）存在的问题

1. 林地面积逐年增加，但有林地面积占林地面积比例有所降低

2000～2015 年，林地面积由 3179.89 万 hm^2 增长到 4024.81 万 hm^2，增长 26.57%，有林地面积占林地面积比例却从 34.99% 减少为 33.89%，但同期全国有林地面积占林地面积比例从 60.07% 提高到 61.16%。黄土高原区有林地面积占林地面积的比例下降，表明对林地面积的利用效率不高。

2. 单位面积蓄积量有所增加，但仍然偏低

黄土高原区森林单位面积蓄积量从 2000 年的 38.07m^3/hm^2 降为 2010 年的 35.49m^3/hm^2，之后增长为 2015 年的 35.89m^3/hm^2；其中，天然林单位面积蓄积量从 2000 年的 70.96m^3/hm^2 增长为 2015 年的 76.65m^3/hm^2，人工林单位面积蓄积量从 2000 年的 12.41m^3/hm^2 增长为 2015 年的 18.35m^3/hm^2。然而，同期全国森林单位面积蓄积量由 2000 年的 71.21m^3/hm^2 降为 2010 年的 70.20m^3/hm^2，之后又增长为 2015 年的 72.89m^3/hm^2；其中，天然林单位面积蓄积量由 2000 年的 91.51m^3/hm^2 增长为 2015 年的 100.92m^3/hm^2，人工林单位面积蓄积量从 2000 年的 28.04m^3/hm^2 增长为 2015 年的 35.82m^3/hm^2。黄土高原区和全国森林单位面积蓄积量 2010 年较 2000 年有所下降，其原因主要是 2000～2010 年林地面积增加较快。总的来看，黄土高原区森林、天然林、人工林的单位面积蓄积量均大幅低于全国平均水平。

3. 生态修复工程成效显著，生态服务价值增长缓慢

2000～2015 年，黄土高原区累计造林面积 17.76 万 km^2，城乡、工矿、居民用地面积累计增加 9892.06km^2，耕地面积累计减少 9052.63km^2，使得生态服务价值仅增长了 746.50 亿元，增长率为 2.72%。究其原因，主要是林地、草地面积的增加量由挤占耕地面积而来，但同时城乡、工矿、居民用地面积增长较快、未利用土地面积减少缓慢，最终导致生态修复工程成效显著，但生态服务价值增长缓慢。随着中国粮食供需缺口趋紧，粮食安全问题受到高度关注，耕地资源稀缺性提高，退耕地还林潜力有限；同时中国城镇化进程加快，城乡、工矿、居民用地需求激增，合理配置土地资源必将成为重要课题。

（二）政策建议

1. 强化林地管理，提升林地利用效率

黄土高原区林地管理效率不高，导致有林地面积占林地面积比例偏低，如果能够强化林地管理，缩小林地面积中非有林地面积，将有效提升林地利用效率。

2. 加强林地抚育，提高林地单位面积蓄积量

中国持续加大对黄土高原区生态修复力度，启动、开展了多项生态修复工程，林地面积显著增加，但林地面积中幼龄林地、疏林地仍占较大比重，如果对其加强抚育和补植补造，将会显著提高林地单位面积蓄积量，提升生态修复工程效果。

3. 合理配置土地资源，促进生态服务价值增长

近年来，中国城镇化率显著提升，城镇建设“摊大饼”现象时有发生，城乡、工矿、居民用地大量挤占其他土地资源，阻碍了生态服务价值增长。如果挖掘已有城乡、工矿、居民用地资源潜力，控制城镇规模，合理开发、改造未利用土地资源，将进一步提升生态服务价值。

法治发展

Law-Governed Development

B.15

西部地区民间音乐法律保护问题研究报告*

杨怡悦**

摘　要：　在中国西部广大地域之中传统社群星罗棋布，这些社群在悠久的历史中创造出数量繁多且各具特色的民间音乐。然而民间音乐的成果往往因为受限于独创性、作者身份、保护期限等要求而难以得到现行著作权法保护。因此在未来保护民间文艺的特别立法中，立法部门应当将民间音乐的保护对象由“作品”转变为“表达”，同时确立主体社群非经济和经济的各项具体权利。除此之外，西部地区各传统社群也应当在其内部设立相应民间组织或信托机构代其

* 本文系陕西高校智库建设项目“传统知识保护的难点与出路——以陕西调查为基础”的阶段性研究成果。

** 杨怡悦，法学博士，西北大学法学院讲师；研究方向：比较法学、法律史学。

行使权利。

关键词： 语系 独创性 传统社群 民间音乐表达 信托

一 西部地区民间音乐概述

西部地区自古就是广阔的民族聚集区域，拥有众多文化各异的传统社群。与东部地区相比，西部地区近代以来受到主流经济、文化、宗教的入侵相对较弱，传统社群的特有文化和生活方式更具历史延续性。因此到了今天，西部地区固有的民间文学艺术仍然能够在很大程度上保留下来，民间音乐即是一个典型。

关于西部地区民间音乐内部划分，学界根据不同原则大体有着如下划分方式：中国艺术研究院研究员乔建中曾以音地关系为标准，结合各地区历史、地理、民族等特征，将中国民间音乐划分为十五个区域，其中西部包含有“秦陇民间音乐区、巴蜀民间音乐区、滇黔民间音乐区、藏民间音乐区、内蒙古草原民间音乐区以及新疆民间音乐区”①。对于西部地区的汉族民间音乐，乔建中与苗晶依据近似度将其区分为“西北高原民歌近似色彩区”以及“西南高原民歌近似色彩区”②。中国音乐学院教授杜亚雄则将语言学理论引入民间音乐领域，将中国各民族的民间音乐大致划分为“阿尔泰语系诸民族民间音乐，印欧、南岛、南亚语系诸民族民间音乐，以及汉藏语系诸民族民间音乐三种”③，而每一种内部仍有多个分支属于西部地区。除以上几种区分方式外，还有多位知名音乐学者编撰的《中国音乐文化大观》将汉族民间音乐分为十四区；《中国传统音乐概论》一书将中国传统音乐分为三大乐系④等区分方法，在此不做赘述。以上述文献为基础，本文拟采用乔建中提出的音地关系原则区

① 乔建中：《音地关系探微——从民间音乐的分布作音乐地理学的一般探讨》，《民族音乐》，香港大学亚洲研究中心，1990。

② 参见苗晶、乔建中《论汉族民歌近似色彩区的划分（上）（下）》，《中央音乐学院学报》1985年4月。

③ 杜亚雄：《中国各少数民族民间音乐概述》，人民音乐出版社，1993，第64页。

④ 王耀华：《中国传统音乐概论》，台北海棠文化有限公司，1990，第180页。

分具体区域，同时借鉴杜亚雄的语系分类方法，将西部地区民间音乐宏观上划分为少数民族语言民间音乐区和汉族民间音乐区，两者再各自细分为新疆、内蒙古、藏、滇桂黔民间音乐区，以及秦陇、巴蜀民间音乐区。

（一）西部少数民族语言民间音乐区

1. 新疆民间音乐区

新疆位于中国西部边陲，欧亚大陆腹地，是古代中国、印度、伊斯兰以及欧洲文化交汇之处。在漫长历史进程中，诸多部落甚至不同种族在此不断冲突、融合。到十九世纪末，新疆地区已形成以维吾尔族为主体，哈萨克族、汉族、蒙古族、回族、柯尔克孜族、满族、锡伯族、塔吉克族、乌孜别克族、塔塔尔族、俄罗斯族等多民族并存的局面。位于新疆的诸民族虽然各自有着不同特点，然而受历史、地理环境影响，新疆各民族的语言大多从属于阿尔泰语系的突厥语族，其民间音乐也有着一定程度上的相似性。根据杜亚雄的研究，由于新疆地处几大文明交汇之处，它的几个主要民族维吾尔族、塔吉克族、哈萨克族和柯尔克孜族的传统音乐都明显具有蒙古利亚音乐体系（中国体系）、伊朗音乐体系（波斯－阿拉伯体系）以及欧洲音乐体系这三大体系不同特征①。这些特征在新疆各地民间音乐之中分布不均，以维吾尔族民间音乐为例，天山以南的南疆地区受西亚影响较大，继承了古龟兹乐为代表的西域音乐特征，属于波斯－阿拉伯调式体系；天山东端的东疆地区则保留了古回鹘音乐风格，更多采用中国调式体系；而天山以北的北疆地区则是民族杂居区域，混合了中国、伊朗和欧洲音乐三大体系特点，形成了自己独立的音乐风格。②

2. 内蒙古草原民间音乐区

内蒙古是位于中国的狭长地带，由东北向西南延伸横跨多个省份，其中有蒙西的大片区域在地理位置上属于中国西部。与蒙东多山区地形相比，西部主要表现为沙漠、河套、滩地、湖泊相间的波状起伏高原地貌。目前生活在内蒙古西部的少数民族主要有蒙古族、达斡尔族、满族等，内蒙古西部民族语言与

---

① 杜亚雄：《新疆古代居民的种族特征和现代民间音乐的风格特点》，《音乐研究》（季刊），1995 年第 2 期。

② 关于维吾尔族民间音乐的不同类型，参见张晓佳《新疆民歌探微》，《宁波大学学报》（人文科学版）2000 年 6 月。

东部民族语言多为阿尔泰语系通古斯语族不同，大多属于阿尔泰语系蒙古语族。在以上诸民族之中，蒙古族的民间音乐无疑最具代表性，充分体现出草原游牧民族文化特征。蒙古族在历史上最初的发源地是额尔古纳河流域的山区，这一时期产生的民间音乐是以包古尼道（短调）为代表的狩猎歌曲。公元七世纪，蒙古族各部落西迁至草原，生活方式由狩猎转变为游牧，并逐渐形成后来在蒙古族民间音乐之中具有主导地位的乌日图音道（长调），这种音乐体裁的产生与草原所特有的深沉广阔环境是分不开的。在目前民间音乐学界公认最能代表蒙西特色的阿拉善民歌色彩区，基本上使用的是乌日图音道体裁。① 到十九世纪后期，受清政府“移民实边”政策影响，很多蒙古人脱离了游牧生活，组建村落并开始耕作，因而在这一时期又产生了被称为“新包古尼道”的长篇叙事音乐和说唱音乐。

3. 藏民间音乐区

藏民间音乐区范围并不仅仅局限于西藏自治区，也包括其他藏族聚居区域如青海省、四川省西部以及甘肃省和云南省一部分。这些区域内使用的语言均属于汉藏语系的藏缅语族藏语支，并且在文化上具有一脉相承的特征，民间音乐方面亦如此。藏族自产生以来的生活范围主要在青藏高原，在历史进程中与其他民族的融合程度较低，因此其文化保留了更为独特的风貌。七世纪佛教传入吐蕃以来，在当地盛行，因此至今这一区域的文化乃至音乐都有着明显的宗教色彩。目前藏民间音乐区的主要音乐形式有民歌，主要包括鲁体民歌和谐体民歌，戏剧包括藏剧、昌都戏和门巴戏等。从区域上来看，由于藏语可以划分为三大方言区，受语言和历史地理环境影响，其民间音乐也明显呈现出不同特色：其中西藏自治区的拉萨、日喀则、山南、林芝以及阿里地区为卫藏藏族民间音乐区；西藏自治区的昌都、藏北那曲，青海省的玉树、四川省甘孜以及云南迪庆自治州、四川木里自治县为康巴藏族民间音乐区；青海省海南、海北、黄南、果洛自治州，甘肃省甘南自治州和天祝自治县，四川阿坝藏族自治州等区域为安多藏族民间音乐区。②

4. 滇桂黔民间音乐区

滇桂黔民间音乐区位于中国西南部云南、广西、桂林，地形以高原和山地

① 《中国民间歌曲集成·内蒙古卷》，人民音乐出版社，1989，第 14 页。

② 卓玛措：《安多藏族民间音乐整理研究》，《戏剧之家》2016 年第 6 期。

为主，有横断山脉将这一区域与前述藏民间音乐区域分隔开来。该音乐区所包含的民族众多，有三十多个，人数较多的有壮族、彝族、布依族、侗族、瑶族、白族、哈尼族等。滇桂黔三地的少数民族语言多属于汉藏语系的藏缅语族、壮侗语族和苗瑶语族。滇桂黔地区很多少数民族由于在环境、生活方式等方面较为接近，因此民间音乐也有许多相似之处，具有云贵高原地区多民族融合特点。譬如在藏缅语族彝语支下的彝族、傈僳族、白族等民族，普遍流行一种以笛子和芦笙等乐器伴奏、边唱边舞的民间音乐，在各民族语言之中分别被称为“欧克”“额克”“古则”等，然而时至今日各民族在汉语中皆承认其为同一种音乐“打歌”①，由此可看出其中体现出的民族融合性；此外，壮侗语族和苗瑶语族各地流行芦笙舞，广西及其桂林很多的少数民族喜爱的象角乐舞等，都可体现出这一特征。

（二）西部汉语言民间音乐区

1. 秦陇民间音乐区

秦陇民间音乐区位于北方黄河流域的黄土高原，其地界东达太行山脉，西至河西走廊，北及内蒙古高原，南部则依傍秦岭。在历史上，由于历代中国政治、经济、文化中心位于这一地区，因此秦陇文化也曾长期占据中华文化的主体地位。而由于该地区的北部与草原文化接壤，通常被认为是农耕文化与游牧文化的交界区域，因此其民间音乐也往往包含有这两种文化的特色，情感深沉淳朴、音调高亢悠长。从语言上看，秦陇区一般被认为属于汉语北方方言区的西北方言次区。在民间音乐方面，秦陇区首先具有汉语民歌基本特点，以三音组为基础音调的五声性②；除此以外，秦陇区民间音乐主要采用四种音阶形式，并且在旋律方面以双四度音调框架为基础，五度三音列为基本单位。从地理分布上讲，秦陇区民间音乐集中分布区域首先是在陕、晋和内蒙古交界处，此处盛行三大姊妹歌种“信天游”“爬山调”和“山曲”；另外一个区域是贺兰山以西的宁、甘、青交界处，这一区域流行的是“花儿”③。除此之外，这一区域的戏曲

---

① 聂乾先：《白族打歌〈考略〉与〈质疑〉之我见》，《民族艺术研究》2009 年第 2 期。

② 杜亚雄：《汉族民歌音乐方言区及其划分》，《中国音乐》1993 年第 1 期。

③ 苗晶、乔建中：《论汉族民歌近似色彩区的划分（下）》，《中央音乐学院学报》1985 年第 7 期。

也较为发达，主要分布于秦陇区的东部，有“梆子”“秦腔”“皮影戏”等。

2. 巴蜀民间音乐区

巴蜀民间音乐区主要指的是四川盆地及其周边地区，这一区域自古以来由于周围地势险要、交通不便，受中原文化影响较小，因此形成较为独立的文明。巴蜀民间音乐区在语言上属于汉语北方方言区的西南方言次区，在语言方面也有自身独特气质。而这一区域的汉族民间音乐“往往以四、五声羽、徵、商调式为基础，五度三音组为核心，扩展一两个音，形成了与其他地区不同的特征”①。巴蜀地区由于受多山脉、多河流的地理环境影响，产生了以下不同类型的民歌，如从事山地或河道劳动时所唱的山歌、劳动号子等；此外还拥有各类戏曲如川剧、四川清音。值得一提的是，由于该区域历史上曾经出现过汉代蜀山琴派，因此巴蜀一地的古琴艺术也较为发达。

二　西部地区民间音乐基本特征

（一）特定区域的民间音乐在旋律上通常具有固定表现形式

对民歌稍有了解的听众往往会注意到，不同区域的民间音乐在旋律上往往会有不同的特定表现形式，这种固定表现形式的形成与这一区域中所生活的共同体所使用的语言、该地区历史上各类文化的融合与分裂都有着密不可分的联系，这一点在多民族的西部地区传统音乐之中表现得尤为明显。譬如新疆维吾尔族民间音乐区在历史上曾是丝绸之路的必经之地，各种文化曾在此交汇，因此即便是在新疆地区内部也有着不同的传统音乐区域：南疆地区受西亚影响，调式以四音音列为基础，旋律没有功能和声表层意义；东疆地区则在古代受蒙古利亚音乐体系影响，调式以三音四组为基础，强调音调的五声性；而北疆地区则是在历史发展过程中逐渐形成民族杂居局面，从而混合了几种音乐体系特点。这些区域在民间音乐旋律上的固定形式自形成之后保留至今。② 与流行于

---

① 杜亚雄：《汉族民歌音乐方言区及其划分》，《中国音乐》1993 年第 1 期。

② 详见张晓佳《新疆民歌探微》，《宁波大学学报》（人文科学版）2000 年第 6 期；以及杜亚雄《新疆古代居民的种族特征和现代民间音乐的风格特点》，《音乐研究》（季刊）1995 年第 2 期。

世界各地的音乐种类不同，民间音乐的某些固定旋律往往在其所处的相对封闭区域的历史当中，与这一区域的文化、生活方式紧密结合在一起，成为该特定区域的标志。

这种旋律上的固定形式在漫长历史进程中又是如何形成的呢？以汉族民间音乐为例，汉文化之中自古“乐”与“诗”不可分，也就是说人们现在看到的古诗词在过去大多有曲相配，是吟唱出来而非读出来的。所谓诗歌，自《诗经》以来，就已经显示出四言诗这种断句上的特色；汉代则开始频繁出现五言乐府诗；到了唐代，诗歌除多数采用五言或七言外，又产生了节律性更强的绝句与律诗；宋代则进一步根据旋律、歌词结构的不同形成了各种词牌，根据某一词牌创作的宋词就有了共同的形式特征；这种形式特征随后又影响了元曲，并形成了既可单独演奏又可填入新词的曲牌。中国古代诗歌的这种固定形式在元代之后依然流传不绝，直到近代才开始受到外来音乐的冲击。然而直到今天，汉族的传统音乐仍然保留有这种固定形式的特征。这种固定特征由于各个地区的地理人文环境不同，又产生了以汉语歌曲特征为基础的多个分支。延安大学教授刘育林曾对陕北民歌的韵律做出专门研究，他认为，陕北民歌延续了古代汉语诗歌的“单语素”“双音步”特征。在刘育林看来，陕北民歌中的这一特征体现为“歌唱时五言句呈 2 +2 +1 的结构，而七言句则呈 2 +2 +2 +1 的结构。陕北的创作者们约定俗成地遵守着这种韵律上的结构，为此如果出现音组与词义不相一致的情况，只能不去顾及词义被割裂，否则会破坏诗的韵律节奏”①。

某一区域的民间音乐在旋律、节拍方面具有固定表现形式的最突出例子就是各地方戏曲的曲牌。从西部地区来看，秦腔、川剧、壮剧这些地方戏曲各自都有多个曲牌，且根据剧种不同，曲牌也不相同。民族音乐学者冯光钰曾经这样描述曲牌：“曲牌是中国传统音乐的一种独特形式。其有着固定的曲式、调式和调性”②。一个曲牌能够表现某一特定的旋律结构，而不同戏曲剧目会使用不同曲牌，再根据这些曲牌所限定的格律填词进行创作。事实上，中国汉族

① 刘育林、常炜炜：《陕北民歌与陕北方言》，《中国音乐》2005 年第 1 期。

② 冯光钰：《曲牌：中国传统音乐传播的载体和特有音乐创作思维》，《星海音乐学院学报》2004 年第 1 期。

传统戏曲的这一特色有着显而易见的历史渊源，与古代宋词词牌、元曲曲牌之间有着明显的继承关系。

（二）特定区域的民间音乐在演奏方式上具有明显的地域性和历史特征

我国西部地区的民间音乐首先具有世界上任何区域的民间音乐所共有的特征，而在此基础上，西部地区的传统音乐往往保留了更为原始的风貌，其独立性更为明显。在广大西部不同区域，其民间音乐各自的独特风貌很大程度体现在演奏方式上，如演奏乐器、程序、技巧、唱腔、记谱法等表达方式往往存在一定特殊性。

就演奏民间音乐的乐器而言，各个地区就有很大的差异。比如新疆民间音乐区多流行弹拨乐器，如维吾尔族的弹拨尔、热瓦甫、都塔尔、卡龙琴以及哈萨克族的冬不拉，再辅之以膜鸣打击乐器，如维吾尔、塔吉克、乌孜别克族使用的达甫（手鼓）等等；藏民间音乐区多使用铜管乐器，如钦、甲铃、苏那以及体鸣打击乐器如饶和钹；滇桂黔民间音乐区多流行簧管乐器，如芦笙、笛子、巴乌等。可以看出各民间音乐区所使用的乐器与其所处地理环境与物产资源等有着密切联系。以芦笙为例，该乐器在滇桂黔地区的诸多少数民族如苗、瑶、壮、侗、彝、仡佤，畲、水、仡佬、崩龙等聚居区皆十分流行，并且根据史料记载，唐宋时期这一区域就已经产生芦笙这种乐器。这首先是由于当地出产制作芦笙的苦竹、杉木等原材料；且该乐器的音色高亢嘹亮，适合在山地吹奏；除此之外，据传芦笙最早的产生还与当地对葫芦的图腾崇拜有关。[①] 除了地理环境影响以外，许多地方民间音乐所使用的乐器是在历史上偶然产生的，在发展中逐渐成为其必不可少的组成部分。譬如陕西民间音乐华阴老腔所使用的独特乐器惊堂木：惊堂木原本使用在评书之中，明清时期华阴地区最初流行评书，之后当地民间艺人为了吸引更多观众，开始尝试将评书唱出来，并且辅之以背景音乐伴奏，由此便有了后来的华阴老腔，而原本评书中才会用到的工具——“惊木”也就此被保留下来。[②] 从产生之初直到今天，惊堂木已经与华

---

① 高敏：《人类学视野中的广西少数民族乐器研究》，《中国音乐》2004 年第 3 期。

② 孙洁：《华阴老腔研究三章》，上海师范大学硕士学位论文，2010。

阴老腔紧密联系在一起，成为老腔艺术的重要组成部分，是其他音乐之中所不具有的标志性特征。

（三）中国西部民间音乐是西部地区传统社群在相当长历史时期创造的艺术形式

第一，西部地区诸传统社群创作了西部民间音乐。本文所使用的传统社群这一词组，多数中外学者往往称其为“原住民社群”（Indigenous Community），指的是“占有或部分占有祖先的土地、与这些原始占有者有共同的血脉、具有特殊的文化表现和语言、在某国的特定区域或世界的特定区域定居的社群”。[①] 由于“原住民”一词在汉语当中使用较少，因而本文使用和“原住民社群”内涵相似的“传统社群”称呼。与东部地区较为开放的环境相比，西部各地区在地理环境上更为封闭，各传统社群的独立性、文化认同感都更强，因此西部地区社群可以说更符合“传统社群”或“原住民社群”概念。说起传统社群与民间音乐的关系，虽说一曲民乐原本可能是由传统社群中的某一个体构思了最初曲和词，但在社群之中经过多人长期传唱和随口改编，通常会与原版本大为迥异，乃至分化成为多个类似成果。譬如陕北民歌《兰花花》最初产生于20世纪中叶，创作之后迅速传播并产生了多种不同版本。[②] 而在最初采集的一些文字版本中，其名称都是《蓝花花》，意为女孩子如花朵一般可爱，而此后传唱过程中某位改编者赋予了主角兰花花这一名字，歌曲名称也变为《兰花花》，内涵已经与原歌曲有了很大差别。[③] 从这一改编历程就能看到，民歌是由特定传统社群审美认可并经过多次更新的作品，在传唱过程中汇入整个社群的集体智力创造，已不仅仅是原始版本中某一个体的智慧。

第二，西部地区各类民乐普遍是在一个较长历史时期内创造出来的。这些音乐是西部传统社群很久以来审美意识与生存方式的载体，它的产生并非偶然，而是有一段持续时间较长的创作期。正如一些著名的川剧、秦腔曲牌甚至可以溯源至唐宋时期，此后在发展中不断填入新词；又如新疆民间音乐区最为

---

① U. N. Doc. E/CN. 4/Sub. 2/1986/7/Add. 4.

② 何其芳、张松如选辑《陕北民歌选》，新文艺出版社，1952。

③ 刘肖杉、刘育林：《论陕北民歌的继承、保护与发展》，《西安音乐学院学报》2012年第6期。

著名且历史悠久的十二套古典音乐套曲“十二木卡姆”，十六世纪以前，一直都是以口头形式在民间流传，体系非常散乱，直到十六世纪中叶，经过叶尔羌汗国阿芒尼莎等人的细心整理和归纳，才产生了最初的十二木卡姆词和曲。在此后几个世纪中，由于时间的推移和流传范围的不同，十二木卡姆内容有了很多增减，经过数次重新整理，方才形成今天的主流版本。① 由此可见，西部各地的民间音乐往往历经数十年、数百年流传，因此很难确认一部民间音乐在哪一时期被增补、削减或改变，最终成为今天的样子。

三　我国民间音乐立法规划中存在的局限

知识产权法律产生之初，人们通常认为包括民间音乐在内的各种民间文学艺术成果是人类共同精神财富，属于已进入公有领域的作品。然而这种看法现在被认为是一个误区，它忽略了民间音乐的创作群体——传统社群所应当拥有的知识产权。目前在世界上已经有很多起民间音乐侵权案件发生，然而在法官裁判时却往往找不到适合的法律依据，这对于创造民间音乐的传统社群来说显然非常不公平。因此，对民间音乐的知识产权保护极为必要，而对于西部地区这样现代化程度较低、各民族具有较强历史延续性的地区，更要思考如何通过立法保护本社群的知识产权。

从现行著作权法第六条“民间文学艺术作品的著作权保护办法由国务院另行规定”就能看出，我国目前对于民间文学艺术作品已经有了一定的法律保护框架。这一框架明确将保护对象锁定为“民间文学艺术作品”，并且将其权利设定为“著作权”。然而仅就本文所讨论的民间音乐领域来讲，这种界定具有一定缺陷，很可能会对民间音乐的法律保护工作产生阻碍。

（一）民间音乐难以达到著作权法规定的作品的独创性

《著作权法实施条例》第二条明确规定，“著作权法所称作品，是指文学、艺术和科学领域内具有独创性并能以某种有形形式复制的智力成果”。知识产

① 李国香：《十二木卡姆史略》，《西北民族学院学报》（哲学社会科学版）1989 年第 2 期。

权界对于“独创性”的主流解读大致为“作品应具有独立构思而成的属性，也即作品不是抄袭、剽窃或篡改他人的作品”①。那么民间音乐成果能否达到这一标准呢？根据前文所述，民间音乐往往在相当长一段历史时期内在旋律上形成了某些固定的格式。这些固定格式使得后世的许多民间音乐作品都是由原初的同一母体发展而来，而以此母体为基础添加的内容，往往又是一些民间口耳相传的歌词或曲调。台湾研究者王靖献曾提出“历史上曾经有过这样一个时期，无论在中国或在欧洲，作诗是歌唱与随口而歌，只是熟练地运用职业性贮存的套语。评价一首诗的标准并不是‘独创性’而是‘联想的全体性’”②。这种创作方式，恰恰证明民间音乐并非独立构思，因此很难认为其符合“独创性”的要求。

（二）民间音乐创作者不符合著作权法中著作权人概念

我国著作权法第十一条规定“著作权属于作者，本法另有规定的除外。创作作品的公民是作者”。而民间音乐的创作者是否符合第十一条的规定？前文中曾经谈到，民间音乐的创作主体本就难以确定为某个公民个体，在其雏形产生后的传播过程中通常会因为多次微小的口头修改而演变，在这种演变持续作用下，多数民间音乐流传到目前的版本之中已经汇入历史上多代人的智慧成果，很难认定为某人独创行为；此外由于对某一民间音乐贡献了智慧成果的多人之间并没有“将自己与其他创作者的贡献汇集为一部完整作品的合意”③，也不能将其认定为合作作品。正因如此，民间音乐的创作者是传统社群，它并不符合著作权中“创作作品的公民是作者”这一规定。进一步讲，这种困境还会衍生另一个问题：由于民间音乐成果的创造社群并不符合著作权法中关于著作权人的界定，因此传统社群中的个体或组织往往不被认为是诉讼中的适格主体，长此以往难免会造成对民间音乐的法律保护愈发薄弱。

① 吴汉东：《知识产权法》，法律出版社，2011，第49页。

② 王靖献：《钟与鼓——诗经的套语及其创作方式》，谢谦译，四川人民出版社，1990，第154～155页。

③ Gervais，“Spiritual but not Intellectual? The Protection of Sacred Intangible Tradition Knowledge”. Cardozo J. Int'l & Comp. L.，Vol. 11，No. 2483.

（三）著作权法对于作品的保护期限无法适用于民间音乐

我国现行著作权法规定，作者为公民的作品，其使用权和获得报酬权的保护期为作者终生加上其死亡后五十年。如果将民间音乐成果适用于一般著作权法中关于作品的保护期限规定，又是否合适呢？首先，大多数民间音乐在历史上的具体创作者及其死亡时间很难考证，相应地就会造成这些成果的著作权保护期限难以认定的问题。其次，即使能够认定创作者及其死亡时间，大量民间音乐诞生距今都有相当长的历史，绝大多数已经超过保护期限，那么这些民间音乐将无可避免地进入公共领域。这些超过著作权保护期的民间音乐若被当代人重新演奏或翻唱，普通听众通常难以识别出这是由某传统社群的民间音乐改编而来的歌曲，就会导致弱势传统社群话语权遭到剥夺，甚至打击他们对于本地传统音乐传承和创新的热情。

（四）以“作品”为民间音乐保护对象不利于衍生作品发展

衍生作品，是指当代人对民间音乐进行改编、演绎、汇集、整理、翻译的再创作作品。此类作品在署名时必须考虑为其提供素材的民间音乐问题。倘若我国著作权法以“作品”为民间音乐保护对象，那么当代作者在创作衍生作品时就难免会遇到署名难题。这一难题恰恰源于民间音乐长期流变的特征，正如冯光钰对戏曲曲牌的描述“就创作机制而言，一支曲牌常常有多种样式，均是传播过程中逐渐形成的。由于并非一次完成，故没有一个绝对的定本。在流传过程中，一支曲牌不断更新，不断变异，常常形成许多‘又一体’或‘变体’”。[①] 民间音乐在流传中产生的各种变体版本虽然各有千秋，但它们往往有着不变的主旋律，这种情况下如果又有人依据这一主旋律进行再创作，就会出现不知该署名者根据哪一个版本改编的难题。事实上，这一问题在实务中已然多次出现。2005 年《十送红军》纠纷案当中，著名歌曲《十送红军》与其涉嫌抄袭的《送同志哥上北京》两者都是以江西民歌《长歌》为母本，而《送同

---

① 冯光钰：《曲牌：中国传统音乐传播的载体和特有音乐创作思维》，《星海音乐学院学报》2004 年第 3 期。

志哥上北京》这一衍生作品产生在前，于是《十送红军》署名时就会产生如此纠纷。①

四　保护西部地区民间音乐知识产权的立法途径

（一）将民间音乐的法律保护对象由“作品”调整为“表达”

从上一部分内容可以看出，如果依照现行著作权法第六条对“民间文学艺术作品”进行保护，那么仅仅涉及民间音乐领域就会有很大局限性。然而如果放弃“作品”这一概念，又该怎样界定保护对象呢？

1977 年，非洲多个国家签订了《班吉协定》，该协定于 1982 年生效。生效后的《班吉协定》在 1999 年经历了大规模修改，修改后的新版本包含十个附件，其中多个附件涉及民间文学艺术领域知识产权保护，这些规定为其他国家和地区提供了很大借鉴。在这次修改中，最首要的变动就在于民间文艺的保护对象，1999 年版本的附件七中，将原本的“民间文学艺术作品”调整为“民间文学艺术表达”，即“Expressions of Folklore”。除《班吉协定》外，世界知识产权组织知识产权与遗传资源、传统知识和民间文学艺术政府间委员会文件也使用了“民间文学艺术表达”这一术语。②

1999 年版《班吉协定》将“民间文艺表达”解释为“民间传说、民间诗歌、民歌民乐、民间舞蹈及娱乐形式，以及对民间艺术的仪式与产物的艺术表达”③。而这种将法律保护对象从“作品”调整为“表达”的做法有如下好处：第一，该对象无须达到“作品”的独创性要求，而只需“传承或发展”即可；第二，“表达”的权利人可以确定为传统社群，而无须寻找特定某些个体创作者；第三，“民间文学艺术表达”不受著作权法规定的作品保护期限制

---

① 详见新华网 2005 年 7 月 15 日报道《〈十送红军〉著作权纠纷案最终认定非抄袭之作》，http：//news. xinhuanet. com/newscenter/2005 – 07/15/content_ 3222727. htm。

② WIPO Doc. *The Protection of Traditional Cultural Expressions/Expressions of Folklore*：*Revised Objectives and Principles*, WIPO/GRTKF/IC/17/4.

③ Agreement Revising the Bangui Agreement of March 2, 1977, on the Creation of an African Intellectual Property Organization, Bangui, February 24, 1999, Annex VII, Article 2.

约。事实上，如果将1999年版本的《班吉协定》中“民间文学艺术表达”这一术语引入我国民间文学艺术特别立法，无疑能更好地保障民间音乐的知识产权。

民间音乐领域所谓“表达”的具体范围如何呢？1999年版《班吉协定》将其特征概括为“具有传统艺术遗产特色的要素”，这就意味着本文第二部分所述的如陕北民歌的“单语素、双音步”特征，秦腔、川剧等地方戏曲的曲牌这些地方民间音乐在旋律方面特色要素；以及特定种类的民间音乐所拥有的演奏乐器、演奏程序、演奏技巧、特定唱腔、记谱法等演奏方式方面的特色要素都应当属于民间音乐表达所涵摄的范围。然而若要判断一部作品是否构成对民间音乐知识产权的侵权，还应当结合其对各种要素的使用情况，进行综合判定。

（二）建立区域性的代行使民间音乐权利的信托机构

2001年“乌苏里船歌”一案在音乐版权界掀起了轩然大波，而案件的一个争议焦点就在于原告黑龙江省饶河县四排赫哲族乡人民政府是否为适格诉讼主体？是否能够代表赫哲族这一传统社群来起诉对于赫哲族民歌的侵权行为？在这一点上引发了诸多争执。由于作为权利主体的传统社群是由多个有着不同利益诉求的个体构成，因此很难认为其具有统一的民事行为能力，从而也难以保障自身权利。如果想让传统社群充分行使这种权利，就必须建立健全的民间知识产权管理机构。然而对于这一问题，我国目前的法律尚未做出任何规定。

对此，有学者提出应当效仿我国目前对于普通音乐采用的“音著协模式”，由国家版权机构主导建立民间音乐权利的集体管理组织。然而这种提法有着明显缺陷，因为一国之中往往包含许多个传统社群，很多社群规模小且信息闭塞，小型社群往往不会加入国家层面的信托管理组织，该组织也难以完全掌握各个社群纷繁复杂的民间音乐表达并代理其诉求。因此，这项权利仍然应该掌握在真正创造民间音乐也是利益密切相关的传统社群手中。在此基础上可以考虑建立由社群内部民间组织或者信托机构代其行使权利的信托模式。[①] 正如本文第一部分的研究，以所属语系和音地关系为区分标准，仅西部地区就可分为六个民间音乐大区，每个大区下又有诸多分区，这些分区恰恰能够将语

① 张今、严永和：《传统知识权利主体问题研究》，《知识产权年刊》，北京大学出版社，2005。

言、文化、生活习惯相同的传统社群各自划分开来。那么在每一个传统社群所在区域之中设立的专业性民间组织，既有维护本社群知识产权的责任感与使命感，又对本社群民间音乐知识有着充分了解，从理论上讲应当是能够充分行使民间音乐权利的最佳选择。

（三）立法确定传统社群应享有的权利类型

在确定民间音乐权利主体传统社群之后，法律又应当赋予它们什么样的具体权利呢？第一种是非经济属性的权利，其中最首要的就是传统社群应享有类似著作权法中署名权的权利，即在民间音乐表达被使用或再创作时，标注该民间音乐的来源社群的权利，如使用时声明其为某地区传统音乐；改编时标注“以广西壮族民歌为素材改编”或“根据陕北民歌信天游改编”等。从长远来看，这种署名的权利不仅能够在全球范围内更大程度上保护文化多样性，还能将优秀的地方音乐及其所属的传统社群引介至社群以外更多人，让他们能够进一步了解和欣赏当地音乐乃至文化。除署名权以外，还应基于对传统社群生存理念和价值观的尊重，禁止恶意篡改、歪曲、贬损民间音乐，并且禁止某些不符合原社群习惯、会招致传统社群厌恶的不当使用方式。第二种是经济属性的相关权利，简单来讲就是指在对民间音乐进行使用（排除合理使用）或再创作时，民间音乐的所属社群可以向其收取一定报酬的权利。所有这些经济性权利严重依赖于代传统社群行使权利的信托机构，如果没有对此类机构的认可与扶持，社群如何合法获取经济利益以及如何对其进行规划、分配与使用也就根本无从谈起。

正如澳洲学者葛蓝·艾波林（Graeme Aplin）所言：“弱势族群的文化，应当以一种谨慎的、积极的和文化适当性的方式呈现，而不是以平凡化、误解或是最糟的嘲弄手法来表现，不论对团体自身或在广泛的社群中，都有助于再度唤醒大众对弱势文化和生活方式的兴趣。如果较广大的社群开始欣赏弱势团体的文化，那么弱势团体的凝聚力和自信心随之增强，认同感也会再度建立起来。”① 这对于当代中国的部分地区尤其是西部各传统社群来说无

① 葛蓝·艾波林：《文化遗产：鉴定、保存和管理》，刘蓝玉译，（台北）五观艺术管理有限公司，2004，第103、104页。

疑是极为重要的。为实现这一目标，我国在建立民间音乐保护制度时应当抱有更为审慎的态度，不仅在地方法层面如此，国家法层面更应如此。而立法在民间音乐上无论采用何种模式，都应当率先积极对相关法理以及各类社群的多种音乐类型做出广泛调查研究，这也是进一步建立新的法律制度的必要条件。

B.16
西北地区茶资源与茶产业法律保护调研报告*

刘丹冰　陈锦帛　王　琪　陈婧茹**

摘　要：茶是中国人开门七件事之一，茶之于西北地区人民的生产生活不可或缺。西北地区拥有鲜明地域特色的茶资源，但缺少相应的立法保护，这就使得西北地区茶资源法律保护研究更具有现实意义。政府的行政保护主要是以茶产业发展规划、品牌整合、财政支持、推行标准化生产实现，知识产权保护是以专利、商标、地理标志等保护形式实现，非物质文化遗产保护也是重要的保护形式。当下西北地区茶相关立法缺失、各地政府保护力度大小不一、产权保护力度不够，应加快制定茶资源与茶产业地方法规，加强地方政府保护力度和产权保护力度，加强茶非物质文化遗产保护。

关键词：茶资源　知识产权　产业促进　立法模式

一　问题的提出

（一）不缺茶产业和“茶”的西北地区

茶之于中国百姓，是开门七件事之一，每个人的日常生活都离不开它。由

---

* 该报告是陕西省高校智库建设项目“传统知识保护的难点与出路——以陕西调查为基础”的阶段性研究成果。

** 刘丹冰，西北大学法学院（知识产权学院）教授、院长，研究方向：经济法学、法经济学、传统知识法律保护；陈锦帛、王琪、陈婧茹，西北大学法学院硕士研究生，研究方向：经济法学。

于茶同样是西北地区人民生活不可或缺的重要商品，经销茶叶、开设茶馆、传播茶文化等原因，茶产业就成为西北地区的重要产业。新疆茶文化协会统计，新疆茶叶经销店有 1500 多家，茶市规模在全国排名前十位，每年茶叶销量 2000 ~ 3000 吨，销售额 10 亿元左右。①

但对于西北地区是否产茶，就有了不同理解与解释。回答这个问题，非常有必要确立统一的讨论平台，因此，明确本报告的研究对象——茶的范畴就很重要。

茶的概念有狭义和广义之分。狭义之茶，是指 2014 年 6 月 9 日发布的《中华人民共和国国家标准》（GB/30766 - 2014）② 中的茶叶分类所包含之茶叶，即以鲜叶为原料，采用特定工艺加工的、不含任何添加物的、供人们饮用或食用的产品。而鲜叶特指“从适制品种山茶属茶种茶树（Camellia sinensis L. O. kunts）上采摘的芽、叶、嫩茎”，是各类茶叶加工的原料。根据加工工艺、产品特性不同，茶叶包括绿茶、红茶、黄茶、白茶、乌龙茶、黑茶和再加工茶等七种类型。虽然“茶圣”陆羽认为茶叶是“南方之嘉木”，其《茶经》记载，茶叶发源于西南川蜀之地，后传播至江南、福建一带，③ 广大南方地区是茶叶的主产区。但不可否认的是，北方地区之西北，也有适合茶树生长的环境。气候条件和复杂的地质变化，使北纬 30°成为世界上生物多样性的区域之一，中国许多名茶就产于这一纬度带④。由于气候湿润、降水充足、土壤适宜种植，理想的绿茶就产于这一区域。而陕西省南部之汉中、安康、商洛，甘肃之文县、康县，就处于这个区域范围⑤，不仅所产绿茶品质俱佳，而且近年还在传统绿茶加工基础上，加工出红茶、乌龙茶等品种。其中著名的绿茶有汉中

---

① 李宁艳：《一图了解茶饮在新疆分布》，新疆网，http：//app. xinjiangnet. com. cn/print. php? contentid = 1427265。

② 由中华人民共和国国家质量监督检验检疫总局和中国国家标准化管理委员会发布。于 2014 年 10 月 27 日实施。

③ 刘二银、陈首任：《甘肃龙井：阴平古道茶飘香》，《中国国家地理》2016 年第 2 期。

④ 李晓静、孙云、袁雅萍等：《甘肃陇南茶叶产地与龙井茶原产地气候要素对照分析》，《中国农学通报》2015 年第 31 期。

⑤ 中国现代茶区地理分布范围，在 18° ~ 36°N，94° ~ 122°E；垂直分布最高到海拔 2600 米的高山，低至几米的低丘。茶区主要分布在秦岭以南，西北地区的陕西、甘肃包括在产茶的 18 个省份中。详见中国茶叶网（caayee. com）—商业资讯—《中国四大茶区》。

仙毫、宁强雀舌、紫阳富硒茶、紫阳毛尖、碧口龙井、康县龙神茶、文县绿茶、陇南碧玉茶；红茶有南郑红茶、女娲富硒红茶、金陇红；乌龙茶有商南乌龙茶。

广义之茶，不仅包含狭义茶树所产之茶，而且还包括用植物芽、叶、嫩茎、花果等，采用特定工艺加工的、不含任何添加物的、供人们饮用或食用的产品。主要有：①以植物花蕾为原料制成的花茶，如新疆的昆仑雪菊、罗布麻茶、和田玫瑰花茶，甘肃的敦煌罗布麻茶等；②以植物果实为原料制成的果茶，如陕西的靖边苦荞茶，新疆的沙棘茶、黑加仑茶，青海的中华沙棘茶，甘肃的庆城苦荞茶等；③以药用植物芽、叶、嫩茎制成的，具有保健作用的药茶或保健茶，如陕西的平利绞股蓝，新疆的霜桑叶茶，宁夏的枸杞叶茶、枸杞芽茶，青海的雪莲茶、冬虫夏草茶等。本调研报告所调研对象，是广义之茶。

（二）茶法律保护中的“熟视无睹”与缺失

由于所处地域、传统文化、生活习惯等不同因素决定，茶在不同地区人民生活中扮演的角色有所不同，在一些特别地区，茶的地位会从一个普通商品提升到政治高度理解。[①] 因此，保护茶资源及规范茶产业就成为理所当然的事情。

但梳理现行法律法规体系就会发现，我国国家层面目前尚无专门的茶资源与茶产业保护法律。相关保护是把茶作为商品、食品、产品，在《消费者权益保护法》、《食品安全法》和《产品责任法》等法律法规中予以规范；从市场秩序维护与管理角度对茶产品与相关服务进行规范；从扶持、规范茶产业的角度，出台规划、地方法规及规范性文件，鼓励茶叶生产；从自然资源和遗产资源角度对野生茶树进行保护；从茶文化传承与保护角度，依据《非物质文化遗产保护法》，扶持茶文化及技艺的传承人，以及认证一批茶叶地理标志保护产品或商标。

对茶产业促进出台地方立法的主要有福建、贵州等省，而对茶资源保护，

① 如新疆维吾尔自治区经贸委 2002 年 3 月 12 日《关于进一步加强自治区边销茶经营管理的实施意见》这样描述其制定意义：“边销茶，又称紧压茶，砖茶（包括青砖、米砖等），是我区少数民族群众传统的生活必需品。做好边销茶的长期稳定供应，事关民族团结和社会稳定。”

如云南省从对野生茶树保护角度进行了立法。

相对于茶资源及产业对于中国经济、对于我们个人重要性来讲，国家层面的茶法律保护不可或缺。与福建、贵州、云南等地相比，西北地区各地更是缺少相应的地方立法保护。

（三）专项调研有利于西北地区茶资源和茶产业的法律保护

搜寻国内外文献就会发现，关于西北地区茶资源和茶产业为数不多的研究，主要集中在经济学、化学、药学等领域，而从法律保护角度进行研究的研究成果并不多。仅有的法律研究主要从传统农业生物及遗传资源和生活方式、地理标志保护角度进行。比如刘丹冰等十余人（2015）在对陕西汉中茶、泾阳茯茶产业发展及地理标志、商标、专利等法律保护调查基础上发现，对茶资源的保护和茶产业的发展，政府的作用至关重要。再如李健等人（2015）从地理标志产品保护角度，以紫阳富硒茶为例，对陕西省地理标志产品产业化的研究。[①] 学界对茶资源与茶产业法律研究的不足，不能适应茶资源与茶产业法律保护的现实需求。因此，对西北地区茶法律保护进行专项调研，具有重要理论价值和现实意义。

二　西北地区茶资源与茶产业法律保护现状

（一）我国茶资源与茶产业法律保护概况

我国目前虽然尚无专门的茶资源与茶产业保护法律，但并不等于没有相应规范。梳理中国茶资源与茶产业保护立法实践就会发现，它表现出国家立法层面隐形保护、一些地方立法专门保护的特点。

第一，间接地把茶作为商品、食品、产品进行规制，主要法律有《消费者权益保护法》《食品安全法》《产品责任法》等，此外还有相关地方立法及茶叶标准。

---

① 李健、梁东亮、胡兆凌：《陕西省地理标志产品产业化发展研究——基于对“紫阳富硒茶”的 SWOT 分析》，《荆楚学刊》2015 年第 5 期。

第二，直接将茶、茶文化作为自然资源和遗产资源进行保护，在国家立法基础上根据本地需求予以立法。比如云南省依据国家《森林法》、《野生植物保护条例》、《自然保护区条例》等，制定了《云南省珍贵树种保护条例》、《云南省自然保护区管理条例》以及《云南省人民政府办公厅关于加强古茶树资源保护管理的通知》。根据上位法的原则，结合本地保护古茶树的需求，云南省一些地方还制定了相关地方法规。

第三，从规范扶持茶产业角度，出台地方法规及规范性文件。2010 年和 2014 年，福州市先后出台《福州市茉莉花地理标志产品保护管理细则》、《福州市茉莉花茶保护规定》，福建省颁布《地理标志产品　茉莉花茶》等。另外，相关地方政府还通过颁行规范性文件，通过财政补贴等方式，鼓励茶叶生产。

第四，从茶文化传承与保护角度，依据《非物质文化遗产保护法》规定，扶持茶文化及技艺的传承人。比如 2006 年“武夷岩茶（大红袍）传统制作技艺”入选首批国家非物质文化遗产；2014 年“福州茉莉花与茶文化系统”入选全球重要农业文化遗产。

第五，落实国家地理标志保护的规定，使一批茶企业获得相关认证。比如国家质检总局批准普洱市三家村茶厂、思茅区柒山柒水拉祜茶场、云南龙生绿色产业普洱茶有限公司使用普洱茶地理标志保护产品专用标志；再如“霍山黄芽”“霍山黄大茶”被正式认定为“国家地理标志保护产品”；安徽“水城春茶”和“水城小黄姜”同样获得国家地理标志保护产品授牌。

（二）西北地区茶资源与茶产业政府行政保护现状

政府的行政保护，是西北地区茶资源和茶产业保护的重要形式。政府行政保护的原因，来自两个方面：一是履行政府职能之必须，二是促进本地产业发展、提高就业率、GDP 增长之需要。由于上述原因，政府的行政保护，更多是从市场规范和产业促进角度进行的。除了采取多种方式扩大宣传外，政府采取措施主要有以下几项。

一是制定茶产业发展规划。2009 年农业部《国家茶叶重点区域发展规划》将陕南茶区列入长江中上游特色和出口绿茶的重点发展区域。为此，2013 年陕西省制定了 2013 ~ 2020 年茶产业发展规划，汉中市出台《关于做大做强茶产业的决定》，并制定了《汉中市茶产业发展规划（2013～2020)》。①

二是成立专门政府机构，强化茶产业管理职能。比如汉中市2007年成立了副县级建制的茶产业办公室，具体负责全市茶产业发展管理工作。

三是开展茶叶品牌整合工作。比如在汉中茶产业的发展中，汉中茶叶就面临品牌混战、标准不一、竞相压价、消费者选择难等阻碍茶产业进一步做大做强的问题。为此，汉中市政府于2005年启动茶叶品牌整合工作，将茶叶品牌由最初的二十多个整合为“午子仙毫”“定军茗眉”“宁强雀舌”3个品牌。之后又以申请地理标志产品保护为契机，最终将茶叶品牌整合为“汉中仙毫”一个品牌。2007年12月，国家质检总局发布了“汉中仙毫”质量技术标准。

四是财政专项资金支持。例如2008年8月，汉中市委、市政府做出《关于加快高产密植生态茶园现代农业产业化发展的决定》，市财政扶持资金每年500万～700万元，使茶产业在汉中市经济和社会发展中的地位日益突出。各县每年也拿出200万～1000万元的资金，支持茶产业发展。2014年陕西省政府拿出1亿元资金发展陕南茶产业。

五是推行标准化生产。各产茶地地方政府，通过出台标准规范市场。比如2006年2月陕西省质监局颁布实施的《汉中绿茶标准综合体》（标准代号为DB61/T 377—2006)，汉中市质监局颁布实施的《地理标志产品汉中仙毫茶》（标准代号为Q/HCX 01—2009）和《地理标志保护产品汉中仙毫茶加工技术规程》（标准代号为Q/HCX 02—2009)，2014年7月陕西省质监局发布的《地理标志产品　泾阳茯砖茶技术规范》地方标准。② 各类茶叶标准的制定和颁布实施有力推动了茶叶标准化生产，填补了茶叶生产无标可依的空白。

六是支持茶叶协会行业专业、自律的发挥。各级政府均支持相应茶叶协会成立及职责履行。比如汉中市及各产茶县，均设立了茶业协会。汉中市茶业协会在制定行业地方标准中发挥了重要作用。它们还印发了《汉中市茶业协会行业自律八条规定》《汉中市茶叶市场管理暂行办法》等，在茶叶市场监管、茶产业宣传、品牌整合等方面做了大量工作。

---

① 汉中市茶产业办公室：《蓬勃发展的汉中茶产业》，http：//www. sxny. gov. cn/templet/hanzhongshi/showarticle. jsp？ id＝139223。

② 陕西省质量技术监督局官网。

（三）西北地区茶资源与茶产业知识产权保护现状

西北地区茶资源与茶产业保护的一个重要措施，是相关企业、行业协会、个人等在现行知识产权法律体系下，通过专利、商标、地理标志等形式予以保护。

1. 专利保护现状

专利是茶企业获得竞争优势的重要因素。专利法保护对象有发明、实用新型和外观设计三种。发明是指对产品、生产制作方法或者其改进所提出的新的技术方案，实用新型是指对产品的形状、构造或者其结合所提出的适于实用的新的技术方案，外观设计是指对产品的形状、图案或者其结合以及色彩与形状、图案的结合所做出的富有美感并适于工业应用的新设计。通过对国家知识产权局官网的搜寻，可以发现，西北地区从事茶产业、茶文化传播的企业和个人，具有一定的专利权保护意识。据不完全统计，截至 2017 年 1 月，与茶相关的专利共有 420 项，其中甘肃 79 项、青海 57 项、陕西 190 项、宁夏 34 项、新疆 60 项。在 420 项专利中，属于发明专利的 226 项、实用新型的 36 项、外观设计的 158 项（见表 1）。

表 1　西北地区茶专利数量统计

单位：项

省　份	专利类型		
	发明	实用新型	外观设计
陕　西	62	27	101
甘　肃	45	3	31
宁　夏	19	5	10
青　海	51	0	6
新　疆	49	1	10
合　计	226	36	158

资料来源：国家知识产权局官网，统计截至 2017 年 1 月。

2. 商标保护现状

商标是用来区别一个经营者的商品或服务和其他经营者的商品或服务的标记。商标专用权法律保护的核心在于其区别功能。商标可以帮助消费者获得最好的产品和服务，更有利于规范市场、维护市场秩序、提升商标权利人的经济和社会价值。我国商标法规定的商标类型主要有商品商标、服务商标和集体商标、证明商标以及驰名商标等。

由于我国是茶的原产国，且具有悠久的产茶、制茶及茶文化传播历史，因此，茶叶市场竞争异常激烈。为了更好宣传并提高品牌保护意识，以注册商标的方式保护茶叶产品和服务，就成为企业、政府、行业协会一种选择。调查结果显示，生产茶叶、提供茶相关服务的企业，基本具有商标保护意识，一般会通过申请商标保护自己的品牌。调查中发现，一些企业具有非常强的商标品牌保护意识，在企业设立初期就会申请相关商标；有些企业因为没有及时注册商标，在付出一定代价后才明白商标对品牌保护的价值并予以完善。

因为茶生产的地域性特点及原产地对茶叶质量的影响，通过地理标志进行商标保护也是一项重要措施。目前西北地区 8 例“地理标志证明商标”中，7 例在陕西省，1 例在甘肃，具体为汉中仙毫、平利绞股蓝、紫阳毛尖、平利女娲茶、紫阳富硒茶、靖边苦荞和宁强雀舌及甘肃的苦水玫瑰。

在品牌竞争中，驰名商标和省级著名商标认定也是非常重要的。中国驰名商标是指经过有权机关（国家工商总局商标局、商标评审委员会或人民法院）依照法律程序认定为“驰名商标”的商标，驰名商标认定与保护依托国家工商总局 2003 年 4 月 17 日颁布的《驰名商标认定和保护规定》。驰名商标是对相关公众熟知的商标进行保护的一种手段，也可以说是对知名品牌的保护，主要目的是防止他人对驰名商标进行复制、模仿及翻译等，避免造成市场混淆或损害驰名商标持有人利益的不利结果。从茶相关的中国驰名商标来看（见表 2），西北只有陕南地区有 3 家市场主体进行了积极申请并获得认定，其他四个省份在中国驰名商标的申报上处于空缺状态。

表 2　西北地区茶相关中国驰名商标一览

序号	所属省份	商标	商标注册人/所有人
1	陕西省	平利绞股蓝	平利县绞股蓝技术研究推广中心
2		午子 WUZI 及图	陕西省午子绿茶有限责任公司
3		紫阳富硒茶 ZIYANGFUXICHA 及图	紫阳县茶业协会

资料来源：中华人民共和国国家工商行政管理总局商标局门户网站。

中国著名商标指在一定地域范围较有知名度的商标品牌。多出现在中国省、自治区、直辖市一级名誉商标评选中。我国西北五省（份）均有对于著名商标认定与管理的规定，如《陕西省著名商标认定与管理暂行规定》《宁夏回族自治区著名商标认定和保护办法》《新疆维吾尔自治区著名商标认定和保护办法》《青海省著名商标认定和保护办法》《甘肃省著名商标认定和保护条例》等。从现有资料看，西北地区省级著名商标中，没有发现青海、新疆茶相关省级著名商标，陕西、宁夏较为重视茶相关著名商标的保护，甘肃次之①（见表3、4、5）。

表3　陕西省茶相关著名商标一览

序号	商标	商标注册人/所有人	报送地区
1	午子	陕西省午子绿茶有限责任公司	西安市
2	春独早	陕西省紫阳富硒茶业有限公司	安康市
3	武侯春茶及图	陕西定军山绿茶有限公司	汉中市
4	晓峰茶业	陕西晓峰茶业有限公司	西安市
5	药王茶	陕西太白山天然植物开发有限公司	宝鸡市
6	东裕茗茶及图	陕西东裕生物科技股份有限公司	汉中市
7	南山村	陕西省西乡县南山茶业有限责任公司	汉中市
8	羌州	陕西省宁强县羌州茶业有限责任公司	汉中市
9	千山牌	宁强县千山茶叶土产开发有限责任公司	汉中市
10	女娲神草	平利县百草堂生物科技有限公司	安康市
11	武侯	陕西定军山绿茶有限公司	汉中市

资料来源：CNPP 十大品牌网。

表4　甘肃省茶相关著名商标一览

序号	商标	商标注册人/所有人	核定商品	报送地区
1	生虎图	康县龙翔茶叶有限责任公司	茶;茶叶代用品	康县
2	谷云春	文县谷云春茶厂(赵国成)	茶;茶叶代用品	文县

资料来源：甘肃省工商行政管理局门户网站。

① 由于省级著名商标评审次数较多，部分信息在各省工商行政管理总局门户网站现已无迹可寻，因此本报告中的部分统计数据只是为了说明问题，并非业绩评价。

表 5 宁夏回族自治区茶相关著名商标一览

序号	商标	商标注册人/所有人	核定商品	报送地区
1	杞彩回乡	宁夏杞彩回乡土特产开发有限公司	茶	银川市
2	杨永胜及图	银川市活力农副产品购销有限公司	枸杞,茶制品	银川市
3	HONGMANAO 及图	银川红玛瑙商贸有限公司	枸杞,药茶,医用营养饮料	银川市
4	碧宝	宁夏枸杞企业(集团)公司	咖啡,咖啡饮料,茶,冰茶,茶饮料,茶叶代用品,糖,南糖,蜂蜜,非医用营养液	银川市
5	百瑞源及图	百瑞源枸杞股份有限公司	药物饮料,人参,枸杞,药茶,药草,医药用甘草,药用植物根,药酒,医用营养品,中成药	贺兰县
6	亚西王	宁夏平罗宏达清真食品有限公司	茶,茶饮料,茶叶代用品,月饼,糕点,饼干,面包,面粉,食用淀粉产品,方便面	石嘴山市
7	硒力荞 2 及图/字母	盐池县山野香苦荞麦食品有限公司	茶	盐池县
8	红色健康	刘国祥(许可宁夏杞芽食品科技有限公司)	茶,茶叶代用品	中宁县

资料来源：宁夏回族自治区工商行政管理局门户网站。

3. 地理标志保护现状

地理标志保护，强调产品与一个特定地区即原产地的紧密且本质的联系。这种联系在特指其属于某特定地区生物资源产品的同时，还强调其呈现的该区域特有生物资源、环境、社会经济和民族文化特征，包含了传统品种资源、栽培加工技术、销售及实用文化等多种传统知识，以及由此在社会上获得的好声誉及悠久历史。①

地理标志保护的核心是原产地，更强调产品品质取决于原产地特定的自然条件，如土壤、水分、光照、气候、雨水等。因此，如何让市场和消费者更好

① 薛达元、崔国斌、蔡蕾、张丽荣：《遗传资源、传统知识与知识产权》，中国环境科学出版社，2009，第 10 页。

辨别与原产地密切联系的产品质量，是地理标志保护产生的根源。

当下我国地理标志保护体系设计，主管部门主要有国家工商总局商标局、国家质检局、国家农业部，这三个部门分别对地理标志证明商标、地理标志保护产品和农产品地理标志产品进行注册、登记和管理。由于茶叶品质与独特的地理气候、环境条件有着非常密切的关系，因此，利用地理标志予以保护，就成为西北地区相关主体采用的一种方式。

表6显示，截至2017年2月，西北地区通过地理标志保护对茶进行保护的共有19例，分布省份分别是陕西10例、甘肃3例、宁夏1例、青海1例、新疆4例；涉及茶叶类型有绿茶9例、花茶5例、药茶4例、黑茶1例；申请国家商标局“地理标志证明商标”保护的8例、国家质检总局“地理标志保护产品”保护的11例、国家农业部“农产品地理标志产品”保护的8例，同时申请地理标志三种类型保护的只有陕西紫阳富硒茶和甘肃苦水玫瑰2例，申请地理标志两种类型保护的有4例，陕西的汉中仙毫、平利绞股蓝和靖边苦荞，均申请了国家质检总局和国家商标局的地理标志保护产品与地理标志证明商标，陕西平利女娲茶则申请了国家农业部和国家商标局农产品地理标志产品与地理标志证明商标。

表6　西北地区茶地理标志保护一览

省份	商品名称	茶叶类型	地理标志产品类型		
			国家质检总局	国家农业部	国家商标局
陕西	汉中仙毫	绿茶	地理标志保护产品	—	地理标志证明商标
	平利绞股蓝	药茶	地理标志保护产品	—	地理标志证明商标
	紫阳毛尖	绿茶	—	—	地理标志证明商标
	商南茶	绿茶	地理标志保护产品	—	—
	镇安象园茶	绿茶	—	农产品地理标志产品	—
	平利女娲茶	绿茶	—	农产品地理标志产品	地理标志证明商标
	紫阳富硒茶	绿茶	地理标志保护产品	农产品地理标志产品	地理标志证明商标
	靖边苦荞	药茶	地理标志保护产品	—	地理标志证明商标
	泾阳茯砖茶	黑茶	地理标志保护产品	—	—
	宁强雀舌	绿茶	—	—	地理标志证明商标
甘肃	苦水玫瑰	花茶	地理标志保护产品	农产品地理标志产品	地理标志证明商标
	康县龙神茶	绿茶	地理标志保护产品	—	—
	文县绿茶	绿茶	地理标志保护产品	—	—

续表

省份	商品名称	茶叶类型	地理标志产品类型		
			国家质检总局	国家农业部	国家商标局
宁夏	宁夏枸杞	药茶	地理标志保护产品	—	—
青海	冬虫夏草	药茶	地理标志保护产品	—	—
新疆	尼雅昆仑雪菊	花茶	—	农产品地理标志产品	—
	克里阳雪菊	花茶	—	农产品地理标志产品	—
	沙雅罗布麻茶	花茶	—	农产品地理标志产品	—
	于田沙漠玫瑰	花茶	—	农产品地理标志产品	—

资料来源：国家工商总局商标局、国家质检局、国家农业部官方网站，统计至2017年2月。

（四）西北地区茶资源与茶产业非物质文化遗产保护现状

茶的原产地决定其作为中国的传统生物资源，与我们传统生活方式、特定地域和文化氛围等有着密切和传统的依存关系。① 因茶资源开发、利用、制作而形成的茶文化系统是中华民族宝贵的历史文化遗产重要组成部分，属于我国《非物质文化遗产保护法》保护对象之非物质文化遗产。② 也就是说，从茶文化角度看，茶作为非物质文化遗产强调其表现形式与人们生活密切相关并世代相承、以非物质形态呈现两个特点。茶作为非物质文化遗产包括关于传统茶艺、茶俗和茶礼仪与茶节庆活动、茶的口头传说、传统手工制茶工艺技能、各种记载茶事的碑文等，以及与上述传统文化表现形式相关的文化空间。③ 因此，在非物质文化遗产法律范畴内对茶文化予以保护，就成为一种必然选择。不然就会出现依靠口口相传的茶技艺、茶礼仪等茶非物质文化遗产逐渐消失，以及一些茶树栽培和茶叶加工技术后继无人的情况。

---

① 刘丹冰：《传统知识界定的困惑与解析》，《西北大学学报》（哲学社会科学版）2016年第4期。

② 《非物质文化遗产保护法》第2条规定："非物质文化遗产，是指各族人民世代相传并视为其文化遗产组成部分的各种传统文化表现形式，以及与传统文化表现形式相关的实物和场所。"

③ 方金华：《论茶非物质文化遗产的法律保护》，《贵州师范大学学报》（社会科学版）2008年第5期。

对西北地区茶非物质文化遗产保护资料搜集整理显示（见表7），从茶非物质文化遗产角度保护的案例仅有4例，进入国家级非物质文化遗产名录的只有陕西“茯砖茶制作技艺”1例，进入省级非物质文化遗产名录的有3例，具体为陕西的“茯砖茶制作技艺”和“紫阳毛尖传统手工制作技艺”以及新疆的“维吾尔族保健茶制作技艺”。

表7　西北地区茶非物质文化遗产名录（省级及以上）

非物质文化遗产名称	所属省份	级别
茯砖茶制作技艺	陕西省	国家级非物质文化遗产 省级非物质文化遗产
紫阳毛尖传统手工制作技艺	陕西省	省级非物质文化遗产
维吾尔族保健茶制作技艺	新疆维吾尔自治区	自治区级非物质文化遗产

资料来源：国家级、省级非物质文化遗产名录。

三　西北地区茶资源与茶产业法律保护的问题与成因

（一）国家立法及西北五省份地方茶资源与茶产业立法的缺失

对茶资源和茶产业法律保护调查开始之后，国家层面茶立法的缺失和全国只有福建、贵州、云南三个省份颁布了茶产业促进和茶资源保护地方立法的现实，令笔者感到震惊。深究原因，关键是保护意识的缺乏。茶作为我国百姓开门七件事之一，其法律的缺失，是一种熟视无睹中的遗忘。

国家立法层面只注重茶作为商品、食品、产品的属性，所以将其涵盖在消费者保护法、产品责任法、食品安全法中予以保护；国家立法层面只注重茶归属于农业、林业的产品特性，所以将其涵盖在农业法、林业法、森林法中予以保护。可从这些角度，根本不能解决茶资源法律保护之需求，更别提从中国传统生物资源角度而言的扩大保护范畴，也不能为在国内外市场具有举足轻重地位之中国茶产业促进提供法律支撑与保障。

西北五省份地方立法的缺失，同样存在保护意识缺乏问题。如果一定要区别，就是茶生产区域、能力及茶产业在本地经济中所占比重不同，各地又表现出不同的差距。陕西省产茶区域较大，因而从茶产业规划、标准制定、规范性文件等角度有了一定行动，但西部地区都没有从传统生物资源角度保护茶资源的实践。

（二）西北地区不同省份地方政府保护力度存在明显差距

茶资源分布不均决定不同省份地方政府保护力度不同。从狭义茶概念来看，茶树可以生长的区域主要是陕南的汉中、安康、商洛以及甘南的文县、康县部分地区。适合红茶、黑茶制作、发酵的区域，则超出上述区域，如泾阳茯茶。因此，上述区域的省级、市级、县级地方政府在对茶资源和茶产业的保护方面，就出台了相应的标准、规章、规范性文件。虽然对茶的理解可以扩充到药茶、花茶等，但相应的省份却并未注意到这个方面的政府保护。

（三）西北地区与茶相关知识产权保护力度、层次不够

笔者通过分析对茶相关知识产权保护的现状发现，提高保护意识很重要。如果说绿茶制作程序相对固定，那么黑茶、红茶等发酵茶的制作方法以及其茶叶原料选择及技术方法却是具有创新空间的。调查中发现，有些企业没有茶专利保护意识和行动，他们根本意识不到茶制作方法与技术改进中的专利问题。

但西北地区茶专利保护意识和行动呈现出保护层次较低的问题，更多的是对外观设计和实用新型的保护，而发明专利的保护太少，可能是由于认识不到位。

同样的，在商标和地理标志保护中，除了立法导致的混乱之外，保护意识不足同样是其保护不够的原因。整个西北地区，只有 8 例地理标志证明商标，还主要集中在陕西省，可以说明其他四省份缺乏利用商标保护的意识。同时申请国家商标局“地理标志证明商标”、国家质检总局“地理标志保护产品”和国家农业部“农产品地理标志产品”三种类型保护的只有陕西紫阳富硒茶和甘肃苦水玫瑰 2 例，也能够说明西北地区茶企业、茶行业协会和政府保护意识的缺乏。

（四）忽视茶非物质文化遗产法律保护

作为中华文明重要组成部分，非物质文化遗产立法保护方面的法规，包括 2005 年国务院的《关于加强我国非物质文化遗产保护工作的意见》和《关于

加强文化遗产保护的通知》，到2011年我国颁布《非物质文化遗产法》的过程。为了更好保护各地非物质文化遗产，陕西、甘肃、宁夏、新疆等四个省份都出台了相应的地方非物质文化遗产保护条例。但由于很少有人将茶文化归入非物质文化遗产范畴，导致茶非物质文化遗产保护不足。

四　西北地区茶资源与茶产业法律保护政策建议

（一）加快制定颁布茶资源与茶产业地方性法规

在国家立法相对困难情况下，西北地区一些地方可以通过地方立法解决茶资源与茶产业立法缺失问题。其可行性来自两个方面。

一是我国现行《立法法》赋予并扩大了地方立法权。2015年3月新修订的《立法法》第72条规定："设区的市的人民代表大会及其常务委员会"，在符合相关规定的情况下，"可以对城乡建设与管理、环境保护、历史文化保护等方面的事项制定地方性法规"。之所以如此修改，是因为设区的市在我国具有相对特殊的地位。它们管辖面积一般较大、人口较多、管理体制成熟、政权机构及社会团体相对健全，在国家治理体系中发挥着重要作用。① 茶资源与茶产业地方立法保护是否属于扩大后地方立法的范畴，是我们必须考量的一个问题。由于现实中地方事务范围难以从文本上做出精确规范，② 所以《立法法》才会将设区的市立法权限定在城乡建设与管理、环境保护、历史文化保护等领域。茶资源与茶产业保护应该与环境保护、历史文化保护有所交集，即使没有交集，兜底条款的"等"字，也给茶资源和茶产业地方立法留下空间。

二是茶资源和茶产业地方立法保护经验。对茶资源的保护，在云南省就有2009年的《澜沧县古茶树保护条例》、《双江县古茶树保护管理条例》，2011年的《西双版纳古茶树保护条例》，2016年的《临沧市古茶树保护条例》，2014年广东潮安的《凤凰单丛茶文化系统农业遗产保护管理暂行方法》。相对于其他产业，茶产业属于弱质产业，政府应当通过完善茶叶立法保障体系等来

① 秦前红、李少文：《地方立法权扩张的因应之策》，《法学》2015年第7期。

② 向立力：《地方立法发展的权限困境与出路试探》，《政治与法律》2015年第1期。

提高我国茶产业的竞争力。[①] 因此，2012 年 6 月福建省审议通过了《促进茶产业发展条例》，2014 年贵州省人民代表大会常务委员会批准了《黔南布依族苗族自治州促进茶产业发展条例》。

因此，在国家级立法及省级立法有困难情况下，西北地区产茶的汉中市、安康市、商洛市、甘南市等地方人大，可以结合本地需求和具体情况，出台茶资源和茶产业地方法规。

（二）加强地方政府对茶资源和茶产业保护力度

调查中的一个深刻体会，就是政府行动力度决定茶资源和茶产业保护高度。笔者在对泾阳县考察调研发现，虽然泾阳茯砖茶产业与湖南安化等黑茶基地相比还有一定差距，但泾阳茯茶的产业规模和影响力也是不可小觑的。从 2007 年到现在不到十年的时间，泾阳茯茶产业规模能够达到现在的高度，与政府作用的发挥密切相关。政府不仅组织人力恢复泾阳茯茶制作工艺并制定泾阳茯茶产品标准，而且通过制定《咸阳茯茶产业发展规划（2013 ~ 2017）》等及财政扶持措施支持泾阳茯茶产业发展。为了保护泾阳茯茶的地域特色和生产质量，政府还支持申请泾阳茯砖茶的地理标志产品和商标保护。前文的讨论也说明，汉中茶产业的发展同样也离不开政府的引导和扶持。

地方政府积极推进茶资源与茶产业保护的原因在于：第一，在市场经济条件下，政府作为公共产品的供给者，其职责就是保障整个经济运行更有活力。因为政府只有在这样有活力的、有发展前景的经济体中，才能获取其提供公共产品和服务的基本财力。也就是说，政府的积极性在于其通过培育产业来培育税基，为政府提供公共产品和服务奠定基本的物质基础。第二，这是政府履行其公共职能的要求。在市场经济体制下，政府公共职能所要弥补的是市场调节的不足。地方政府对茶资源和茶产业进行保护开发，可以增加地方财政收入并带来更多的就业机会。第三，相关法律也赋予政府在茶资源和茶产业保护中不可替代的作用。比如在申请地理标志产品保护的过程中，《地理标志产品保护规定》第 8 条要求，“地理标志产品保护申请，由当地县级以上人民政府指定

① 李道和：《中国茶叶产业发展的经济学分析》，中国农业出版社，2009，第 240 页。

的地理标志产品保护申请机构或人民政府认定的协会和企业提出，并征求相关部门意见”。

（三）在加大茶相关知识产权保护力度的同时修订相关法律

加大茶相关知识产权保护力度，应该从提升保护意识入手，深刻认识茶资源和茶产业中所蕴藏的巨大商业价值，也要深刻认识知识产权在茶资源和茶产业保护中的重要性。实现这两个“深刻认识”的关键，“学习、宣传、培训”最重要。在鼓励大众创业的今天，市场主体要通过自身学习实现“深刻认识”；政府有关部门，要在宣传和培训上下功夫，可以通过政府专项资金、政府采购等方式，调动高等学校、研究机构、中介机构的积极性，对政府官员、企业管理人员和技术人员进行免费宣传、培训，为培育新兴产业储备力量。

我国地理标志保护中的三个机构不仅导致申请者的混乱，也存在浪费资源、各自为政、管理冲突、权利保护重复等问题。[①] 因此，可以在现行规定基础上，提升立法层次，借鉴欧洲各国的专门立法模式，尝试出台《地理标志保护法》。

（四）加强茶非物质文化遗产保护

茶之于中国，如同啤酒之于德国、红酒之于法国。因此，保护茶非物质文化遗产具有重要意义。目前，西北地区只有“茯砖茶制作技艺”进入国家级非物质文化遗产名录，这种现象和西北地区多民族、多元化茶文化体系不相符。由于茶非物质文化遗产具有口头性、集体性、传承性特征，因此，西部地区地方政府在宣传动员的同时，应该从财政等各个方面支持茶非物质文化遗产的申报。同时根据本地特色，为茶非物质文化遗产进入省级非物质文化遗产名录创造条件。

---

① 郑辉、李诚：《传统知识的地理标志保护研究》，《西北大学学报》（哲学社会科学版）2017年第1期。

B.17

西部地区文物再利用的知识产权问题研究报告*

郑 辉 邵士博 刘 冰 王 露**

摘 要： 对文物再利用过程中产生的新的智力成果进行知识产权保护，不仅有利于传承西部地区历史文化，促进文物产业发展，更有利于从传统文化中发掘潜在创新点，提高我国文化自信和国际竞争力。本文结合西部地区博物馆文物再利用现状及存在的问题，重点分析文物衍生品的著作权权属划分以及对文物进行商标注册等问题，并对以上问题产生的原因进行深入剖析，提出应完善相关立法、加强文物管理、促进创新成果转化及提高知识产权保护意识等解决措施，以期从整体上提高西部地区文物再利用过程中知识产权创新驱动能力。

关键词： 西部地区 文物再利用 知识产权

西部地区作为中华民族灿烂文化发祥地，拥有深厚的文化积淀及丰富的文物藏量。这为创新驱动及“一带一路”倡议实施中文物再利用产业的发展及经济效益的提高提供了有利条件，同时也对文物再利用中的知识产权保护问题提出了更大挑战。

---

* 该报告是陕西省高校智库建设项目“传统知识保护的难点与出路——以陕西调查为基础”的阶段性研究成果。

** 郑辉，法学博士，西北大学法学院副教授，主要研究方向：知识产权法、合同法；邵士博、刘冰、王露，西北大学法学院硕士研究生。

一 文物“再利用”中知识产权角色定位

文物是人类在历史发展过程中遗留下来的遗物、遗迹，是人类宝贵的历史文化遗产，各国迄今尚未对文物形成统一的定义。按照我国《文物保护法》规定，文物包括古文化遗址、古墓葬、古建筑、石窟寺、石刻、壁画、近现代重要史迹和代表性建筑等不可移动文物以及历史上各时代重要实物、艺术品、文献、手稿、图书资料、代表性实物等可移动文物。为突出重点，本文以超过知识产权保护期限的文物为研究对象。

依据《物权法》《文物保护法》规定，博物馆根据其藏品来源，代表国家或其他主体对其藏品所拥有的权利都属于物权范畴，享有对馆藏文物有条件的占有、使用、收益及受限制的处分权利。博物馆作为收藏、展示、研究、管理自然遗产和人类文化遗产的机构，随着技术的发展、文化的转型及社会的需求日益多元化，成为收藏、展览、研究、教育、服务乃至知识生产和传播的平台。伴随博物馆功能的拓展与转型，博物馆创意产业得以蓬勃发展，我国顺应创新驱动要求，2016 年发布《国务院关于进一步加强文物工作的指导意见》，强调在发挥文物资源传承和弘扬中华优秀传统文化作用的同时，让文物“活起来”，对文物进行“为促进经济社会发展服务”和“大力发展文博创意产业”的拓展利用。

文物“再利用”就是指以丰富的文物文化资源为依托，以成果转化并服务社会为宗旨，以相关各方合作共赢为目的，通过一定手段、方式和技术，对文物藏品进行直接或者间接的再次使用，以期实现文物藏品的经济价值和社会价值。本文以再利用对象是文物藏品实体还是文物藏品形象为标准，将文物再利用行为分为直接再利用和间接再利用。其中，文物藏品的直接再利用主要包括文物的复仿制、数字化、影像化行为等；而文物藏品的间接再利用主要包括文物的商标注册行为、文物的衍生行为等。

随着博物馆功能的拓展，与博物馆相关的知识产权问题也日益突出，特别是文物再利用中的著作权和商标权问题。因此，世界知识产权组织专门于 2007 年公布了《博物馆知识产权管理指南》，旨在通过知识产权体系加强和改善对文物藏品利用以取得创造性投资回报。可见，各国均已意识到知识产权之于文物再利用的重要意义。

首先，有利于保护西部地区文物再利用的创新成果，鼓励文化创新。为助推西部地区经济发展，我们不仅要鼓励和挖掘文化创新，更要重视文化创新成果的保护。知识产权制度作为创新的重要保障方式之一，不仅可以使文物文化的精神形象最终产品化目标得以实现，而且能够使文物文化再利用产业得以健康有序发展，为文物创新发展活动全面保驾护航。运用知识产权保护体系不仅能够通过保护创新者知识财产安全，激励权利主体在产业发展中加大创新开发积极性，而且能够通过促进文物文化再利用产业的良性循环，助推西部地区文化创新和技术进步。

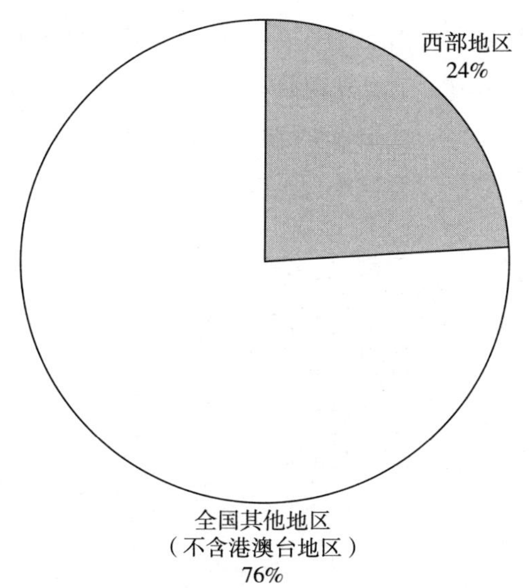

图1　全国博物馆数量（不含港澳台地区）

资料来源：《2015 年度全国博物馆名录》，国家文物局官网（http：//www. sach. gov. cn/）。

其次，有利于保护西部地区文物的相关权益，推动西部传统文化的传播。文物作为不可再生的物质财富和精神财富，是特定时代和地区之精神文化与历史特征的重要载体。我国西部地区历史悠久、文物众多，从传播优秀传统文化的角度出发，文物的复仿制、数字化、影像化等行为不仅可以起到保护、展示、宣传、教育等作用，更能够使藏品的表现形式多元化，使其传播途径和方式更为方便、快捷；文物衍生产品能够使文物形象以巧妙方式广泛融入现代生

活；以典型文物形象注册的商标则可通过其所附着的商品流通海内外，将其背后的文物文化传播四方。以上多种文物的合法再利用行为都极大提高文物的利用效率，使其所表征的文化意蕴得以更广泛地传播，从而提升文物再利用的社会效益、经济效益及文化效益，推动西部传统文化传播。

二　西部地区文物再利用的基本现状及主要的知识产权问题

（一）西部地区博物馆现状

通过对陕西、甘肃、青海、宁夏、新疆、重庆、四川、云南、广西等九个省区市的博物馆进行考察，笔者发现截至 2015 年，广西壮族自治区拥有各级博物馆 102 家、重庆市 72 家、四川省 23 家、云南省 105 家、陕西省 244 家、甘肃省 190 家、青海省 33 家、宁夏回族自治区 40 家、新疆维吾尔自治区 105 家。①

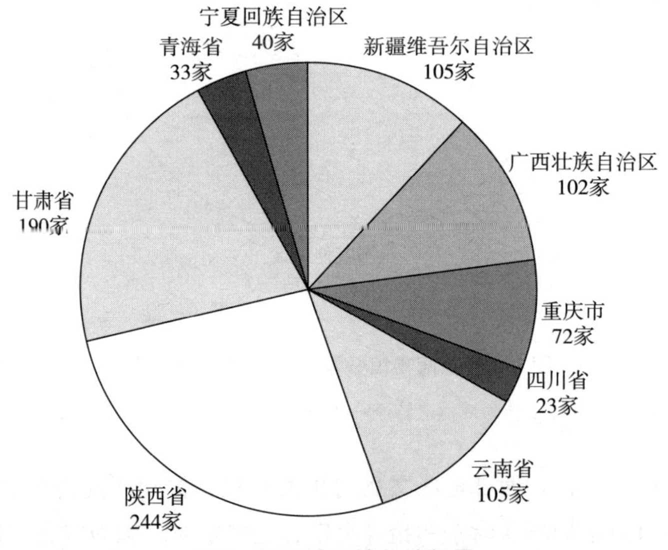

图 2　西部地区博物馆数量

资料来源：《2015 年度全国博物馆名录》，国家文物局官网（http：//www. sach. gov. cn/）。

① 资料来源：国家文物局官网，《2015 年度全国博物馆名录》，2016 年 8 月 29 日。

其中，三级以上文物类博物馆共152家，广西壮族自治区23家、重庆市10家、四川省28家、云南省15家、陕西省35家、甘肃省24家、青海省6家、宁夏回族自治区3家、新疆维吾尔自治区8家。三级博物馆共91家，二级博物馆共39家，一级博物馆共22家。

（二）文物再利用中的主要知识产权问题

西部地区文物众多，再利用经济价值高，仅从2006～2016年西部博物馆所主要涉及的八例①知识产权纠纷（七例为著作权侵权纠纷，一例为商标权专用权纠纷）的分析可见，文物复仿制、数字化、文物形象商标注册等文物再利用过程中的知识产权问题逐渐凸显。

1. 著作权方面

（1）文物再利用过程中新作品的著作权归属问题。

由于馆藏文物本身的著作权以及市场上文物再利用行为的适法性问题导致新作品著作权权属呈复杂状态。为突出重点起见，本文将文物再利用所产生的新作品限定为通过合法再利用行为产生的著作权法意义上的作品。文物再利用过程中的合法复仿制、数字化、影像化及衍生行为均会产生新作品，同时也会产生新作品著作权归属问题。

由博物馆独立研发新的作品权属通常涉及两种问题：第一，职务作品②的著作权问题。根据《著作权法》中的相关规定可分为两种情况：一般的职务作品的著作权由作者享有，博物馆有权在其业务范围内优先使用；特殊职务作品③的著作权由博物馆享有，作者仅享有署名权。第二，法人作品④的著作权问题。代表博物馆意志的创作，并由其承担责任的作品，将博物馆视为作者，该作品的著作权当然归属博物馆。此种情况下，具体参与创作的工作人员不享有署名权。而实际上，对于职务作品和法人作品的划分，尤其是“主要利用

---

① 所需数据来源于北大法宝法律数据库，http：//www. pkulaw. cn/。

② 职务作品也称为雇佣作品，通常是指员工在受雇用期间和受雇范围内所创作的作品。

③ 特殊的职务作品，是指主要是利用法人或者其他组织的物质技术条件创作，并由法人或者其他组织承担责任的工程设计图、产品设计图、计算机软件、地图等职务作品；法律、行政法规规定或者合同约定著作权由法人或者其他组织享有的职务作品。

④ 法人作品也称为单位作品，是指由法人或者其他组织主持，体现单位或其他组织的意志，并由法人或者其他组织承担责任的作品。

法人或者其他组织的物质技术条件创作并由其承担责任的特殊职务作品”与法人作品的划分界限并不清晰。即使学界通常认为应当以该作品是否体现创作者的创作意志为标准来进行划分，若该作品反映出具体工作人员的主观创意则应是职务作品；反之为法人作品。但是为了避免纠纷的发生，建议博物馆在创意活动中通过合同或其他形式明确文物再利用所产生的新作品性质和权属。

由博物馆和他人一同研发新的作品通常也会涉及两种问题：第一，合作作品①的著作权问题。根据《著作权法》第十三条第一款规定，由两个人以上合作创作的作品，著作权由所有合作作者共同享有。其中，对于可分割的合作作品，作者对各自独自创作的部分享有独立的著作权，故其可在不侵犯合作作品整体著作权的前提下，单独行使自己的著作权；对于不可分割的合作作品，则由各合作作者共同享有该作品的著作权，各方通过协商一致行使。这一做法不仅能够保护各合作作者的著作财产权，而且也有利于馆藏文物的经济价值发挥得淋漓尽致。第二，委托作品②的著作权问题。《著作权法》第十七条规定，委托作品的著作权由委托人和受托人通过合同约定。合同未明确约定时，著作权应属于受托人。为了避免发生纠纷和更好发挥文物再利用的经济价值，建议博物馆在与他人签订合作或委托开发合同时明确博物馆对新作品的著作权属以及经济收益的合理分配。

（2）文物再利用过程中著作权的限制问题。

博物馆的馆藏文物是国民共有的文物文化财富，但由于其中所蕴含的文化及精神传承涉及深厚的民族感情和重大的社会公共利益，导致这一权利的行使必然受限。因此，即使对文物再利用享有合法权利的主体，也不得因经济利益或市场需求等因素，对文物形象进行歪曲、篡改等损害性的不实反映，对文物藏品的精神形象造成不良影响，以致造成原文物藏品历史文化价值的消磨。可见，对文物再利用行为进行一定的著作权限制是必须且必要的。

2. 商标权方面

将文物藏品形象进行商标注册的行为，存在着合法、合理性问题。首先，

---

① 合作作品是指两个人以上共同创作的作品。由于合作作者的共同劳动，合作作品形成一个整体。

② 委托作品是指委托人向作者支付约定的创作报酬，由作者按照他人意志和具体要求而创作的特定作品。

《商标法》第十条规定了八种不得作为商标使用的情形，[①]“但文物藏品形象”并未入列其中。其次，在《博物馆知识产权管理指南》中规定了以下有形和无形资产可以商标权的形式进行保护和利用：“博物馆名、标识语、标识图；著名艺术家的名字和签名；博物馆建筑名字；展览或项目的名称；博物馆售卖商品的包装和色彩；与博物馆有内在联系并成为其标志性展物的艺术品名等”。所以，将馆藏文物形象注册为商标不仅不违反法律规定，而且法律也是允许将博物馆的馆藏文物作为商标进行注册的。在“兰州瑞祥环保科技开发有限公司诉敦煌市阳关博物馆有限公司侵犯商标专用权纠纷案”[②]中，原告兰州瑞祥环保科技开发有限公司即取得了“敦煌阳关 + DUNHUANGYANGGUAN”这一组合商标权利。在商标注册市场中，根据主体的特殊性可划分为博物馆主体和其他市场主体。

（1）博物馆作为商标注册的主体。

商标的主要功能是识别同类商品的不同来源，而博物馆作为非营利性公益组织，其主要职责在于保护、管理文物，同时传播文物所蕴含的文化价值。故学界对是否应该赋予博物馆对文物藏品本身进行商标注册的权利一直存在争议。随着经济和多元社会需求的发展，博物馆功能得以极大拓展，其在文物再利用过程中会生产出越来越多的新产品，这些流通于海内外的商品当然具有识别的必要性。另外，文物的名称、形象、知识产权是文物实物的外在表现，是文物实物派生出来的权利，是文物自身权利的延伸。[③]其文物形象蕴含着民族的文化和精神价值，因此，博物馆作为代表国家进行文物管理的组织，出于管

---

① 八种情形分别是：（一）同中华人民共和国的国家名称、国旗、国徽、国歌、军旗、军徽、军歌、勋章等相同或者近似的，以及同中央国家机关的名称、标志、所在地特定地点的名称或者标志性建筑物的名称、图形相同的；（二）同外国的国家名称、国旗、国徽、军旗等相同或者近似的，但经该国政府同意的除外；（三）同政府间国际组织的名称、旗帜、徽记等相同或者近似的，但经该组织同意或者不易误导公众的除外；（四）与表明实施控制、予以保证的官方标志、检验印记相同或者近似的，但经授权的除外；（五）同“红十字”、“红新月”的名称、标志相同或者近似的；（六）带有民族歧视性的；（七）带有欺骗性，容易使公众对商品的质量等特点或者产地产生误认的；（八）有害于社会主义道德风尚或者有其他不良影响的。

② 该案例来源于北大法宝法律数据库，http：//www. pkulaw. cn/。

③ 侯珂：《博物馆文物藏品的知识产权保护初探——由一起案例引发的思考》，《广西政法管理干部学院学报》2010 年第 3 期。

理和保护文物的需要，理应享有注册商标的主体资格。

此外，博物馆作为保护、管理文物藏品的特殊市场主体，基于文物形象保护、传承的需要以及其经济价值、社会价值的有效实现，相关法律应该赋予其与文物有关商标注册的优先权或抗辩权。当然，博物馆不可能享有对所有文物的优先注册权利，在优先权和抗辩权制度设计中，相关部门应当对文物进行科学分类以及层次划分。

（2）其他市场主体作为商标注册的主体。

对于除博物馆外的其他市场主体已经注册的有效商标不能否认其商标权效力。但是“其他市场主体”不能无限制地对文物形象进行商标注册。不能否认其他市场主体正当使用文物形象商标的可能性以及正面传播文物文化的社会意义，但也必须正视现今许多被注册的文物形象商标被不正当使用，严重影响历史文物的文化传播和教育功能，以致产生不可逆转的不良影响。而且，其他市场主体的注册行为会造成人们对该商品与文物之间关联性的联想和混淆，以致出现“搭便车”等不利于市场公平竞争的行为。因此，以赋予博物馆优先权或抗辩权等方式给予其他主体文物形象商标注册的限制是必要而且可行的。即使在现行法律框架没有优先权和抗辩权设计的情况下，商标注册机构对于可能会产生不良后果的文物形象商标注册也应当按照现行《商标法》第十条“有害于社会主义道德风尚或者有其他不良影响的”规定不予注册并禁止使用。

当然，出于利益平衡和文物形象商标经济效益和社会效益最大化需要，不可能完全禁止其他市场主体商标注册权利。对于博物馆不享有优先权或抗辩权的文物形象及享有“优先权”但博物馆不积极行使权利的文物形象，国家应当许可其他市场主体注册。

（3）文物形象注册为商标后的管理及限制问题。

文物作为国家所有的历史文化遗产，其本身具有极强的特殊性，具有科学、教育、文化传承等作用，涉及社会的公共利益，因此无论是博物馆自身注册的商标还是其他市场主体合法注册的商标，在使用中均应受到一定的限制。目前我国《商标法》对于文物形象商标的注册和管理没有什么特殊要求，这便成为文物形象商标不当使用的漏洞。因此，在现行法律有待完善的情况下，加强文物行政管理部门以及商标管理部门对此类特殊商标的审查、管理和保护是极为必要的。

三　西部地区文物再利用中知识产权保护失衡原因及保护策略

（一）西部地区文物再利用过程中知识产权保护失衡原因

从整体看，我国与文物有关的知识产权保护体系存在一定的法律空白，而文物再利用产业涵盖的知识产权内容繁多，这在一定程度上造成了权利行使过程中的障碍，增加了文物再利用的难度。此外，因文物藏品自身所具有的特殊性及不同种知识产权之间存在的权利交叉与重合，使得文物再利用产品的知识产权权属及保护问题更显复杂。西部地区由于地处内陆，知识产权难题尤为突出，原因主要有以下方面。

1. 相关主体知识产权意识较差

从客观原因看，西部地区由于整体知识产权发展较为滞后，导致市场经济主体意识不强，缺乏主动出击能力和应对策略。一方面，相比其他发达省份的博物馆而言，西部地区博物馆在探索文创产品开发方面缺乏主动性和积极性，文博产业市场化严重不足，导致其他市场主体乘虚而入，文物复仿制、数字化、衍生品以及文物形象商标注册市场较为混乱。另一方面，相关主体对知识产权保护方面认识不够。相关主体在文物再利用过程中没有知识产权问题的预防意识，导致各类纠纷的发生。在权属纠纷或侵权问题发生后，相关主体不清楚会导致的严重后果，不知道应对的策略、不积极寻求共赢的模式等，如此一来，只会让本已复杂的知识产权问题更为严重。

2. 缺乏有效合理的预防、管理机制

西部地区博物馆大多只重视对文物藏品的日常管理和维护，当发生知识产权侵权问题时，往往被动应付，花费大量物力、财力，结果却不尽如人意，严重缺乏有效合理的预防、管理机制。

首先，从制度层面来讲，文博管理单位在文物及其再利用新成果的知识产权管理方面缺乏适应新形势需要的管理条例，缺乏具有针对性的促进文物再利用的保护依据，对于贬损文物历史价值的再利用行为也没有有效的预防和应对措施。其次，从内部运行来看，西部地区博物馆较之东部发达地区而言，缺乏有效的知识产权信息管理、跟踪机制。对于文物及其再利用成果的知识产权信息掌握不足，对拥有著作权的新作品和申请注册商标的产品及网络域名、专利技术等缺乏整理和统计，也没有进一步跟踪和监管机制。最后，对于网络环境下数字化文物产品、数据库等文物再利用新形式缺乏知识产权方面的警觉性，不善于利用计算机技术采取保护措施，导致文物再利用成果被窃取或损毁的现象时有发生。

（二）西部地区文物再利用过程中的知识产权保护策略

1. 提高权利主体的知识产权意识

西部地区博物馆应提升自身作为市场经济新主体的认识，主动出击，在探索文物再利用新形式的过程中，时刻树立知识产权保护意识，制定相应的知识产权应对策略。

著作权方面，博物馆应整理归纳本馆现有文物藏品及其再利用新成果的著作权，可在博物馆官方网页页面中选择一个重要的位置，明示管理单位所享有的著作权信息，如同伦敦布里奇曼艺术图书馆在其官网的导航栏上注明与其馆内作品相关的著作权信息的做法①。探索利用文物藏品之前，应厘清文物本身的著作权属，依据不同开发方式与其他合作开发人提前进行著作权的相关约定。商标权方面，对于馆藏中有价值的文物形象应当及时申请商标注册，防止其他市场主体抢注行为，并对已经注册的文物形象商标进行有效的管理和运营，使之在市场中具有一定的知名度，在消费者心目中形成良好的信誉。另外，侵权行为发生后，博物馆应根据实际情况利用我国《商标法》和《著作权法》以及行政与司法保护的“双轨制”进行交叉保护。

转变知识产权意识，变单纯的维权为积极寻求合作以达到多方市场主体共赢的目的，才是新经济发展时代知识产权策略的根本意义所在，也是西部地区博物馆充分发挥文化资源价值、增强优秀传统文化的创造力和活力，从而实现文物经济价值和社会价值的必由之路。

2. 建立针对西部地区文物再利用的知识产权预防、管理机制

第一，西部地区文博管理单位有必要在厘清当地文物再利用基本情况前提

① Dr. Trevor Carmichael. 2006. Museums and Intellectual Property in the Multimedia Age. International Council of Museums News, 59 (2), 4.

下，制定相应博物馆知识产权管理条例（或管理办法），从制度层面督促博物馆重视对文物再利用的保护。著作权方面侧重规定三项内容：一是信息时代数字化博物馆的著作权保护。其中对于数字化博物馆的运营管理、著作权归属及著作权保护问题应作详细规定。二是文物再利用限制规定，即如何事前防范、事后追责再利用人对藏品进行损害性的不实反映，或篡改文物藏品的本来形象造成不良影响的行为。三是规范各类文创开发合同范本，特别是明确各类新产品的权属、责任及利益分配。商标权方面，文博管理单位可依据具体情况制定统一的文物形象商标管理办法。

基于我国目前该类商标特殊规范的缺失，地方文博管理单位与商标行政管理机构的合作势在必行。首先，应逐步引导不同级别博物馆对著名馆藏文物形象、博物馆名、标识语等进行登记备案。这一做法一则可以为博物馆自主申请文物形象的商标注册提供条件，二则也为博物馆等文物管理单位的商标注册优先权实现奠定相应的基础。当其他市场主体申请文物形象商标注册时，博物馆可以享有该文物形象商标注册的优先权或抗辩权；只有当其放弃优先权或抗辩权时，其他主体方可进行注册。其次，管理办法需加强对已经注册的文物形象商标的管理，对于注册商标的不当使用、不良影响等行为加大处罚力度、进行严格规制。

第二，除了制度层面进行预防、管理外，博物馆内部也应建立相应知识产权信息管理、跟踪机制。明确本馆内部的文物及其再利用的知识产权信息，制定每个阶段的跟踪和监管机制，不断探索再利用新产品的方式，加强各类产品知识产权的日常维护和管理。

第三，针对数字化博物馆还应建立专门的管理机制。对于包含重要文物信息的数字化成果必须借助计算机保密技术如防火墙措施、对访问用户进行身份识别和入网控制等手段，防止文物信息被盗取或非法访问，确保阅览、学习是出于正当目的；考虑将数字版权加密保护技术纳入数字化文物保护体系，建立数字权利管理体制，实行分级管理分级开放，对于文物信息保密程度较低的数字化成果可以全面开放、免费使用；对于文物信息保密程度较高的作品应要求其付费浏览并向文物管理机关官网进行备案登记，通过格式条款对其使用、开发行为予以提前约束；至于部分对国家、社会公众利益影响较为深远，代表国家形象的文物作品，除了国家文物管理部门有权对其利用创作外，应禁止私人利用创作。此外，可以仿照伦敦国家美术馆的做法，由文物管理单位和数码影像公司等市场主体组成战略联盟，推动文物知识产权的发展更加高效且商业化。①

3. 建立促进文物再利用过程中创新成果转化机制

西部地区文物再利用文化产业因缺乏经济利益驱动，导致其创新成果转化动力不强。很多具有潜在价值的知识产品因缺乏有效的成果转化机制，使得再次利用行为价值大大降低。

对于这一问题，台北故宫以及其他重视文物再利用和创新成果转化的博物馆的做法值得借鉴。他们在充分挖掘文物价值的基础上，积极寻求合作，利用多方力量开展文物文创产品开发。在梳理界定文物各类权属的基础上，相关方制定文创产业和知识产权策略，将自己已拥有知识产权的与馆藏品或本馆相关的图像或商标等，以合同的形式授权合作开发或单纯经营新产品的使用者，使其在博物馆相应的指导与协助下按合同规定从事开发或经营活动，并合理分配所得收益。通过影像、数字化等授权，馆外机构或个人能够合法使用文物影像、数字产品以及转化后的成果；通过合作开发，多方共同以文物形象研发衍生产品并多渠道推广经营；通过品牌授权，其他市场主体能够在文物衍生品或其他相关产品经营中使用博物馆的注册商标。以上但不限于以上列举的系列文物文创产业的发展模式，不仅能使文物发挥自身最大的经济价值及社会价值，而且能够把文物文创产业的各个环节都控制在合法的领域之内。这对于西部博物馆文物文创产业的发展和知识产权的保护不失为一种经验启示。

四　结语

文物作为西部地区特殊且重要的文化遗产，不仅蕴藏着中华民族的精神价值，还蕴涵着巨大经济价值。我们应该充分挖掘文物的内在价值，充分发挥知识产权系统的激励和保护作用，促进博物馆主导的文物文创产业发展，大力推动文物再利用产业发展，使古老的文物“活”起来，最终实现西部地区文物再利用产业健康、蓬勃发展。

---

① Dr. Trevor Carmichael. 2006. Museums and Intellectual Property in the Multimedia Age. International Council of Museums News, 59 (2), 3.

专题研究

Issues

B.18

丝绸之路经济带知识产权保护状况研究报告*

王思锋　宋　硕　鲜娅静　姚宏涛　宗　琦**

摘　要：为了确立丝绸之路经济带公平、合理、稳定的贸易新秩序，促使丝绸之路经济带倡议全面实施，有关部门应该高度重视知识产权保护和合作问题。中亚各国地处欧亚大陆中心，是丝绸之路经济带的核心国家，也是丝绸之路经济带需要重点畅通的区域。研究发现，中亚各国经济结构较为单一、知识产权拥有数量不高、知识产权保护水平较低、知识产权制度需要进一步完善。共建丝绸之路经济带，应该充分发挥政府的宏观指导和政策激励作用，积极倡导建立丝绸之路经济带知识产权区域合作机制，协调沿线国家积极开展对话和磋

* 本报告为西北大学2016年哲学社会科学繁荣发展计划重大培育项目“丝绸之路经济带知识产权保护与区域合作战略研究”和陕西省高校智库建设项目“传统知识保护的难点与出路——以陕西调查为基础”的阶段性研究成果。

** 王思锋，法学博士，西北大学地理标志发展研究中心主任，西北大学法学院教授，主要从事知识产权法研究；宋硕、鲜娅静、姚宏涛、宗琦为西北大学法学院硕士研究生。

商，指导市场主体有序参与丝绸之路经济带建设。企业应该提高产品质量和附加值，高度注重品牌意识，增加产品技术创新，提高知识产权保护能力，提升市场核心竞争力。

关键词：　丝绸之路经济带　国际贸易　知识产权保护　中亚五国

"丝绸之路"是古代中国连接亚洲、非洲和欧洲的重要通道，也是其商贸和文化交流的重要通道，在世界文明史发展中发挥了重大作用。2013 年 9 月 7 日，习近平主席在哈萨克斯坦纳扎尔巴耶夫大学发表演讲时提出了共同建设"丝绸之路经济带"的战略构想，得到国际社会积极响应。2015 年 3 月 28 日，国家发展改革委、外交部、商务部经国务院授权联合发布《推动共建丝绸之路经济带和 21 世纪海上丝绸之路的愿景与行动》，系统阐述了共建"一带一路"的原则、思路与举措，倡议沿线国家秉持和平合作、开放包容、互学互鉴、互利共赢的理念，全方位推进务实合作，打造政治互信、经济融合、文化包容的利益共同体、命运共同体和责任共同体。① 当前，"一带一路"倡议正在得到越来越多的国家响应和支持，沿线国家之间合作与交流的力度与规模持续增强与扩大，货物、服务、知识产权等各种贸易往来更加频繁。为了实现这一倡议，实现沿线国家之间更大范围、更深层次的开放、交流与合作，需要尽快了解沿线各国法律保护尤其是知识产权保护现状，高度重视知识产权在"一带一路"建设中的重要作用，防范和应对各种知识产权风险。

地处欧亚大陆中心的哈萨克斯坦、吉尔吉斯斯坦、塔吉克斯坦、土库曼斯坦、乌兹别克斯坦等中亚五国，是丝绸之路经济带核心国家，这一区域也被称为狭义上的丝绸之路经济带。我国与中亚五国既是友好邻邦，也是共建丝绸之路经济带最重要的战略合作伙伴。基于此，本报告以共建丝绸之路经济带为视角，全面分析研究中亚五国的知识产权保护现状，针对我国政府出台相关政策和企业走向丝绸之路经济带提出合理化建议。

---

① 《推动共建丝绸之路经济带和 21 世纪海上丝绸之路的愿景与行动》，国家发展改革委、外交部、商务部经国务院授权联合发布，《人民日报》2015 年 3 月 29 日。

一　共建丝绸之路经济带的知识产权保障

（一）现代知识产权制度的宗旨和功能

知识产权制度是鼓励人类创新、促进社会共同进步的重要法律制度，是商品经济和科学技术发展的产物，其从创设发展到现在，为技术进步和经济社会发展做出巨大贡献。实践证明，知识产权制度和国际贸易关系日益密切，知识产权制度被视为一柄“双刃剑”，一直影响现代国际贸易发展。以我国为例，在20世纪90年代，因为知识产权的问题引发了三次中美贸易大战，在美国压力下我国被迫全方位提高知识产权保护水平，最终因为知识产权问题的基本解决才得以加入世界贸易组织。近年来，在激烈的国际贸易竞争中，我国也屡屡因为商标抢注、专利侵权、恶意知识产权诉讼等问题遭受巨大损失，众多企业甚至某些行业被迫整体退出国际市场。当今世界，知识产权制度已经成为经济全球化和区域经济一体化时代各经济体快速发展的动力和保障。加强知识产权保护，不仅关系企业、国家的竞争能力提升和长远发展战略，对世界经济秩序的稳定和健康发展也具有重要的影响。

（二）知识产权、国际贸易与丝绸之路经济带

为了确立丝绸之路经济带公平、合理、稳定的贸易新秩序，促使丝绸之路经济带这一战略构想的全面实施，必须重视知识产权保护和合作问题。多年来，欧盟和美国纷纷通过各种外交手段，迫使其他国家尤其是广大发展中国家提高知识产权保护水平，以保护其国民和企业在海外的贸易利益。中亚五国毗邻中国，是古代丝绸之路上重要的国家，战略位置十分重要，为古代丝绸之路的繁荣发展做出了突出的贡献。如今的中亚各国，不仅占据地缘优势，矿产资源丰富，而且经济发展势头良好。近年来，欧盟、美国、俄罗斯、日本等竞相加大在中亚地区的贸易和投资力度，中亚国家也迫于压力而通过加强知识产权保护来实现和西方发达国家的贸易合作。

自丝绸之路经济带倡议提出以来，从中央各部委到各省份，关注重点主要

集中于能源、矿产、投资、金融、教育、旅游、物流等领域，对于丝绸之路经济带的法律支持机制问题关注较少，对于对丝绸之路经济带长远健康发展起决定性作用的知识产权保护与合作问题关注更少。丝绸之路经济带沿线各国的进一步合作与贸易往来，必然包含版权贸易及其保护、商标国际注册与保护、技术贸易与专利保护、商业秘密保护、农产品地理标志保护、计算机网络域名保护等诸多知识产权问题。只有充分了解沿线国家知识产权保护现状，通过多方沟通与对话，建立知识产权合作与发展长效机制，才能为丝绸之路经济带繁荣和发展奠定牢固的法律基础，有力保障和推动丝绸之路经济带发展战略的充分实现。

二　丝绸之路经济带沿线主要国家知识产权保护现状

丝绸之路经济带重点地带为中国经中亚、俄罗斯至欧洲（波罗的海），中国经中亚、西亚至波斯湾、地中海，中国至东南亚、南亚、印度洋。[①] 其中，中亚地区毗邻中国西部，不仅是古代丝绸之路的必经之地，也是当今“丝绸之路经济带”的核心地带。中亚国家转型二十多年来，在政治、经济、社会等各领域均取得不俗成绩，西方发达国家都在不断加强与中亚国家的合作与交流，中国也已经与中亚五国全部建立战略伙伴关系。对我国来说，建设“丝绸之路经济带”，必然首先致力于打造“中国—中亚经济带”。因此，本报告将以哈萨克斯坦、吉尔吉斯斯坦、塔吉克斯坦、土库曼斯坦、乌兹别克斯坦等中亚五国为例，全面考察这些国家知识产权保护情况和法律保护现状。

（一）知识产权实际拥有情况[②]

近年来，中亚五国经济呈现出稳定增长趋势，知识产权对国家经济的发展影响作用不断加强。但是从实际来看，各国专利、商标及外观设计等各类知识

---

① 参见《推动共建丝绸之路经济带和21世纪海上丝绸之路的愿景与行动》，国家发展改革委、外交部、商务部经国务院授权联合发布，《人民日报》2015年3月29日。

② 本部分表1至表10主要数据来源：http://www. wipo. int/ipstats/en/statistics/country_ profile，2017年4月5日访问。由于数据交换不充分等原因，表中缺少部分年度数据。

产品申请保护和授权总量较小，部分国家还出现下滑趋势。

1. 知识产权申请总体情况

知识产权作为国家的核心竞争力，其申请量在一定程度上反映一国经济与科技发展总体水平。在中亚国家中，哈萨克斯坦在 2011 ~ 2015 年五年内，国内生产总值从 366.47 亿美元增长到 427.25 亿美元，提高了 16.6%，专利申请总量不大，2015 年有所下降；商标和外观设计 2011 年以来一直呈上升趋势，但 2015 年出现下降。据哈萨克斯坦知识产权管理部门数据，1992 ~ 2013 年，哈萨克斯坦共登记注册商标 40453 件，发明专利 26823 件，工业品外观设计 1743 件，实用新型 933 件。[①] 2011 ~ 2015 年，乌兹别克斯坦国内生产总值增长了 36.4%，专利、商标和外观设计申请数量都有明显涨幅。但中亚国家技术创新、法治发展方面总体相对落后，虽然各国在五年内国内生产总值都有不同程度增长，但除乌兹别克斯坦外，其他国家知识产权申请数量总体出现一定程度下滑。以吉尔吉斯斯坦为例，其在五年内国内生产总值增长 19.2%，但其专利申请数量从 197 件降低到 180 件，出现明显下滑，外观设计申请数量也有所减少，只在商标申请量上有略微增长。

表 1 中亚五国知识产权申请与经济发展状况（2011 ~ 2015 年）

单位：件，亿美元

国别	年份	专利	商标	外观设计	GDP
哈萨克斯坦	2011	1821	2480	191	366.47
	2012	—	2955	124	383.32
	2013	2386	2839	135	405.56
	2014	2453	3108	120	422.18
	2015	1797	2872	98	427.25
吉尔吉斯斯坦	2011	197	220	17	16.11
	2012	130	216	17	16.09
	2013	130	269	12	17.85
	2014	173	318	47	18.57
	2015	180	263	14	19.21

① 《哈萨克斯坦知识产权注册登记情况》，http：//kz.mofcom.gov.cn/article/jmxw/201306/20130600180198.shtml，2017 年 4 月 8 日访问。

续表

国别	年份	专利	商标	外观设计	GDP
塔吉克斯坦	2011	22	161	—	17.29
	2012	19	142	—	18.58
	2013	11	138	1	19.96
	2014	—	—	—	21.30
	2015	—	109		22.19
土库曼斯坦	2011	—	—	—	58.01
	2012	—	—	—	64.45
	2013	—	—	—	71.03
	2014	—	—	—	78.34
	2015	—	—	—	83.44
乌兹别克斯坦	2011	304	1727	107	129.46
	2012	270	2158	153	140.08
	2013	308	1589	159	151.28
	2014	374	2001	177	163.53
	2015	305	2317	218	176.62

2. 专利申请与授权情况

专利申请与授权情况是一个国家或一个企业科技创新和竞争能力的重要体现。从表2~7可以看出，哈萨克斯坦在2011~2015年五年时间内，其本国发明专利授权量出现下滑，从1618件降低到1351件，世界排第21位；本国实用新型专利申请量从78件增长至446件，增长4.7倍，世界排名也从第36名前进至第17名；本国外观设计注册量从142件下降到94件，其世界排名也随之退后10个名次；与此同时，非本国申请人发明专利申请量、实用新型专利申请量、外观设计申请量都出现不同程度波动，但相比之下，非本国的外观设计申请量总体高于本国申请量，并在近年波动增长，2015年其本国外观设计申请量为94件，而非本国申请量为123件；哈萨克斯坦2011~2014年在国外的发明专利授权量从93件增长至183件，涨幅将近97%，但排名基本保持稳定，国外实用新型申请量变化不大，2015年仅为17件，总体数量很少；其在国外的外观设计注册量2011年为27件，而2015年仅为2件，下滑明显。在专利国际申请中，哈萨克斯坦 PCT 专利申请量 2011 年为 23 件，排名第 58，2015 年为 22 件，排名第 64，5 年之内排名出现了一定程度下滑。哈萨克斯坦在 2011 ~2015 年，虽然在发明专利方面注重国外申请和布局，但其在本国的申请数量出现下滑；其在国内的实用新型领域的专利申请量增长迅速，但在国外的申请量基本没有变化，数量很少；哈萨克斯坦在外观设计方面的重视程度明显不够，与非本国存在较大差距。

表 2　中亚五国发明专利申请情况（2011 ~2015 年）

单位：件

国别	年份	本国	排名	非本国	排名	国外	排名
哈萨克斯坦	2011	1457	30	317	52	364	45
	2012	58	73	—	—	446	42
	2013	1886	26	378	47	500	42
	2014	1820	26	271	53	633	39
	2015	1323	28	232	52	474	42
吉尔吉斯斯坦	2011	132	67	5	111	65	77
	2012	112	66	1	117	18	110
	2013	113	70	3	119	17	102
	2014	137	64	7	108	36	94
	2015	129	65	4	99	51	89
塔吉克斯坦	2011	6	99	1	115	16	112
	2012	5	102	3	113	14	118
	2013	3	109	2	120	8	116
	2014	1	123	—	—	7	130
	2015	2	113	1	104	14	114
土库曼斯坦	2011	—	—	—	2	145	—
	2012	—	—	—	2	146	—
	2013	—	—	—	1	148	—
	2014	—	—	—	1	156	—
	2015	—	—	—	—	—	—
乌兹别克斯坦	2011	282	51	274	55	22	102
	2012	257	47	253	51	13	121
	2013	299	53	258	53	9	114
	2014	345	50	223	59	29	100
	2015	288	51	219	56	17	112

表 3　中亚五国发明专利授权情况（2011～2015 年）

单位：位

国别	年份	本国	排名	非本国	排名	国外	排名
哈萨克斯坦	2011	1618	20	279	44	93	50
	2012	15	73	—	—	124	46
	2013	1335	20	181	51	130	49
	2014	1313	21	210	46	172	49
	2015	1351	21	170	45	183	50
吉尔吉斯斯坦	2011	—	—	—	—	2	110
	2012	103	52	2	102	16	76
	2013	89	54	3	103	30	77
	2014	103	53	1	102	30	88
	2015	103	46	5	89	16	100
塔吉克斯坦	2011	7	83	—	—	16	83
	2012	1	97	1	104	7	96
	2013	1	94	2	106	7	102
	2014	—	—	—	—	—	—
	2015	—	—	—	—	—	—
土库曼斯坦	2011	1	94	—	—	8	92
	2012	—	—	—	—	—	—
	2013	—	—	—	—	—	—
	2014	—	—	—	—	—	—
	2015	—	—	—	—	1	137
乌兹别克斯坦	2011	108	51	71	67	—	—
	2012	131	44	44	73	2	114
	2013	105	49	79	66	—	—
	2014	106	51	73	54	14	99
	2015	94	52	59	63	24	88

表 4　中亚五国实用新型专利申请量（2011～2015 年）

单位：件

国别	年份	本国	排名	非本国	排名	国外	排名
哈萨克斯坦	2011	78	36	65	18	16	39
	2012	—	—	—	—	11	41
	2013	128	33	84	18	8	52
	2014	139	34	64	21	11	47
	2015	446	17	84	17	17	41

续表

国别	年份	本国	排名	非本国	排名	国外	排名
吉尔吉斯斯坦	2011	10	49	—	—	—	—
	2012	17	44	—	—	2	72
	2013	8	49	1	55	—	—
	2014	8	51	2	49	—	—
	2015	14	46	3	46	—	—
塔吉克斯坦	2011	140	30	—	—	2	69
	2012	69	35	1	50	—	—
	2013	66	42	3	45	—	—
	2014	—	—	—	—	—	—
	2015	90	37	3	46	—	—
土库曼斯坦	2011	—	—	—	—	—	—
	2012	—	—	—	—	2	72
	2013	—	—	—	—	—	—
	2014	—	—	—	—	—	—
	2015	—	—	—	—	—	—
乌兹别克斯坦	2011	94	32	5	43	4	58
	2012	173	26	10	37	10	43
	2013	171	29	2	50	2	78
	2014	167	30	6	42	—	—
	2015	186	29	4	43	2	73

表 5　中亚五国外观设计申请量（2011～2015 年）

单位：件

国别	年份	本国	排名	非本国	排名	国外	排名
哈萨克斯坦	2011	136	59	121	58	55	78
	2012	119	61	118	57	5	102
	2013	135	62	222	54	—	—
	2014	107	66	193	52	13	105
	2015	94	65	123	58	4	112
吉尔吉斯斯坦	2011	17	85	150	54	—	—
	2012	17	89	152	52	—	—
	2013	12	93	239	51	—	—
	2014	47	77	198	50	—	—
	2015	12	94	265	49	2	119

续表

国别	年份	本国	排名	非本国	排名	国外	排名
塔吉克斯坦	2011	—	—	5	111	—	—
	2012	—	—	82	69	—	—
	2013	1	114	226	52	—	—
	2014	—	—	137	57	—	—
	2015	—	—	66	68	—	—
土库曼斯坦	2011	—	—	—	—	—	—
	2012	—	—	—	—	—	—
	2013	—	—	—	—	2	110
	2014	—	—	—	—	—	—
	2015	—	—	—	—	—	—
乌兹别克斯坦	2011	107	60	18	97	—	—
	2012	147	58	32	87	6	101
	2013	155	61	19	103	4	103
	2014	177	58	16	104	—	—
	2015	218	52	20	97	—	—

表 6　中亚五国外观设计注册量（2011～2015 年）

单位：件

国别	年份	本国	排名	非本国	排名	国外	排名
哈萨克斯坦	2011	142	53	128	51	27	75
	2012	—	—	—	—	—	—
	2013	96	61	126	60	5	97
	2014	92	61	190	53	4	101
	2015	94	63	188	53	2	114
吉尔吉斯斯坦	2011	14	81	148	49	—	—
	2012	8	87	136	51	—	—
	2013	17	80	255	45	—	—
	2014	21	81	197	52	—	—
	2015	29	79	256	48	—	—
塔吉克斯坦	2011	—	—	3	110	—	—
	2012	—	—	77	64	—	—
	2013	—	—	228	49	—	—
	2014	—	—	137	58	—	—
	2015	—	—	68	68	—	—

续表

国别	年份	本国	排名	非本国	排名	国外	排名
土库曼斯坦	2011	—	—	—	—	—	—
	2012	—	—	—	—	—	—
	2013	—	—	—	—	—	—
	2014	—	—	—	—	—	—
	2015	—	—	—	—	—	—
乌兹别克斯坦	2011	78	60	17	91	—	—
	2012	94	56	16	96	5	91
	2013	119	58	28	87	1	111
	2014	72	66	17	98	—	—
	2015	122	58	16	101	—	—

表7　中亚五国 PCT 专利申请量（2011～2015 年）

单位：件

国别	年份	数量	排名	国别	年份	数量	排名
哈萨克斯坦	2011	23	58	塔吉克斯坦	2011	—	—
	2012	12	69		2012	—	—
	2013	18	63		2013	—	—
	2014	21	62		2014	—	—
	2015	22	64		2015	—	—
吉尔吉斯斯坦	2011	1	111	土库曼斯坦	2011	—	—
	2012	4	88		2012	—	—
	2013	—	—		2013	—	—
	2014	1	108		2014	—	—
	2015	1	110		2015	—	—
乌兹别克斯坦	2011	1	111	—	—	—	—
	2012	2	97		—	—	—
	2013	2	97		—	—	—
	2014	6	77		—	—	—
	2015	3	95		—	—	—

中亚其他国家在专利申请与授权方面的情况与哈萨克斯坦基本类似，以吉尔吉斯斯坦为例，其在发明专利授权数量方面，2012 年为 103 件，2015 年仍为 103 件，世界排名也无明显变化，其在国外的发明专利申请量以及非本国申

请人的发明专利申请量都存在相同情况，变化不大，且总量很小；实用新型专利本国申请量、非本国申请量以及在国外申请量都非常少；在外观设计方面，其2015年的本国注册量为29件，非本国注册量为256件，后者是前者8倍左右之多；其PCT国际申请量也非常少，变化不大。从数据可以看出，中亚国家近年来发明专利发展水平总体一般，变化不大，除了哈萨克斯坦在实用新型专利数量上有较大增长之外，其他国家实用新型专利数量无明显增长；外观设计方面，非本国的注册数量远远大于本国注册数量，各类型专利的国外申请数量整体较小，且无明显增长趋势。由此可见，中亚国家知识产权水平相对落后。

3. 商标注册情况

商标注册方面，中亚国家呈现总量偏少、缓慢增长的特点。此外，非本国申请人的注册数量远远高于本国注册数量，中亚各国申请人到国外注册数量更少。商标注册保护现状反映出，中亚各国市场主体的商标注册保护意识普遍较低、保护水平也普遍较低，在一定程度上也滋长了各种商标侵权行为。从表8、表9可以看出，在商标申请量方面，塔吉克斯坦、乌兹别克斯坦2011～2015年本国商标申请量总体呈现上升趋势，但是其排名上升缓慢，总体水平不高。2015年，塔吉克斯坦本国申请人申请注册商标数量为109件，而非本国申请人在塔吉克斯坦的申请数量为2416件，形成鲜明对比。再以吉尔吉斯斯坦为例，2015年，本国申请人在国内申请商标数量为211件，非本国申请人在吉尔吉斯斯坦的商标申请数量为2833件，是本国人申请数量的13.4倍，本国申请人在外国的商标申请数量仅为7件，排名世界第170名。此外，就通过马德里体系进行商标的国际注册而言，中亚五国除哈萨克斯坦总体呈增长趋势之外，其他国家2011～2015年的申请量均维持在个位数，各国市场主体商标国际申请积极性普遍不高（见表10）。

（二）知识产权法律保护现状

1. 各国知识产权立法情况

中亚各国现行的有关知识产权的法律法规，一部分沿用苏联时期部分法律法规的规定，一部分根据各国知识产权发展现状重新订立。总体来看，中亚各国的知识产权立法在某些方面比较落后，但近年来法律修改比较频繁，各国都在积极适应知识产权国际保护新趋势，对相关知识产权立法进行完善，积极提升知识产权法律保护水平。

表 8　中亚五国商标申请量（2011～2015 年）

单位：件

国别	年份	本国	排名	非本国	排名	国外	排名
哈萨克斯坦	2011	1891	71	6725	37	589	100
	2012	2245	63	7197	34	710	98
	2013	2371	61	7476	33	468	97
	2014	2559	56	6964	36	549	103
	2015	2357	63	6466	38	515	107
吉尔吉斯斯坦	2011	152	97	2662	68	25	149
	2012	156	99	2828	66	29	147
	2013	154	103	3019	65	27	152
	2014	171	102	2509	67	29	159
	2015	211	90	2833	62	7	170
塔吉克斯坦	2011	161	107	2565	74	—	—
	2012	141	111	2568	75	1	186
	2013	137	113	2542	75	1	182
	2014	—	—	2025	84	12	175
	2015	109	110	2416	72	—	—
土库曼斯坦	2011	—	—	2100	88	8	176
	2012	—	—	2327	79	4	180
	2013	—	—	2250	82	3	175
	2014	—	—	2016	85	9	178
	2015	—	—	2062	77	86	148
乌兹别克斯坦	2011	1720	73	3027	65	7	177
	2012	2007	67	3089	68	151	127
	2013	1523	70	3102	68	66	135
	2014	1884	68	2931	67	117	141
	2015	2260	65	2828	64	57	151

表 9　中亚五国商标注册量（2011～2015 年）

单位：件

国别	年份	本国	排名	非本国	排名	国外	排名
哈萨克斯坦	2011	917	72	5716	38	995	73
	2012	1041	65	6731	30	748	78
	2013	1251	70	7060	34	792	80
	2014	1836	61	6827	32	372	110
	2015	1	109	4938	37	477	93

续表

国别	年份	本国	排名	非本国	排名	国外	排名
吉尔吉斯斯坦	2011	152	97	2662	68	25	149
	2012	156	99	2828	66	29	147
	2013	154	103	3019	65	27	152
	2014	171	102	2509	67	29	159
	2015	211	90	2833	62	7	170
塔吉克斯坦	2011	203	93	2388	73	2	180
	2012	81	103	2489	71	91	123
	2013	75	109	2502	73	—	—
	2014	—	—	1839	81	—	—
	2015	91	96	2685	66	7	170
土库曼斯坦	2011	—	—	1878	84	—	—
	2012	—	—	2047	82	5	165
	2013	—	—	2151	84	5	164
	2014	—	—	1872	79	6	174
	2015	—	—	2176	73	64	140
乌兹别克斯坦	2011	1048	68	2716	66	9	159
	2012	829	74	2798	67	5	165
	2013	1352	66	2877	67	156	118
	2014	1132	68	2649	66	99	143
	2015	1211	67	2958	57	59	145

表 10　中亚五国马德里商标国际申请状况（2011～2015 年）

单位：件

国别	年份	马德里体系	排名	国别	年份	马德里体系	排名
哈萨克斯坦	2011	52	46	塔吉克斯坦	2011	—	—
	2012	72	45		2012	—	—
	2013	69	46		2013	—	—
	2014	49	53		2014	1	97
	2015	71	49		2015	—	—
吉尔吉斯斯坦	2011	7	63	土库曼斯坦	2011	—	—
	2012	3	79		2012	—	—
	2013	4	63		2013	—	—
	2014	3	84		2014	—	—
	2015	1	99		2015	1	99

续表

国别	年份	马德里体系	排名	国别	年份	马德里体系	排名
乌兹别克斯坦	2011	—	—	—	—	—	—
	2012	2	85		—	—	—
	2013	3	81		—	—	—
	2014	3	84		—	—	—
	2015	1	99		—	—	—

在中亚各国中，哈萨克斯坦知识产权立法比较全面、立法水平较高，不仅在宪法、刑法、民法等基本法中都有相应的知识产权保护条文，而且知识产权立法体系也比较健全，包括《专利法》《商标、服务标识和原产地标记法》《版权和邻接权法》《集成电路保护法》等知识产权专门立法，以及《文化法》《信息法》《海关事务法》等相关法律。2013 年，哈萨克斯坦对与竞争有关的部分法案进行了修改和补充，旨在完善竞争和反垄断协调领域立法。2015 年，哈萨克斯坦对加入世界贸易组织部分相关法律条款进行了修改和补充，涉及非法使用商品标识、药品注册等相关内容的修改。[①] 2016 年，哈萨克斯坦司法部起草了一部新法，旨在修订和补充相关知识产权法律法规，是哈萨克斯坦知识产权立法完全符合经济合作发展组织的知识产权保护标准和《新加坡商标法条约》要求，提出制定统一的知识产权注册体系，所有注册由国家知识产权局（NIIP）受理，取代现有的 NIIP 和司法部知识产权相关部门两套体系；设立 NIIP 上诉委员会，受理针对 NIIP 裁定提起的上诉，无须直接诉至法院；强化执法措施，包括知识产权所有者的合理赔偿等。[②]

吉尔吉斯斯坦自 1998 年加入 WTO 后，在知识产权法律保护方面取得显著进步，除了《版权和邻接权法》《专利法》《商标、服务标识和原产地商品法》《职务发明、实用新型和外观设计法》《传统知识保护法》《集成电路保护法》《育种者法》《计算机软件和数据库保护法》等知识产权专门立法外，在民法、刑法等相关基本法中也有知识产权保护法律条款，另外还涉及多部法令法规和

① 参见商务部网站，http：//kz. mofcom. gov. cn/article/ddfg/，2017 年 4 月 2 日访问。

② 《哈萨克斯坦发布知识产权法修订草案》，http：//www. ipr. gov. cn/article/gjxw/lfdt/yz/qtyz/201611/1897789，Html，2017 年 3 月 20 日访问。

实施细则，内容涉及面十分广泛；塔吉克斯坦于2013年加入世界贸易组织，对原有知识产权立法做了相应修改，目前共有《外观设计法》《植物多样性保护法》《版权和邻接权法》《商业秘密法》《育种法》《保护流行艺术工艺品法》等知识产权专门法及相关法26部，各类实施细则8部；土库曼斯坦现有《版权和邻接权法》《植物新品种法》《发明和外观设计法》《商标、服务标识和原产地法》《商业秘密法》《计算机程序、数据库和集成电路拓扑图保护法》等知识产权专门立法及相关法15部，各类相关实施细则5部；乌兹别克斯坦现有《商标、服务标示和原产地保护法》《集成电路拓扑图保护法》《保护计算机程序和数据库法》《发明、实用新型和外观设计法》《商标、服务标识和地理标志法》《版权和邻接权法》《育种法》等知识产权专门及相关立法24部以及多部实施细则。

2. 各国知识产权行政管理和执法情况

中亚各国均设有专门知识产权管理机构行使相应的知识产权管理和执法职能。例如，在哈萨克斯坦，管理知识产权事务部门是司法部知识产权委员会，主要负责相关知识产权注册，执行国家版权、发明、实用新型、外观设计和其他知识产权保护政策，签发版权、专利和商标证书以及认定驰名商标；国家知识产权局主要受理发明专利、实用新型、外观设计申请和商标注册事宜。

吉尔吉斯斯坦国家科学和新技术委员会、塔吉克斯坦国家专利和信息中心、土库曼斯坦专利局、乌兹别克斯坦知识产权局等都是该国知识产权管理主要行政部门。从现状来看，由于立法不健全、知识产权保护水平不高、行政管理与执法权责不清等原因，各国知识产权执法仍存在很多问题，知识产权执法环境亟待改善。各国在近年来虽然进行了一些专项执法活动，但是执法效果不明显，假冒商品和盗版产品到处可见。在哈萨克斯坦，软件盗版现象比较严重，以企业终端使用者和网络盗版为主。在吉尔吉斯斯坦，音视频、计算机程序盗版现象非常严重，而现行法律对盗版处罚力度太小，业内人士纷纷呼吁修改版权保护法，把版权保护上升到刑法保护的层面，以切实加强执法保护。

3. 各国知识产权司法保护情况

由于中亚国家知识产权保护执法行动不能做到“充分且有效”，其侵权行为就更难进入司法程序。因此，目前中亚五国知识产权司法保护力度普遍不够，民事诉讼法中有关知识产权侵权的规定不够完善，刑事与行政处罚不足以惩戒侵权者，很多知识产权侵权的刑事案件难以行使有效的司法审判，亟须通过司法改革加强对知识产权的保护。

（三）我国在丝绸之路经济带的知识产权保护现状

从现状看，在与中亚国家经贸往来中，我国仅有极少数企业比较重视知识产权保护，企业很少在中亚国家申请专利或注册商标。笔者对国家知识产权局专利数据库初步检索分析，我国企业在中亚国家的专利年申请量非常少（见表 11 ~ 表 14）。很多企业因为没有进行专利布局或者注册商标而遭受惨重损失。例如，新疆有机化工厂生产的“七色花”牌油漆在中亚市场曾备受消费者青睐，创下年销量超过 4000 吨的纪录，但是因为没有在出口国家预先进行商标注册，其企业产品包装设计和品牌名称被大量仿冒，假冒伪劣油漆大量占领“七色花”油漆市场份额，“七色花”牌油漆的出口因此遭受毁灭性打击。[①] 纳爱斯乌鲁木齐有限公司生产的雕牌洗衣粉 2008 年和 2009 年在中亚五国年销售量都保持在 15000 吨，但由于假货泛滥，导致雕牌洗衣粉 2011 年销售量下滑到 5000 吨以下。[②] 同样作为新疆知名企业，新疆华生涂料有限公司在开拓中亚市场时就提前在哈萨克斯坦等国申请了商标注册，其产品在中亚尤其是哈萨克斯坦销售状况良好。在开拓中亚各国市场时，我国很多企业都没有预先进行知识产权布局，而且对于已经获得授权的知识产权也未采取有效保护措施。虽然与中亚五国的经贸合作在不断加强和推进，但是知识产权的保护状况却令人担忧，难以查到企业在中亚各国申请专利的数据资料。在商标保护领域，虽然有所涉及，但是数量非常少。以陕西省为例，对 18 家企业的调研发现，仅有陕西凌云电器、城固柑橘和陕西汽车集团等少数企业产品出口中亚国家，但是很少有企业将其商标在中亚国家进行预先注册。陕西汽车集团近年来在拓展中亚市场中取得了不俗成绩，每年出口中亚地区汽车 5000 辆左右，但是中亚市场大量流通的假冒汽车零配件却给陕汽集团在塑造品牌、提高国际竞争力方面造成严重影响，反映出知识产权布局和维权的必要性和紧迫性。

---

① 参见孙文婷、王蓓蓓、加依娜《新疆企业在开拓中亚市场中知识产权保护存在的问题及对策》，《石河子科技》2015 年第 3 期。

② 参见王涛《雕牌洗衣粉在中亚遭遇假货阻击　销量锐减》，http：//news. ts. cn/content/2012 -03/25/content_ 6691402. htm，2017 年 3 月 20 日访问。

表 11　中国在中亚国家发明专利申请量（2011～2015 年）

单位：件

国家＼年份	2011	2012	2013	2014	2015
哈萨克斯坦	6	5	0	0	7
乌兹别克斯坦	5	1	5	6	2
吉尔吉斯斯坦	0	0	1	0	2
总计	11	6	6	6	11

表 12　中国在中亚国家发明专利授权量（2011～2015 年）

单位：件

国家＼年份	2011	2012	2013	2014	2015
哈萨克斯坦	1	1	0	0	0
乌兹别克斯坦	1	2	2	1	2
吉尔吉斯斯坦	0	0	0	0	2
总计	2	3	2	1	4

表 13　2011 年中国在中亚国家专利申请及授权情况

单位：件

国　家	发明		实用新型		外观设计	
	申请量	授权量	申请量	授权量	申请量	授权量
哈萨克斯坦	6	1	0	0	0	0
乌兹别克斯坦	5	1	0	1	1	0
总　计	11	2	0	1	1	0

表 14　2012 年中国在中亚国家专利申请及授权情况

单位：件

国　家	发明		实用新型		外观设计	
	申请量	授权量	申请量	授权量	申请量	授权量
哈萨克斯坦	5	1	1	0	2	0
乌兹别克斯坦	1	2	0	0	1	0
总　计	6	3	1	1	3	0

三　丝绸之路经济带知识产权国际竞争新格局

（一）WIPO 与 WTO 层面的合作与竞争

中亚五国均为世界知识产权组织（简称 WIPO）成员国，近年来，各国正在通过积极参与知识产权相关国际条约方式加强知识产权的国际保护，其领域涵盖专利、版权及商标等多个方面。截至目前，中亚各国均是《建立世界知识产权组织公约》《巴黎公约》《伯尔尼公约》《马德里议定书》《专利合作条约》《尼斯协定》《洛迦诺协定》《斯特拉斯堡协定》等 8 个国际条约的成员国。哈萨克斯坦还是《商标国际注册马德里协定》《商标法条约》等 18 个相关国际条约成员国。吉尔吉斯斯坦参加了 21 个知识产权国际保护条约，塔吉克斯坦、土库曼斯坦和乌兹别克斯坦分别参与了 17 个、9 个、11 个国际条约。哈萨克斯坦于 2015 年加入世界贸易组织，并和吉尔吉斯斯坦、塔吉克斯坦共同为世界贸易组织成员方，受世界贸易组织一揽子协议尤其是《与贸易有关的知识产权协议》的约束。随着知识产权全球化影响，各国正在积极改变和融入知识产权国际保护体系，并逐渐改变和完善各自国内的知识产权法律制度，使之更加符合本国经济发展需求。

表 15　中亚五国及俄罗斯参加的主要国际条约

国　家	W	P	B	PCT	MM	WCT	WPPT	WTO
乌兹别克斯坦	√	√	√	√	—	—	—	—
吉尔吉斯斯坦	√	√	√	√	√	√	√	√
塔吉克斯坦	√	√	√	√	√	√	√	√
哈萨克斯坦	√	√	√	√	√	√	√	√
土库曼斯坦	√	√	√	√	—	—	—	—
俄罗斯	√	√	√	√	√	√	√	√

注：W－建立世界知识产权组织公约；P－巴黎公约；B－伯尔尼公约；PCT－专利合作条约；MM－商标国际注册马德里协定；WCT－世界知识产权组织版权条约；WPPT－世界知识产权组织表演和录音制品条约；WTO－世界贸易组织。

（二）欧盟、美国、俄罗斯在丝绸之路经济带的知识产权竞争

鉴于丝绸之路经济带中亚五国极其重要的战略地缘优势，美国、俄罗斯、

日本、土耳其、印度、伊朗、韩国等各种大国势力纷纷在中亚展开竞争。中国自提出共建丝绸之路经济带战略构想以来，上述各种势力角逐变得更加激烈。欧盟历史上并不是中亚事务的积极参与者，但是自2007年以来，欧盟的中亚战略发生了明显转变。2007年6月22日，欧盟理事会批准了由德国起草的《欧盟与中亚：新伙伴关系战略》，该战略第一次全面系统阐述了欧盟的中亚外交政策，欧盟从此以更加积极的姿态参与中亚事务，一方面突出其价值观外交，向中亚各国输出其规范，包括人权、善治、民主、法治等；另一方面则注重维护其在能源和安全上的利益，使欧盟能从中亚国家获得新的能源供给来源。①

基于前述竞争态势，欧盟、美国、日本、俄罗斯等各种势力都在不断加强在中亚国家的知识产权布局，专利申请和商标注册数量均比以前大幅提升。与此同时，中亚各国也充分认识到知识产权保护的重要性，一方面积极争取加入世界贸易组织，加入世界知识产权组织和其他国际组织管理的诸多知识产权国际公约；另一方面也非常重视和每个国家的双边知识产权交流与合作，谋求改善知识产权保护状况，促进本国经济发展，提升国际竞争力。

受历史和地理位置影响，俄罗斯与中亚各国在知识产权的合作最为便利，合作也最为广泛，其与哈萨克斯坦、吉尔吉斯斯坦、乌兹别克斯坦、塔吉克斯坦及其他六个独联体国家共同签署自由贸易协定，俄罗斯与乌兹别克斯坦还签署了有关军事合作方面的知识产权保护政府间协议，以及工业产权领域政府间合作协议。在知识产权国际保护的舞台上，美国具有非常重要的主导权，常常通过国际贸易制裁手段迫使发展中国家提高知识产权保护水平，以维护美国商业主体地位和贸易利益。长期以来，美国对于中亚国家的知识产权保护现状并不满意，除吉尔吉斯斯坦以外，中亚其他国家均连续多次被美国贸易代表列入特别301条款观察员名单，美国连续使用贸易手段和外交压力使中亚国家被动提升自身的知识产权立法、执法和司法保护水平，改善知识产权环境。②

---

① 参见潘兴明《价值观外交与利益外交的叠加——欧盟中亚战略评析》，《欧洲研究》2013年第5期；徐刚《欧盟中亚政策的演变、特征与趋向》，《俄罗斯学刊》2016年第2期；戴轶尘《欧盟新中亚战略中的规范性外交及其软化态势》，《欧洲研究》2014年第5期。

② 宗琦：《中国与中亚五国知识产权区域合作对策研究》，西北大学硕士学位论文，2015。

（三）中国与丝绸之路经济带沿线国家的知识产权合作

1992 年中国与中亚五国正式建交以来，中国与中亚五国在政治、经济、安全、人文等领域展开了全方位合作与交流。经过 25 年发展，中国与中亚国家关系已成为新型国家关系和区域合作的典范。尤其是 2013 年共建“丝绸之路经济带”倡议提出以来，中国同中亚国家关系迈入打造利益共同体、谋求共同发展的新时期。① 我国与丝绸之路经济带沿线国家在知识产权方面的合作主要通过上海合作组织开展或者签订双边协议方式。中国、哈萨克斯坦、乌兹别克斯坦、塔吉克斯坦、吉尔吉斯斯坦等国家都是上海合作组织的重要成员国，上海合作组织为中国同中亚各国在知识产权合作方面提供了重要平台和渠道。2012 年 12 月 5 日，上海合作组织成员国总理第十一次会议签署了《上海合作组织成员国海关关于加强知识产权保护合作备忘录》，这是中国同中亚国家首次在区域国际组织层面进行关于知识产权方面的合作，大大提升了中国和中亚国家在知识产权方面的合作水平。1999 年、2011 年，我国分别与乌兹别克斯坦、吉尔吉斯斯坦签订了双边知识产权合作协议。2013 年 3 月，我国与吉尔吉斯斯坦签订了“双边合作计划”。通过这些交流与合作，各国的贸易往来更加便利，极大促进了沿线国家共通、共荣，使得丝绸之路经济带倡议真正惠及沿线各国民众。②

四　加强丝绸之路经济带知识产权保护的政策建议

（一）宏观审视与建议：加强知识产权保护与合作是共建丝绸之路经济带的首要环节

中亚国家近年来经济稳定增长，但经济结构较为单一，科技创新能力不强，知识产权竞争力较弱；中亚各国的知识产权立法体系较为完备，但是保护力度有待加强；知识产权执法状况较差，开展贸易和投资需要充分考察知识产权执法环境；欧盟、美国、俄罗斯等都在加强在中亚国家的知识产权布局与竞

① 《中国—中亚，“一带一路”共创辉煌》，《人民日报》2017 年 1 月 4 日。

② 宗琦：《中国与中亚五国知识产权区域合作对策研究》，西北大学硕士学位论文，2015。

争，以保护各国在中亚的经济利益；中国商品一般在中亚市场具有较强的竞争力，但是假冒侵权现象比较严重。

基于上述判断，本文提出以下建议。

第一，政府主管部门应该统筹做好丝绸之路经济带知识产权保护工作，一方面倡导建立丝绸之路经济带知识产权区域合作机制，协调沿线国家开展对话和磋商，简化知识产权申请程序，减少知识产权贸易壁垒，加强知识产权国际联合执法，互利共赢，共同营造良好的知识产权环境，为丝绸之路经济带的繁荣发展提供有力支撑和保障；另一方面，开展实地调研，立足我国实际情况，出台关于丝绸之路经济带知识产权保护的指导意见，指导市场主体有序参与丝绸之路经济带建设。第二，鼓励企业到中亚国家申请专利、注册商标，为将来的商品出口奠定基础，赢得先机。引导和促进企业提升知识产权保护水平，熟悉中亚各国的知识产权法律和知识产权国际保护规则，防止欧美跨国公司滥用知识产权诉讼手段将我国企业挤出中亚市场。第三，鼓励国内企业和中亚国家高校与科研机构开展横向合作，充分利用中亚国家的科技资源，合理利用知识产权竞争规则，共享合作成果的知识产权利益。第四，建议国家相关部门参考美国“特别301条款”和“337条款”实施机制，修改完善并切实运用好我国《对外贸易法》，提升中亚五国的知识产权法治化水平。

（二）版权贸易与版权保护

建设丝绸之路经济带，我国将与中亚国家在教育、科技以及文化等领域展开全方位合作，宣传和推广中国文化。截至目前，我国已在中亚国家设立12所孔子学院，这些领域的合作发展，必将涉及图书、科技资料、音乐作品、影视作品、计算机软件等各类作品的进出口贸易。随着交流的扩大和深入，中国和中亚国家的版权贸易必将呈现上升趋势。但是，研究发现，中亚国家盗版情况严重，执法较差，因此应该高度重视。

建议我国在加大各类文化作品输出的同时，采取有效的措施防止各种侵权行为，避免因为盗版造成严重经济损失。一方面，可以通过沟通协调机制要求各相关国家认真履行《伯尔尼公约》《世界版权公约》的保护义务，加大执法力度，改善执法环境，也可以建议国家通过双边知识产权协议方式保护我国公民在中亚国家的合法版权；另一方面，充分发挥我国音乐著作权保护协会、文字著作权保护协会等集体管理组织的作用，当各协会成员利益在中亚国家遭受侵害时，协调各相应集体管理组织出面维权。此外，在和中亚国家进行文化交流过程中，应注重知识产权保护的宣传，帮助中亚国家营造尊重知识、保护知识的良好环境。

（三）技术贸易与专利布局

从世界贸易发展情况来看，技术贸易所占比例越来越大。中国与丝绸之路沿线国家的下一步发展，不仅应该关注能源、文化、教育、考古等方面交流，更应该加强我国传统优势产品的出口，或者通过技术转让与许可贸易，以较低成本实现各方合作共赢。为了防止相关技术泄露或者被仿制，必须事先进行专利布局，并通过其他措施确保我国技术主体利益。基于此，本文提出以下建议。

第一，政府主管部门或相关研究机构应该尽快为市场主体“走出去”提供关于丝绸之路经济带沿线国家完整、准确的知识产权政策、立法、行政执法等知识产权环境指引，为企业在国外专利申请和专利保护提供参考。第二，进一步加强专利执法检查，警惕部分企业侵权，扰乱正常的丝绸之路经济带贸易秩序。第三，加强和中亚国家的海关知识产权执法保护，并根据需要采取合理的专利平行进口策略。第四，企业应该制定和掌握专利海外布局与保护策略。在相关专利产品或者专利技术出口之前，中国企业应积极通过 WIPO 的国际申请程序到中亚国家申请专利或者单独到各相应国家申请。由于专利申请的“公开性”要求，专利申请、专利产品或者技术出口应该根据实际情况有所选择。此外，重点企业进军中亚市场时可以组建行业协会或者产业联盟，以加强在中亚国家的知识产权保护和维权救济。

（四）货物、服务贸易与商标保护

货物贸易和服务贸易是传统贸易主要类型，我国目前与中亚国家的经济贸易以货物贸易和服务贸易为主。二十多年来，中国与中亚五国的贸易规模逐年扩大，双边贸易额由 1992 年的 4.6 亿美元增至 2013 年的 502.7 亿美元，增长了一百多倍。[①] 中国已成为哈萨克斯坦、土库曼斯坦第一大贸易伙伴，乌兹别

① 朱瑞雪：《中国与中亚五国贸易合作情况分析》，《对外经贸》2015 年第 8 期。

克斯坦、吉尔吉斯斯坦第二大贸易伙伴，塔吉克斯坦第三大贸易伙伴。近年来，西安、郑州、兰州、成都、重庆、武汉等城市已经率先开通国内直通中亚国家货运专列，通过便捷的国际货物物流通道，加大商品的出口力度，全面推动与中亚国家货物贸易往来。货物和服务贸易的繁荣发展，必须重视品牌的维护和商标权的保护，否则可能会重蹈当年中俄贸易中因中国山寨和假冒商品横行而遭遇俄罗斯市场和消费者歧视和抵制的覆辙，部分企业也可能会因为遭受抢注或者假冒侵权而不得不退出国外市场。

建议我国企业在进入中亚国家之前提前进行商标注册，防止出现假冒商品而得不到专有性保护。及时关注国内知名品牌商品在丝绸之路经济带沿线国家的注册情况，防止被他人抢先注册，已经被抢注的要及时通过法律途径进行挽救；也可以通过投资并购等途径直接收购中亚国家的知名品牌，以便尽快融入当地市场。更为重要的是，企业应该提高产品质量和附加值，树立品牌意识，进行产品技术创新，提高产品科技含量，做好售后服务，改善和提升中国企业和商品在中亚的品牌形象，形成持久核心竞争力。

B.19
西部地区地方政府债务杠杆水平分析报告*

刘 蕾**

摘 要： 2017年是深化供给侧结构性改革的一年，“三去一降一补”成为全年深入推进供给侧结构性改革的首要任务。去杠杆是供给侧结构性改革五大任务之一，地方政府如何去杠杆成为工作重点。西部地区地方政府债务杠杆水平对其经济持续健康稳定发展有着重要意义。本文通过对我国西部地区地方政府杠杆水平进行分析，在路径选择基础上，提出西部地区地方政府债务去杠杆的政策措施。

关键词： 地方政府 债务杠杆 融资平台 去杠杆

一 问题的提出

自1994年实行分税制以来，中央和地方财权与事权不匹配一直是我国财政体制中存在的结构性问题。从财政收入和财政支出占比来看，地方政府的一般公共预算支出在全国一般公共预算支出中的占比越来越高，从1994年的69.7%上升到2015年的85.5%，但是地方政府一般公共预算收入一直只占全国一般公共预算收入的50%左右。在地方政府事权及支出责任不断扩大的情

* 本文为司法部项目（14SFB50035）和博士后基金（3192）。

** 刘蕾，法学博士，西北大学法学院副教授，西北大学博士后研究人员，研究方向：地方政府债务。

况下，地方政府的财权并没有随之扩大。地方政府为了履行事权，实现支出责任，必然通过举债融资的方式来筹集资金。

公债对经济发展有益，可以促进生产力发展①。地方政府举债融资是调节地方经济运行的有效杠杆工具。杠杆的合理运用，对地方经济的发展有益，可以提高资金利用效率，积极推动城市化建设和公共基础设施建设。但政府部门和私人部门一样，都要避免过度负债②。从短期来看，政府可以通过负债活动增加支出，从而刺激经济增长、扩大就业。但从长期来看，高债务会抑制经济增长，成为经济低增长的诱因，而并非解决经济增长问题的方式③。债务杠杆的发展有自身循环周期④，也不断反复践行着从加杠杆到去杠杆的过程。在需求管理中，经济发展依靠增加政府开支，尤其是投资支出，实行赤字预算⑤。政府可以通过加杠杆的方式增加支出，扩大需求，从而促进经济增长。但随着经济增长放缓，经济对债务承受能力降低，实际负债临近或已经超过偿还能力，为避免债务危机的发生，政府会主动或迫于压力而开始去杠杆。

2008 年，为应对国际金融危机，确保经济平稳较快发展，中央政府实施了积极的财政政策和宽松的货币政策进行宏观调控，并推出了四万亿投资计划，要求地方政府配套。地方政府希冀通过加杠杆方式扩大公共基础设施投资，解决财政资金不足问题。但囿于旧预算法不允许地方政府自行发债的制度规定，地方政府纷纷设立融资平台，通过这种特殊财政工具（Special Fiancing Vehicles）实现其融资职能。一时间地方政府性债务规模激增，2009 年，地方政府性债务规模增长率达到61.92%，为2008 年的2.6 倍，2009 ~2015 年，地方政府性债务规模平均增长率为23.95%，增长速度远高于 GDP 增长率和财政

① Walter F. Stettner. , Sir James Steuart on the Public Debt, *The Quarterly Journal of Economics*, Vol. 59, 1945, pp. 451 -476.

② Emerson P. Schmidt. , Private versus Public Debt, *The American Economic Review*, Vol. 33, No. 1, Part 1, 1943, pp. 119 -121.

③ Lance Roberts. , *Debt vs Growth: Correlation or Causation*, https: // realinvestmentadvice. com/ debt - vs - growth - correlation - or - causation/, 2016 -2 -22.

④ 李扬、张晓晶、常欣等：《中国国家资产负债表 2015——杠杆调整与风险管理》，中国社会科学出版社，2015，第 13 页。

⑤ 任保平：《供给侧改革与需求管理相结合的经济增长路径》，《甘肃社会科学》2016 年第 4 期。

收入增长率。

较之地方政府债务的快速增长，中国经济发展进入新常态，经济增速放缓，经济对债务的承受力减弱。同时，财政收入增幅下降收窄，政府支出压力增大，政府对债务的偿还能力减弱。地方政府债务问题成为我国经济发展过程中亟须解决的问题。加之，我国地方经济发展不平衡，有些地方政府 GDP 和财政收入甚至出现负增长，债务风险凸显，如处理不当会引发金融风险和财政风险。因此，地方政府需要通过去杠杆来释放债务风险，避免风险积累和叠加。从各国经验来看，去杠杆首先要降低杠杆率，通过偿还债务、化解存量债务，并严格控制增量债务来降低整体的债务规模；或推行结构性改革，通过经济增长化解债务负担。

二　西部地区地方政府债务杠杆水平评估与分析

（一）西部地区整体政府债务杠杆风险大

由表 1 可以看出，2014 年，全国地方政府负债率为 22.50%，有 18 个地方政府负债率超过全国平均水平，其中西部地区除西藏外，有 11 个地方政府的负债率超过全国平均水平，占全国地方政府数量的 35.48%，占超过全国水平地方政府数量的 61.11%。2015 年，全国地方政府负债率为 22.12%，有 15 个地方政府负债率超过全国平均水平，其中西部地区除重庆和西藏外，有 10 个地方政府的负债率超过全国平均水平，占全国地方政府数量的 32.26%，占超过全国平均水平地方政府数量的 66.67%。2016 年，全国地方政府负债率为 19.85%，有 14 个地方政府负债率超过全国水平，其中西部地区除西藏外，有 11 个地方政府负债率超过全国平均水平，占全国地方政府数量的 35.48%，占超过全国平均水平地方政府数量的 78.57%。2014 ~2016 年，政府负债率位居前三的为西部地区的贵州、青海和云南，虽然这 3 省政府负债率呈下降趋势，但是负债率仍保持较高水平，债务风险较大。

（二）西部部分地区偿债能力弱

由于经济发展速度、产业结构等因素的影响，各地方政府杠杆率、债务风险程度、债务偿还能力具有明显差异。经济增长速度慢，产业结构单一的

表1 31个省、自治区、直辖市政府负债率情况（2014～2016年）

单位：%

2014年		2015年		2016年	
省份	负债率	省份	负债率	省份	负债率
贵州	94.69	贵州	83.36	贵州	74.32
青海	51.27	青海	51.11	青海	52.05
云南	46.89	云南	45.40	云南	42.95
海南	37.76	海南	37.75	辽宁	38.69
宁夏	35.55	宁夏	36.35	宁夏	37.36
内蒙古	30.81	内蒙古	30.25	内蒙古	30.48
辽宁	30.69	辽宁	29.89	新疆	29.50
北京	29.90	新疆	28.24	陕西	25.66
新疆	28.70	陕西	25.76	广西	25.42
陕西	27.39	北京	24.94	甘肃	25.18
广西	27.35	四川	24.81	四川	23.90
四川	26.23	广西	24.07	安徽	22.06
上海	24.66	甘肃	23.39	江西	21.55
江西	23.43	安徽	23.21	重庆	21.28
湖南	23.18	江西	22.34	全国地方政府	19.85
重庆	22.79	全国地方政府	22.12	吉林	19.45
甘肃	22.68	重庆	21.50	河北	17.88
安徽	22.66	湖南	21.18	山西	17.72
全国地方政府	22.50	上海	19.55	福建	17.41
浙江	21.08	黑龙江	19.42	上海	16.33
吉林	19.54	吉林	19.28	天津	16.29
福建	18.66	河北	17.81	浙江	15.05
黑龙江	18.63	福建	17.68	北京	15.03
河北	18.62	山西	15.82	江苏	14.35
江苏	16.35	江苏	15.06	河南	13.76
湖北	16.21	浙江	14.98	广东	—
天津	15.89	河南	14.77	山东	—
山东	15.57	天津	14.39	湖北	—
山西	15.30	西藏	7.62	湖南	—
河南	15.28	山东	—	黑龙江	—
广东	12.99	广东	—	海南	—
西藏	9.43	湖北	—	西藏	—

资料来源：各省份相关年份统计年鉴、发债信息披露文件及Wind数据库。

地区，在去产能政策影响下，债务风险会进一步加大。各地方政府债务偿还能力差异较大，部分地区已经出现偿债困难。有的地区经济下滑明显，财政收入锐减，政府偿债压力非常大，债务风险凸显。目前，经济下行压力大，地方财政收入增速放缓，有的地区财政甚至捉襟见肘，一些地方政府财政收入已经无法覆盖到期债务，虽然通过债务置换化解了部分债务风险，但由于地方政府债务增速过快、结构性矛盾突出，债务违约风险和局部债务风险仍然存在。

在西部地区，2014～2016年，贵州、内蒙古、云南3个省份政府债务率均高于100%。2014年底，贵州、内蒙古、云南债务率分别为188.03%、116.06%和107.73%（见表2）；2015年底，债务率分别为170.49%、111.44%和104.67%（见表3）；2016年底，债务率分别为151.15%、113.91%和106.53%（见表4）。虽然这三个省份的政府债务率逐年下降，但2014～2016年其政府性基金收入呈负增长，并且负债率仍高于100%警戒线。

债务率超过100%警戒线说明债务余额超过政府综合财力，存在债务违约风险。由于偿债能力不足，部分地方政府只能采取借新还旧的方式，“随着累积债务量的不断增加，借新还旧的成本也将增加。未来随着利率市场化改革的进一步深化，以及伴随人口结构变化而来的储蓄率变动，资金成本上升的压力或将进一步增大。融资成本走高，无疑将给地方政府未来的偿债能力带来更大的压力”。①

表2　2014年西部地区政府债务率情况

单位：亿元，%

省　份	政府债务余额	综合财力	债务率
贵　州	8774.28	4666.49	188.03
内蒙古	5474.30	4716.98	116.06
云　南	6009.00	5577.80	107.73
陕　西	4844.84	5307.82	91.28

① 李扬、张晓晶、常欣等：《中国国家资产负债表2015——杠杆调整与风险管理》，中国社会科学出版社，2015，第57页。

续表

省　份	政府债务余额	综合财力	债务率
广　西	4286.79	5063.84	84.65
青　海	1179.86	1596.50	73.90
四　川	7485.00	10256.00	72.98
重　庆	3250.40	5889.70	55.19
甘　肃	1550.50	3107.64	49.89
西　藏	86.83	1371.12	6.33
宁　夏	978.48	—	—
新　疆	2658.70	—	—

资料来源：各省份相关年份统计年鉴、发债信息披露文件及 Wind 数据库。

表 3　2015 年西部地区政府债务率情况

单位：亿元，%

省　份	政府债务余额	综合财力	债务率
贵　州	8754.81	5134.96	170.49
云　南	6228.60	5589.20	111.44
内蒙古	5455.21	5211.76	104.67
陕　西	4681.30	5570.81	84.03
广　西	4043.79	5254.08	76.96
青　海	1235.45	1673.20	73.84
四　川	7470.00	10332.30	72.30
重　庆	3379.20	6195.10	54.55
甘　肃	1588.00	3530.32	44.98
西　藏	78.20	1670.03	4.68
宁　夏	1058.54	—	—
新　疆	2633.40	—	—

资料来源：各省份相关年份统计年鉴、发债信息披露文件及 Wind 数据库。

表 4　2016 年西部地区政府债务率情况

单位：亿元，%

省　份	政府债务余额	综合财力	债务率
贵　州	8721.07	5769.99	151.15
云　南	6386.80	5607.12	113.91
内蒙古	5678.30	5330.00	106.53

续表

省　份	政府债务余额	综合财力	债务率
广　西	4638. 18	5482. 07	84. 61
青　海	1339. 10	1680. 70	79. 68
四　川	7812. 00	10414. 30	75. 01
新　疆	2836. 90	4540. 60	62. 48
重　庆	3737. 10	6094. 50	61. 32
甘　肃	1801. 00	—	—
宁　夏	1177. 00	—	—
陕　西	4918. 40	—	—
西　藏	—	—	—

资料来源：各省份相关年份统计年鉴、发债信息披露文件及 Wind 数据库。

（三）融资平台数量多，债务占比大

由于融资平台设立门槛低，其运行也缺乏有效的约束和监管，使得融资平台数量不断增长。根据审计署公布的审计结果，2013 年 6 月底，全国融资平台数量为 7170 家。而到 2016 年底，全国融资平台数量增加至 9489 家，其中西部地区 2946 家，占全国总数的 31. 05% （见表 5）。2013 年 6 月底，全国地方政府负有偿还责任的债务占 58. 47%，或有债务占 41. 53% （其中地方政府负有担保责任的债务占 12. 67%，可能承担一定救助责任的债务占 28. 86%）。在 2013 年 6 月底各地方政府对政府性债务审计中，西部地区有 5 个地方政府的融资平台或有债务占比高于同期全国地方政府或有债务占比，其中陕西融资平台或有债务占比最高，达到 76. 73% （见表 6）。

地方政府债务中很大一部分是通过融资平台形成的，融资平台在为地方政府融资过程中，出现了很多违法违规融资行为，诸如人大出具“担保函”为融资平台提供担保等。这些地方政府担保行为明显违反法律规定，但长期以来，地方政府和国有企业普遍存在权责不分的思维模式，认为融资平台债务理应属于地方政府债务或至少由地方政府兜底。融资平台债务属性不清晰，造成我国地方政府杠杆率计算及债务风险评估困难与偏差。

表 5　2016 年底西部地区融资平台数量及占比情况

单位：个，%

省　份	融资平台数量	占比	省　份	融资平台数量	占比
四　川	693	23.52	新　疆	161	5.47
云　南	502	17.04	甘　肃	153	5.19
贵　州	409	13.88	青　海	85	2.89
重　庆	266	9.03	宁　夏	64	2.17
广　西	237	8.04	西　藏	1	0.03
内蒙古	208	7.06	合　计	2946	100
陕　西	167	5.67			

资料来源：Wind 数据库。

表 6　2013 年 6 月底西部地区融资平台债务情况

单位：亿元，%

类别 省份	政府性债务中融资平台债务	负有偿还责任债务中融资平台债务	占比	或有债务中融资平台债务	占比
陕　西	3237.26	753.21	23.27	2484.05	76.73
广　西	2565.77	943.12	36.76	1622.65	63.24
云　南	2079.51	1079.03	51.89	1000.48	48.11
重　庆	4468.66	2369.66	53.03	2099	46.97
宁　夏	218.39	117.92	54.00	100.47	46.00
四　川	3863.84	2392.72	61.93	1471.12	38.07
甘　肃	486.34	310.84	63.91	175.5	36.09
新　疆	977.21	763.1	78.09	214.11	21.91
贵　州	2085.7	1793.33	85.98	292.37	14.02
内蒙古	994.46	878.27	88.32	116.19	11.68
青　海	245.97	244.88	99.56	1.09	0.44
西　藏	—	—	—	—	—

资料来源：2013 年 6 月底各省份关于政府性债务审计结果。

（四）或有债务占比高，地方政府代偿责任大

2014 年底，全国地方政府或有债务占地方政府债务的 35.83%，西部地区甘肃、重庆、陕西、四川 4 个地方政府的或有债务占比超过全国平均水平，其中甘肃最高（64.59%）。2015 年底，全国地方政府或有债务占其总债务

30.5%左右，西部地区的甘肃、陕西、重庆、新疆、广西5个地方政府的或有债务占比超过全国平均水平，其中甘肃仍为最高（62.05%）（见表7）。从西部地区12个地方政府的或有债务情况来看，各地方政府或有债务占比有显著差异，但是或有债务普遍较高，并游离于监管之外。

根据审计署统计口径，我国地方政府或有债务包括地方政府负有担保责任的债务和地方政府可能承担一定救助责任的债务。地方政府负有担保责任的债务属于显性或有债务。这部分债务只有在债务人无法偿还情况下，地方政府才需要承担偿还责任，并且对债务人具有追偿权。地方政府可能承担一定救助责任的债务属于隐性或有债务。“隐性债务不是从法律意义上，而是建立在公共利益或者政治压力等基础上的政府道义负担。”① 在财政软约束下，或有债务到期一旦债务人不能偿还，地方政府很难逃脱偿还责任。

表7　西部地区各省份或有债务占比情况（2014～2015年）

单位：亿元，%

年份	2014				2015		
省份＼类别	政府性债务	或有债务	或有债务占比	省份＼类别	政府性债务	或有债务	或有债务占比
甘　肃	4379.00	2828.50	64.59	甘　肃	4185	2597	62.05
重　庆	5909.50	2659.10	45.00	陕　西	8390.1	3708.8	44.20
陕　西	8711.13	3866.29	44.38	重　庆	5603.4	2224.2	39.69
四　川	13024.00	5539.00	42.53	新　疆	3875.8	1242.4	32.06
广　西	6393.19	2106.40	32.95	广　西	5859.51	1815.72	30.99
新　疆	3952.70	1294.00	32.74	宁　夏	1393.73	335.19	24.05
云　南	8819.30	2810.30	31.87	内蒙古	6733.87	1278.66	18.99
宁　夏	1319.96	341.48	25.87	西　藏	83.7	5.5	6.57
内蒙古	6909.27	1434.97	20.77	云　南	—	—	—
西　藏	93.44	6.61	7.07	四　川	—	—	—
贵　州	—	—	—	贵　州	—	—	—
青　海	—	—	—	青　海	—	—	—

资料来源：各省份发债信息披露文件以及财政预决算报告。

① 李萍：《地方政府债务管理：国际比较与借鉴》，中国财经经济出版社，2009，第10页。

（五）债务期限错配

地方政府债务资金主要投入基础设施建设，其平均投资回报期限在10年左右或投入公益项目而没有直接收益。但是，从债务资金来源及债务期限看，银行贷款期限主要集中在五年期。根据2013年审计结果，截至2013年6月底，在地方政府负有偿还责任的债务中，2014年、2015年、2016年、2017年、2018年及以后到期需要偿还的债务分别占21.89%、17.07%、11.58%、7.79%和18.76%。2015年和2016年西部地区地方政府新发行的地方政府债券中，债务期限主要为五年期，相比较而言，10年期债务规模占比较小（见表8和表9）。针对到期的地方政府负有偿还责任的债务，中央制定了债务置换方案，计划在三年左右将非债券形式的债务全部置换为地方政府债券，融资平台债务是主要的置换对象。债务置换是我国地方政府债务管理制度转型期的一种过渡性举措，节约了地方政府债务利息支出，凭借以时间换空间方式解决了地方政府债务短期流动性问题，缓解了地方政府偿债压力，为地方政府债务管理制度转型、地方政府举债融资行为逐步规范化、地方政府债务风险化解提供缓冲期。然而，债务置换只是变更了债务类型，债务规模总量并未降低。尤其在当前经济下行，地方政府财政收入增长放缓背景下，地方政府还款压力进一步增大。虽然债务置换，部分解决了短借长用问题，但期限错配问题仍然存在。当债务集中到期时，存在因短期缺乏偿还资金而引发债务危机的可能性。

表8　2015年西部地区地方政府债券发行情况

单位：亿元，%

省份＼类别	三年期债务规模	占比	五年期债务规模	占比	七年期债务规模	占比	十年期债务规模	占比
甘　肃	141.14	9.99	475.21	33.64	315.55	22.34	480.56	34.03
青　海	172.04	18.21	254.50	26.94	251.50	26.64	266.50	28.21
内蒙古	424.77	11.23	1200.40	31.74	1104.92	29.21	1052.47	27.82
云　南	827.20	19.61	1140.00	27.02	1134.00	26.87	1118.00	26.50
重　庆	335.49	15.34	666.86	30.50	630.74	28.85	553.49	25.31
宁　夏	174.47	21.20	219.46	26.66	225.34	27.38	203.75	24.76

续表

省份＼类别	三年期债务规模	占比	五年期债务规模	占比	七年期债务规模	占比	十年期债务规模	占比
贵　州	1330.66	19.82	2034.02	30.31	1997.27	29.75	1350.89	20.12
新　疆	390.60	19.90	590.90	30.10	587.90	29.95	393.60	20.05
广　西	495.01	19.47	780.08	30.68	780.08	30.68	487.39	19.17
陕　西	684.30	22.72	902.69	29.97	902.69	29.97	522.35	17.34
四　川	1566.00	29.69	1589.79	30.14	1575.52	29.87	543.53	10.30
西　藏	—	—	—	—	—	—	—	—
合　计	6541.67	19.90	9853.92	29.97	9505.51	28.92	6972.52	21.21

资料来源：Wind 数据库。

表 9　2016 年西部地区地方政府债券发行情况

单位：亿元，%

省份＼类别	三年期债务规模	占比	五年期债务规模	占比	七年期债务规模	占比	十年期债务规模	占比
青　海	202.86	18.24	297.98	26.79	303.14	27.25	308.36	27.72
云　南	861.60	17.07	1445.00	28.63	1366.30	27.07	1375.00	27.23
内蒙古	821.35	12.99	1971.40	31.17	1835.60	29.02	1696.68	26.82
重　庆	588.90	16.87	1098.60	31.47	921.00	26.37	882.85	25.29
广　西	397.01	10.28	1414.38	36.63	1187.82	30.76	862.35	22.33
新　疆	579.90	19.76	888.00	30.26	869.70	29.64	597.00	20.34
贵　州	1355.83	19.40	2139.01	30.60	2096.90	30.00	1397.94	20.00
西　藏	19.20	40.61	10.44	22.08	8.49	17.96	47.28	19.35
甘　肃	163.50	10.65	641.99	41.84	454.16	29.59	274.93	17.92
宁　夏	232.92	25.13	288.71	31.15	273.80	29.54	131.53	14.18
陕　西	1332.84	29.91	1332.84	29.91	1332.84	29.91	456.98	10.27
四　川	2430.81	29.83	2439.13	29.92	2456.88	30.14	824.29	10.11
合　计	8986.72	20.01	13967.48	31.97	13106.63	29.18	8855.17	19.71

资料来源：Wind 数据库。

（六）融资行为不规范

地方政府债务资金来源主要有银行贷款、城投债、BT 和基建信托等融资途径，其中存在很多违法违规行为：地方政府违规回购；以无土地使用证的土地收入承诺还款；违法将市政道路、公园等公益性资产作为抵押担保物；地方政府违法提供担保等。其中，地方政府违法、违规提供担保最为典型，如地方政府出具的“担保函”“承诺函”“安慰函”；承诺在融资平台公司偿债出现困难时给予资金支持；承诺当融资平台公司不能偿还债务时，承担部分偿还责任；承诺将融资平台公司的偿债资金安排纳入政府预算。例如2015年，重庆市黔江区财政局以承诺函形式分别为黔江区教委与上海爱建融资租赁有限公司签订融资租赁合同及为黔江区教委与江苏金融租赁股份有限公司签订融资租赁合同，违法提供担保资金2.2亿元。此外，在对地方政府债务进行清理甄别后，没有纳入预算管理的，实践中地方政府也对这些债务进行了背书。

三　西部地区地方政府债务去杠杆的路径选择

“从国际历史经验来看，政府去杠杆无非五种情况：债务减记、债务货币化、加税减支、宽货币减少利息支出和提高经济效益”[①]，虽然债务减记可以快速去杠杆，但是会减损政府信用，增加政府后续举债成本与难度，尤其是在政府筹措债务需要经过预算过程的制度框架中是不被法律许可，并无法实现的。债务货币化虽然可以以隐蔽方式去杠杆，但该方式是以货币发行权为基础，因此该方式仅限于中央政府[②]。在中央银行垄断货币发行权的金融体系中，地方政府缺少货币发行权而无法通过通货膨胀方式稀释自身债务。此外，虽然加税直接增加了政府的财政收入，但也加重了纳税人的税负负担。通过提高税收方式偿还政府债务本身就使其行为丧失了合法性基础，并且在税收法定原则下，还需要经过复杂的立法程序。同时，不论是在财政联邦体制还是在财政集权体制下，地方政府的事权和支出责任有增无减，财政支出逐年扩大，减少政府经常性支出可以通过政府费用改革方案实现，但资本性支出的减少会影响公共产品和公共服务的供给数量，使公民社会福利遭受减损。与上述途径相比，通过提高经济效益途径解决，既可以增加公共产品供给，又

① 任泽平、冯赟：《供给侧改革去杠杆的现状、应对、风险与投资机会》，《发展研究》2016年第3期。

② Goonoo Kwon, Lavern McFarlane and Wayne Robinson., *Public Debt, Money Supply, and Inflation: A Cross-Country Study*, IMF Staff Papers, Vol. 56, Issue 3, 2009, pp. 476－515.

可以提高经济对债务的承受能力，并且可以在增加财政收入的基础上，提高地方政府对债务的偿还能力。因此，地方政府去杠杆有赖于通过供给侧结构性改革实现。

供给侧结构性改革任务的深化，传统行业去产能和非金融机构企业部门去杠杆的推进，客观上加重了地方政府债务负担，加剧了地方政府债务风险，其中地方政府债务流动性风险和增量再堆积风险凸显①。为化解地方政府债务可能引发的风险，地方政府去杠杆势在必行。同时为避免地方政府去杠杆过快过猛造成经济波动，大多数学者建议应该先采用杠杆转移的方式。首先，中央加杠杆，同时地方政府去杠杆②。从 2015 年开始，国开行通过分批发行 2000 亿专项金融债方式，防止地方政府债务实行限额管理后出现资金链断裂问题，解决了地方公共基础设施在建项目和新建项目资金问题，为地方政府去杠杆提供缓冲机会。其次，以时间换空间，通过地方政府债务置换方式化解存量债务的流动性风险③。债务置换是我国地方政府债务管理制度转型期的一种过渡性举措，使地方政府节约了债务利息支出，解决了地方政府债务短期流动性问题，缓解了地方政府偿还压力，为地方政府债务管理制度改革、举债融资行为逐步规范化、债务风险化解提供了缓冲期。2015 年，中央制定了地方政府债务置换方案，计划在三年左右将非债券形式的债务全部置换为地方政府债券，在置换过程中采用定向发行方式，但在实践中也遇到阻力。非银行类金融机构等债权人不愿意将债务置换成利率较低的地方政府债券，而希望地方政府按照合同约定履行还款义务。债务置换方式也因过多采用行政手段使债权人的权利受到侵害而遭到质疑。然而，债务置换只是变更了债务类型，债务规模总量并未降低。化解存量债务的根本途径是通过债务偿还降低债务规模。再次，通过寻求

---

① 孙灵燕、崔喜君：《供给侧改革与中国债务风险的化解》，《理论学刊》2016 年第 3 期。

② 钟正生：《“三去一补”的障碍和对策》，《供给侧结构性改革》，民主与建设出版社，2016。

③ 详见沈明高《中国未来五年五大趋势》，《供给侧结构性改革》，民主与建设出版社，2016；刁伟涛《财政新常态下地方政府债务流动性风险研究：存量债务置换之后》，《经济管理》2015 年第 11 期；曹文炼、董运佳《当前地方政府存量债务置换的优化方案及相关建议》，《经济理论与经济管理》2016 年第 6 期；李安安《财政风险金融化的法律控制——以地方债务置换为视角》，《武汉科技大学学报》2016 年第 8 期；李振《我国地方政府债务置换风险研究》，《财经问题研究》2016 年第 6 期。

和社会资本合作，化解存量债务，减少地方政府增量债务累积风险[①]。通过PPP模式，地方政府充分引导社会资金投资PPP项目，改变地方政府作为地方公共产品单一供给者局面，切实缓解政府在基础设施建设和公共服务领域财力不足、资金短缺的问题，有效化解地方政府债务风险。财政部于2015年5月和2016年3月先后设立了中央引导示范性PPP基金和政企合作投资基金。

在中央提出供给侧结构性改革后，以上学者的观点为地方政府去杠杆提供了理论路径，实践中也进行了有益尝试，并取得了一定效果。虽然通过杠杆转移方式去杠杆在缓释风险、避免经济动荡方面起到非常重要的作用，但是仍然没有从根本上解决我国地方政府杠杆中存在的问题。因此，本文立足于西部地区经济发展情况，结合该地区政府债务杠杆成因和现状，系统性规划我国西部地区地方政府去杠杆的实施路径。

四　西部地区地方政府债务去杠杆政策建议

（一）深化供给侧结构性改革，推进财税体制改革

供给侧结构性改革是通过制度供给与制度创新对政府权力和市场权利重新配置，明确其权力界限，理顺其经济关系，为经济发展提供持续动力。一方面，要解决中央政府和地方政府的权力纵向配置问题。通过深化财政体制改革，合理划分中央和地方的财权与事权，适度增加中央事权与支出责任，抑制地方政府举债动机。在赋予地方政府发债权的同时，加强中央对地方政府债务的监管。另一方面，要解决政府和市场主体的权力横向配置问题。地方的发展和经济建设不能仅仅依靠地方政府投资推动，要改变地方政府作为基础设施建设和公益性项目最大供给主体的局面。完善和推进PPP模式，可以充分调动社会资金积极性，弥补地方政府资金缺口，将政府投资公益性和社会投资效率性相结合，增加公共产品供给数量，提高公共产品供给质量。

① 详见张洁梅、张玉平《基于风险社会理论的地方政府融资平台风险治理研究》，《学术论坛》2016年第5期；张薇、罗黎平《PPP模式化解地方政府融资平台债务风险的研究》，《财税纵横》2016年第7期；王治、毛志忠《地方政府融资平台扭曲式发展的内在机理分析》，《经济研究参考》2016年第6期。

（二）健全西部地区地方政府债务管理制度

西部地区立法机关应该依据《预算法》《国务院关于加强地方政府性债务管理的意见》，结合本地区债务情况，制定本地区政府性债务管理办法，细化政府性债务管理制度。在地方政府债务管理制度规范性基础上，将地方政府债务纳入预算管理体系，对债务的举借、使用及偿还实行严格的预算管理。首先，财政机关必须根据经济发展情况、财政收支情况等规定当年地方政府债务限额，依据法定程序，交由全国立法机关和省级立法机关审议。严禁地方政府突破债务限额举债或通过其他方式变相举债。其次，在债务资金使用过程中，严格按照审批用途使用，地方政府应严格按照法律规定，将债务资金用于公益性资本支出，防止债务资金被违法使用或者变相违法使用。使用债务资金投资的项目需由有关部门组织专家评审，依照法定程序进行审批。重大投资项目要履行听证程序，保证项目投资的科学性、有效性，防止出现重复投资和无效投资。最后，要根据债务举借和使用情况，制定债务偿还计划，合理安排债务偿还，并将债务偿还计划交给立法机关备案，由财政机关将当年债务使用情况及偿还情况交立法机关审议。如果在债务举借、使用、偿还过程中出现违法违规行为，要依法追究相关主体法律责任。

（三）明确地方政府债务类型及偿还责任

有必要明确区分地方政府负有偿还责任的债务、地方政府负有担保责任的债务及地方政府可能承担一定救助责任的债务三种债务类型及其不同的偿还责任。在这三种债务类型中，只有地方政府负有偿还责任的债务才属于地方政府债务，该部分债务要纳入预算管理，在任何情况下，地方政府都需要运用财政资金进行偿还。地方政府负有担保责任的债务和地方政府可能承担一定救助责任的债务属于地方政府性债务而不属于地方政府债务，地方政府只有在特殊情况下才需要偿还。因此，应该根据国际惯例，在计算杠杆率时，将以往地方政府对或有债务的代偿率进行折算后计入地方政府债务。只有在明确地方政府债务类型前提下，才能准确计算地方政府债务杠杆率，正确地识别地方政府债务风险，科学地制定去杠杆措施。

（四）积极化解存量债务

在继续推行地方政府债务置换计划的同时，应该通过多渠道偿还地方政府存量债务，降低存量债务规模。前期地方政府的过度融资行为虽然形成了一定的债务风险，但也形成了一些优质资产，因此可以通过推行基础设施资产证券化，增强地方政府固定资产流动性及变现能力，用以偿还到期债务。

基础设施资产证券化，是化解地方政府存量债务的有效途径之一。经营性基础设施收益稳定，收益期长，属于优质资产，可以将其未来收益权所派生的现金流作为资产进行证券化运作，用以化解地方政府存量债务。具体而言，基础设施资产证券化包括资产池的组建，特殊目的公司（SPV）的设立方式，信用增级方式和担保方式的选择，证券的设计与发行等步骤。首先由发起人根据融资需求确定用于证券化的基础设施，汇集成资产池；然后将证券化资产“真正出售”给SPV，实现资产原始持有人与基础资产之间的风险隔离，经过信用增级和信用评级，以资产池现金流为基础，在资本市场上发行有价证券进行融资。将基础设施资产证券化，可以充分利用基础设施收益稳定的特点，同时弥补因收益周期长而造成的现金流短缺，通过将未来收益权转化为现金流，有效化解地方政府存量债务。

（五）严格控制增量债务

在积极化解地方政府存量债务的同时，还必须严格控制增量债务。如果对增量债务不加以把控，在原有债务风险没有得到化解的基础上，会造成杠杆率攀升。当年本地区的全口径地方政府债务都必须纳入地方政府新增债务限额管理。特殊情况下，未纳入地方政府债务限额的债务，如果后续需要纳入地方政府债务的，也不能突破规定限额，只能在当年新增地方政府债务限额内解决。但是需要和债权人商定，将除地方政府债券外的其他债务形式通过定向发行转化为地方政府债券，纳入地方政府预算管理。在地方政府债务限额分配时，应该充分考虑地区差异性，要采取不同的去杠杆措施，避免因个别地方政府无法偿还到期债务而进一步引发系统性债务风险。经济增长速度慢、产业结构单一的地区，在去产能政策的影响下，债务风险会进一步加大。针对这样的地区，地方政府需要减少债务规模来降低杠杆率，避免出现区域性债务风险。

（六）剥离融资平台的政府融资职能，按照市场化原则进行债务处置

要彻底剥离融资平台的政府融资职能，明确企业债务和地方政府债务的责任界限，禁止地方政府对融资平台债务提供担保或兜底行为。依据《公司法》《破产法》《证券法》《合同法》等相关法律法规，妥善处置违约债务，保护债权人合法权益，防止融资平台恶意逃废债务。如果不能偿还到期债务，融资平台应该积极制定债务处置方案，对于有抵押、质押的债券，可以通过处置担保物偿还债务。对于有保证的债务，可以要求保证人承担保证责任。针对只有融资职能，没有投资职能，缺乏经营能力，丧失清偿能力的融资平台，应该通过破产程序，以公司财产清偿债务。以征信系统为基础，及时披露融资平台的财务、银行贷款、债券兑付等情况，对恶意逃废债务行为，要依法追究其法律责任。

子库介绍
Sub-Database Introduction

中国经济发展数据库

涵盖宏观经济、农业经济、工业经济、产业经济、财政金融、交通旅游、商业贸易、劳动经济、企业经济、房地产经济、城市经济、区域经济等领域，为用户实时了解经济运行态势、 把握经济发展规律、 洞察经济形势、 做出经济决策提供参考和依据。

中国社会发展数据库

全面整合国内外有关中国社会发展的统计数据、 深度分析报告、 专家解读和热点资讯构建而成的专业学术数据库。涉及宗教、社会、人口、政治、外交、法律、文化、教育、体育、文学艺术、医药卫生、资源环境等多个领域。

中国行业发展数据库

以中国国民经济行业分类为依据，跟踪分析国民经济各行业市场运行状况和政策导向，提供行业发展最前沿的资讯，为用户投资、从业及各种经济决策提供理论基础和实践指导。内容涵盖农业，能源与矿产业，交通运输业，制造业，金融业，房地产业，租赁和商务服务业，科学研究，环境和公共设施管理，居民服务业，教育，卫生和社会保障，文化、体育和娱乐业等 100 余个行业。

中国区域发展数据库

对特定区域内的经济、社会、文化、法治、资源环境等领域的现状与发展情况进行分析和预测。涵盖中部、西部、东北、西北等地区，长三角、珠三角、黄三角、京津冀、环渤海、合肥经济圈、长株潭城市群、关中—天水经济区、海峡经济区等区域经济体和城市圈，北京、上海、浙江、河南、陕西等 34 个省份及中国台湾地区 。

中国文化传媒数据库

包括文化事业、文化产业、宗教、群众文化、图书馆事业、博物馆事业、档案事业、语言文字、文学、历史地理、新闻传播、广播电视、出版事业、艺术、电影、娱乐等多个子库。

世界经济与国际关系数据库

以皮书系列中涉及世界经济与国际关系的研究成果为基础，全面整合国内外有关世界经济与国际关系的统计数据、深度分析报告、专家解读和热点资讯构建而成的专业学术数据库。包括世界经济、国际政治、世界文化与科技、全球性问题、国际组织与国际法、区域研究等多个子库。

法律声明